나의 첫 HTML & CSS 웹 디자인

나의 첫 HTML & CSS 웹 디자인

1판 1쇄 발행 2023년 10월 6일

지은이 Capybara Design, 다케우치 나오토, 다케우치 루미
옮긴이 문지현
펴낸이 장성두
펴낸곳 주식회사 제이펍

출판신고 2009년 11월 10일 제406-2009-000087호
주소 경기도 파주시 회동길 159 3층 / **전화** 070-8201-9010 / **팩스** 02-6280-0405
홈페이지 www.jpub.kr / **투고** submit@jpub.kr / **독자문의** help@jpub.kr / **교재문의** textbook@jpub.kr

소통기획부 김정준, 이상복, 김은미, 송영화, 권유라, 송찬수, 박재인, 배인혜, 나준섭
소통지원부 민지환, 이승환, 김정미, 서세원 / **디자인부** 이민숙, 최병찬

진행 권유라 / **교정 · 교열** 윤미현 / **내지디자인 · 편집** 북아이 / **표지디자인** 이민숙
용지 타라유통 / **인쇄** 한길프린테크 / **제본** 일진제책사

ISBN 979-11-92987-14-9 (93000)
값 22,000원

나의 첫 HTML & CSS 웹 디자인

4가지 웹사이트를 만들며 배우는 웹 제작 입문서

Capybara Design, 다케우치 나오토, 다케우치 루미 지음 / 문지현 옮김

※ 드리는 말씀

- 이 책에 기재된 내용을 기반으로 한 운용 결과에 대해 지은이/옮긴이, 소프트웨어 개발자 및 제공자, 제이펍 출판사는 일체의 책임을 지지 않으므로 양해 바랍니다.
- 이 책에 등장하는 각 회사명, 제품명은 일반적으로 각 회사의 등록상표 또는 상표입니다. 본문 중에는 ™, ©, ® 등의 기호를 생략했습니다.
- 이 책에서 소개한 URL 등은 시간이 지나면 변경될 수 있습니다.
- 이 책에 나오는 실습용 데이터는 https://github.com/mjh117/1st-book에서 다운로드할 수 있습니다.
- 이 책의 부록은 https://bit.ly/htmlcssweb에서 PDF 파일로 다운로드할 수 있습니다.
- 이 책에서 설치 방법은 맥OS를 기준으로 설명합니다.
- 책의 내용과 관련된 문의사항은 옮긴이나 출판사로 연락해주시기 바랍니다.
  - 옮긴이: jhmun117@gmail.com
  - 출판사: help@jpub.kr

차례

Part 2 SNS 링크 모음 페이지 만들기

Part 3 2칼럼 페이지 만들기

CHAPTER 13 | 레스토랑 사이트 CSS 작성하기(PC)

CHAPTER 14 | 참고 사이트 활용 방법 배우기

CHAPTER 15 | 웹사이트 공개 준비하기

옮긴이 머리말

누구나 한번쯤 '나만의 사이트를 만들고 싶다'라고 생각해본 적이 있을 것입니다. 하지만 초보자의 경우 막상 어디서부터 시작하면 좋을지 감을 잡기가 어렵습니다. 근사한 웹사이트 코드는 너무 복잡해서 따라 할 엄두가 나지 않고, 간단한 예제 사이트는 결과물이 단조로워 좀처럼 흥미가 생기지 않습니다. 이처럼 무언가를 시작할 때는 지나치게 압도되거나 지루해진 나머지 처음의 결심이 흐지부지되기 일쑤입니다.

이 책은 HTML & CSS 웹 디자인 분야의 '첫 번째 책'이라는 콘셉트로, 10년 이상의 경력을 가진 저자들이 초보자들에게 꼭 필요한 내용을 엄선하여 집필한 책입니다. 입문서지만 최신 웹 표준을 반영한 실용적인 내용을 담고 있어서 처음으로 돌아가 기본을 재점검하고자 하는 중급자가 활용하기에도 좋습니다. 또한 웹 제작과 디자인을 두루 다루기 때문에 한 분야에 종사하는 독자가 다른 분야의 정보를 습득하고자 할 때 유용합니다.

이 책의 가장 큰 장점은 '만들고 싶다'라는 초심을 잃지 않게 해준다는 점입니다. 저자는 독자가 흥미를 유지하며 학습을 지속할 수 있도록 다양한 장치를 사용합니다. 그중 하나가 매력적인 디자인의 예제 사이트입니다. 비주얼과 스토리가 어우러진 디자인이 마치 실제 사이트를 보는 듯한 느낌을 주고, '이런 디자인은 어떻게 구현하는 걸까?' 하는 호기심을 불러일으킵니다.

책 전반에 걸쳐 일러스트를 풍부하게 활용한다는 점도 특징입니다. 친근한 캐릭터와 만화적 구성을 통해 각 장의 내용을 유기적으로 연결하고, '카피바라의 웹 성장기'를 지켜보는 재미도 더했습니다. 지면으로 설명하기 까다로운 CSS 시각 효과를 그림과 도식으로 참신하게 풀어낸 부분에서는 저자의 성실하고 꼼꼼한 면모를 느낄 수 있었습니다.

STEP이라는 단위로 내용을 전개하는 방식도 인상적입니다. 새 코드를 추가할 때마다 스크린숏을 찍듯이 STEP을 나누었기에 어느 페이지를 펼치더라도 특정 코드가 어떤 효과를 내는지 쉽게 파악할 수 있습니다. 또한 모든 STEP의 소스 코드를 개별 파일로 제공해서 실습 중에 발생하는 오류를 독자가 쉽게 찾을 수 있도록 배려했습니다.

이 머리말의 내용은 사실 역자의 경험이기도 합니다. 만들고 싶은 것이 있지만 이상은 너무 크고, 실제로 만드는 것은 자신의 눈에 차지 않았습니다. 한번 흥미를 잃은 후에는 다시 관심을 갖기까지 먼 길을 돌아가곤 했지요. 그런 기억을 떠올리며 무언가를 시작할 때 이렇게 다정하고 성실한 책을 만나는 것도 일종의 행운이 아닐까 하는 생각이 들었습니다. 번역을 통해 여러분의 행운에 작게나마 보탬이 된다면 기쁘겠습니다.

이 책이 출간되기까지 많은 분들의 노력과 도움이 있었습니다. 좋은 책을 만들기 위해 애써준 출판 관계자분들과, 한결같이 번역 작업을 응원해준 가족 및 친구들에게 감사 인사를 드립니다. 특별히 나의 가장 높은 산과 같은 아버지께 깊은 감사와 사랑을 전합니다.

문지현 드림

베타리더 후기

유정원(아이스캔디)

HTML/CSS를 처음 접하는 독자에게 추천합니다. 전체적으로 명확하고 친절한 설명으로 구성되어 있으며, 총 4종류의 웹사이트를 실습하며 제작해볼 수 있습니다. 초보자도 쉽게 따라 할 수 있도록 구성되어 이 책을 완독하면 기본적인 웹사이트 제작 능력은 물론, 웹 디자인에 대한 이해도가 향상되어 실전에서도 활용할 수 있습니다. 또한 다양한 부록을 제공하기 때문에 독자가 웹 개발자로 성장하는 데 큰 도움이 될 것입니다.

윤승환(코드벤터)

간단한 페이지부터 반응형 웹, 좀 더 복잡한 멀티 페이지 구성까지 다양하게 학습할 수 있었습니다. 특히 Flex를 사용한 레이아웃 구성과 다양한 방식의 애니메이션 적용, 패럴랙스 적용 등 책에서 알려주는 최신 기법은 빠르게 변화하는 실무 환경에 도움이 될 것입니다. 다양한 웹 디자인을 익힐 수 있어서 유익한 책입니다.

정태일(삼성SDS)

귀여운 캐릭터 및 만화와 함께 HTML과 CSS 기본을 빠르고 쉽게 배울 수 있도록 잘 구성되어 있습니다. 디자인대로 웹페이지 레이아웃을 잡고 반응형 웹을 적용하는 등 실무에 꼭 필요한 지식을 담고 있고, 실습용 파일을 활용해 책의 내용을 충분히 연습해볼 수 있어 처음 웹페이지를 만들어보고 싶은 분들에게 추천합니다!

제이펍은 책에 대한 애정과 기술에 대한 열정이 뜨거운 베타리더의 도움으로
출간되는 모든 IT 전문서에 사전 검증을 시행하고 있습니다.

들어가며

여러분이 이 책을 펼쳤다면 평소에 '직접 사이트를 만들고 싶다'라는 생각을 했기 때문이겠지요. 혹은 **'웹 관련 일을 하고 싶다', '웹 디자이너가 되고 싶다'**라는 개인적인 목표가 있을 수도 있습니다. 이것은 막연한 희망사항이 아닙니다. 주변을 보면 독학으로 웹 디자이너가 된 사람도 많고, 저희 또한 그들 중 한 명입니다.

이 책은 웹 제작에 대해 전혀 몰라서 기초부터 배우고 싶은 사람이나 웹 관련 일을 하고 싶은 사람을 대상으로 **4개의 사이트를 직접 만들어보면서 자연스럽게 웹 지식을 익히는 책**입니다.

저는 현재 코딩 강사로도 일하고 있는데, 학생들에게 '추천하는 책이 있나요?'라는 질문을 자주 받습니다. 처음 배울 때는 전문용어가 가득한 어려운 책이 아니라 **즐겁게 술술 읽을 수 있는 책**이 좋다고 생각합니다. 또한 HTML/CSS는 실제로 작성하면서 배울 때 가장 습득이 빠릅니다. 그래서 이 책에서는 이론보다 실습에 집중하면서 스스로 사이트를 만드는 즐거움을 통해 자연스럽게 지식을 익힐 수 있도록 구성했습니다.

또한 만화와 캐릭터를 등장시켜 내용을 리듬감 있게 전개하고, 가능한 한 쉬운 단어를 사용했습니다. 그 밖에도 효율적인 학습을 위한 다양한 장치가 준비되어 있습니다. 이 책의 특징을 정리하면 다음과 같습니다.

- 초보자를 대상으로 기초 레벨부터 실전 레벨까지 한 권으로 정리하였습니다. 17년 차 마크업 엔지니어인 저자의 경력을 토대로 실전적인 내용을 담았습니다.
- 풍부한 그림과 일러스트로 알기 쉽게 설명합니다.
- 만들면서 눈까지 즐거울 수 있도록 웹 디자인에도 신경 썼습니다.
- 학습에 도움이 되는 여러 가지 부록을 준비했습니다.

이 책이 여러분 각자의 목적을 이루는 데에 도움이 되기를 바랍니다. 더 나아가 '웹사이트를 만드는 것은 간단하면서도 깊이감이 있구나, 정말 재밌다!'라는 생각을 하게 된다면 무척 기쁘겠습니다.

다케우치 나오토 · 다케우치 루미 드림

이 책을 읽는 방법

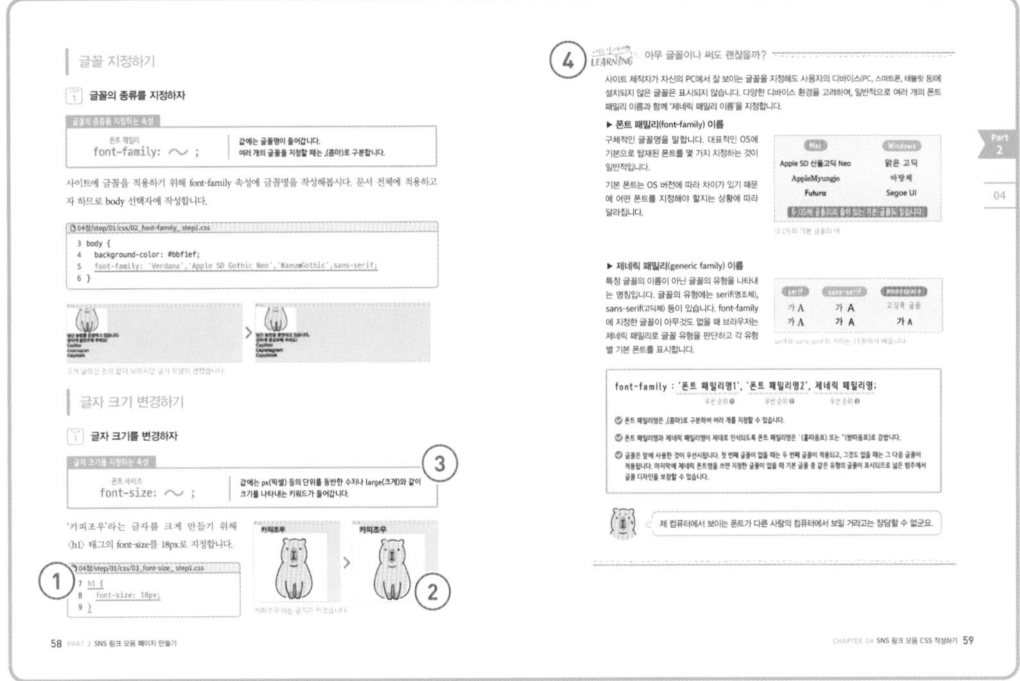

① 소스 코드

각 STEP에서 추가·변경된 코드는 분홍색으로 표시합니다. 본문과 다른 결과가 나온다면 행 번호나 STEP별 샘플 코드를 참고해주세요.

② 캡처(스크린숏)이미지

브라우저에서 파일을 열었을 때의 결과 이미지입니다. 전후 변화를 쉽게 비교할 수 있도록 수정 전 ➡ 수정 후 이미지를 넣었습니다.

③ HTML 태그 · CSS 속성 설명

처음 등장한 HTML 태그나 CSS 속성의 기본적인 내용을 설명합니다.

④ 4 가지 학습 포인트

LEARNING, POINT, RANK UP, SELF WORK에서 참고할 내용이나 조금 더 자세한 설명을 하고 있습니다.

각 파트의 학습 포인트

Part01
- 학습 준비
- 정보 정리력 향상
- HTML의 기본

Part02
- CSS의 기본
- 박스 모델

Part03
- Flexbox 레이아웃
- 문서 구조를 나타내는 태그

Part04
- CSS 애니메이션
- 웹 폰트
- 반응형 웹 디자인(PC→모바일)

Part05
- CSS 그리드 레이아웃
- 정보 활용력 향상
- 반응형 웹 디자인(모바일→PC)

GOAL

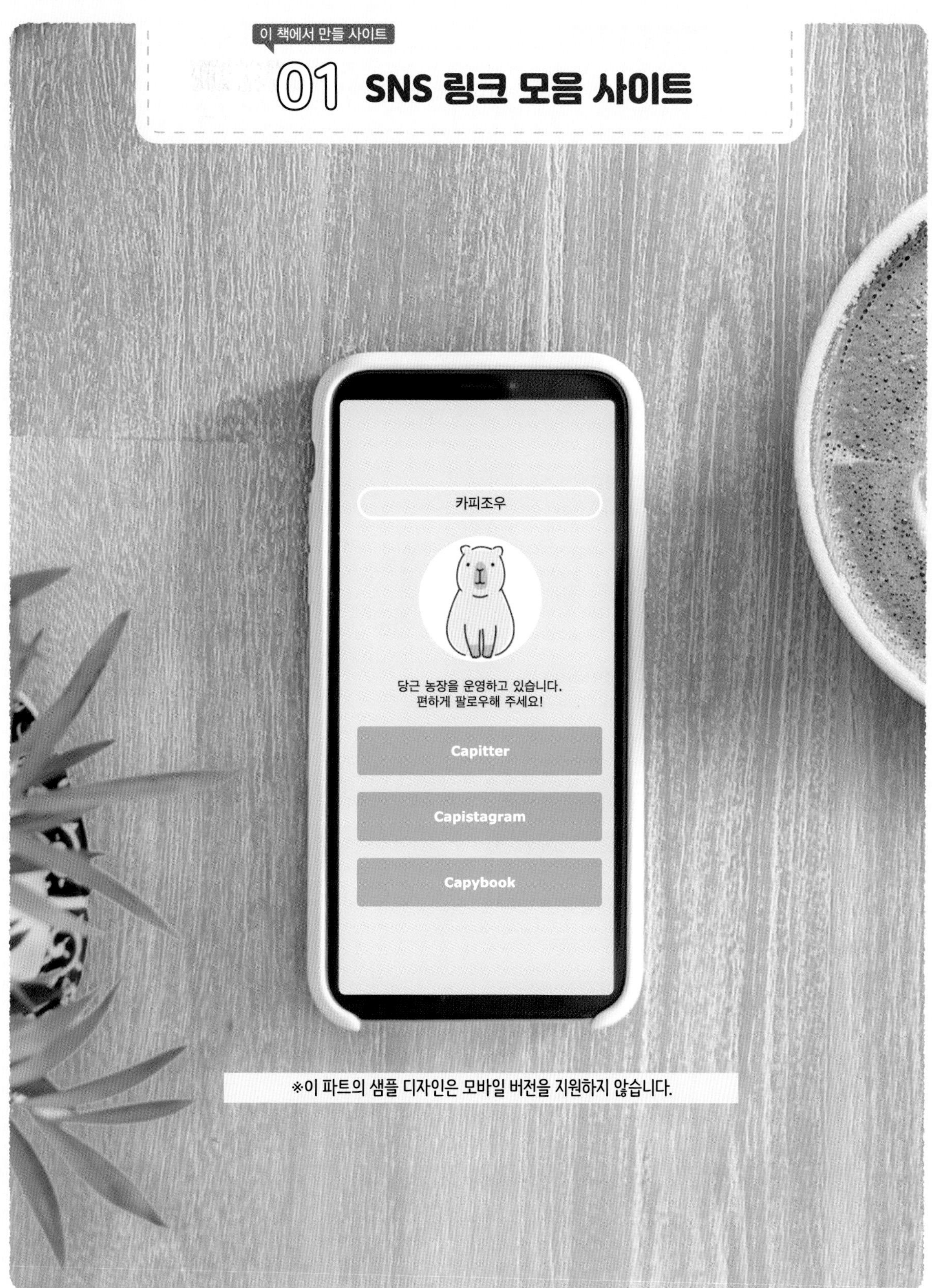
이 책에서 만들 사이트
01 SNS 링크 모음 사이트
카피조우
당근 농장을 운영하고 있습니다.
편하게 팔로우해 주세요!
Capitter
Capistagram
Capybook
※이 파트의 샘플 디자인은 모바일 버전을 지원하지 않습니다.

이 책에서 만들 사이트

02 2칼럼 레이아웃 사이트

이 책에서 만들 사이트

03 1칼럼 레이아웃 사이트

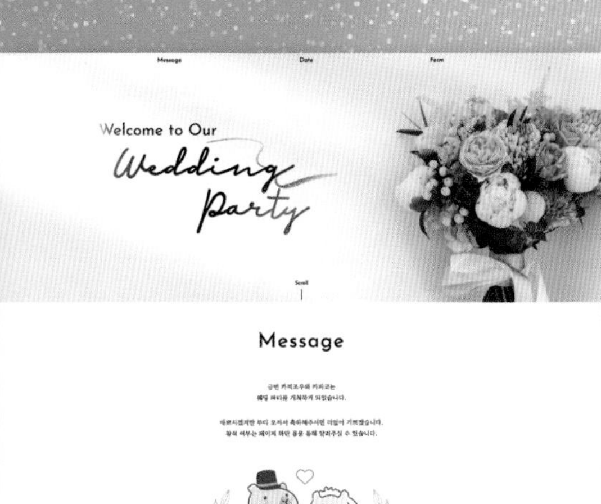

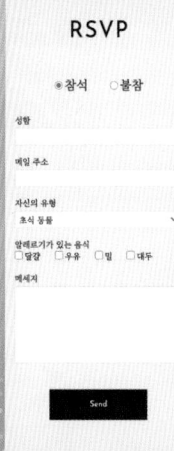

이 책에서 만들 사이트

04 멀티 페이지 사이트

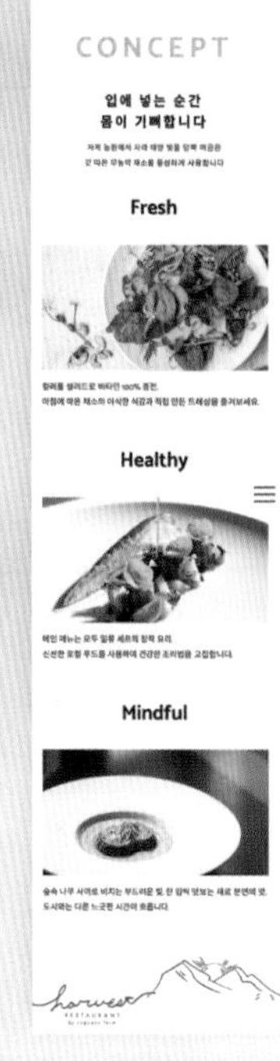

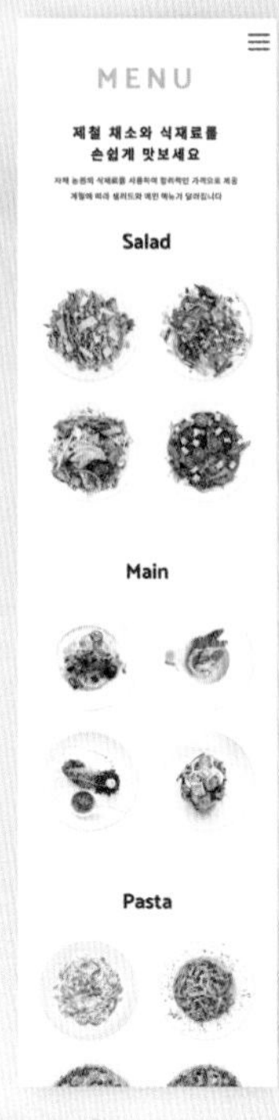

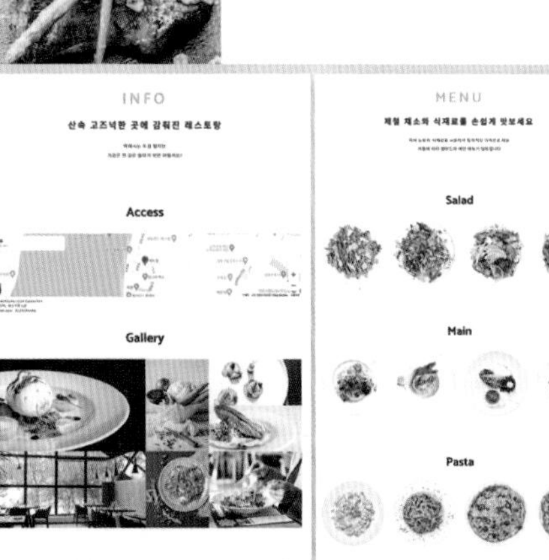

실습용 데이터 다운로드

미리 다운로드하자

이 책을 읽기 전에 다음 URL에서 실습용 데이터를 다운로드합시다([Code] ➡ [Download ZIP]).

https://github.com/mjh117/1st-book

1st-book-main.zip이라는 파일이 다운로드되면 압축을 해제하고 원하는 위치로 옮겨둡니다.

다운로드 데이터의 사용

실습용 데이터에 수록된 사진·일러스트·원고는 개인의 학습 범위에 한해서 사용할 수 있으며, **다른 목적으로 사용하는 것은 허용되지 않습니다.** 저작권은 저자 또는 원본 소스 사이트의 작가에게 귀속됩니다. 재배포 또한 금지됩니다.

코드는 자유롭게 이용할 수 있으므로 사진·일러스트·원고를 다른 것으로 교체한다면 자신이 만든 사이트로 공개할 수 있습니다. 포트폴리오로 사용하는 것은 문제없지만, 디자인 이력이나 성과로 올리는 것은 허용하지 않습니다.

지원 브라우저

이 책의 샘플 코드는 오른쪽에 나열된 브라우저에서 문제없이 수행됩니다.

기본적으로 맥(macOS Big Sur) 또는 윈도우(Windows 10)에서 수행되고, 본문 내에서 특별한 표기가 없는 한 결과 이미지는 맥OS에서 캡처한 것입니다.

PC 브라우저

구글 크롬 / 마이크로소프트 엣지
사파리 / 모질라 파이어폭스

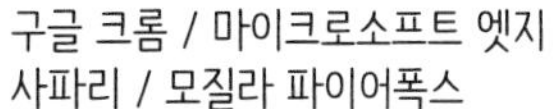

모바일 브라우저

안드로이드용 크롬 / iOS용 사파리
(※Part04 이후에서만 모바일 브라우저 지원)

인터넷 익스플로러는 지원하지 않습니다

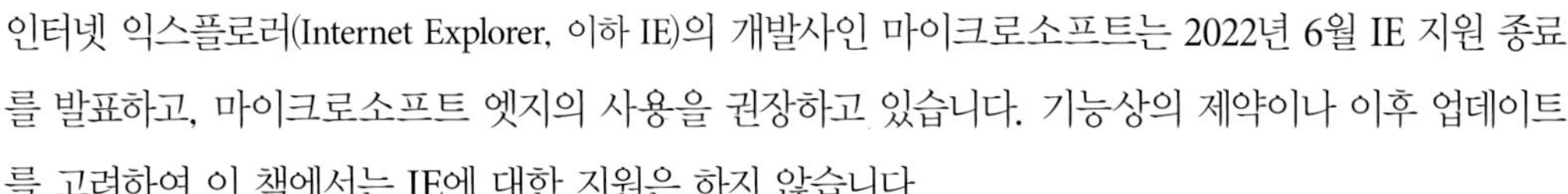

인터넷 익스플로러(Internet Explorer, 이하 IE)의 개발사인 마이크로소프트는 2022년 6월 IE 지원 종료를 발표하고, 마이크로소프트 엣지의 사용을 권장하고 있습니다. 기능상의 제약이나 이후 업데이트를 고려하여 이 책에서는 IE에 대한 지원은 하지 않습니다.

https://bit.ly/htmlcssweb

4개의 부록을 다운로드하자

이 책에는 4개의 부록이 있습니다! 모두 다운로드해서 학습에 활용하기 바랍니다. 구체적인 활용 방법은 아래에서 설명하겠습니다.

부록 PDF
사이트 공개 방법

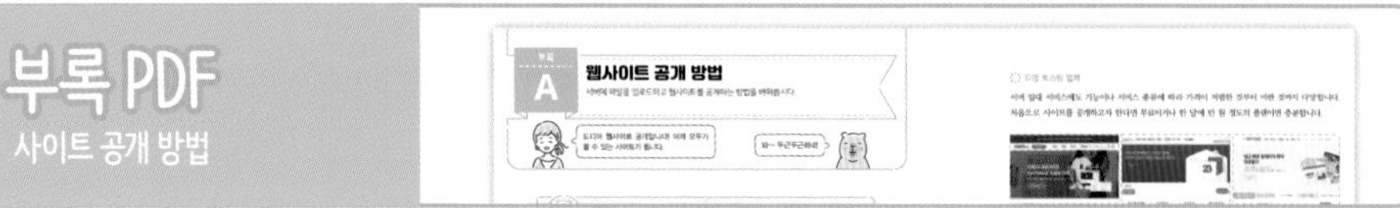

이 책에서 다루는 내용은 '사이트 제작'까지입니다. 그 이후의 단계를 진행하고 싶은 사람을 위해 웹사이트 공개 방법을 정리한 PDF 파일입니다.

도메인 및 서버 임대 방법, 파일 업로드 방법에 대해서 설명하고 있습니다. 본문에 등장했던 친근한 캐릭터를 통해 설명하므로 같은 느낌으로 읽어나갈 수 있습니다.

활용 예시

- 이 책을 끝내고 웹사이트를 공개하고 싶을 때 매뉴얼로 사용합니다.
- 웹사이트를 공개하기까지의 흐름을 이해하기 위한 읽을거리로 추천합니다.

Cheat Sheet
치트시트 4종

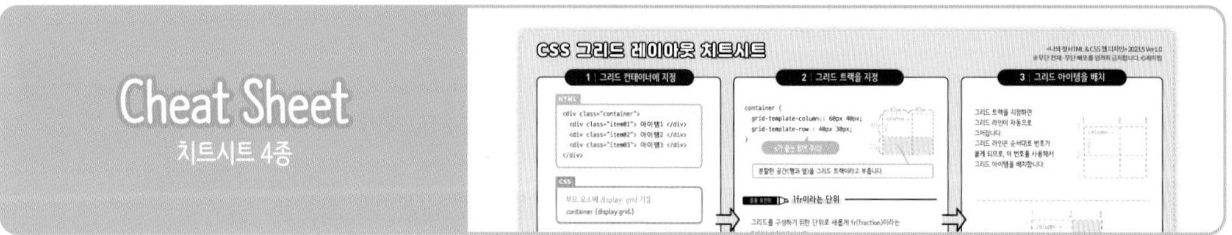

치트시트란 주제별로 핵심 내용을 간결하게 정리한 것입니다. 부록으로 'CSS 그리드 레이아웃', 'Flexbox 레이아웃', '키보드 단축키', 'CSS Shorthand 속성'의 4가지 주제에 대한 치트시트를 준비했습니다.

활용 예시

- 관련 내용을 학습할 때 인쇄해서 근처에 두거나 화면에 띄워놓으면 참조 페이지로 왔다 갔다 하지 않아도 되어 편리합니다.
- 핵심 내용이 정리되어 있으니 복습하고 싶을 때 빠르게 훑어볼 수 있습니다.

추천 사이트 모음

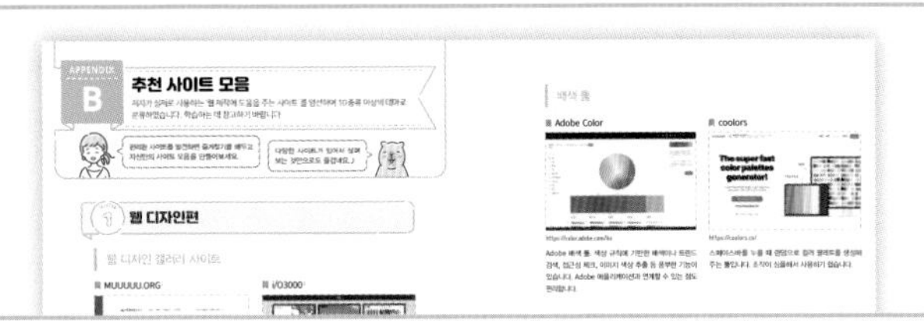

웹사이트를 만들 때 빼놓을 수 없는 것이 제작을 도와주는 다양한 사이트입니다. 다만 처음에는 방대한 선택지 앞에서 어떤 사이트를 봐야 할지 몰라 우왕좌왕할 수 있습니다.

추천 사이트 모음에는 저자가 실제로 사용하는 사이트를 엄선해서 소개해놓았습니다. 크게 '웹 디자인 편'과 '코딩 편'으로 나누어 총 10개 이상의 테마를 실었습니다.

활용 예시

- 몇몇 사이트는 본문에서 언급하기 때문에 본문을 읽으면서 보조 교재로 사용합니다.
- 직접 사이트를 만들 때 참고 소스로 사용합니다. 테마별로 정리되어 있으므로 탐색 시간을 줄일 수 있습니다.

샘플 디자인

XD 데이터

이 책에서 사용할 사이트의 디자인 시안 데이터입니다. Part 2의 SNS 링크 모음 사이트에는 디자인을 추가로 수록했습니다.

※ Adobe XD 애플리케이션을 사용합니다. 파일을 확인할 때는 'Adobe 계정 등록'과 '애플리케이션 다운로드'가 필요합니다.

활용 예시

- 실제 코딩을 할 때 필요한 이미지 내보내기, 색상·수치 추출 과정 등을 연습할 수 있습니다.
- 웹 디자이너를 목표로 하는 사람이라면 디자인 시안 제작을 위한 참고 자료로 사용합니다.
- 중급자 이상이라면 디자인 시안을 보고 코딩을 한 후에 이 책에 수록된 내용과 비교해보면서 학습하는 것도 좋습니다.

다운로드까지 마쳤다면
드디어 본론으로 들어갑니다.

프롤로그 만화부터 시작합니다.

프롤로그 만화

오늘 수확도
풍년이구나~
SUPER MARKET
어서오세요.
카피코
두──근!!
귀가 후…
카피코 양에게 말을 걸고 싶다….
러브레터를 써보자!
글씨가 엉망이야...
출력하는 게 나으려나?
아, 프린터가 없구나...
도저히 못 쓰겠어~!!!
으아악!!
그렇지!!
러브레터 내용을 웹사이트로
만들면 어떨까?

여기로
접속!!
https://www
....
뭔가
멋있잖아...
생각은 좋은 것 같은데
웹사이트 만드는 법을 모르는걸~!
음-
어쩌지...
아!!!
인간 친구에게
부탁하자!!!
팟
웹사이트는
어떻게 만드는 건가요~?!
웹 디자이너
마크업 엔지니어

Part 1

HTML 작성하기

CHAPTER 1 시작하기 전에

CHAPTER 2 HTML의 기본

거두절미하고
웹사이트를 만들기 위한 기초 지식인
'HTML'에 대해 배워봅시다.
에이치-티-엠-엘??
핫.토마토.미트.런치의
줄임말인가?
HTML이란 HyperText Markup
Language의 약자입니다.
HyperText
Markup Language
하이퍼텍스트 마크업 랭귀지!!
전혀 다르구나...!!

저는 영어 울렁증이 있다구요-!!!
진정해...
간단히 말하면
웹사이트를 만드는
언어예요.
우리가 늘 사용하는 웹사이트는
이런 식의 HTML로 작성되어 있어요.
<body class="topPage">
<header>
<h1>
<img src="images/to
</h1>
</header>
<main>
<ul class="linkList">
<li>

호오~ 웹사이트가
이렇게 생긴 건가요?
물끄러미
얼른 'HTML'이
무엇인지 배워봅시다!
먼저 컴퓨터 환경을
준비하는 것부터
시작합니다.
파이팅~!

CHAPTER 01

시작하기 전에

HTML을 작성하기 전에 필요한 지식이나 준비할 환경 등을 소개합니다.
가벼운 마음으로 시작해봅시다.

PC 환경 설정 등 실습에 필요한 것을 갖춰봅시다.

알겠습니다!
준비는 확실히 해야죠.

SECTION 1 학습을 시작하기 전에

이 책에서 다루는 범위

웹 제작의 흐름을 살펴보면서 이 책에서 다루는 범위에 대해 살펴봅시다.
더 자세한 흐름은 이 책의 후반부에서도 소개합니다.

웹사이트 공개까지의 과정

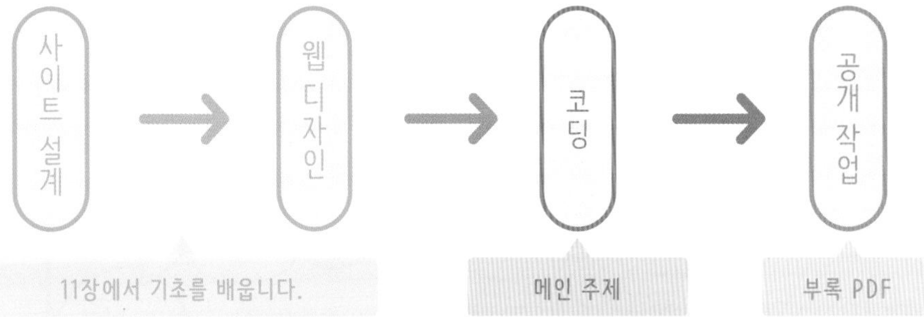

이 책에서는 주로 '코딩' 부분을 다룹니다. 코딩은 웹 디자인 데이터를 웹사이트의 형태로 볼 수 있도록 HTML 언어로 작성하는 작업을 말합니다.

'사이트 설계'와 '웹 디자인'에 대해서는 11장에서 기초적인 내용을 배웁니다. '공개 작업'에 대한 내용은 부록 PDF에 설명되어 있으므로 참고하기 바랍니다.

'업로드 작업'이란 인터넷을 통해 자신이 만든 웹사이트를 다른 사람이 접속할 수 있도록 만드는 일련의 작업을 말합니다.

SECTION 2 웹사이트의 구조 이해하기

웹사이트가 표시되는 원리

어떤 사이트를 누구나 볼 수 있는 것은 인터넷을 통해 접속할 수 있는 '서버'라는 공간에 해당 사이트가 업로드(공개)되었기 때문입니다.

사용자가 브라우저에 URL을 입력하면 웹사이트에 접속할 수 있습니다. 브라우저는 웹사이트를 볼 수 있게 해주는 애플리케이션을 말합니다.

비유하자면 웹사이트가 올라간 서버는 토지이고 URL은 주소입니다. 브라우저에 URL(주소)을 입력하면 서버(토지)에 접속해 웹사이트를 볼 수 있게 됩니다.

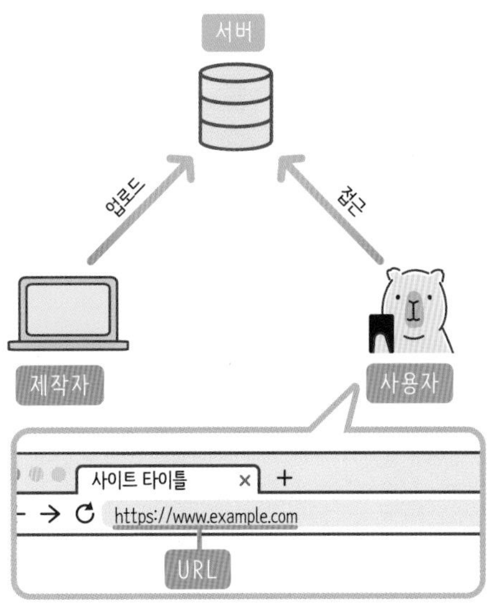

서버는 일반적으로 임대해서 사용합니다. 서버 임대나 파일 업로드에 대한 구체적인 방법은 부록 PDF를 참고하세요.

웹사이트를 구성하는 파일

웹사이트의 한 페이지는 보통 한 개의 HTML 파일로 이루어지는데, HTML 안에서는 CSS 파일, 이미지·영상 파일, 자바스크립트 파일 등 다양한 종류의 파일이 사용됩니다.

이 책에서는 웹사이트의 기본이 되는 HTML과 CSS 파일을 작성하는 법에 대해 배웁니다.

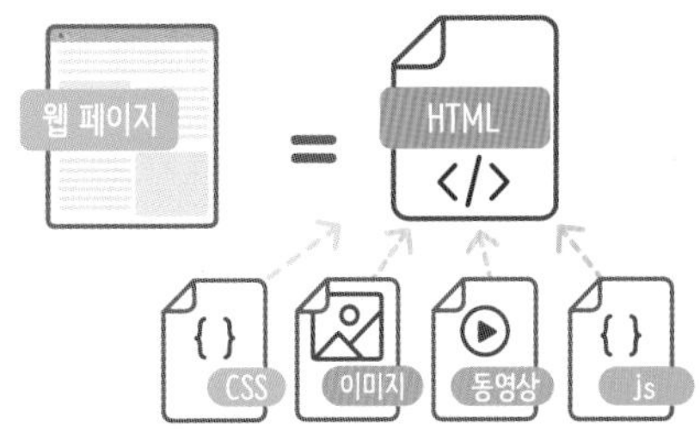

늘 보던 웹사이트가 이렇게 다양한 기술로 만들어진 것이었군요.

필요한 애플리케이션 설치하기

웹 브라우저 설치하기

웹 브라우저란?

사용자에게 웹사이트를 보여주는 애플리케이션을 웹 브라우저(이하 브라우저)라고 합니다. 브라우저에는 몇 가지 종류가 있는데, OS에 따라 기본으로 제공되는 브라우저가 다릅니다. 맥에서는 사파리(Safari)가, 윈도우에서는 마이크로소프트 엣지(Microsoft Edge, 이하 엣지)가 기본 브라우저입니다.

브라우저 점유율

한국의 PC 브라우저 점유율은 구글 크롬(Google Chrome)이 압도적으로 높습니다. 모바일 또한 구글 크롬이 가장 높고 그 밖에 사파리, 삼성 인터넷 등이 그 뒤를 따르고 있습니다.

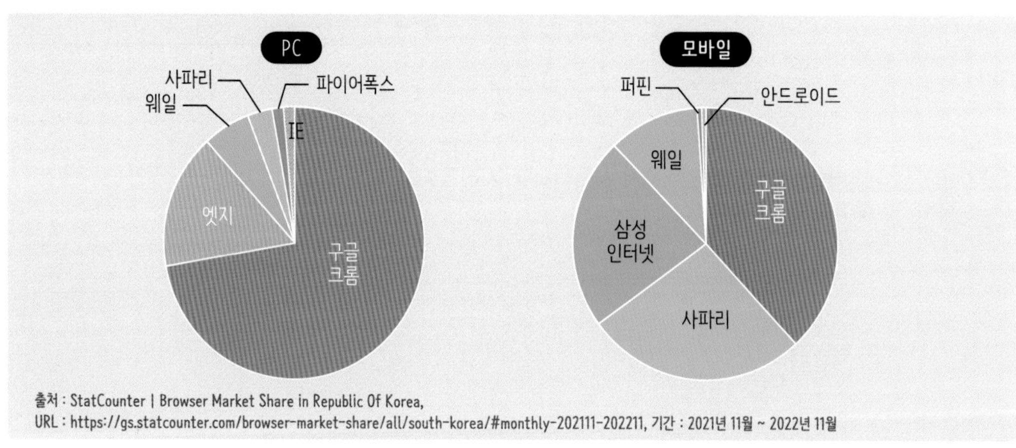

출처 : StatCounter | Browser Market Share in Republic Of Korea,
URL : https://gs.statcounter.com/browser-market-share/all/south-korea/#monthly-202111-202211, 기간 : 2021년 11월 ~ 2022년 11월

브라우저에 따라 웹사이트가 표시되는 모습이 다를 수 있기 때문에 제작할 때 여러 개의 브라우저에서 확인해보는 것이 일반적입니다.

최근에는 브라우저 간의 차이가 줄었지만, 점유율이 높은 브라우저를 메인으로 하고 그 외의 브라우저에서 다시 체크해보는 편이 좋습니다.

브라우저는 최신 버전으로 자주 업데이트됩니다. 브라우저에 따라 새로운 기능을 지원하는 속도가 다르다는 것을 알아둡시다.

구글 크롬 설치하기

이 책에서 실습을 위해 점유율이 가장 높은 구글 크롬을 사용합니다. 다음의 순서로 설치해봅시다. 설치 방법은 맥OS 기준입니다.

STEP 1 설치 파일을 다운로드하자

구글 크롬 사이트(https://www.google.com/intl/ko_kr/chrome/)로 들어가서 [Chrome 다운로드] 버튼을 클릭해 설치 파일을 다운로드합니다.

PC에 설치되어 있는 브라우저로 접속하세요!

※ 집필 시점의 웹사이트 캡처이므로 보이는 화면이 다를 수 있습니다.

STEP 2 구글 크롬을 설치하자

다운로드한 dmg 파일을 더블클릭하여 오른쪽과 같은 창이 열리면 [Google Chrome.app] 아이콘을 응용프로그램 폴더로 드래그&드롭합니다.

윈도우에서는 ChromeSetup.exe 파일이 다운로드됩니다. 이를 더블클릭한 후 인스톨러의 안내에 따라 설치를 완료합니다.

STEP 3 구글 크롬을 실행하자

응용프로그램 폴더에 생성된 [Google Chrome.app] 아이콘을 더블클릭했을 때 브라우저가 실행되면 설치 완료입니다.

에디터 설치하기

에디터란?

맥의 텍스트 편집기나 윈도우의 메모장과 같이 문서를 작성할 수 있는 애플리케이션을 총칭하여 에디터라고 합니다. 웹사이트를 만들 때 에디터에서 HTML/CSS 파일을 작성하게 됩니다.

에디터에는 다양한 종류가 있지만 이 책에서는 무료로 사용할 수 있는 마이크로스프트 사의 비주얼스튜디오코드(Visual Studio Code, 이하 VSCode)를 사용합니다.

VSCode를 설치하자

STEP 1 설치 파일을 다운로드하자

VSCode 사이트(https://code.visualstudio.com/download)에 접속해서 원하는 OS를 선택하면 다운로드됩니다.

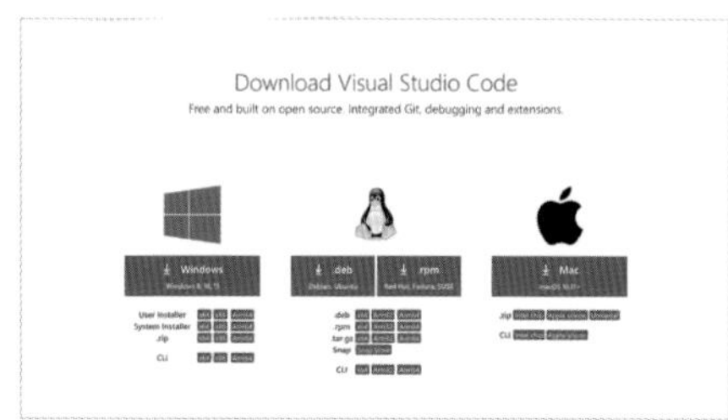

※ 번역 시점의 웹사이트 캡처이므로 보이는 화면이 다를 수 있습니다.

STEP 2 VSCode를 설치하고 실행하자

다운로드한 zip 파일을 더블클릭해서 압축을 해제합니다.

[Visual Studio Code] 파일이 표시되면 더블클릭해서 실행합니다. 이 파일을 응용프로그램 폴더로 이동해두면 사용할 때 찾기 쉽습니다.

윈도우에서는 인스톨러의 안내에 따라 설치를 완료합니다.

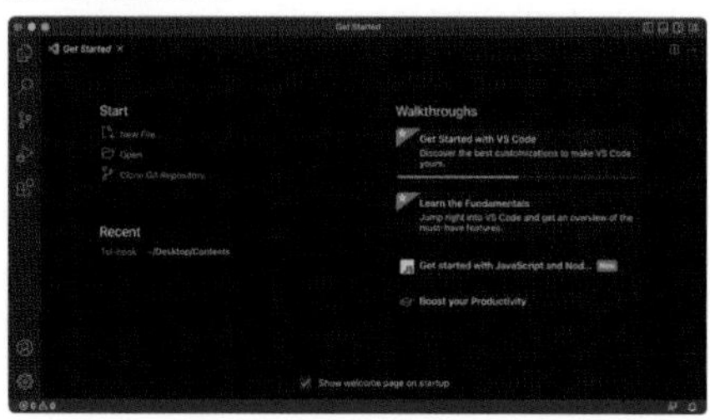

무사히 실행되었습니다! 그런데 영어만 가득해서 조금 부담스럽네요.

VSCode 언어 변경하기

VSCode의 기본적인 언어 설정은 영어입니다. 한국어를 사용하고 싶다면 다음 순서에 따라 언어를 변경해주세요.

STEP 1 커맨드 팔레트를 열자

VSCode를 실행시키고 메뉴바에서 [View] ➡[Command Palette]를 선택합니다.

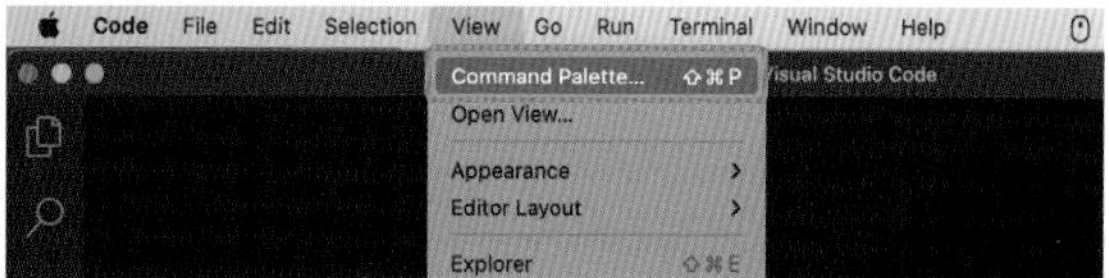

STEP 2 한국어 언어팩을 설치하자

커맨드 팔레트에 'Configure Display Language'를 입력하고 클릭합니다. 드롭다운 메뉴에서 '한국어(ko)'를 클릭하면 한국어 언어팩이 설치됩니다.

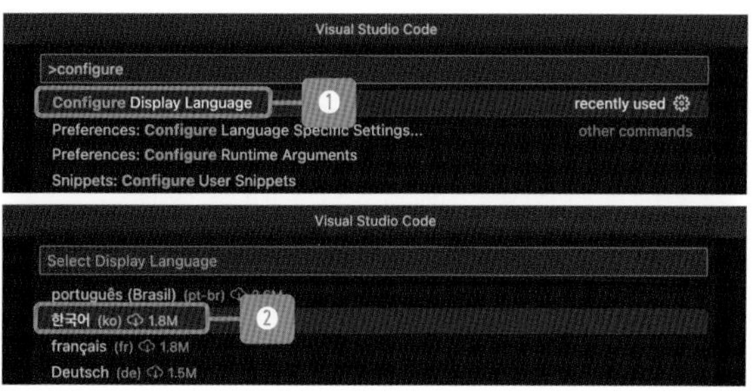

STEP 3 VSCode를 재시작하자

오른쪽 아래에 [Restart] 버튼이 나타나면 클릭하여 재시작합니다.

VSCode가 다시 실행되면 언어 설정이 한국어로 바뀝니다.

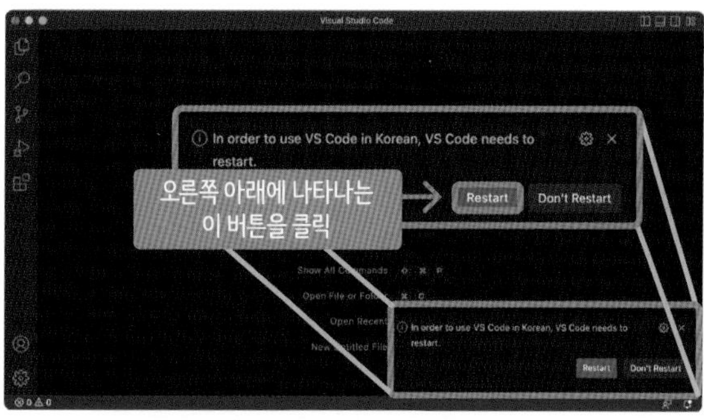

이제 한국어로 보이니 안심이네요.

VSCode 테마 변경하기

초기 테마는 바탕이 다크 모드이지만 내용이 잘 보이도록 다른 테마로 변경하겠습니다. 테마에 따라 코드의 색깔이 달라지므로 이 책에서 설정한 테마로 맞춰놓고 따라하기 바랍니다.

STEP 1 색 테마 메뉴를 열자

VSCode의 왼쪽 아래에 있는 톱니바퀴 모양의 [관리] 버튼을 클릭하고 [색 테마] 메뉴를 선택합니다.

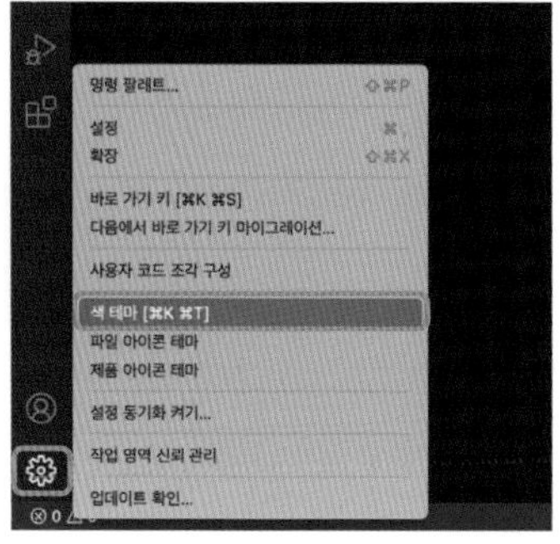

STEP 2 색 테마 선택 메뉴를 열자

색 테마 메뉴가 열리면 원하는 테마를 선택할 수 있습니다. 첫 번째 줄에 있는 [추가 색 테마 찾아보기]를 클릭합니다.

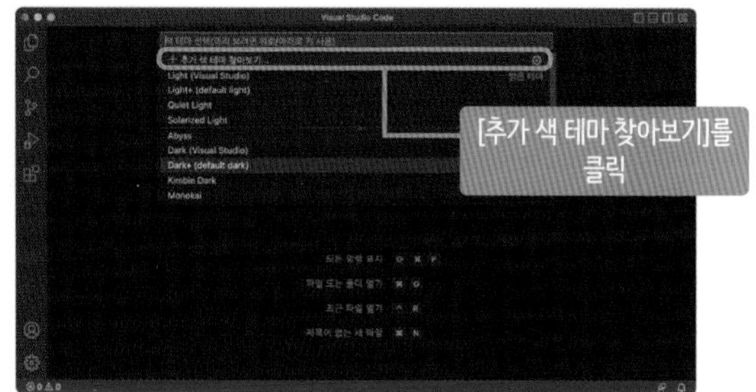

STEP 3 색 테마를 설치하자

검색창에 'brackets'이라고 입력하면 'Brackets Light Pro'라는 테마가 나타납니다. 이를 클릭하면 테마가 설치되고 적용됩니다.

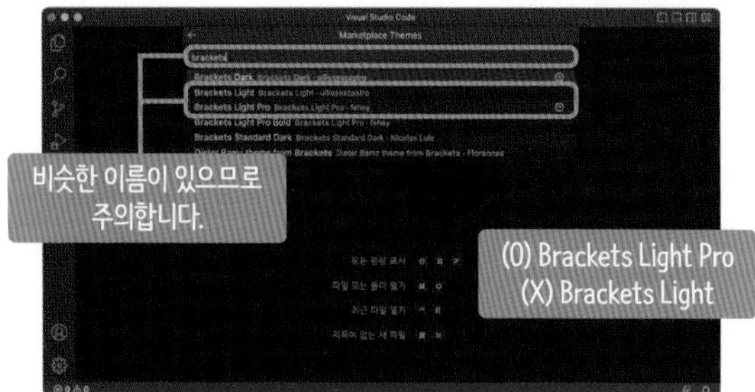

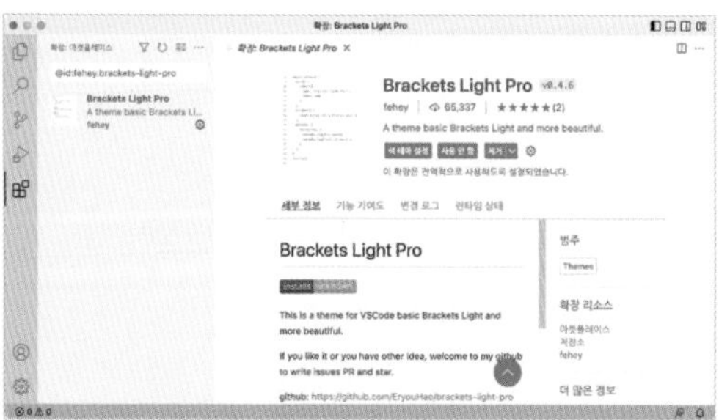

효율적으로 학습하기

이 책을 읽는 방법

막힐 때는 'STEP별 파일'을 체크한다

02장/step/03/01_base_step1.html

```
<!DOCTYPE html>
<html lang="kr">
<head>
<meta charset="UTF-8">
<title>카피코 양에게 보내는
</head>
```

코드 위에 완성 파일의 경로가 있습니다.

이 책에서는 차근차근 STEP별로 따라하면서 사이트를 만듭니다. 각 STEP에서 완성할 코드는 각 장의 **step** 폴더에서 확인할 수 있습니다. 만약 따라 하다가 책과 다른 결과가 나온다면 수록된 완성 파일과 자신의 코드를 비교해봅니다.

틀린 부분을 빠르게 찾아내는 것도 중요한 능력입니다.

CSS는 한 행씩 반영하는 편이 좋다

한 행씩 변화를 확인합니다.

```
article h2 {
  font-size: 40px;        →확인
  font-weight: 500;       →확인
  margin-bottom: 8px;     →확인
}
```

지면의 한계상 한 STEP에서 여러 행의 코드를 작성할 때가 있습니다. 자신의 코드에 반영할 때는 한 행씩 변화를 확인하면서 코드를 입력하면 더욱 확실히 이해할 수 있습니다.

가능한 한 수정 전 ⇒ 수정 후 이미지를 함께 실었습니다.

건너뛰어도 OK! 우선 한 권을 끝까지 읽는 것이 중요하다

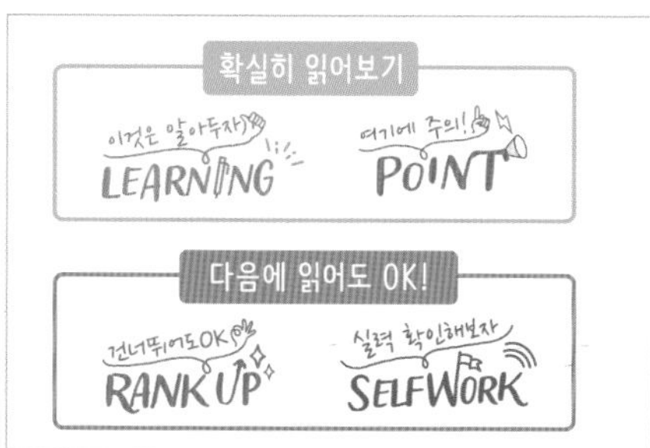

'LEARNING'과 'POINT'는 중요한 내용이므로 그냥 넘기지 말고 읽어보기를 권합니다. 'RANK UP'과 'SELF WORK'는 일단은 건너뛰어도 학습에 지장을 주지 않는 내용입니다.

끝까지 읽은 다음 다시 처음으로 돌아가서 건너뛴 부분을 읽는 것도 좋습니다. 부록 PDF도 활용해보세요!

실습 파일 확인하기

다운로드한 1st-book 폴더를 열면 각 장별로 폴더가 있습니다.

각 장의 폴더에는 **작업**, **완성**, **step** 폴더가 있습니다. 실습은 **작업** 폴더에 있는 파일에 코드를 추가하면서 진행합니다. **완성** 폴더에는 그 장에서 최종적으로 완성할 코드가 들어 있습니다. **step** 폴더에는 STEP별 실습 과정에서 완성할 코드가 들어 있습니다.

다운로드 방법은 xxi쪽 참고

파일 확장자 표시하기

확장자는 파일 이름 뒤에 붙어서 그 파일의 종류를 나타내는 문자열입니다. 텍스트 파일은 'txt', HTML 파일은 '.htm' 또는 '.html' 같이 파일 형식마다 다른 확장자를 갖고 있습니다.

실습을 진행하다 보면 다양한 종류의 파일이 등장합니다. 어떤 파일인지 쉽게 구분하기 위해 확장자가 보이도록 설정을 변경해봅시다.

STEP 1 확장자가 표시되도록 설정을 변경하자

Mac 파인더를 열고 상단 메뉴에서 [Finder] ➡ [환경설정]을 선택합니다. 환경설정 창에서 [고급]을 선택하고 [모든 파일 확장자 보기]에 체크합니다.

Windows 탐색기를 열어서 [보기]를 클릭하고, [파일 확장명]에 체크합니다.

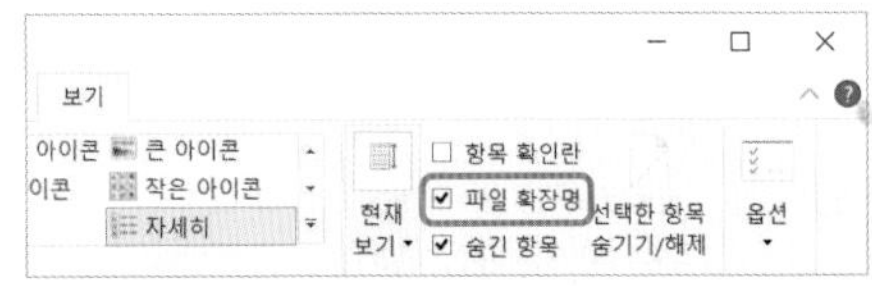

작업 화면 배치하기

코딩할 때 화면의 배치에 신경쓰면 작업 동선이 간결해집니다.

화면 왼쪽에는 VSCode를, 화면 오른쪽에는 구글 크롬을 띄웁니다. 에디터와 브라우저를 나란히 배치하면 작업한 결과를 바로 확인할 수 있어서 효율적입니다.

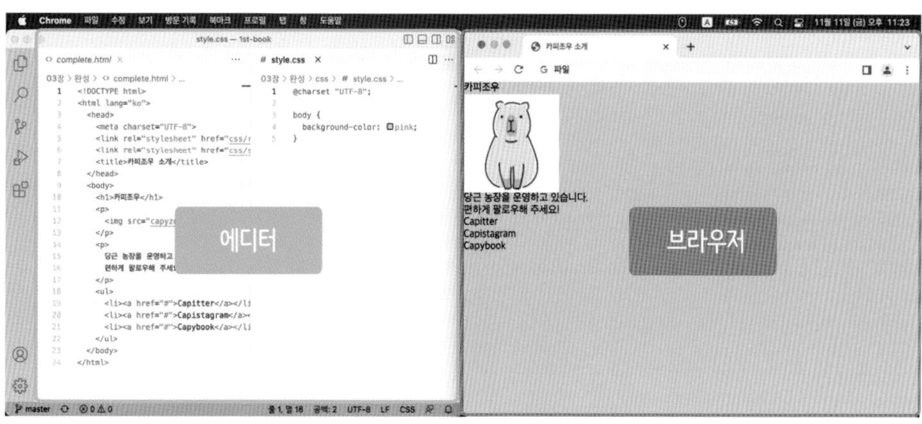

노트북을 사용한다면 창 두 개를 띄우기에 화면이 좁을 수 있습니다. 그럴 때는 가상 데스크톱 기능(맥은 Command + Tab, 윈도우는 Alt + Tab)으로 에디터와 브라우저 창을 오가면서 사용하면 편리합니다.

책과 다른 결과가 나올 때

코드를 작성하다 보면 오타 등으로 인해 완성 코드와 다르게 나올 때가 있습니다.

눈으로만 보면 실수를 발견하기 어려우니 **어디가 완성 파일과 다른지** 알고 싶을 때는 텍스트의 차이를 시각화해주는 툴을 사용하면 됩니다. 여기서는 VSCode의 텍스트 비교 기능을 소개합니다.

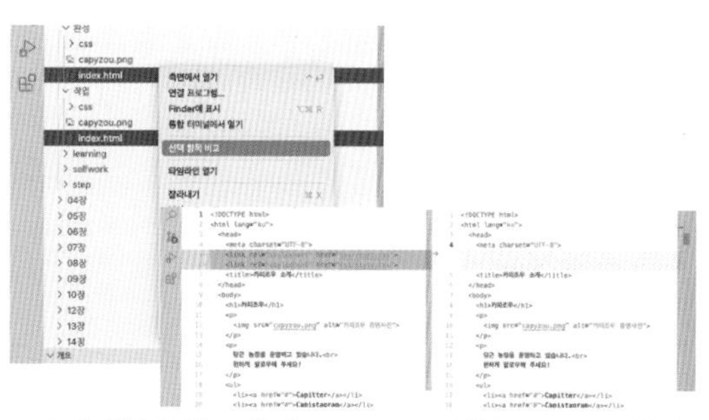

VSCode 텍스트 비교 기능(https://www.diffchecker.com 참고)

탐색기에서 Command(윈도우에서는 Ctrl)를 누르고 파일을 클릭하면 여러 개의 파일을 선택할 수 있습니다. 비교하고 싶은 파일을 선택하고 마우스의 오른쪽 버튼을 클릭해서 나타나는 메뉴에서 [선택 항목 비교]를 클릭하면 두 파일의 차이를 확인할 수 있습니다.

초간단 예제로 워밍업하기

이제 앞에서 설치한 구글 크롬에 간단히 글자를 표시해봅시다.

우와~ 떨린다~! 잘 할 수 있을까?!

브라우저에 글자 표시하기

STEP 1 에디터에 글자를 입력하자

VSCode를 실행하고 [파일]➡[새 텍스트 파일]을 선택한 후 '안녕하세요. 카피조우입니다.'라고 입력합니다. '안녕하세요.' 다음에는 Enter 를 눌러 줄바꿈 합니다.

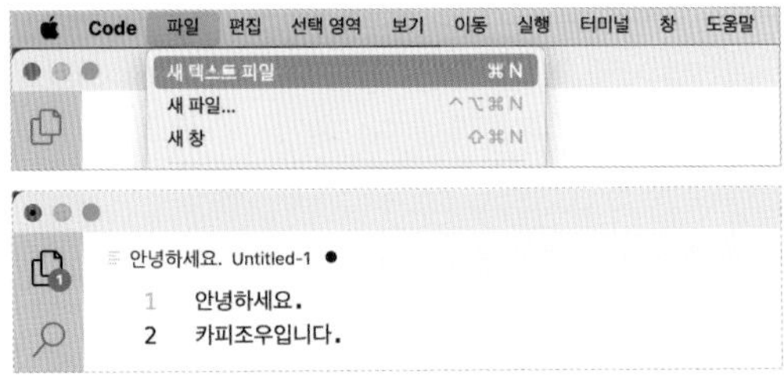

STEP 2 파일을 저장하자

[파일]➡[다른 이름으로 저장]을 선택하고 파일명에 'warming_up.html'을 입력합니다. 위치는 바탕화면 등 찾기 쉬운 곳으로 지정합니다.

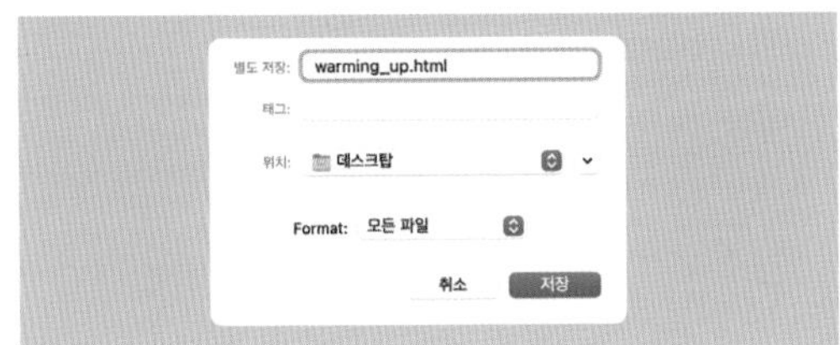

STEP 3 파일을 브라우저에서 열어보자

저장한 파일을 더블클릭하여 구글 크롬에서 엽니다. 오른쪽 그림과 같이 글자가 표시되면 성공입니다!

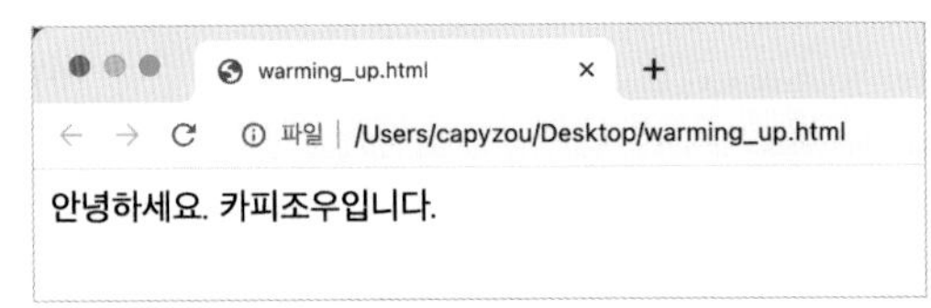

결과 창을 보면 VSCode에서 줄바꿈한 것이 브라우저에 반영되지 않았음을 알 수 있습니다.

HTML 파일을 더블클릭하면 브라우저에서 열린다는 것을 기억해둡시다.

파일이 구글 크롬에서 열리지 않을 때

맥에서는 파일을 [오른쪽 클릭] ➡ [다음으로 열기] ➡ [Google Chrome.app]을 선택합니다. 윈도우에서는 [오른쪽 클릭] ➡ [연결 프로그램]에서 [Google Chrome]을 선택합니다.

이것으로 워밍업이 끝났습니다. 너무 간단한가요? 이 내용은 앞으로의 실습에서 반복적으로 수행할 내용이니 잘 기억해둡시다.

건너뛰어도OK RANK UP 단축키를 사용하자

작업 효율화를 위해서 단축키를 익혀봅시다. 복사&붙여넣기를 단축키로 실행하면 작업이 훨씬 빨라집니다.

▶ 복사

복사할 글자를 선택하고 command + C(윈도우에서는 Ctrl + C)를 누릅니다.

▶ 붙여넣기(복사한 문자를 붙여넣기)

붙여넣을 위치를 선택하고 command + V(윈도우에서는 Ctrl + V)를 누릅니다.

▶ 저장

편집을 하다가 Command + S(윈도우에서는 Ctrl + S)를 누르면 파일이 덮어쓰기로 저장됩니다. 자주 저장하는 습관을 들이면 문제가 생겼을 때 저장한 시점으로 되돌릴 수 있습니다.

▶ 실행취소

Command + Z(윈도우에서는 Ctrl + Z)를 누르면 바로 직전에 실행한 것을 취소합니다. 여러 번 누르면 차례대로 이전 상태로 돌아갈 수 있습니다(횟수 제한은 애플리케이션마다 다릅니다).

▶ 새 파일 만들기

Command + N(윈도우에서는 Ctrl + N)으로 새로운 파일을 새로 만들 수 있습니다.

CHAPTER 02

HTML의 기본

이 장에서는 마크업이 무엇인지 배웁니다. HTML 태그의 종류와 사용법에 대해서도 실습을 통해 익혀봅시다.

마크업을 할 때 중요한 '정보 정리' 실력도 키울 수 있습니다.

정리에는 서투른 편이에요…….

SECTION 1 마크업이 중요한 이유

HTML에서 마크업이란

HTML에서 마크업이란 **어떤 문자열에 '의미를 갖는 마크'를 붙인다**는 뜻입니다.

하지만 워밍업에서 마크업이라는 것 없이도 브라우저에 글자가 잘 표시되었잖아요. 그것만으로는 부족한가요?

그렇군요. 카피조우 군의 말도 맞아요. 그렇다면 어째서 마크업이 필요한지 대표적인 이유를 살펴봅시다.

마크업을 하는 이유

컴퓨터에게 정보의 의미를 알려주기 위해

사람은 문장을 읽으면 의미를 파악할 수 있습니다. 하지만 컴퓨터는 글자의 나열이라고밖에 인식하지 못합니다.

HTML은 텍스트에 의미 있는 정보를 덧붙여주는 언어입니다. 텍스트에 마크업을 하면 컴퓨터가 문장의 의미를 이해할 수 있습니다.

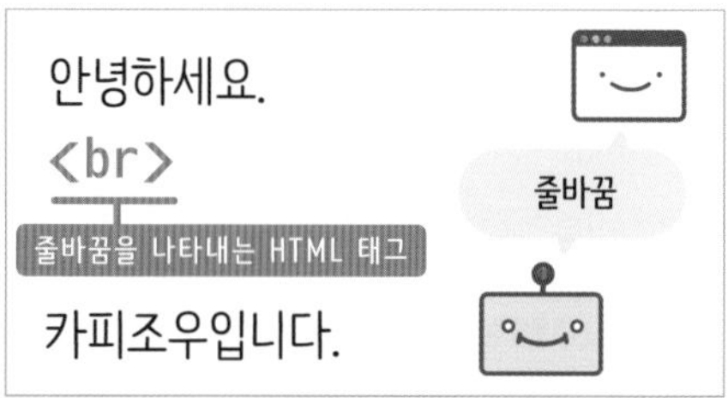

워밍업 작업의 경우 에디터에서 Enter 로 '줄바꿈'을 했는데도 브라우저에 적용되지 않았던 것은 '줄바꿈'이라는 정보가 마크업되지 않았기 때문입니다.

웹 접근성을 위해

시각 장애인은 웹에서 정보를 탐색할 때 '화면 정보를 음성으로 읽어주는 소프트웨어'를 사용합니다.

적절한 마크업을 함으로써 화면 읽기 기능이 원활하게 이루어질 수 있습니다.

웹 접근성이란 어떤 웹 정보가 사용자 입장에서 접근이 용이한가를 나타내는 용어입니다. 특히 장애인이나 고령자와 같이 정보 취약 계층을 고려하는 것이 중요합니다. 한국의 경우 모든 법인의 웹 접근성 준수가 의무화되어 있고, 심사 기준을 통과한 사이트에는 웹 접근성 인증 마크가 부여됩니다. 추천 사이트 PDF에 '웹 접근성'과 관련된 내용이 있으니 참고하기 바랍니다.

검색 사이트에 정확한 정보를 제공하기 위해

구글 등의 검색 사이트는 크롤러라는 프로그램으로 웹사이트 내용을 수집합니다. 사이트에 마크업이 잘 되어 있다면 크롤러가 정보를 올바르게 판단할 수 있습니다.

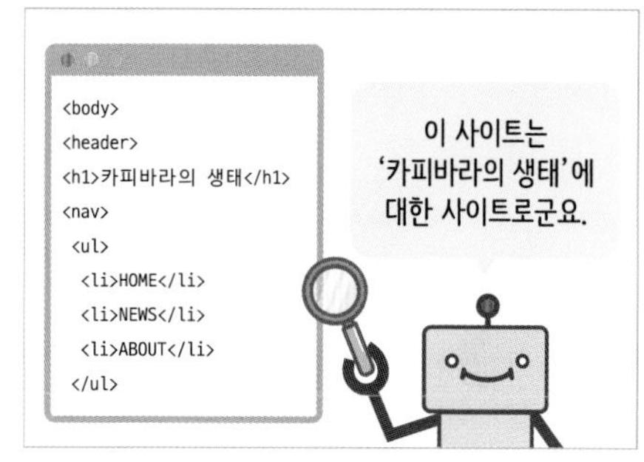

<body>
<header>
<h1>카피바라의 생태</h1>
<nav>
<ul>
<li>HOME</li>
<li>NEWS</li>
<li>ABOUT</li>
</ul>
이 사이트는
'카피바라의 생태'에
대한 사이트로군요.

웹사이트의 정보가 제대로 수집되면 검색 결과의 상위에 유용한 웹사이트가 노출됩니다. 검색의 품질이 좋아질수록 인터넷의 유용성도 향상됩니다.

컴퓨터가 적절하게 해석하고 활용할 수 있는 정보를 **기계 가독형 데이터**(Machine-Readable Data)라고 합니다.

시맨틱 마크업에 유념하자

의미에 기반하여 마크업 하는 것을 **시맨틱 마크업**(Semantic Markup)이라고 합니다. '시맨틱'을 직역하면 '의미론적인'이라는 뜻으로, 정보의 의미를 명확히 드러내는 마크업을 지향하는 방식입니다.

의미에 기반하지 않은 마크업을 하면 '컴퓨터가 정보를 이해하도록 한다'라는 마크업의 의도와 맞지 않습니다.

정보의 의미와 관련없이 시각적인 장식 효과를 주고 싶을 때는 HTML이 아니라 뒤에서 소개할 CSS를 사용합니다.

러브레터 내용 정리하기

실은 카피코 양에게 보낼 러브레터를 다 써두었어요.

그렇다면 러브레터를 마크업할 준비를 해봅시다.

문장의 의미를 고려하여 정보 정리하기

STEP 1 러브레터를 항목별로 분류하자

다음 페이지에 있는 러브레터를 아래의 분류 목록을 활용해 항목별로 분류해봅시다.

● 분류 목록
제목
문단
이미지
리스트
표
연락처
(사이트로 만들었을 때)클릭 가능한 영역

02장/loveletter 폴더에 러브레터 이미지 파일(`loveletter.png`)이 있습니다. 프린터가 있다면 출력해서 실습해보는 것도 좋습니다. 페이지를 넘기면 예시 답안이 있습니다.

친애하는 카피코 양에게

첫인사

안녕하세요. 저는 카피조우라고 합니다. 초면에 갑작스럽게 연락드려서 죄송합니다.
이렇게 편지를 쓰는 것은 다름 아니라 카피코 양에게 데이트 신청을 하고 싶기 때문입니다.

자기소개

아마도 "누구세요?"라는 의문만 떠오르시겠지요. 먼저 자기소개를 하겠습니다.

■ 취미

- 농장에서 채소 가꾸기
- 온천욕
- 암염 수집

■ SNS(팔로워가 많은 순)

1. Capitter
2. CapyBook
3. Capistagram

■ 기본 정보

성명: 카피조우
연령: 3세
직업: 농장 경영

카피코 양에게 하고 싶은 말

슈퍼마켓에 들른 어느 날 카피코 양을 보고 첫눈에 반했습니다.
말을 걸고 싶었지만 용기가 나지 않아서, 이렇게 인터넷의 힘을 빌려 연락을 드립니다.

농장 경영에 대해서

저는 월급쟁이에서 벗어나 당근 농장을 운영한 지 6년이 되었습니다.
조금 불안하게 들릴 수도 있겠지만, 매출이 해마다 오르고 있어서 장래는 안정적입니다.

연차	매출	비고
1년 차	100 capy	
2년 차	300 capy	
3년 차	500 capy	
4년 차	800 capy	
5년 차	200 capy	이 해는 가뭄이 심했습니다.
6년 차	500 capy	

데이트 신청

아직 부족한 카피바라지만, *한 번 만나주시지 않겠습니까?*
대답은 아래 주소로 직접 오셔서 해주셔도 좋고, 휴대폰으로 전해주셔도 좋습니다.

카피바랜드 호수 근처 11-33-12
FARM Capyzou 앞

010-XXXX-XXXX

으음~ 어떻게 분류하는 게 좋을까?

첫 실습이니 너무 깊이 고민하지 말고 시작해보세요.

예시 답안

친애하는 카피코 양에게 제목

첫인사 제목

안녕하세요. 저는 카피조우라고 합니다. 초면에 갑작스럽게 연락드려서 죄송합니다. 문단
이렇게 편지를 쓰는 것은 다름 아니라 카피코 양에게 데이트 신청을 하고 싶기 때문입니다.

자기소개 제목

아마도 "누구세요?"라는 의문만 떠오르시겠지요. 먼저 자기소개를 하겠습니다. 문단

이미지

■ 취미 제목

- 농장에서 채소 가꾸기 리스트
- 온천욕
- 암염 수집

■ 기본 정보 제목

성명: 카피조우 리스트
연령: 3세
직업: 농장 경영

■ SNS(팔로워가 많은 순) 제목

1.Capitter 클릭 리스트
2.CapyBook
3.Capistagram

카피코 양에게 하고 싶은 말 제목

슈퍼마켓에 늘른 어느 날 카피코 양을 보고 첫눈에 반했습니다. 문단
말을 걸고 싶었지만 용기가 나지 않아서, 이렇게 인터넷의 힘을 빌려 연락을 드립니다.

농장 경영에 대해서 제목

저는 월급쟁이에서 벗어나 당근 농장을 운영한 지 6년이 되었습니다. 문단
조금 불안하게 들릴 수도 있겠지만, 매출이 해마다 오르고 있어서 장래는 안정적입니다.

표

연차	매출	비고
1년 차	100 capy	
2년 차	300 capy	
3년 차	500 capy	
4년 차	800 capy	
5년 차	200 capy	이 해는 가뭄이 심했습니다.
6년 차	500 capy	

데이트 신청 제목

아직 부족한 카피바라지만, *한 번 만나주시지 않겠습니까?* 문단
대답은 아래 주소로 직접 오셔서 해주셔도 좋고, 휴대폰으로 전해주셔도 좋습니다.

카피바랜드 호수 근처 11-33-12 연락처 문단
FARM Capyzou 앞

010-XXXX-XXXX 클릭 연락처 문단

어떠셨나요? 정보 정리는 문장의 의미를 어떻게 파악하느냐에 따라 다른 결과가 나오기도 합니다. 그러니 정답과 다른 부분이 있다 해도 괜찮습니다.

아하, 그렇군요. 그런데 이런 정리는 왜 하는 건가요? 얼른 HTML이라는 것을 만들고 싶어요.

HTML은 의미에 따라 마크업을 한다고 설명했지요. 이를 위해서 먼저 문장의 의미를 잘 파악해야 하므로 정보 정리는 무척 중요한 단계랍니다.

HTML과 CSS에는 표준안이 있다

HTML과 CSS의 표준안은 인터넷에 공개되어 있어서 언제나 확인할 수 있습니다.

- HTML 표준안 : https://html.spec.whatwg.org/multipage/
- CSS 표준안 : https://www.w3.org/Style/CSS/

HTML 표준은 원래 W3C(World Wide Web Consortium)라는 기관에서 'HTML4·5'와 같이 버전명을 붙여 발표했습니다. 웹의 발전 과정에서 기존 W3C 노선에 반대한 브라우저 업체들이 WHATWG(왓더블유지)라는 새로운 웹 표준 기관을 설립했고, 두 기관은 HTML5의 표준화 작업을 각각 진행했습니다. 표준화 기관의 양립은 여러 불편을 초래했기 때문에 2019년 5월경에 WHATWG의 **HTML Living Standard**로 HTML 표준이 통일되었습니다.

최신 표준안인 'HTML Living Standard'는 따로 버전명이 붙지 않고 수시로 업데이트가 이루어집니다. 최신 기술이 실시간으로 반영되기 때문에 말 그대로 '살아있는 표준'인 셈입니다.

최신 표준안은 완전히 새로운 내용이 아니라 HTML5를 계승하여 만들어졌습니다. 따라서 HTML5의 기본적인 지식은 그대로 활용할 수 있습니다.

CSS는 W3C가 계속해서 표준을 제정합니다. CSS는 모듈이라는 작은 단위로 표준이 책정되기 때문에 각 모듈의 발전 단계를 level로 나타냅니다. 현재 대부분의 모듈이 level3 단계이므로 최신 CSS를 일컬어 CSS3라고 하기도 합니다. 집필 시점을 기준으로 level4가 발표된 모듈도 있습니다.

이 책은 **HTML Living Standard**와 **CSS level3~4**를 기준으로 집필했습니다.

표준안 문서는 딱딱하고 어렵기 때문에 처음에는 쉽게 설명하는 사이트나 이 책과 같은 참고서를 봐도 되지만, 근간이 되는 표준안의 존재를 알아두는 것이 좋습니다.

HTML 첫발 딛기

정보를 정리하느라 수고하셨습니다. 여기서는 앞에서 정리한 내용을 마크업하기 위해 필요한 HTML의 기본 규칙을 살펴봅시다.

HTML 작성 방법

태그로 마크업하기

HTML 문서는 기본적으로 시작·종료 태그로 텍스트를 감싸는 방식으로 마크업합니다.

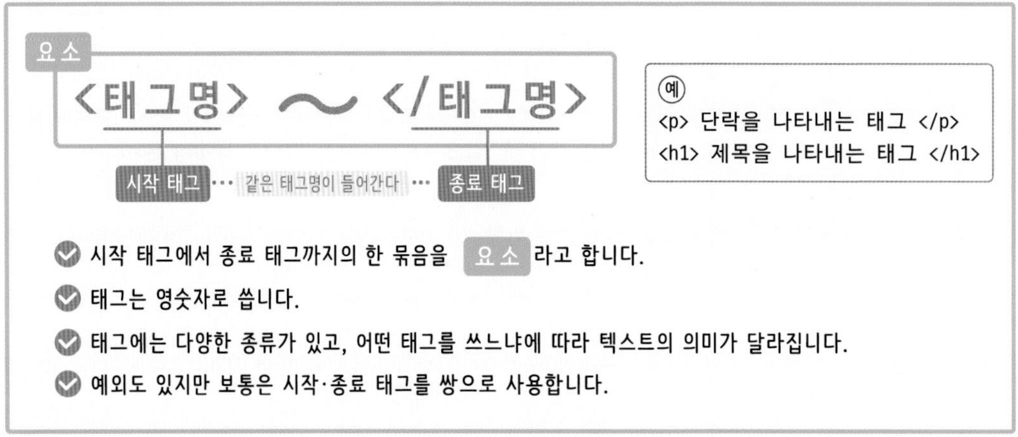

속성 추가하기

HTML 태그에는 부가 정보를 더할 수 있습니다. 부가 정보와 그 내용을 **속성**이라고 합니다.

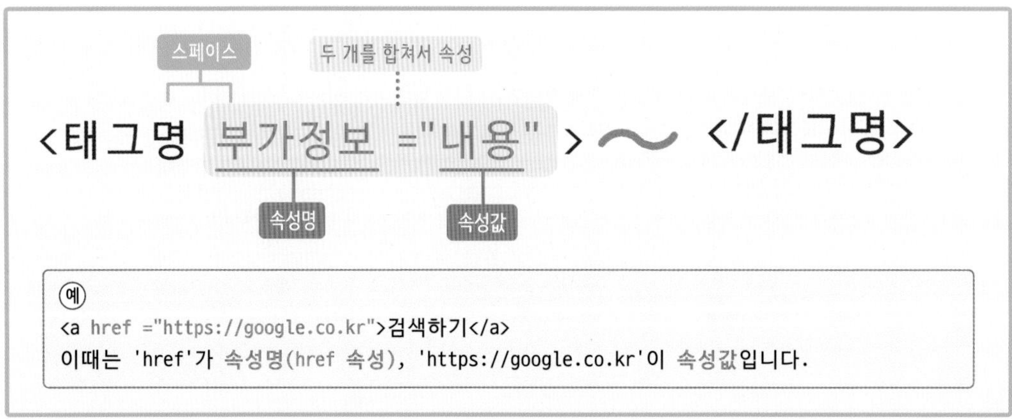

HTML 골격 잡기

HTML 문서의 뼈대가 되는 기본적인 코드를 작성해봅시다.

STEP 1 HTML 문서의 기본 틀을 작성하자

VSCode 상단 메뉴에서 [파일] ➡ [새 텍스트 파일]로 신규 파일을 생성하고 다음 코드를 작성합니다.

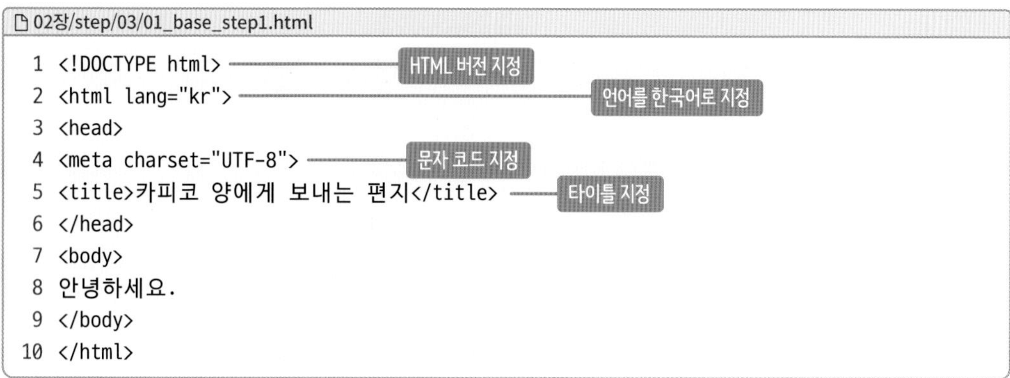

02장/step/03/01_base_step1.html

```
<!DOCTYPE html>
<html lang="kr">
<head>
<meta charset="UTF-8">
<title>카피코 양에게 보내는 편지</title>
</head>
<body>
안녕하세요.
</body>
</html>
```


※다음 STEP에서 파일을 저장하면 코드에 하이라이트가 적용되어 책에 수록된 것과 색상이 달라집니다.

이 코드는 HTML 문서의 가장 간단한 **기본 틀**입니다. 외울 필요는 없으니 오탈자에 주의하면서 작성해봅시다.

여기에 주의! POINT HTML을 작성할 때 주의할 점

코드에 오탈자가 있으면 결과가 제대로 나오지 않습니다. 다음 포인트에 주의해주세요.

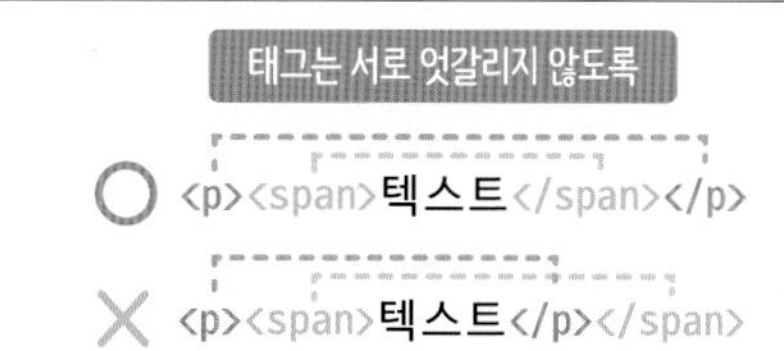

태그 중첩에 대한 규칙도 표준안에 정의되어 있습니다.
예를 들어 <body> 태그 안에는 <head> 태그가 들어갈 수 없습니다.
이 규칙에 대해서는 89쪽의 RANK UP에서도 다루고 있습니다.

STEP 2 파일을 저장하자

저장할 때는 상단 메뉴에서 [파일]➡[다른 이름으로 저장]을 선택합니다.

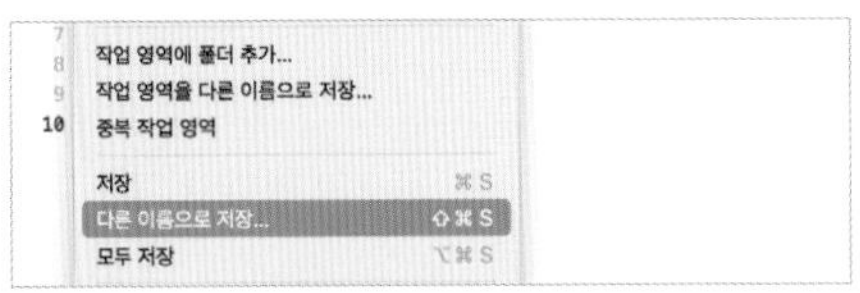

index.html이라는 이름으로 바탕화면 등 찾기 쉬운 곳에 저장합니다.

STEP 3 브라우저에서 확인하자

저장한 index.html을 브라우저에서 열었을 때 오른쪽 그림과 같이 표시되면 성공입니다

<title> 태그로 감싼 부분은 브라우저 탭에 표시되고, <body> 태그로 감싼 부분은 화면 안에 표시됩니다.

왜 표시되는 위치가 다른 건가요?

이것은 알아두자 LEARNING <body> 태그에 작성한 내용이 브라우저 화면에 표시된다

앞에서 작성한 '기본 틀'에서 브라우저 콘텐츠로 보이는 내용은 <body>~</body> 안에 있는 내용입니다. 즉 화면에 표시하고 싶은 콘텐츠는 <body> 태그 안에 작성하면 됩니다.

<head>~</head>에 작성한 내용은 컴퓨터를 위한 정보이기 때문에 브라우저 화면에는 보이지 않습니다.

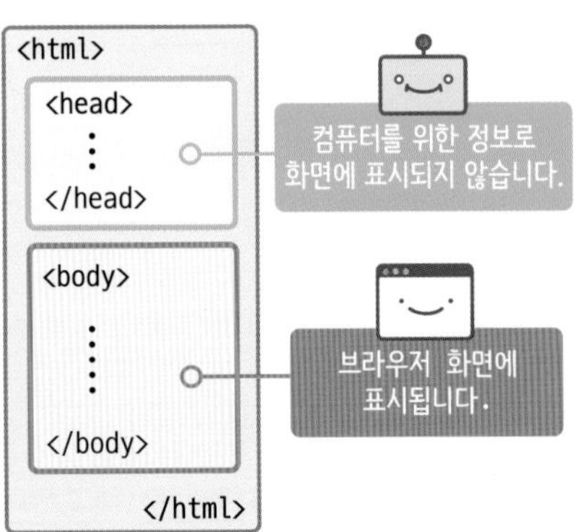

기본 틀의 구조

기본 틀은 head와 body 두 파트로 구성됩니다. 이 두 태그가 〈html〉 태그 안에 들어 있는 구조입니다.

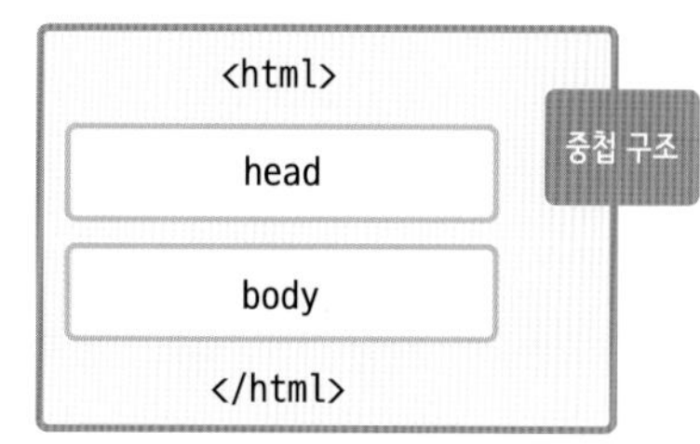

이처럼 태그 안에 태그가 들어 있는 형태를 **중첩 구조**라고 합니다.

이때 바깥쪽에 있는 요소를 **부모 요소**, 안쪽에 있는 요소를 **자식 요소**라고 합니다.

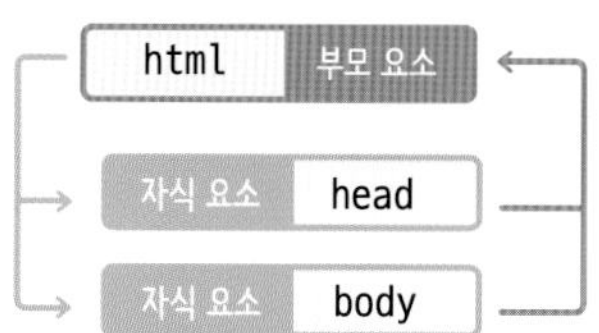

head와 body 입장에서 html은 부모 요소이고, html 입장에서 head와 body는 자식 요소입니다.

중첩 구조, 부모·자식 요소와 같은 용어는 무척 중요하므로 기억해둡시다.

기본 틀에서 사용하는 태그의 의미

태그	설명
`<!DOCTYPE html>`	문서가 HTML5(HTML Living Standard) 형식임을 선언합니다.
`<html>~</html>`	HTML 문서의 시작과 끝을 나타냅니다. 속성 lang="kr"은 한국어로 된 문서임을 나타냅니다.
`<head>~</head>`	브라우저가 문서를 읽을 때 필요한 정보를 알려주는 부분입니다. 기본 틀에서 지정하는 '문자 코드'과 '타이틀' 외에도 다양한 정보를 작성할 수 있습니다.
`<meta charset="UTF-8">`	문자 코드를 UTF-8로 지정합니다. 문자 코드를 설정하지 않으면 문자가 깨지는 현상이 나타나므로 반드시 지정합니다.
`<title>~</title>`	페이지의 타이틀을 작성합니다. 브라우저의 탭에 표시됩니다.
`<body>~</body>`	사용자에게 보여줄 콘텐츠를 작성하는 부분입니다. 브라우저 화면에 표시됩니다.

암기할 필요는 없지만 각 태그에 어떤 의미가 있는지 이해해둡시다.

러브레터 마크업하기

드디어 제 러브레터를 마크업하는군요! 외워둬야 할 것이 많을까요?

HTML에서 외울 것은 많지 않습니다. HTML은 사용하다 보면 자연스럽게 기억하게 됩니다. 만약 잊어버렸다면 그때그때 찾아보면서 사용하면 됩니다.

마크업할 내용을 작업 파일에 붙여넣기

STEP 1 편집할 파일을 VSCode에서 열자

02장/작업/index.html을 VSCode에서 열어봅시다. 더블클릭하면 브라우저에서 열립니다. VSCode 메뉴의 [파일]➡[파일 열기]로 파일을 선택하거나 파일을 VSCode 창에 드래그&드롭해도 됩니다.

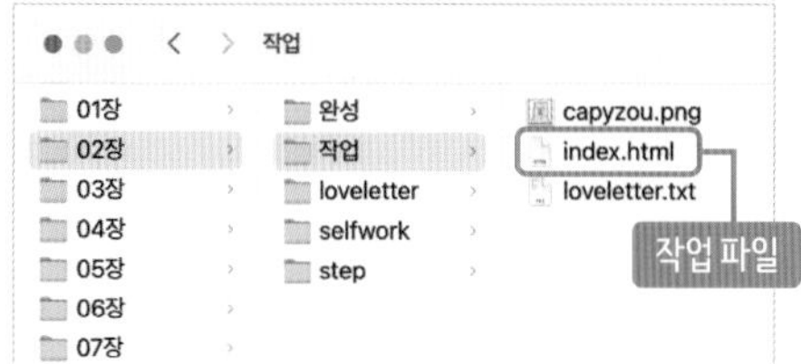

이 파일은 **'기본 틀'이 이미 갖춰진 상태입니다.**

STEP 2 텍스트를 복사&붙여넣기 하자

같은 폴더에 있는 `loveletter.txt` 내용 전체를 복사해서 〈body〉~〈/body〉 사이에 붙여넣습니다. 파일을 저장한 후 브라우저에서 `index.html`을 열어 붙여넣은 텍스트가 표시되는지 확인합니다.

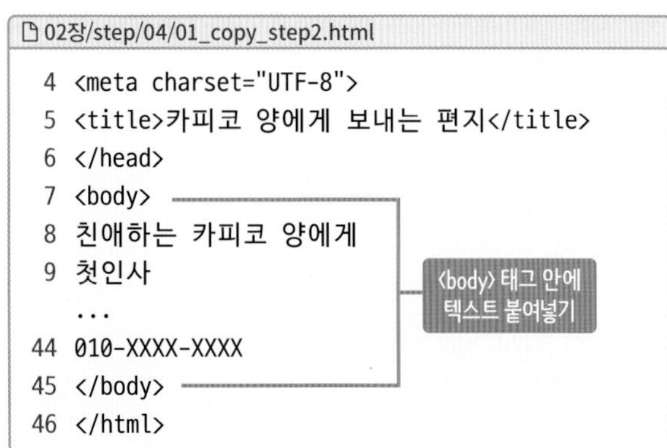

02장/step/04/01_copy_step2.html

```
<meta charset="UTF-8">
<title>카피코 양에게 보내는 편지</title>
</head>
<body>
친애하는 카피코 양에게
첫인사
...
010-XXXX-XXXX
</body>
</html>
```


친애하는 카피코 양에게 첫인사 안녕하세요. 저는 카피조우라고 합니다. 초면에 갑작스럽게 연락드려서 죄송합니다. 이렇게 편지를 쓰는 것은 다름 아니라 카피코 양에게 데이트 신청을 하고 싶기 때문입니다. 자기소개 카피조우 증명사진 아마도 "누구세요?"라는 의문만 떠오르시겠지요. 먼저 자기소개를 하겠습니다. ■ 취미 ·농장에서 채소 가꾸기 ·온천욕 ·암염 수집 ■ 기본 정보 성명: 카피조우 연령: 3세 직업: 농장 경영 ■ SNS(팔로워가 많은 순) 1.Capitter 2.CapyBook 3.Capistagram 카피코 양에게 하고 싶은 말 슈퍼마켓에 들른 어느 날 카피코 양을 보고 첫눈에 반했습니다. 말을 걸고 싶었지만 용기가 나지 않아서, 이렇게 인터넷의 힘을 빌려 연락을 드립니다. 농장 경영에 대해서 저는 월급쟁이에서 벗어나 당근 농장을 운영한 지 6년이 되었습니다. 약간 불안하게 들릴 수도 있겠지만, 매출이 해마다 오르고 있어서 장래는 안정적입니다. 햇수 매출 비고 1년 차 100capy 2년 차 300capy 3년 차 500capy 4년 차 800capy 5년 차 200capy 이 해는 가뭄이 심했습니다. 6년 차 500capy 데이트 신청 아직 부족한 카피바라지만, 한 번 만나주시지 않겠습니까? 대답은 아래 주소로 직접 오셔서 해주셔도 좋고, 휴대폰으로 전해주셔도 좋습니다. 카피바랜드 호수 근처 11-33-12 FARM Capyzou 앞 010-XXXX-XXXX

※브라우저 폭에 따라 텍스트 행이 바뀌는 위치가 달라집니다.

제목 마크업하기

이제 러브레터의 내용을 마크업해봅시다. 정보 정리(18쪽의 예시 답안)한 항목을 태그로 교체하는 이미지를 그려보세요.

제목을 나타내는 태그

<h1> ~ </h1>

h는 'heading(헤딩)'의 머리글자입니다.
h1~h6까지 6단계가 있고, h2~h6도 h1과 같은 방식으로 작성합니다.

제목을 구분하기

제목은 중요도에 따라 h1~h6으로 구분해서 사용합니다.
제목 태그는 숫자 순서대로 배치합니다.
예를 들어 <h1> 다음에는 <h3>이 아니라 <h2>를 사용합니다.

h1 h2 h3 h4 h5 h6
중요도 높음 ↔ 중요도 낮음

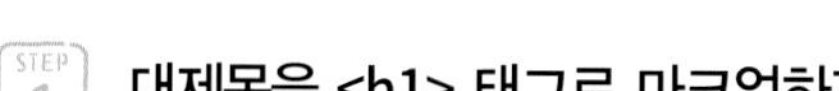

STEP 1 대제목을 <h1> 태그로 마크업하자

8행의 '친애하는 카피코 양에게'는 제목 중에서도 가장 중요도가 높기 때문에 <h1> 태그로 마크업합니다.

브라우저를 새로고침하여 태그가 적용된 모습을 확인해봅시다.

02장/step/04/02_h1-h6_step1.html

```
7 <body>
8 <h1>친애하는 카피코 양에게</h1>
9 첫인사
```

친애하는 카피코 양에게 첫인사 안녕하세요. 저는 카피조우라고 합니다. 초면에 갑작스럽게 연락드려서 죄송합니다. 이렇게 편지를 쓰는 것은 다름 아니라 카피코 양에게 데이트 신청을 하고 싶기 때문입니다. 자기소개 카피조우 증명사진 아마도 "누구세요?"라는 의문만 떠오르시겠지요. 먼저 자기소개를 하겠습니다. ■ 취미 ·농장에서 채소 가꾸기 ·온천욕 ·암염 수집 ■ 기본 정보 성명: 카피조우 연령: 3세 직업: 농장 경영 ■ SNS(팔로워가 많은 순) 1.Capitter 2.CapyBook 3.Capistagram 카피코 양에게 하고 싶은 말 슈퍼마켓에 들른 어느 날 카피코 양을 보고 첫눈에 반했습니다. 말을 걸고 싶었지만 용기가 나지 않아서, 이렇게 인터넷의 힘을 빌려 연락을 드립니다. 농장 경영에 대해서 저는 월급쟁이에서 벗어나 당근 농장을 운영한 지 6년이 되었습니다. 약간 불안하게 들릴 수도 있겠지만, 매출이 해마다 오르고 있어서 장래는 안정적입니다. 햇수 매출 비고 1년 차 100capy 2년 차 300capy 3년 차 500capy 4년 차 800capy 5년 차 200capy 이 해는 가뭄이 심했습니다. 6년 차 500capy 데이트 신청 아직 부족한 카피바라지만, 한 번 만나주시지 않겠습니까? 대답은 아래 주소로 직접 오셔서 해주셔도 좋고, 휴대폰으로 전해주셔도 좋습니다. 카피바랜드 호수 근처 11-33-12 FARM Capyzou 앞 010-XXXX-XXXX

친애하는 카피코 양에게

첫인사 안녕하세요. 저는 카피조우라고 합니다. 초면에 갑작스럽게 연락드려서 죄송합니다. 이렇게 편지를 쓰는 것은 다름 아니라 카피코 양에게 데이트 신청을 하고 싶기 때문입니다. 자기소개 카피조우 증명사진 아마도 "누구세요?"라는 의문만 떠오르시겠지요. 먼저 자기소개를 하겠습니다. ■ 취미 ·농장에서 채소 가꾸기 ·온천욕 ·암염 수집 ■ 기본 정보 성명: 카피조우 연령: 3세 직업: 농장 경영 ■ SNS(팔로워가 많은 순) 1.Capitter 2.CapyBook 3.Capistagram 카피코 양에게 하고 싶은 말 슈퍼마켓에 들른 어느 날 카피코 양을 보고 첫눈에 반했습니다. 말을 걸고 싶었지만 용기가 나지 않아서, 이렇게 인터넷의 힘을 빌려 연락을 드립니다. 농장 경영에 대해서 저는 월급쟁이에서 벗어나 당근 농장을 운영한 지 6년이 되었습니다. 약간 불안하게 들릴 수도 있겠지만, 매출이 해마다 오르고 있어서 장래는 안정적입니다. 햇수 매출 비고 1년 차 100capy 2년 차 300capy 3년 차 500capy 4년 차 800capy 5년 차 200capy 이 해는 가뭄이 심했습니다. 6년 차 500capy 데이트 신청 아직 부족한 카피바라지만, 한 번 만나주시지 않겠습니까? 대답은 아래 주소로 직접 오셔서 해주셔도 좋고, 휴대폰으로 전해주셔도 좋습니다. 카피바랜드 호수 근처 11-33-12 FARM Capyzou 앞 010-XXXX-XXXX

<h1> 태그로 마크업한 부분의 글자가 커지고 줄이 바뀌었습니다.

<h1> 태그를 여러 번 써도 상관은 없지만, 처음에는 1페이지당 1주제가 되도록 하나만 사용하는 편이 좋습니다.

브라우저의 새로고침 단축키

Mac command + R   Windows Ctrl + R (또는 F5)

브라우저 새로고침은 자주 사용하는 기능이므로 단축키를 꼭 기억해주세요.

STEP 2 중제목을 <h2> 태그로 마크업하자

두 번째로 중요도가 높은 제목을 <h2> 태그로 마크업합니다. 모두 다섯 군데입니다.

02장/step/04/02_h1-h6_step2.html

```
<h1>친애하는 카피코 양에게</h1>
<h2>첫인사</h2>
```

```
이렇게 편지를 쓰는 것은 다름 아니라
카피코 양에게 데이트 신청을 하고 싶기
때문입니다.
<h2>자기소개</h2>
```

```
3.Capistagram
<h2>카피코 양에게 하고 싶은 말</h2>
```

```
말을 걸고 싶었지만 용기가 나지 않아
서, 이렇게 인터넷의 힘을 빌려 연락을
드립니다.
<h2>농장 경영에 대해서</h2>
```

```
6년 차 500capy
<h2>데이트 신청</h2>
```

친애하는 카피코 양에게

첫인사

안녕하세요. 저는 카피조우라고 합니다. 초면에 갑작스럽게 연락드려서 죄송합니다. 이렇게 편지를 쓰는 것은 다름 아니라 카피코 양에게 데이트 신청을 하고 싶기 때문입니다.

자기소개

카피조우 증명사진 아마도 "누구세요?"라는 의문만 떠오르시겠지요. 먼저 자기소개를 하겠습니다. ■ 취미 ·농장에서 채소 가꾸기 ·온천욕 ·암염 수집 ■ 기본 정보 성명: 카피조우 연령: 3세 직업: 농장 경영 ■ SNS(팔로워가 많은 순) 1.Capitter 2.CapyBook 3.Capistagram

카피코 양에게 하고 싶은 말

슈퍼마켓에 들른 어느 날 카피코 양을 보고 첫눈에 반했습니다. 말을 걸고 싶었지만 용기가 나지 않아서, 이렇게 인터넷의 힘을 빌려 연락을 드립니다.

농장 경영에 대해서

저는 월급쟁이에서 벗어나 당근 농장을 운영한 지 6년이 되었습니다. 약간 불안하게 들릴 수도 있겠지만, 매출이 해마다 오르고 있어서 장래는 안정적입니다. 햇수 매출 비고 1년 차 100capy 2년 차 300capy 3년 차 500capy 4년 차 800capy 5년 차 200capy 이 해는 가뭄이 심했습니다. 6년 차 500capy

데이트 신청

아직 부족한 카피바라지만, 한 번 만나주시지 않겠습니까? 대답은 아래 주소로 직접 오셔서 해주셔도 좋고, 휴대폰으로 전해주셔도 좋습니다. 카피바랜드 호수 근처 11-33-12 FARM Capyzou 앞 010-XXXX-XXXX

글자 크기가 <h1> 태그보다 작게 표시되고 줄이 바뀌었습니다.

STEP 3 소제목을 <h3> 태그로 마크업하자

그 다음의 중요도를 가진 제목을 <h3> 태그로 마크업합니다.

02장/step/04/02_h1-h6_step3.html

```
아마도 "누구세요?"라는 의문만 떠오르
시겠지요. 먼저 자기소개를 하겠습니다.
<h3>■ 취미</h3>
```

```
·암염 수집
<h3>■ 기본 정보</h3>
```

```
직업: 농장 경영
<h3>■ SNS(팔로워가 많은 순)</h3>
```

친애하는 카피코 양에게

첫인사

안녕하세요. 저는 카피조우라고 합니다. 초면에 갑작스럽게 연락드려서 죄송합니다. 이렇게 편지를 쓰는 것은 다름 아니라 카피코 양에게 데이트 신청을 하고 싶기 때문입니다.

자기소개

카피조우 증명사진 아마도 "누구세요?"라는 의문만 떠오르시겠지요. 먼저 자기소개를 하겠습니다.

■ 취미

·농장에서 채소 가꾸기 ·온천욕 ·암염 수집

■ 기본 정보

성명: 카피조우 연령: 3세 직업: 농장 경영

■ SNS(팔로워가 많은 순)

1.Capitter 2.CapyBook 3.Capistagram

제목 레벨이 낮아질수록 글자 크기가 작아집니다.

글자 크기를 키우거나 줄이기 위해 제목 태그를 사용하는 것이 아니라는 것에 주의합니다.

단락 마크업과 줄바꿈 넣기

단락을 나타내는 태그

<p> ～ </p>	p는 'paragraph(패러그래프)'의 머리글자입니다. 단락(문장들의 모음)을 나타냅니다.

줄바꿈을 나타내는 태그

 	br은 'break(브레이크)'의 약자입니다. 시작·종료 태그의 쌍이 아닌 단독 태그로 사용합니다.

STEP 1 단락을 <p> 태그로 마크업하자

문장들의 묶음을 <p> 태그로 마크업합니다. 줄바꿈을 넣고 싶은 문장의 끝에는
 태그를 넣습니다.

02장/step/04/03_p-br_step1.html

```
<p>안녕하세요. 저는 카피조우라고 합니다. 초면에 갑작스럽게 연락드려서 죄송합니다.<br>
이렇게 편지를 쓰는 것은 다름 아니라 카피코 양에게 데이트 신청을 하고 싶기 때문입니다.</p>
```

```
<p>아마도 "누구세요?"라는 의문만 떠오르시겠지요. 먼저 자기소개를 하겠습니다.</p>
```

```
<p>슈퍼마켓에 들른 어느 날 카피코 양을 보고 첫눈에 반했습니다.<br>
말을 걸고 싶었지만 용기가 나지 않아서, 이렇게 인터넷의 힘을 빌려 연락을 드립니다.</p>
```

```
<p>저는 월급쟁이에서 벗어나 당근 농장을 운영한 지 6년이 되었습니다.<br>
약간 불안하게 들릴 수도 있겠지만, 매출이 해마다 오르고 있어서 장래는 안정적입니다.</p>
```

```
<p>아직 부족한 카피바라지만, 한 번 만나주시지 않겠습니까?<br>
대답은 아래 주소로 직접 오셔서 해주셔도 좋고, 휴대폰으로 전해주셔도 좋습니다.</p>
<p>카피바랜드 호수 근처 11-33-12 FARM Capyzou 앞</p>
<p>010-XXXX-XXXX</p>
```

데이트 신청

아직 부족한 카피바라지만, 한 번 만나주시지 않겠습니까? 대답은 아래 주소로 직접 오셔서 해주셔도 좋고, 휴대폰으로 전해주셔도 좋습니다. 카피바랜드 호수 근처 11-33-12 FARM Capyzou 앞 010-XXXX-XXXX

데이트 신청

아직 부족한 카피바라지만, 한 번 만나주시지 않겠습니까? 대답은 아래 주소로 직접 오셔서 해주셔도 좋고, 휴대폰으로 전해주셔도 좋습니다.

카피바랜드 호수 근처 11-33-12 FARM Capyzou 앞

010-XXXX-XXXX

<p> 태그로 마크업하면 단락이 됩니다.

데이트 신청

아직 부족한 카피바라지만, 한 번 만나주시지 않겠습니까? ↵ 줄바꿈
대답은 아래 주소로 직접 오셔서 해주셔도 좋고, 휴대폰으로 전해주셔도 좋습니다.

카피바랜드 호수 근처 11-33-12 FARM Capyzou 앞

010-XXXX-XXXX

 태그를 넣으면 줄바꿈이 됩니다.

목록 마크업하기

하나의 주제 아래 나열된 항목은 목록을 나타내는 태그로 마크업합니다. HTML에서 목록을 만드는 태그에는 세 종류가 있습니다.

정보 정리 실습에서 '목록'으로 분류한 내용을 각각 어떤 태그로 마크업하면 좋을지 생각해봅시다.

STEP 1 취미 목록을 <ul> · <li> 태그로 마크업하자

순서 없는 목록을 나타내는 태그

```
<ul>
  <li> ~ </li>
  <li> ~ </li>
</ul>
```

ul은 'unordered list(언오더드 리스트)'의 약자로 항목 간 순서가 없는 목록을 나타낼 때 사용합니다. 반드시 개별 항목을 나타내는 li 요소(list item)와 함께 사용됩니다. 목록 전체는 <ul>~</ul>로 감싸고, 항목 각각은 <li>~</li>로 감쌉니다.

취미 목록은 항목 간 순서가 바뀌어도 의미에 변화가 없는 정보입니다. 이러한 목록은 <ul> 태그로 마크업합니다.

02장/step/04/04_list_step1.html

```
<h3>■ 취미</h3>
<ul>
<li>·농장에서 채소 가꾸기</li>
<li>·온천욕</li>
<li>·암염 수집</li>
</ul>
```

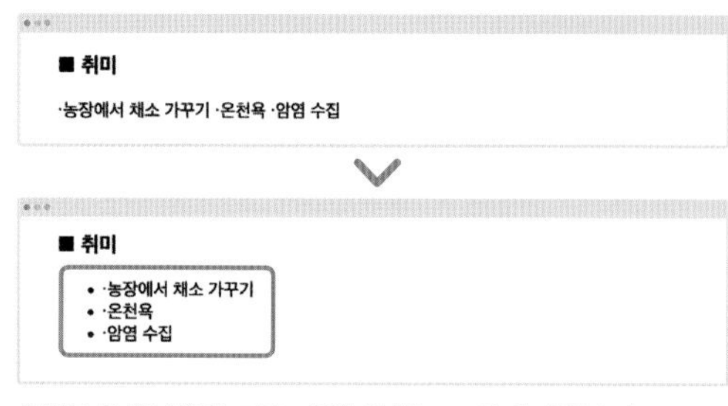

항목마다 줄바꿈이 되고, 항목 앞에는 • 이 추가됩니다.
※기존 문장과 합쳐지면 • 이 중복됩니다.

STEP 2 SNS 목록을 <ol> · <li> 태그로 마크업하자

순서가 있는 목록을 나타내는 태그

```
<ol>
  <li> ~ </li>
  <li> ~ </li>
</ol>
```

ol은 'ordered list(오더드 리스트)'의 약자로 일의 순서, 레시피, 순위 등 항목 간 순서가 있는 목록을 나타낼 때 사용합니다. 목록 전체는 <ol>~</ol>로 감싸고, 항목 각각은 <li>~</li>로 감쌉니다.

SNS 목록은 '팔로워가 많은 순'이라는 순서가 있습니다. 이러한 목록은 <ol> 태그로 마크업합니다.

📄 02장/step/04/04_list_step2.html

```
<h3>■ SNS(팔로워가 많은 순)</h3>
<ol>
<li>1.Capitter</li>
<li>2.CapyBook</li>
<li>3.Capistagram</li>
</ol>
```

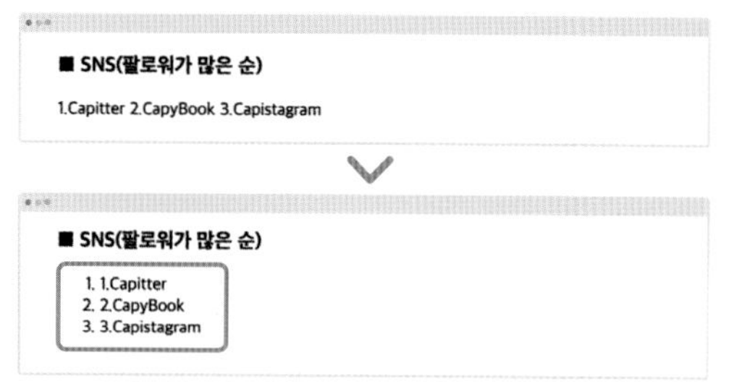

항목마다 줄바꿈이 되고, 항목 앞에는 숫자가 추가됩니다.
※기존 문장과 합쳐지면 숫자가 중복됩니다.

STEP 3 기본 정보 목록을 <dl> · <dt> · <dd> 태그로 마크업하자

설명 목록을 나타내는 태그

```
<dl>
  <dt> ~ </dt>
  <dd> ~ </dd>
</dl>
```

dl은 'description list(디스크립션 리스트)'의 약자로 항목 이름과 항목 설명을 한 쌍으로 묶을 때 사용합니다. 목록 전체는 <dl>~</dl>로 감쌉니다. 항목 이름은 <dt>~</dt>로, 항목 설명은 <dd>~</dd>로 감쌉니다.

dt는 'description term(디스크립션 텀)', dd는 'description details(디스크립션 디테일)'의 약자입니다.

기본 정보 목록은 '성명: 카피조우'와 같이 항목의 이름과 설명이 쌍으로 묶여 있습니다. 이러한 리스트는 <dl> 태그로 마크업합니다.

📄 02장/step/04/04_list_step3.html

```
<dl>
<dt>성명: </dt><dd>카피조우</dd>
<dt>연령: </dt><dd>3세</dd>
<dt>직업: </dt><dd>농장 경영</dd>
</dl>
```

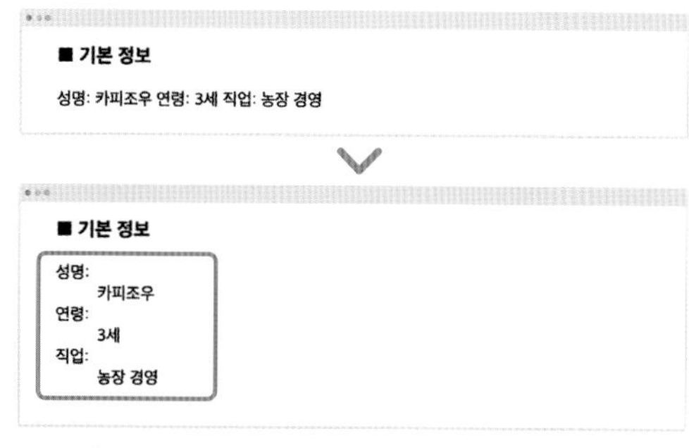

<dt> 태그는 줄바꿈이 되고, <dd> 태그는 줄바꿈과 들여쓰기가 됩니다.

클릭 가능한 영역 마크업하기

링크를 지정하는 태그

<a href="～">

스페이스

a는 'anchor(앵커)'의 약자입니다.
a 요소의 href 속성에는 링크 주소를 지정합니다.

정보 정리 실습에서 '클릭 가능한 영역'으로 분류한 부분입니다.
클릭했을 때 다른 페이지로 이동하는 구조를 **하이퍼링크**(또는 링크)라고 합니다.

STEP 1 SNS 항목을 <a> 태그로 마크업하자

SNS 항목에 링크가 연결되면 편리하므로 〈li〉 태그로 마크업한 각 항목에 〈a〉 태그를 중첩시켜 봅시다.

※ 여기서는 임시 데이터 '#'을 넣었지만 원래는 링크되는 URL을 지정합니다.

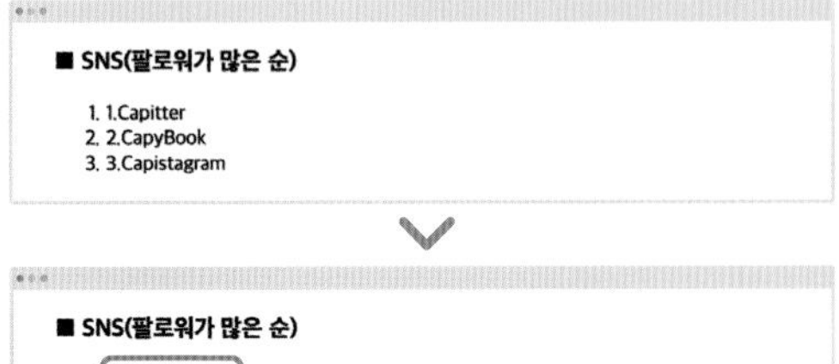

문자열이 파란색으로 변하고 밑줄이 그어집니다.

02장/step/04/05_anchor_step1.html

```
<ol>
<li><a href="#">1.Capitter</a></li>
<li><a href="#">2.CapyBook</a></li>
<li><a href="#">3.Capistagram</a></li>
</ol>
```

STEP 2 전화번호를 클릭하면 전화로 연결되도록 하자

〈a〉 태그에 전화번호 링크를 지정하면 스마트폰에서 링크를 클릭했을 때 전화를 걸 수 있습니다.

02장/step/04/05_anchor_step2.html

```
<p><a href="tel:010-XXXX-XXXX">010-XXXX-XXXX</a></p>
```

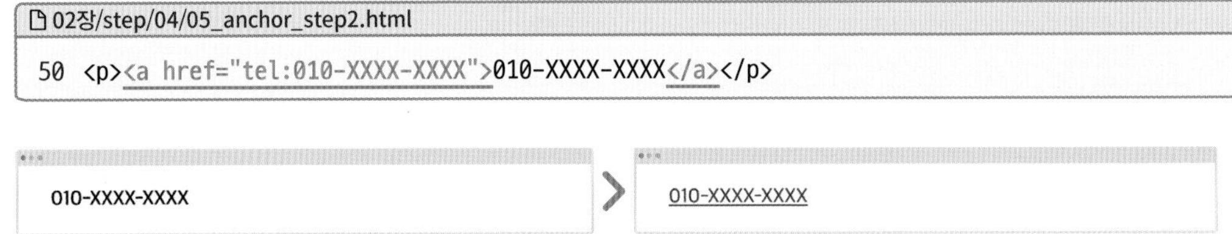

문자열이 파란색으로 변하고 밑줄이 그어집니다.

이제 카피코 양이 전화 걸기가 쉬워지겠네요~!

이처럼 <a> 태그의 href 속성은 웹사이트의 URL 이외의 값도 지정할 수 있습니다. 전화번호나 메일 주소를 지정할 수도 있고, 같은 페이지에 있는 특정 부분으로 연결할 수도 있습니다(124쪽 참조).

이것은 알아두자 LEARNING 링크를 새 탭에서 여는 방법

링크를 클릭했을 때 기존 사이트의 창을 그대로 두고 새 탭으로 열려면 target 속성을 사용합니다. 속성값으로 _blank를 지정하면 링크가 새 탭(창)으로 열립니다.

```
<a href="링크 대상 URL" target="_blank">
```

새 탭에서 링크 열기

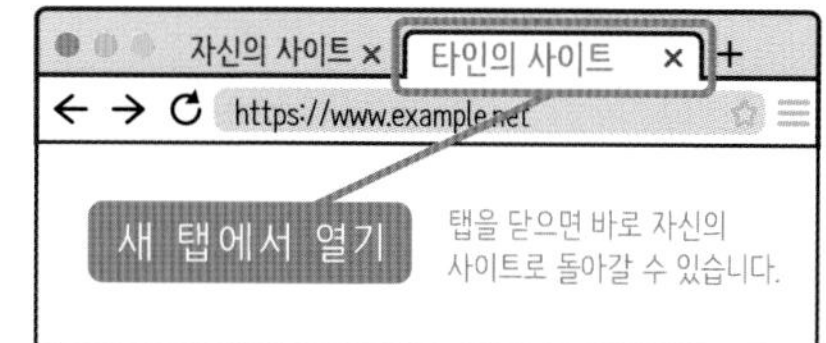

예전에는 target="_blank"를 지정할 때 보안상 rel="noopener"를 함께 지정해야 했습니다. 현재는 주요 브라우저에서 기본값으로 넣어주기 때문에 따로 지정할 필요는 없습니다.

건너뛰어도OK RANK UP HTML 문법 검사 도구

HTML 문서를 올바르게 작성했는지 검사해주는 웹 서비스가 있습니다.

처음에는 자신의 문법 실수를 발견하기 어렵기 때문에 전용 툴로 확인해보는 것을 추천합니다.

이런 툴은 검사 기준이 엄격한 편이므로 가장 먼저 이해할 수 있는 에러 메시지 위주로 수정해 나갑니다.

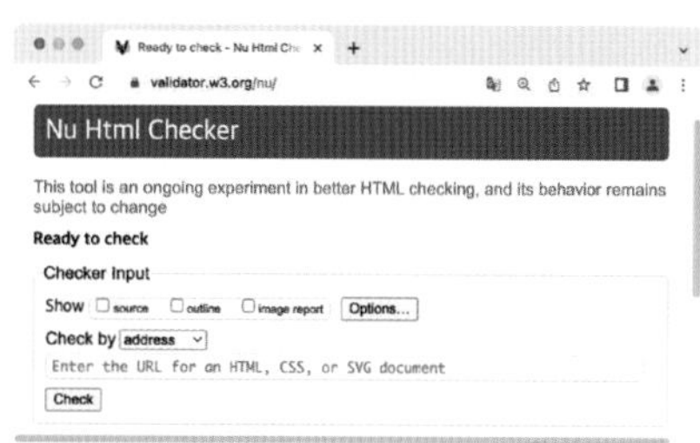

Nu Html Checker(https://validator.w3.org/nu/)
※ CSS 검사 도구는 부록 PDF(추천 사이트 모음)에 소개되어 있습니다.

이미지 표시하기

이미지를 표시하는 태그

src 속성에 이미지 파일의 위치를 지정합니다.
alt 속성에는 이미지가 표시될 수 없을 때 나타날 대체 텍스트를 지정합니다.

alt(alt는 'alternate'의 약자) 속성값은 음성 브라우저 등에서 화면을 읽어줄 때 사용하기 때문에 어떤 이미지인지 설명하는 텍스트를 작성하는 것이 바람직합니다. 의미를 갖지 않는 장식적인 이미지라면 alt 속성을 비워두기도 합니다.

STEP 1 프로필 이미지를 <img> 태그로 표시하자

지금까지의 마크업은 텍스트를 태그로 감싸는 형태였지만 〈img〉 태그는 작성 방법이 다릅니다. 다음과 같이 〈img〉 태그를 작성해봅시다. 같은 작업 폴더에 있는 capyzou.png가 표시됩니다.

02장/step/04/06_img_step1.html

```
<h2>자기소개</h2>
<img src="capyzou.png" alt="카피조우 증명사진">
```

이미지가 표시되지 않을 때는 먼저 편집 중인 파일과 이미지 파일 (capyzou.png) 이 같은 폴더에 있는지 확인해봅시다.

src 속성에 capyzou.png라는 파일명을 지정했습니다. 이와 같이 어떤 파일의 고유한 위치를 가리키는 문자열을 **파일경로**라고 합니다.

이것은 알아두자! LEARNING **파일경로 작성법**

이미지와 같이 외부에 있는 파일을 가져올 때는 파일경로를 지정해야 합니다. 파일경로에는 상대경로와 절대경로가 있습니다.

▶ 상대경로

현재 디렉터리를 기준으로 한 파일경로를 **상대경로**라고 합니다.

앞의 실습에서는 이미지를 상대경로로 표시했습니다. 즉 index.html의 위치를 기준으로 capyzou.png의 경로를 지정했습니다.

이미지가 같은 계층에 있을 때

이미지가 html 파일과 같은 폴더(=같은 계층)에 있을 때는 파일명만 지정합니다.

이미지가 폴더 안에 있을 때

이미지가 한 계층 아래에 있을 때는 '폴더명/파일명'과 같이 지정합니다.

한 계층 위에 이미지가 있을 때

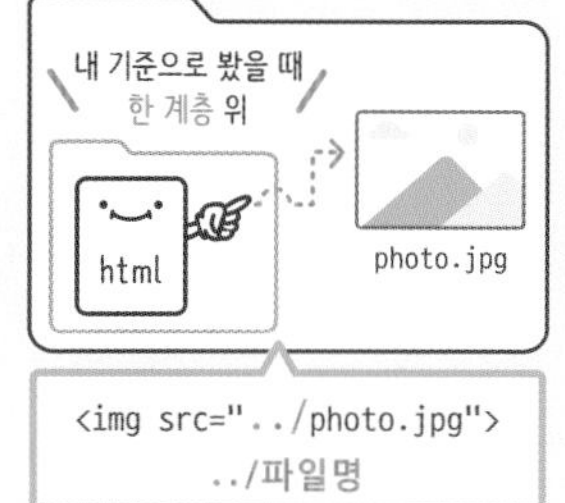

이미지가 한 계층 위에 있을 때는 '../파일명'과 같이 지정합니다.

폴더를 **디렉터리**라고도 합니다. 가운데 그림처럼 이미지를 가져오는 것을 'img 디렉터리의 photo.jpg를 참조한다'라고 말하기도 합니다.

▶ 절대경로

루트 디렉터리를 기준으로 한 파일경로를 **절대경로**라고 합니다.

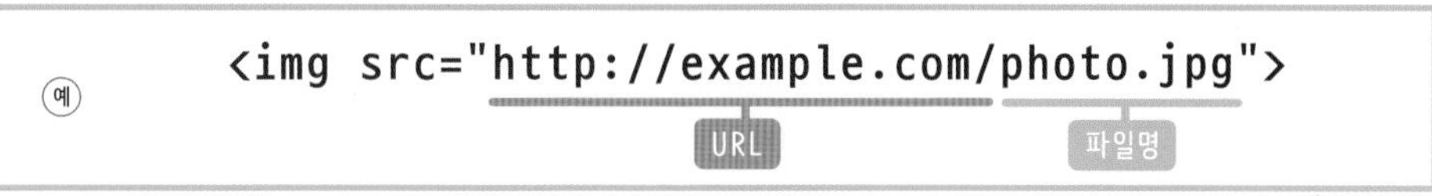

절대경로를 사용하면 타인의 서버에 업로드된 파일을 불러와서 표시할 수 있습니다. 하지만 상대의 서버에 부하를 줄 수 있기 때문에 허가되지 않은 파일에는 접근하지 말아야 합니다.

실력 확인해보자 SELF WORK 경로 지정 연습을 해보자

경로_지정 연습하기/작업/base/index.html을 VSCode에서 열어보면 'a.png 이미지를 표시해보자'와 같은 문자열이 여러 개 들어 있습니다. 각 문자열이 지시하는 대로 이미지가 잘 표시되도록 <img> 태그에 경로를 지정해봅시다. 정답은 **완성** 폴더에 있습니다. 전부 맞았다면 A부터 H까지의 이미지가 순서대로 표시됩니다.

VSCode의 자동 완성 기능으로 힌트를 볼 수도 있지만 되도록 보지 말고 스스로 작성해보세요.

이미지의 종류

웹사이트에서 사용할 수 있는 이미지에는 몇 가지 종류가 있습니다. 주로 사용하는 이미지 형식과 특징에 대해 알아봅시다. 벡터 이미지와 래스터 이미지의 차이는 **205쪽**에서 설명합니다.

벡터 이미지

형식	이미지	특징
svg	 Part 5에서 사용할 이미지	✓ 확대·축소해도 깨지지 않습니다. ✓ 형태가 복잡하지 않은 도형, 아이콘, 일러스트에 적합합니다. ✓ 고해상도 디스플레이 지원을 위해 사용이 늘고 있는 추세입니다.

래스터 이미지

형식	이미지	특징
jpg	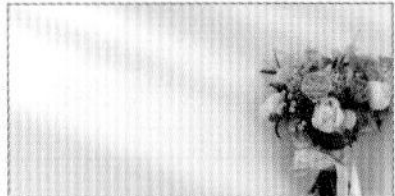 Part 3에서 사용할 이미지	✓ 사진이나 그러데이션 등 색의 수가 많은 이미지에 적합합니다. ✓ 압축률이 높고, 파일 사이즈를 줄일 수 있습니다. ✓ 투명도 처리를 할 수 없고, 저장할 때마다 화질이 저하되는 점에 주의합니다.
png	 Part 3에서 사용할 이미지	✓ 단색으로 채워진 이미지나 선 중심 일러스트에 적합합니다. ✓ 사진 등의 이미지도 처리할 수 있지만 jpg와 비교해서 용량이 무거워지는 경향이 있습니다. ✓ 투명도 처리를 할 수 있고, 저장을 반복해도 화질이 저하되지 않는 점이 장점입니다.
WebP	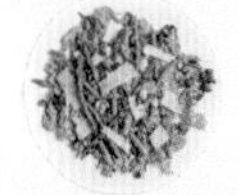 Part 5에서 사용할 이미지	✓ jpg보다 압축률이 높고, 동일 화질일 때 파일 사이즈가 더 작습니다. ✓ png와 같이 투명도 처리가 가능하고, 저장을 반복해도 화질이 저화되지 않습니다. ✓ jpg와 png 포맷의 장점을 합친 것으로 애니메이션도 가능합니다.

확장자를 바꾼다고 해서 파일 형식이 바뀌는 것은 아닙니다. 전용 애플리케이션으로 열어서 적절한 변환 과정을 거쳐야 합니다.

앞으로 대세가 될 새로운 이미지 형식 WebP

WebP는 기존 이미지 형식의 장점들을 합친 새로운 파일 형식입니다.

2020년 말부터 대부분의 브라우저에서 사용 가능해졌고, 2022년 어도비 사의 애플리케이션에서도 WebP 공식 지원을 시작하였기 때문에 앞으로 더욱 활발히 사용될 것으로 보입니다.

WebP에 대한 지원이 더 확대된다면 앞으로 주류 이미지 형식으로 사용될 수도 있습니다.

강조하고 싶은 문장 마크업하기

강조를 나타내는 태그

<em> ~ </em>	em은 'emphasis(엠파시스)'의 약자입니다. 텍스트를 강조하기 위한 효과를 부여합니다.

STEP 1 데이트 신청 부분을 <em> 태그로 강조하자

문장에서 강조하고 싶은 부분을 <em> 태그로 마크업합니다.

02장/step/04/07_em_step1.html

```
<p>아직 부족한 카피바라지만, <em>한 번 만나주시지 않겠습니까?</em><br>
대답은 아래 주소로 직접 오셔서 해주셔도 좋고, 휴대폰으로 전해주셔도 좋습니다.</p>
```

아직 부족한 카피바라지만, 한 번 만나주시지 않겠습니까?
대답은 아래 주소로 직접 오셔서 해주셔도 좋고, 휴대폰으로 전해주셔도 좋습니다.

>

아직 부족한 카피바라지만, *한 번 만나주시지 않겠습니까?*
대답은 아래 주소로 직접 오셔서 해주셔도 좋고, 휴대폰으로 전해주셔도 좋습니다.

마크업한 부분이 이탤릭체(비스듬히 기울어진 서체)가 되었습니다.

뉘앙스를 나타내는 태그

뉘앙스를 나타내는 태그로 화자의 특별한 의도를 표현할 수 있습니다. **강조** 효과를 나타내는 <em> 태그 외에도 다양한 태그가 있습니다.

같은 문장을 어떻게 마크업하느냐에 따라 전달하는 느낌이 달라집니다.

태그	설명
<strong>	경고문과 같이 긴급성·심각성·중대성·상당히 강한 중요성을 나타낼 때 사용합니다.
<mark>	검색 결과에서 키워드를 표시하거나, 인용문에서 강조하고 싶은 부분을 나타낼 때 사용합니다.
<i>	등장 인물이 마음 속으로 하는 말, 외국어 구절, 기술 용어 등 주위의 내용과 톤을 구분하고 싶을 때 사용합니다.
<b>	기사의 요약문, 리뷰의 제품명 등 중요도가 높지 않지만 주목을 끌고 싶은 텍스트에 사용합니다.

표 만들기

표를 나타내는 태그

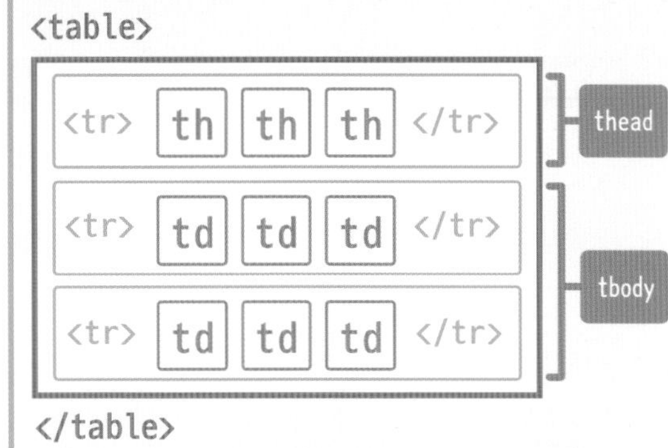

표를 나타낼 때는 복수의 태그를 조합하여 사용합니다.
표 안의 사각형 하나하나를 '셀'이라고 합니다.

1. 〈table〉~〈/table〉로 표의 가장 바깥을 감쌉니다.
2. 표의 헤더 전체를 〈thead〉~〈/thead〉로, 본문 전체를 〈tbody〉~〈/tbody〉로 감쌉니다.
3. 표의 각 행은 〈tr〉~〈/tr〉로 갑쌉니다.
4. 헤더 행의 셀은 〈th〉~〈/th〉로, 본문 행의 셀은 〈td〉~〈/td〉로 감쌉니다.

STEP 1 <table> 태그를 사용해 매출 부분을 표로 만들자

먼저 표로 만들고 싶은 부분 전체를 〈table〉~〈/table〉로 감쌉니다.

표의 헤더 부분인 **연차**, **매출**, **비고**를 〈thead〉~〈/thead〉으로 감싸고, 나머지 부분을 〈tbody〉~〈/tbody〉로 감쌉니다. 그리고 〈thead〉와 〈tbody〉 내부의 행을 〈tr〉로 감쌉니다.

마지막으로 헤더 셀은 〈th〉로, 본문 셀은 〈td〉로 감싸면 표가 완성됩니다.

02장/step/04/08_table_step1.html

```
<table>
<thead>
<tr><th>연차</th><th>매출</th><th>비고</th></tr>
</thead>
<tbody>
<tr><td>1년 차</td><td>100capy</td><td></td></tr>
<tr><td>2년 차</td><td>300capy</td><td></td></tr>
<tr><td>3년 차</td><td>500capy</td><td></td></tr>
<tr><td>4년 차</td><td>800capy</td><td></td></tr>
<tr><td>5년 차</td><td>200capy</td><td>이 해는 가뭄이 심했습니다.</td></tr>
<tr><td>6년 차</td><td>500capy</td><td></td></tr>
</tbody>
</table>
```

이름이 비슷한 태그가 여럿 나와서 어렵다고 느낄지도 모르겠네요. <tr>은 table row(행), <th>는 table header cell, <td>는 table data cell의 약자입니다. 원래 의미를 떠올리면 기억하기가 더 쉬워집니다.

약간 불안하게 들릴 수도 있겠지만, 매출이 해마다 오르고 있어서 장래는 안정적입니다.

햇수 매출 비고 1년 차 100capy 2년 차 300capy 3년 차 500capy 4년 차 800capy 5년 차 200ca

약간 불안하게 들릴 수도 있겠지만, 매출이 해마다 오르고 있어서 장래는 안정적입니다.

연차	매출	비고
1년 차	100capy	
2년 차	300capy	
3년 차	500capy	
4년 차	800capy	
5년 차	200capy	이 해는 가뭄이 심했습니다.
6년 차	500capy	

표로 바뀐 문자열

주소 마크업하기

연락처를 나타내는 태그

<address> ～ </address>

연락처나 문의처를 나타내는 태그입니다.
페이지나 사이트에 연락처 정보를 게시할 때 사용합니다.
메일·전화번호·주소 등 다양한 연락 수단을 지정할 수 있습니다.

STEP 1 카피조우의 연락처를 <address>로 마크업하자

주소와 전화번호를 〈address〉 태그로 감싸봅시다.

02장/step/04/09_address_step1.html

```
<address>
<p>카피바랜드 호수 근처 11-33-12 FARM Capyzou 앞</p>
<p><a href="tel:010-XXXX-XXXX">010-XXXX-XXXX</a></p>
</address>
```

카피바랜드 호수 근처 11-33-12 FARM Capyzou 앞

010-XXXX-XXXX

카피바랜드 호수 근처 11-33-12 FARM Capyzou 앞

010-XXXX-XXXX

마크업한 부분이 이탤릭체가 되었습니다.

이것으로 마크업이 끝났습니다. 수고하셨습니다!

익숙하지 않아서 약간 어려웠지만 재미있었어요! 모두 고생하셨습니다.

SECTION 5 읽기 쉬운 코드 작성하기

코드를 작성하는 것에 익숙해졌다면, 그 다음은 잘 읽히는 코드를 작성하는 것이 중요합니다.

읽기 쉬운 코드의 장점

1. 다른 사람이 봐도 알기 쉽다.
2. 유지·관리가 쉽다.
3. 실수가 잘 발생하지 않는다.

코드를 가독성 있게 작성하는 것은 여러 사람과 함께 작업할 때 무척 중요한 부분입니다.

나 자신만을 위해서가 아니군요!

읽기 쉬운 코드를 작성하는 방법

인덴트 넣기

인덴트(indent)는 코드 들여쓰기를 의미합니다. VSCode에서 tab을 누르면 인덴트가 추가됩니다.

인덴트 없이 행을 일렬로 맞추면, 태그의 중첩 구조가 눈에 띄지 않고 종료 태그를 깜빡하는 등의 실수가 발생할 수 있습니다.

```
→ <head>
→→ <meta  charset ="UTF-8" >
→→ <title> 카피코 양에게 보내는 편지
→ </head>
→ <body>
→→ <h1> 친애하는 카피코 양에게 </h1>
→→ <h2> 첫인사 </h2>
```

인덴트

VSCode 초기 설정에서 들여쓰기의 폭은 '스페이스 2개'입니다.

적절한 줄바꿈하기

코드의 가독성을 높이기 위해 오른쪽 그림과 같이 적당한 부분에서 줄바꿈합니다. 앞에 설명한 인덴트와 함께 사용하면 더욱 보기 편해집니다.

```
<ul> ↵
<li> 농장에서 채소 가꾸기 </li> ↵
<li> ・온천욕 </li> ↵
<li> ・암염 수집 </li> ↵
</ul> ↵
<h3> ■ 기본정보 </h3> ↵
<dl> ↵
<dt> 카피 : </dt><dd> 조우 </dd> ↵
```

줄바꿈

익숙해질 때까지는 종료 태그 뒤에서 줄바꿈하는 것이 좋습니다.

주석 처리하기

'<!--'와 '-->'로 감싼 부분은 브라우저에서 표시되지 않습니다.

주석 기능은 나중에 이해하기 어려울 수 있는 내용을 기록하거나, 일시적으로 HTML을 비활성화하고 싶을 때 사용합니다.

```
<h3> ■ 취미</h3>
<!-- 브라우저에 표시되지 않습니다. -->
<ul>
<li> ・농장에서 채소 가꾸기
<li> ・온천욕</li>
<li> ・암염 수집</li>
```

주석 처리

건너뛰어도OK RANK UP 주석 처리 단축키

주석 처리하고 싶은 문자열을 선택한 상태에서 Shift + Option + A (윈도우는 Shift + Alt + A)를 누릅니다.

command + / (윈도우는 Ctrl + /)를 누르면 행 단위로 주석 처리됩니다.

02장/완성/formatted.html이 서식을 정리한 파일이므로 참고해주세요. 처음에는 손에 익지 않을 수도 있지만 점차 가독성 있는 코드를 작성해봅시다.

1st-book 폴더의 샘플 코드는 서식이 정리된 상태지만, 책에 수록된 코드는 지면 배치의 한계로 인덴트 등이 반영되지 않은 부분도 있습니다.

Part 2

SNS 링크 모음 페이지 만들기

마크업을 완성했다~!
이걸 카피코 양에게
보여주고 싶어요!
앗

하지만 이대로라면 디자인도 안 되어 있고 말이지.
(문장도 너무 경직된 느낌이랄까…)
(러브레터)
친애하는
카피코 양에게…
쿠-궁!!
그러면… 어떻게 하는 게
좋을까요…
액체화
으음

이런 사이트는 어떨까요?
SNS 링크를 모아둔 사이트예요.
아, 좋네요. SNS라면 좀 더 있는
그대로의 카피조우 군을
보여줄 수 있을 거예요!
멋진 아이디어예요!
만들고 싶어요!!

이 파트에서 만들 사이트

SNS 링크 모음 사이트

카피조우

당근 농장을 운영하고 있습니다.
편하게 팔로우해 주세요!

Capitter

Capistagram

Capybook

이전과 다르게 여러 가지 색이 들어갔네요!

CSS라는 것으로 장식한 페이지예요.
평소에 보던 웹사이트와 좀 더 가까워졌죠?
이 장에서는 이런 CSS 효과에 대해 배우게 될 거예요.

학습 POINT

CSS 기초 지식

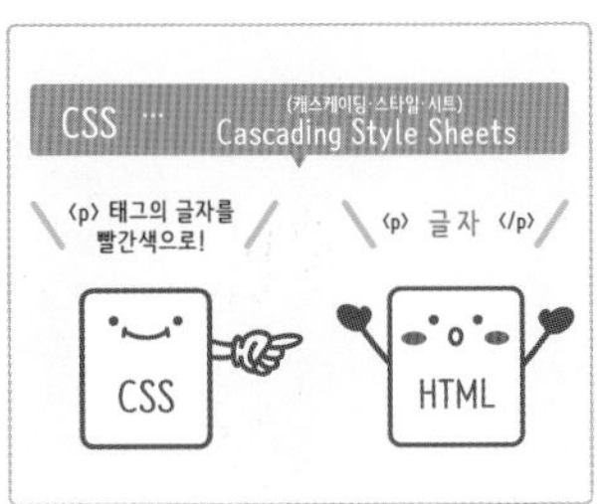

CSS에 대한 기본적인 지식을 배웁니다. 먼저 CSS가 무엇인지 알아봅시다.

사이트 제작의 필수 툴

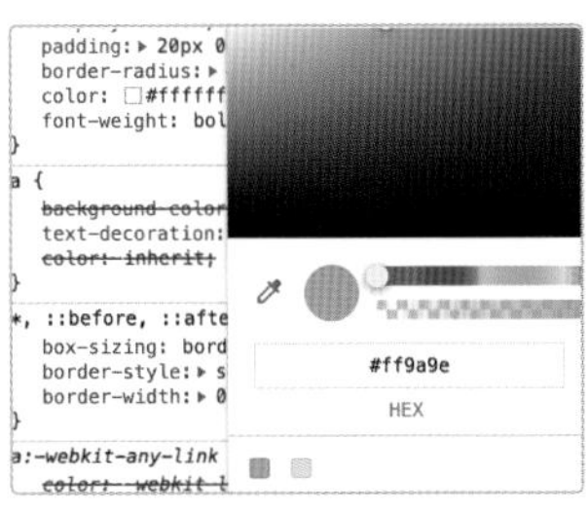

개발자 도구의 사용법을 익혀서 효율적으로 사이트 제작을 진행해봅시다.

CSS 실전

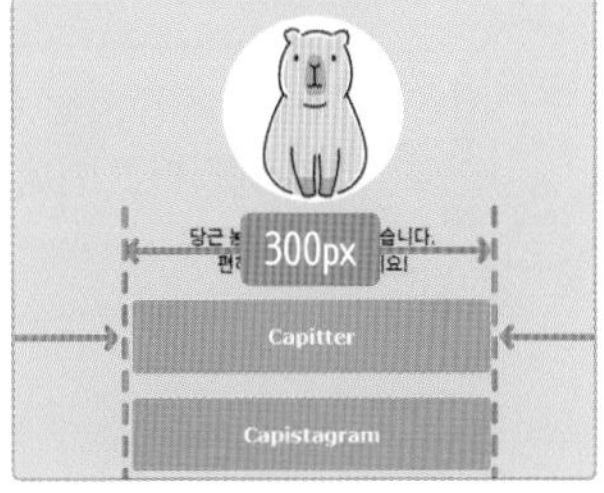

CSS를 실제로 작성해보면서 SNS 링크 모음 사이트를 만들어 봅시다.

디자인 POINT

링크 모음 사이트

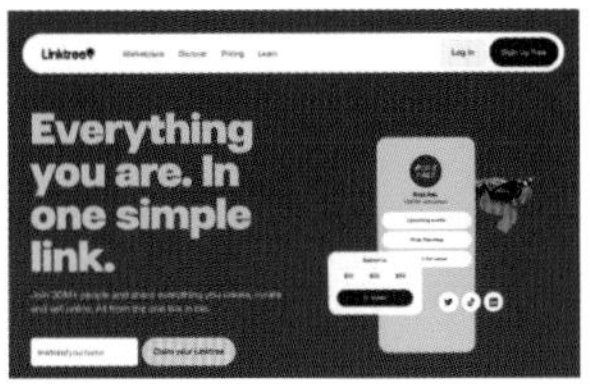

https://linktr.ee/

URL을 여러 개 모아서 소개하고 싶을 때 주로 사용하는 것이 링크 모음 사이트입니다.

SNS 계정과 자신의 사이트를 한 페이지에서 소개할 수 있습니다. 왼쪽 그림과 같이 링크 모음 페이지를 간단하게 만들어주는 서비스도 늘어나고 있습니다.

이런 것도 할 수 있어요

디자인 배색

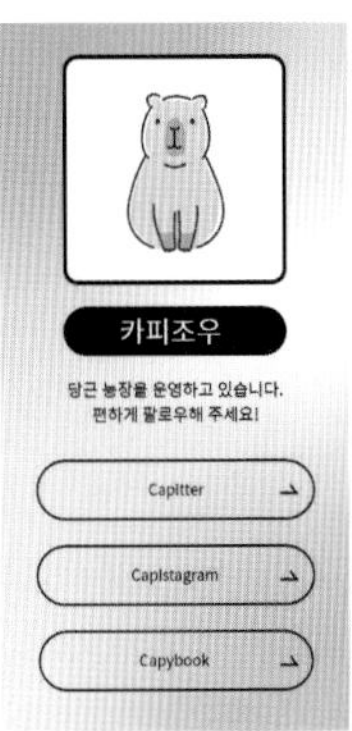

이 책을 끝까지 읽은 후에는 다양한 CSS를 사용할 수 있게 됩니다.

디자인 배색을 참고하여 자신만의 색상으로 만들어보는 것도 실력 향상에 도움이 됩니다.

디자인 배색 파일은 부록 폴더의 `part2_link-page.xd`를 확인해주세요.

CHAPTER 03

CSS의 기본

CSS의 기본 지식을 배워봅시다.
코딩을 쉽게 할 수 있도록 도와주는 툴도 함께 소개합니다.

이 장은 CSS를 작성하기 위한 준비 단계라고 생각하고 가벼운 마음으로 읽어주세요.

CSS라는 것을 얼른 배우고 싶어요. 무척 기대됩니다!

SECTION 1 CSS 첫발 딛기

CSS란

HTML은 문자열에 **의미를 부여하기 위해** 사용했습니다.

CSS는 요소의 색상, 크기, 배치와 같이 **외관을 바꾸기 위해** 사용합니다.

예를 들면 '<p> 태그의 글자를 빨간색으로'라는 CSS를 작성하면 글자가 빨간색으로 바뀌는 식입니다.

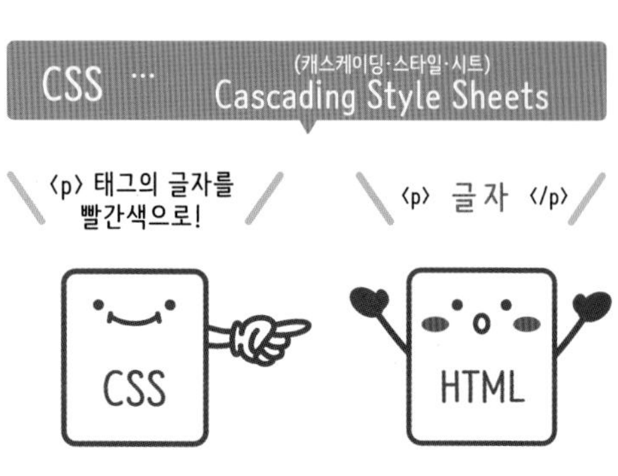

LEARNING Cascading(캐스케이딩)이란 상속된다는 의미

CSS는 Cascading Style Sheets의 머리글자로 된 약자입니다. 'Cascading'은 계단 모양의 폭포를 뜻하는 단어로, 그 모양처럼 위에서 아래로 흐른다(상속된다)는 의미가 생겼습니다.

앞에서 HTML은 요소의 중첩 구조로 이루어진다고 설명했습니다(**23쪽**). 상속이란 부모 요소에 지정된 CSS를 자식 요소가 이어받는 특성을 말합니다.

모든 CSS가 상속되는 것은 아니지만, 부모 요소에 지정한 CSS는 기본적으로 자식 요소에도 적용된다는 점을 기억해둡시다.

CSS 작성 방법

CSS는 **어디의**, **무엇을**, **어떻게**라는 세 가지 항목을 지정합니다.

어디의 { 무엇을 : 어떻게; }

선택자 / 속성명 / 값

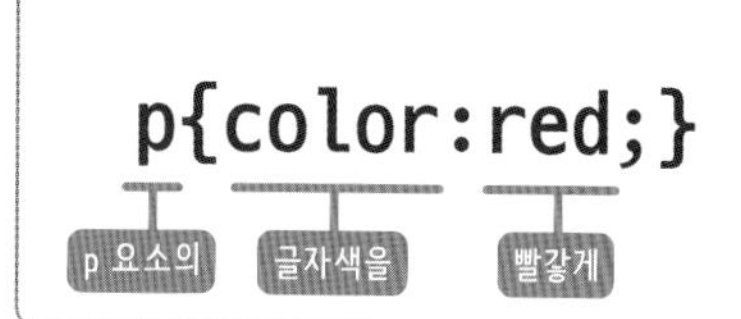

- 스페이스, 인덴트, 줄바꿈을 넣을 수 있습니다.
- 하나의 선택자에 대해서 '무엇을 : 어떻게'를 여러 개 지정할 수 있습니다.
- 속성명에 따라서 넣을 수 있는 값이 달라집니다.

'선택자'와 '속성(명)'이라는 용어는 중요하니 꼭 기억해둡시다.

이것은 알아두자! LEARNING CSS로 글자색을 바꿔보자

STEP 1 03장/learning/글자를_빨간색으로_바꾸기/작업/index.html을 브라우저에서 열어봅시다. 오른쪽 그림과 같이 표시됩니다.

이 부분의 글자 색상이 바뀝니다.

STEP 2 같은 폴더에 들어 있는 **style.css**를 VSCode에서 열고, 오른쪽 그림과 같이 작성합니다. 문장이 p 요소로 마크업되어 있으므로, **선택자**는 **p**로 지정합니다.

03장/step/03/css/01_css_step3.css

```
p {
    color:red;
}
```

STEP 3 브라우저를 새로고침하여 글자가 빨간색으로 변하는지 확인합니다.

이 부분의 글자 색상이 바뀝니다.

지금부터 color 외에 다양한 속성이 등장합니다. 여러 가지 속성을 조합해서 원하는 디자인을 표현해봅시다.

개발자 도구 사용하기

CSS를 작성하기 전에 **개발자 도구**라는 편리한 도구를 소개합니다. 개발자 도구란 구글 크롬에 기본으로 탑재된 개발자용 도구입니다. 이를 사용하면 CSS 작성이 한층 간편해지고 실수를 발견하기도 쉬워집니다.

개발자 도구? 뭔가 어려울 것 같아…….

무척 직관적으로 사용할 수 있는 도구이니 안심하세요.

개발자 도구의 실행 방법과 화면 구성

STEP 1 개발자 도구를 실행하자

구글 크롬 화면에서 [오른쪽 클릭]➡[검사]를 선택하여 실행합니다.

단축키는 command + option + i (윈도우는 Ctrl + Shift + i)입니다.

STEP 2 개발자 도구의 화면을 확인하자

개발자 도구를 실행하면 화면이 두 개로 나뉘어져 있습니다. 왼쪽 [Elements] 탭은 브라우저에 표시되는 HTML에 대한 내용이고, 오른쪽 [Styles] 탭은 해당 HTML에 적용된 CSS 목록입니다.

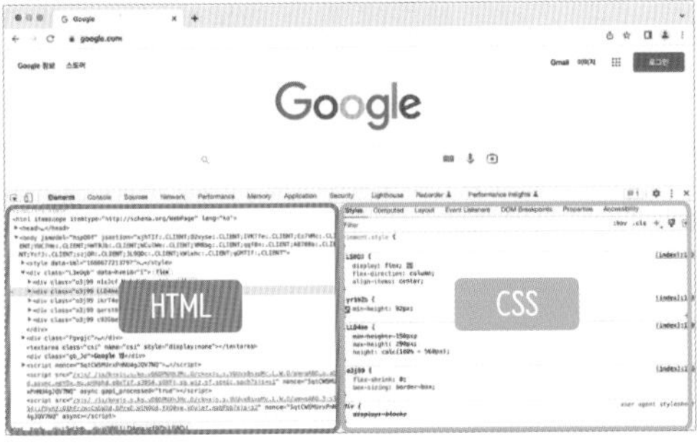

이 책에서는 개발자 도구를 사용할 일이 많으므로 실행 방법을 기억해둡시다. 책과 같은 화면이 표시되지 않는다면 [Elements] 탭이 선택되었는지 확인해주세요.

요소에 적용된 CSS 확인하기

STEP 1 화살표 버튼을 클릭하자

개발자 도구를 열고 왼쪽 위에 있는 화살표 버튼을 클릭합니다. 버튼이 선택되면 파란색으로 바뀝니다.

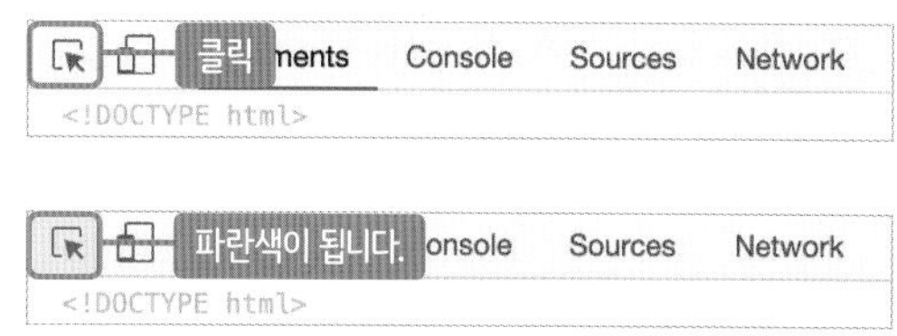

STEP 2 요소를 선택하자

웹사이트에서 원하는 부분을 클릭하면 그 요소에 적용된 CSS 목록이 표시됩니다.

요소를 클릭하고 CSS 목록을 확인하면 코드에 작성한 CSS가 제대로 반영되었는지 점검할 수 있습니다.

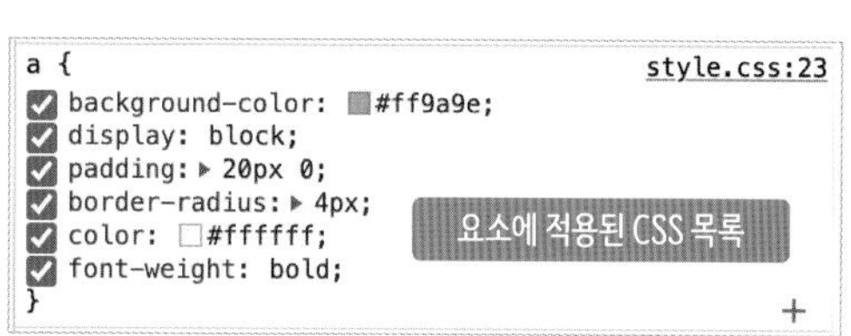

그 외에도 많은 기능이 있다

그 외에도 현재 화면의 CSS를 일시적으로 변경하거나 색상 코드를 얻어내는 등의 다양한 기능이 있습니다.

스마트폰 등의 모바일 디바이스에서 사이트가 어떻게 표시될지 확인할 수 있습니다. 10장에서는 실제로 이 기능을 사용해서 반응형 디자인 사이트를 만들어봅니다.

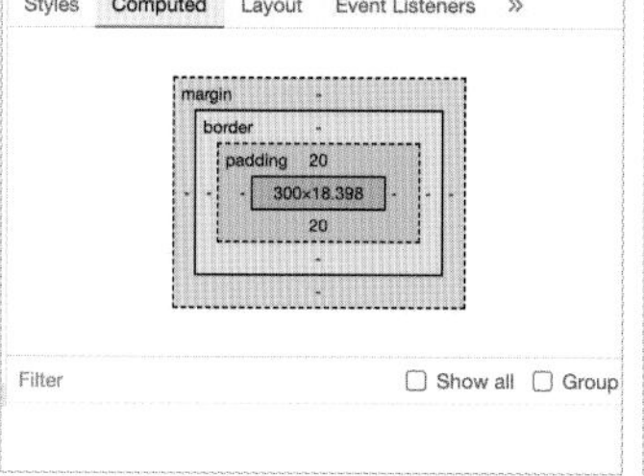

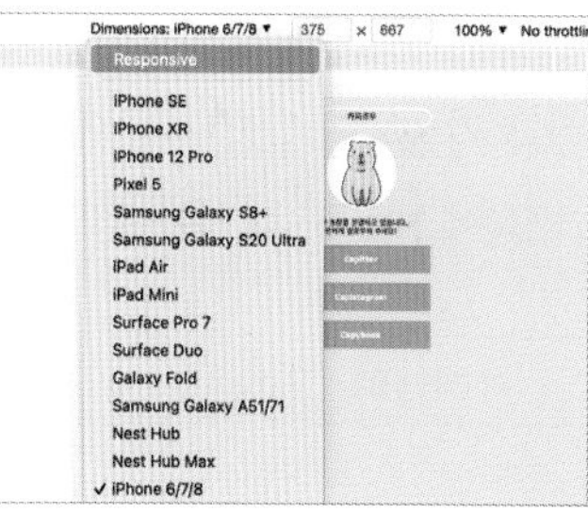

HTML과 CSS 연결하기

지금부터는 CSS의 구체적인 사용법에 대해 실습합니다. 여유가 있다면 SELF WORK를 통해 HTML 마크업을 복습해봅시다. CSS를 빨리 배우고 싶다면 건너뛰어도 괜찮습니다.

전부 다 정확하게 작성할 자신은 없지만, 어디 한번 도전해볼까!

실력 확인해보자 SELF WORK

HTML 마크업에 도전해보자

03장/SELF WORK/HTML_마크업하기/작업/index.html을 VSCode에서 열어보면 <body>~</body> 안에 SNS 소개 텍스트가 들어 있습니다. 이를 같은 폴더에 있는 완성 디자인 design.png를 보면서 마크업합니다.

끝났다면 **03장/SELF WORK/HTML_마크업하기/완성/index.html**과 비교해보며 정확하게 작성되었는지 확인해봅시다.

CSS 파일을 HTML에서 불러오기

CSS를 화면에 적용하려면 HTML 파일 내에서 불러와야 합니다. 두 파일을 연결하는 방법을 살펴봅시다.

STEP 1 CSS 파일을 확인하자

VSCode에서 **03장/작업/css/style.css** 파일을 열어봅시다. 파일 첫 번째 행에 `@charset "utf-8";`이라고 기술되어 있습니다. 이는 문자 코드를 지정하는 부분으로, CSS의 '기본 틀'에 속하는 내용이기 때문에 반드시 작성합니다.

```
1 @charset "UTF-8";
```

STEP 2 CSS 파일을 불러오자

03장/작업/index.html을 VSCode에서 열고 <head>~</head> 내부(5행)에 CSS를 읽어오는 <link> 태그를 작성합니다. 이 코드를 통해 `style.css`와 `index.html`을 연결할 수 있습니다.

이 시점에서 `index.html`을 브라우저에서 열어보아도 CSS 파일에 아무 내용도 없기 때문에 외관상의 변화는 없습니다.

03장/step/03/01_css_step2.html

```html
<head>
  <meta charset="UTF-8">
  <link rel="stylesheet" href="css/style.css">
  <title>카피조우 소개</title>
</head>
```


STEP 3 브라우저에 적용되는지 확인하자

CSS를 잘 불러오는지 확인하기 위해 일시적으로 배경색을 바꿔봅시다. `style.css`에 다음 코드를 작성합니다.

`index.html`을 브라우저에서 열었을 때 배경색이 바뀌었다면 CSS가 제대로 연결된 것입니다.

배경이 분홍색으로 바뀌면 성공입니다!

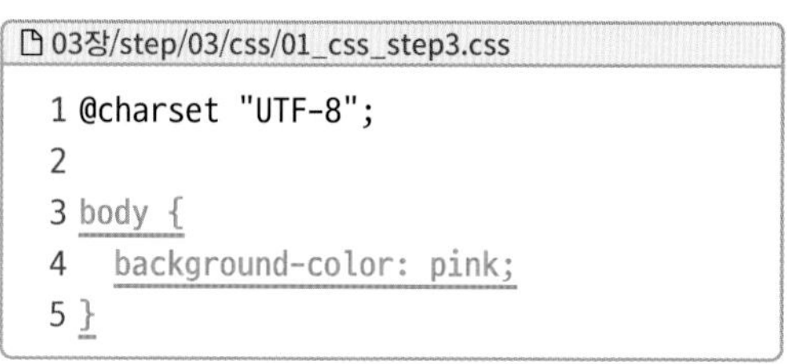
03장/step/03/css/01_css_step3.css

```css
@charset "UTF-8";

body {
  background-color: pink;
}
```

이것은 알아두자! LEARNING CSS도 주석 처리를 할 수 있다

HTML 파일에서 주석 처리를 했듯이(39쪽), CSS 파일에서도 주석 처리를 할 수 있습니다. 주석 처리한 CSS 코드는 동작하지 않습니다.

CSS는 '/*(슬래시·별표)'와 '*/(별표·슬래시)'로 감싼 곳이 주석 처리됩니다.

한 행을 주석 처리했을 때

```css
body {
    /* background-color: pink; */
}
/* 한 행만 주석처리 */

```

여러 행을 주석 처리했을 때

```css
/*
body {
    background-color: pink; */
}
*/
```

배경색이 바뀌지 않는 원인 찾기

배경이 분홍색으로 바뀌지 않아요…….

배경색이 반영되지 않는다면 CSS 파일을 불러오지 못했거나, CSS 코드를 잘못 작성한 거예요. CSS가 적용되지 않는 원인을 개발자 도구에서 찾아내는 방법을 알아봅시다.

CSS 연결 여부를 확인하는 방법

STEP 1 개발자 도구에서 <head> 태그를 찾자

개발자 도구를 열고 [Elements] 탭에서 〈head〉 태그를 찾아봅시다. 왼쪽에 있는 삼각형 표시(▶)를 클릭하면 〈head〉 안에 있는 자식 요소를 확인할 수 있습니다.

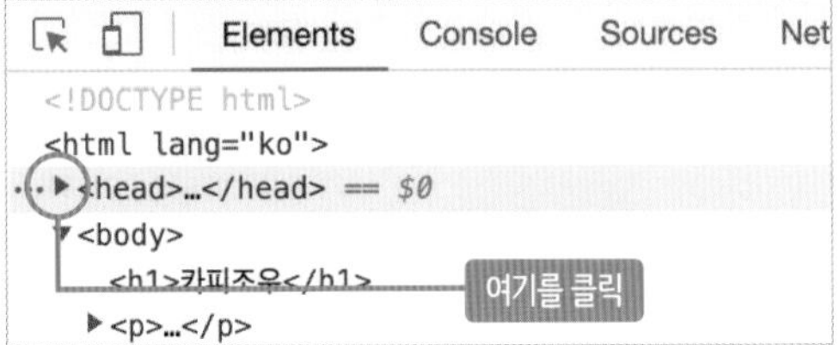

STEP 2 <link> 태그의 href 속성을 확인하자

〈head〉 아래의 `<link rel="stylesheet" href="css/style.css">`에서 href 속성값에 마우스 커서를 올리고 [오른쪽 클릭]➡[Open in new tab]을 선택합니다.

STEP 3 CSS 파일이 열리는지 확인하자

새 탭에 CSS 파일이 열린다면 CSS 파일이 문제없이 연결된 것입니다. 만약 에러 화면이 나타나면 CSS를 불러오지 못했다는 뜻이니 HTML에서 CSS를 읽어오는 코드가 잘 작성되었는지 살펴봅시다.

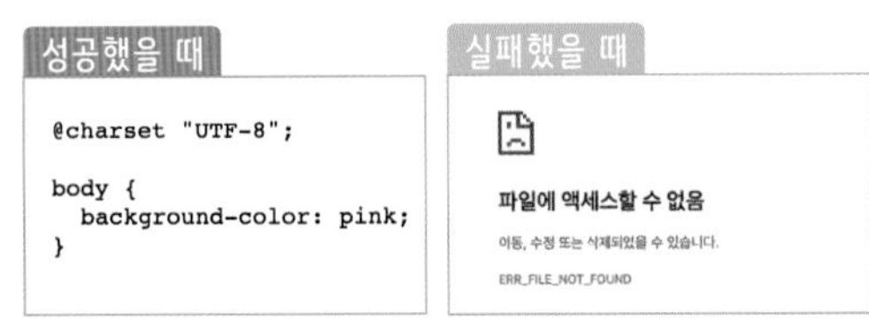

CSS 작성 실수를 확인하는 방법

CSS 불러오기는 잘 되었는데 배경색이 변하지 않았다면 CSS 코드에 오류가 있는지 의심해봅시다.

STEP 1 CSS를 적용한 요소를 선택하자

앞에서 body 요소에 대해 CSS를 지정했으므로, [Elements] 탭에서 〈body〉 태그를 선택합니다.

```
Elements   Console   Sources   Net
<!DOCTYPE html>
<html lang="ko">
 ▶<head>…</head>
··▼<body> == $0        여기를 클릭
    <h1>카피조우</h1>
   ▶<p>…</p>
```

STEP 2 에러가 나지 않았는지 확인하자

[Styles] 탭에서 CSS를 확인합니다. 속성명과 속성값에 문제가 있다면 취소선이 그어지고 노란색 경고 마크가 표시됩니다. 철자나 단위가 틀리지 않았는지 확인해봅시다.

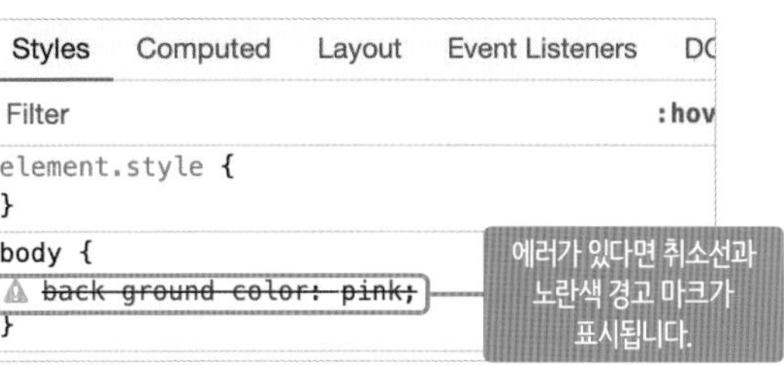
Styles
Computed
Layout
Event Listeners
Filter
:hov
element.style {
}
body {
back ground-color: pink;
}
에러가 있다면 취소선과 노란색 경고 마크가 표시됩니다.

RANK UP HTML 파일에 CSS를 직접 쓰는 방법

<link> 태그로 CSS를 불러오는 방법 외에도 HTML 파일에서 CSS를 직접 작성할 수도 있습니다.

▶ <head> 태그 안에 <style> 태그 사용하기

HTML의 <head> 태그 안에 <style> 태그를 만들고, 그 안에 CSS를 작성합니다. 이 방법을 사용하면 해당 페이지에만 CSS가 반영됩니다. 사이트가 한 페이지로 구성되거나 CSS를 특정 페이지에만 적용할 때 사용할 수 있습니다.

```
<head>
  <meta charset ="UTF-8">
  <title>카피조우 소개</title>
  <style>
    body {background-color : pink;}
  </style>
</head>
```

▶ HTML 태그에 style 속성으로 직접 지정하기

일시적으로 알림을 표시하는 등 단기적으로 사용할 CSS를 적용할 때 사용합니다. 또한 어떤 제약으로 인해 다른 방법을 사용하지 못할 때 사용하기도 합니다.

```
<body>
  <p style=" color:red;">카피조우입니다</p>
</body>
```

이 두 가지는 특정한 조건에서 사용하는 방법이기 때문에 있다는 것만 알아두면 됩니다.

브라우저 기본 스타일 리셋하기

기본 스타일이란?

HTML 문서는 의미에 대한 정보를 담고 있을 뿐, 원래 글자 크기를 바꾸거나 줄바꿈을 하는 등의 시각적인 효과를 지시하지는 않습니다.

제목으로 마크업한 글자가 브라우저상에서 크기가 커지고 줄바꿈이 되는 것은 브라우저가 제목 요소에 자체적인 스타일을 적용했기 때문입니다.

비교해보면 글꼴 등의 차이가 눈에 띕니다.

이러한 스타일을 '브라우저 기본 스타일'이라고 합니다. 정식 명칭으로는 **User Agent Stylesheet(사용자 에이전트 스타일시트)**입니다. 기본 CSS는 통일된 사양이 없기 때문에 브라우저에 따라 다른 스타일이 적용되기도 합니다.

기본 스타일 리셋이란?

기본 스타일에 의해 의도한 대로 CSS가 적용되지 않을 때가 있습니다. CSS를 작성하기 전에 기본 스타일을 없애는 **리셋 CSS**를 불러오면 예상치 못한 문제가 발생하는 경우가 줄어듭니다.

STEP 1 리셋 CSS를 HTML에 불러오자

03장/작업/index.html에 리셋 CSS를 불러오도록 작성합니다. 리셋 CSS(`reset.css`)는 **03장/작업/css** 폴더에 있습니다.

03장/step/04/01_reset_step1.html

```
<head>
  <meta charset="UTF-8">
  <link rel="stylesheet" href="css/reset.css">
  <link rel="stylesheet" href="css/style.css">
  <title>카피조우 소개</title>
</head>
```

이 책에서는 `destyle.css`(https://github.com/nicolas-cusan/destyle.css)라는 CSS를 알기 쉽도록 `reset.css`라는 이름으로 변경해서 사용합니다.

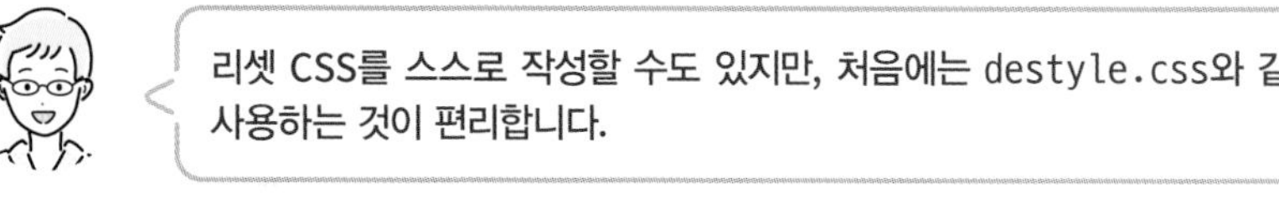

리셋 CSS를 스스로 작성할 수도 있지만, 처음에는 `destyle.css`와 같이 웹에 공개된 코드를 사용하는 것이 편리합니다.

STEP 2 브라우저에 반영되는지 확인하자

리셋 CSS가 적용되면 아래 그림과 같이 글자의 크기가 균일해지고, 요소 사이의 여백과 링크 스타일 등이 사라집니다.

여기에 주의! POINT CSS는 나중에 불러온 파일이 우선 반영된다

CSS는 나중에 적용된 파일의 우선 순위가 높다는 규칙이 있습니다.

`reset.css`를 나중에 불러오면 `style.css`에 작성한 CSS를 덮어쓰게 됩니다. 따라서 스타일시트를 지정할 때는 **반드시 가장 처음**에 `reset.css`를 불러옵니다.

같은 파일에 있는 CSS도 나중에 작성된 것이 우선시됩니다.

건너뛰어도 OK RANK UP 노멀라이즈 CSS와 새니타이즈 CSS

리셋 CSS와 비슷한 역할을 하는 것으로 **노멀라이즈 CSS**(normalize CSS)와 **새니타이즈 CSS**(sanitize CSS)가 있습니다.

노멀라이즈 CSS는 기본 CSS를 남겨둔 채로 브라우저 간의 차이를 조정하는 것이고, 새니타이즈 CSS는 노멀라이즈 CSS에 자주 쓰이는 CSS를 추가한 것입니다.

웹에서 템플릿을 다운로드받을 수 있으므로 스스로 사이트를 만들 때 원하는 것을 선택해서 이용하는 것이 좋습니다. 이 책에서는 CSS의 동작을 확인하기 쉽도록 리셋 CSS를 사용합니다.

박스 모델 이해하기

실제 CSS 작성에 들어가기 전에 CSS에서 요소를 배치할 때 사용하는 '박스 모델'이라는 개념에 대해서 알아봅시다.

박스 모델이란

HTML에서 마크업된 콘텐츠는 오른쪽 그림과 같이 사각형 영역을 갖게 됩니다.

박스 모델이란 이 사각형 영역과 관련된 6개의 CSS 속성(content · width · height · border · padding · margin)이 박스를 어떻게 구성하는지에 대한 개념입니다.

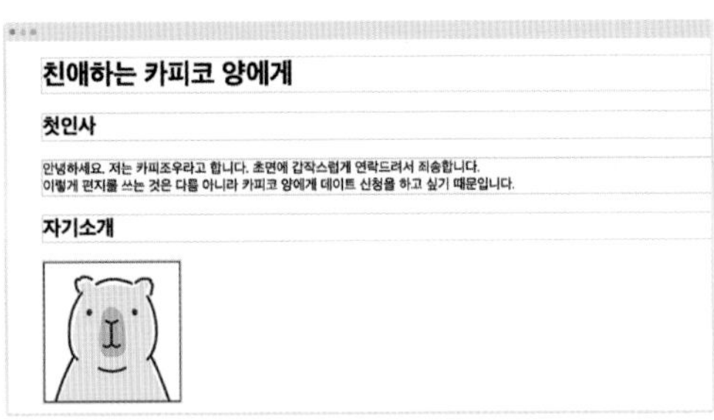

2장에서 마크업한 영역을 가시화한 모습

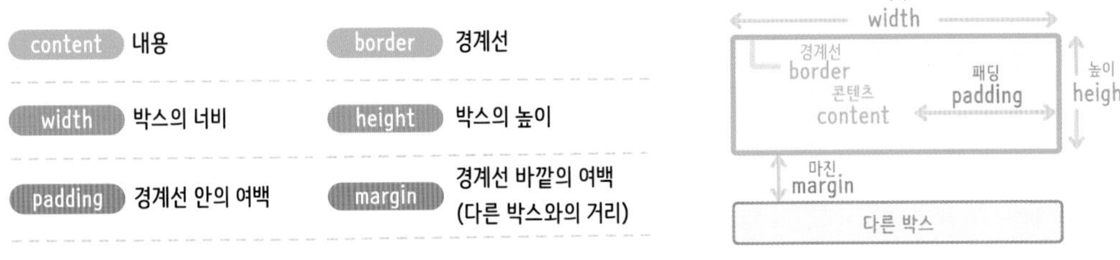

웹 페이지 안에 이런 박스들이 쌓이고 포개져 있는 이미지를 떠올려보세요. 6개의 속성값을 변경하면 이 박스들을 원하는 레이아웃으로 배치할 수 있습니다.

블록 박스와 인라인 박스

HTML 요소는 대부분 **블록 박스와 인라인 박스** 중 하나의 성질을 갖습니다. 어떤 성질을 갖는지는 CSS의 display 속성값에 따라 결정됩니다.

display는 특정 요소가 어떤 종류의 박스를 가질지 결정하는 CSS 속성입니다. display 속성값으로는 block과 inline 외에도 여러 가지 있지만, 박스 모델에 영향을 주는 것은 주로 이 두 가지입니다.

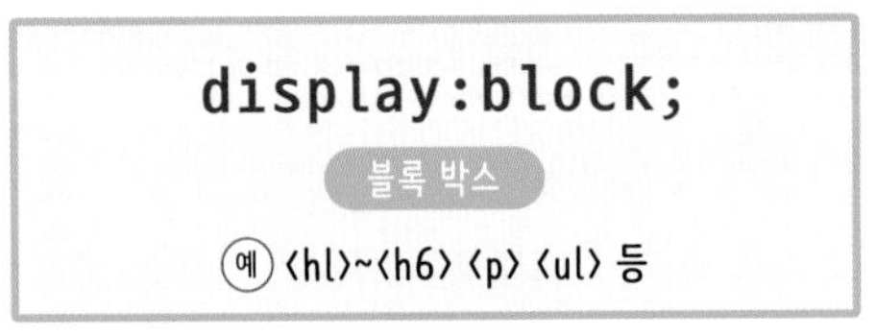

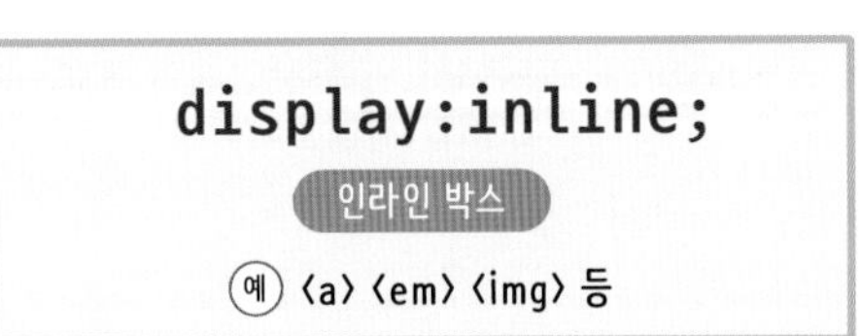

박스 종류를 바꾸고 싶을 때는 display 속성값을 변경합니다. 각각의 박스 특성을 잘 알고 있으면 요소의 영역과 배치를 유연하게 조정할 수 있습니다.

블록 박스(또는 블록)의 특성

블록 박스는 가능한 한 가로 폭을 가득 채우려는 성질을 갖고 있습니다.

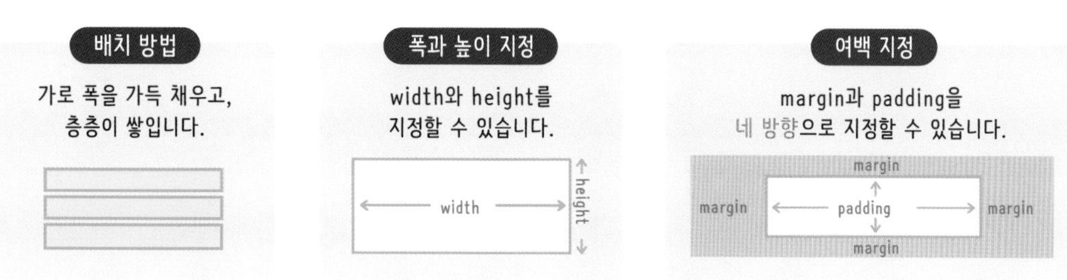

블록 박스에 색을 입혀보면 '카피조우'라는 텍스트 옆에 이미지가 나란히 놓이는 것이 아니라, 행을 달리하여 층층이 쌓여있는 모습을 볼 수 있습니다.

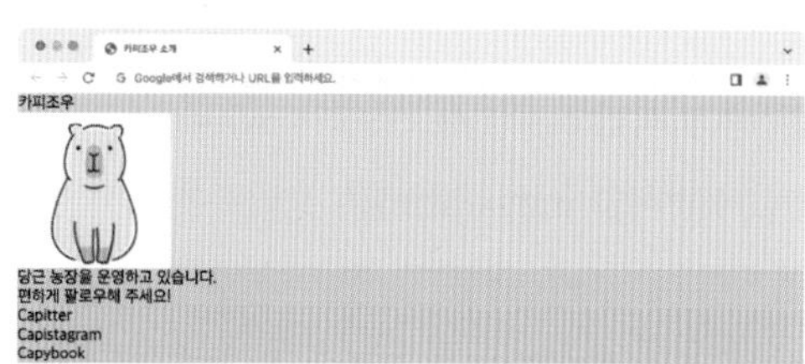

인라인 박스(또는 인라인)의 특성

인라인 박스는 주로 블록 박스 안에 포함되어 마크업한 콘텐츠 폭만큼의 영역을 차지합니다. 텍스트도 인라인 박스와 동일한 성질을 갖고 있습니다.

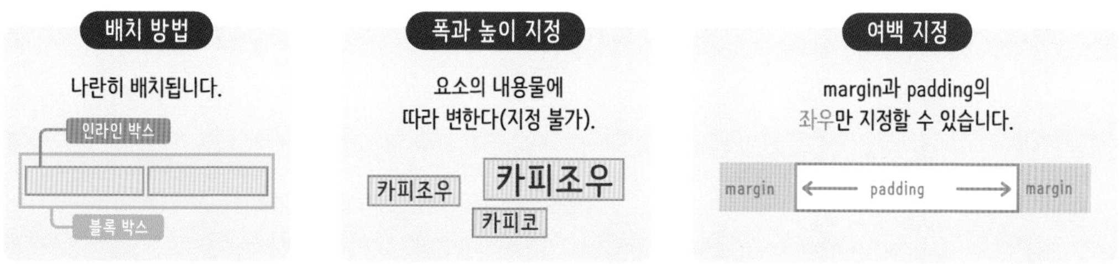

여기에 주의! POINT 블록 박스와 인라인 박스의 다른 이름

display 속성의 초깃값이 block인 요소를 '블록 레벨 요소(또는 블록 요소)', inline인 요소를 '인라인 요소'라고 부르기도 합니다.

이는 HTML4.01에서 요소의 종류를 블록 레벨과 인라인 레벨로 구분하는 명칭이 남아있는 것입니다.

CHAPTER 04

SNS 링크 모음 CSS 작성하기

이 장에서는 CSS 코드를 작성하면서 링크 모음 사이트의 디자인을 완성합니다.
다양한 CSS 속성의 의미와 사용법을 하나씩 익혀봅시다.

실제로 CSS 속성을 써보면서 링크 모음집을 완성해봅시다!

드디어 하는군요……!
마음의 준비도 완료됐어요.

CSS 작성하기

작업 파일 확인하기

04장/작업/css/style.css를 VSCode에서 열고 **04장/작업/index.html**은 브라우저에서 열어봅시다. `style.css`를 수정한 다음에는 `index.html`에 잘 반영되는지 브라우저 창을 확인하면서 진행합니다. 두 파일은 앞 장까지의 작업이 반영된 상태입니다. 완성 디자인 **04장/design/design.png**를 보면서 진행해봅시다.

브라우저에서 열 파일 / 작업 파일

배경색 변경하기

배경색을 지정하는 속성

백그라운드 컬러 `background-color: ~ ;`	값에는 색상코드나 색상명이 들어갑니다.

STEP 1 **배경색을 변경하자**

`style.css`를 열어서 background-color 속성값 pink를 `#bbf1ef`라는 색상코드로 교체합니다.

📄 04장/step/01/css/01_background-color_step1.css

```
body {
  background-color: #bbf1ef;
}
```

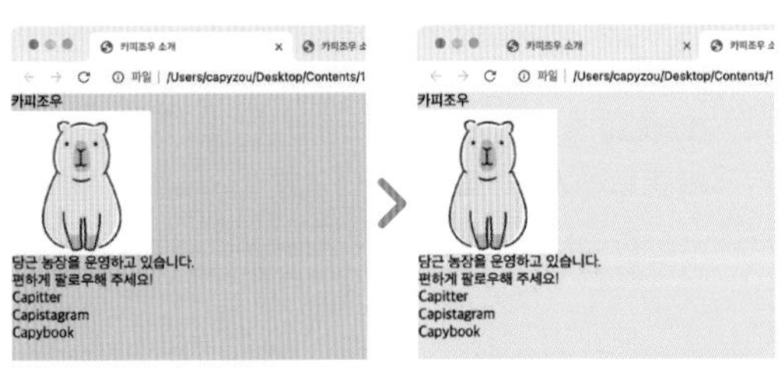

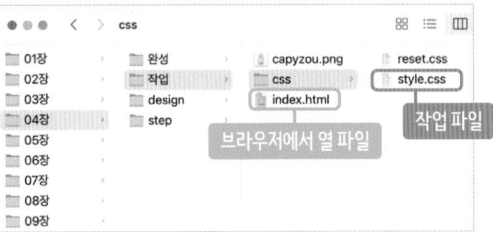

배경색이 분홍색에서 하늘색으로 변했습니다.

이것은 알아두자! LEARNING CSS로 색을 지정할 때는

디스플레이에서는 어떤 색이든 Red(적), Green(녹), Blue(청)의 3색 조합으로 구성됩니다.

CSS에서는 이 3색 조합(RGB)을 수치로 변환하여 색을 표현합니다. 3색과 함께 투명도(Alpha channel)를 지정할 수도 있습니다.

▶ 색상코드 지정 예

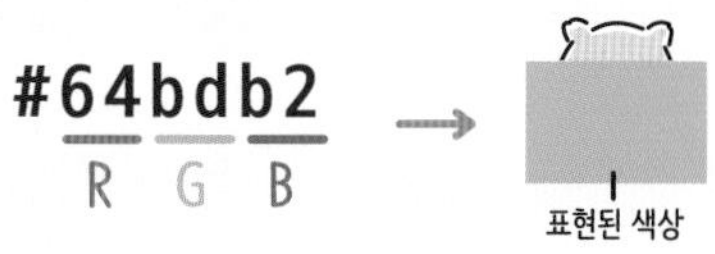

- 16진수*로 지정합니다.
- 맨 앞에 #(해시)을 붙입니다.

※16진수…0~9까지의 10개 숫자와 a부터 f까지의 6개 알파벳으로 수치를 표현하는 방법

▶ RGBA 지정(투명도 포함)의 예

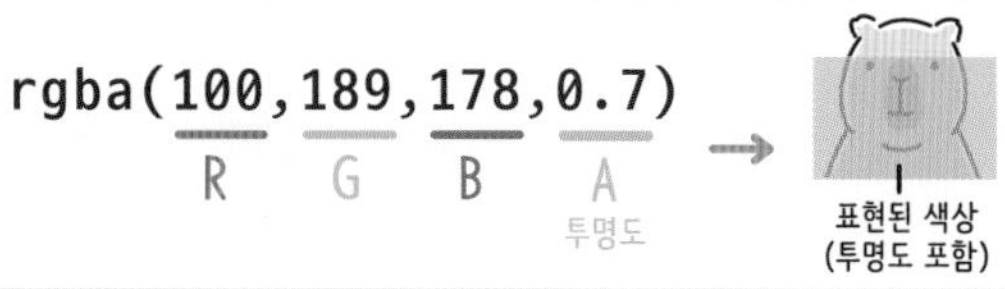

- 10진수*로 지정합니다(0~255까지)
- RGBA 각각의 값을 ,(콤마)로 구분합니다.
- 투명도 0.7은 70%를 뜻합니다.

※10진수…0~9까지 10개의 숫자로 수치를 표현하는 방법

둘 중 어떤 방법을 사용해도 괜찮지만, 투명도를 표현하고 싶을 때는 RGBA를 사용합시다. 'pink'와 같이 색 이름으로 지정할 수도 있습니다.

색상은 몇만 가지 이상이 있기 때문에 색상코드를 기억해서 사용할 수 없습니다. 화면에 나타난 색상의 코드를 알고 싶을 때는 개발자 도구의 컬러 피커를 사용합니다.

여기에 주의! POINT 페이지 전체에 적용할 CSS는 body에 지정하자

body 요소에 CSS를 지정하면 body 요소 안에 있는 자식 요소에 CSS가 상속됩니다(44쪽).

앞에서 적용한 배경색이나 다음 실습에 나올 글꼴과 같이 페이지 전체에 공통으로 적용하고 싶은 속성을 body 선택자에 작성하면 효율적입니다.

글꼴 지정하기

STEP 1 글꼴의 종류를 지정하자

글꼴의 종류를 지정하는 속성

폰트 패밀리
`font-family: ~ ;`

값에는 글꼴명이 들어갑니다.
여러 개의 글꼴을 지정할 때는 ,(콤마)로 구분합니다.

사이트에 글꼴을 적용하기 위해 font-family 속성에 글꼴명을 작성해봅시다. 문서 전체에 적용하고자 하므로 body 선택자에 작성합니다.

04장/step/01/css/02_font-family_ step1.css

```
body {
  background-color: #bbf1ef;
  font-family: 'Verdana','Apple SD Gothic Neo','NanumGothic',sans-serif;
}
```

크게 달라진 것이 없어 보이지만 글자 모양이 변했습니다.

글자 크기 변경하기

STEP 1 글자 크기를 변경하자

글자 크기를 지정하는 속성

폰트 사이즈
`font-size: ~ ;`

값에는 px(픽셀) 등의 단위를 동반한 수치나 large(크게)와 같이 크기를 나타내는 키워드가 들어갑니다.

'카피조우'라는 글자를 크게 만들기 위해 〈h1〉 태그의 font-size를 18px로 지정합니다.

04장/step/01/css/03_font-size_ step1.css

```
h1 {
  font-size: 18px;
}
```

'카피조우'라는 글자가 커졌습니다.

이것은 알아두자 LEARNING

아무 글꼴이나 써도 괜찮을까?

사이트 제작자가 자신의 PC에서 잘 보이는 글꼴을 지정해도 사용자의 디바이스(PC, 스마트폰, 태블릿 등)에 설치되지 않은 글꼴은 표시되지 않습니다. 다양한 디바이스 환경을 고려하여, 일반적으로 여러 개의 폰트 패밀리 이름과 함께 '제네릭 패밀리 이름'을 지정합니다.

▶ 폰트 패밀리(font-family) 이름

구체적인 글꼴명을 말합니다. 대표적인 OS에 기본으로 탑재된 폰트를 몇 가지 지정하는 것이 일반적입니다.

기본 폰트는 OS 버전에 따라 차이가 있기 때문에 어떤 폰트를 지정해야 할지는 상황에 따라 달라집니다.

Mac	Windows
Apple SD 산돌고딕 Neo	맑은 고딕
AppleMyungjo	바탕체
Futura	Segoe UI

두 OS에 공통으로 들어 있는 기본 글꼴도 있습니다.

각 OS의 기본 글꼴의 예

▶ 제네릭 패밀리(generic family) 이름

특정 글꼴의 이름이 아닌 글꼴의 유형을 나타내는 명칭입니다. 글꼴의 유형에는 serif(명조체), sans-serif(고딕체) 등이 있습니다. font-family에 지정한 글꼴이 아무것도 없을 때 브라우저는 제네릭 패밀리로 글꼴 유형을 판단하고 각 유형별 기본 폰트를 표시합니다.

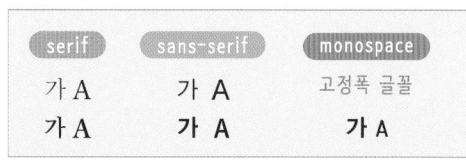

serif	sans-serif	monospace
가 A	가 A	고정폭 글꼴
가 A	가 A	가 A

serif와 sans-serif의 차이는 11장에서 배웁니다.

```
font-family : '폰트 패밀리명1', '폰트 패밀리명2', 제네릭 패밀리명;
```

우선 순위 ❶ 우선 순위 ❷ 우선 순위 ❸

- 폰트 패밀리명은 ,(콤마)로 구분하여 여러 개를 지정할 수 있습니다.
- 폰트 패밀리명과 제네릭 패밀리명이 제대로 인식되도록 폰트 패밀리명은 '(홑따옴표) 또는 "(쌍따옴표)로 감쌉니다.
- 글꼴은 앞에 사용한 것이 우선시됩니다. 첫 번째 글꼴이 없을 때는 두 번째 글꼴이 적용되고, 그것도 없을 때는 그 다음 글꼴이 적용됩니다. 마지막에 제네릭 폰트명을 쓰면 지정한 글꼴이 없을 때 기본 글꼴 중 같은 유형의 글꼴이 표시되므로 넓은 범주에서 글꼴 디자인을 보장할 수 있습니다.

제 컴퓨터에서 보이는 폰트가 다른 사람의 컴퓨터에서 보일 거라고는 장담할 수 없군요.

테두리 그리기

STEP 1 h1 요소에 테두리를 그리자

테두리를 지정하는 속성

보더 `border: ~ ;`	값에는 두께, 선의 종류, 색상이 들어갑니다.

'카피조우' 주변에 흰색 테두리를 그리기 위해 〈h1〉 태그에 border 속성을 지정합니다.

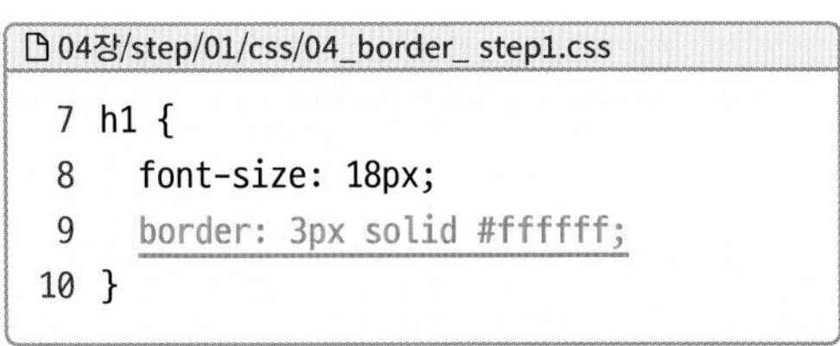

04장/step/01/css/04_border_ step1.css

```
h1 {
  font-size: 18px;
  border: 3px solid #ffffff;
}
```

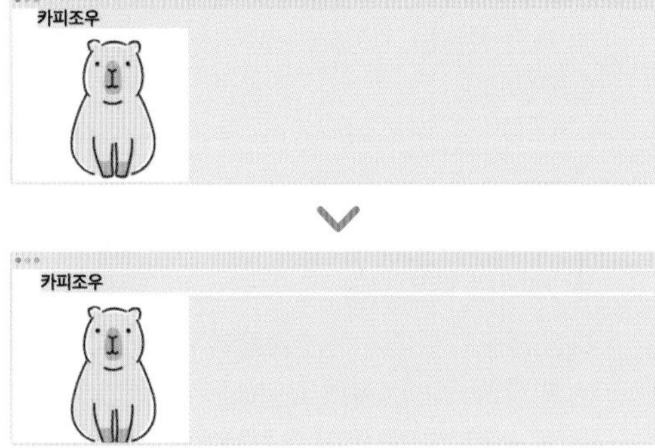

두께가 3px인 흰색 선이 생겼습니다.

STEP 2 테두리의 모서리 각도를 둥글게 하자

모서리의 각도를 조정하는 속성

보더 레이디어스 `border-radius: ~ ;`	박스나 이미지에 그려진 테두리 모서리의 각도를 일괄적으로 조정합니다. 값에는 단위를 동반한 수치가 들어갑니다.

border-radius 속성을 지정하여 테두리의 네 모서리를 둥글게 합니다.

04장/step/01/css/04_border_step2.css

```
h1 {
  font-size: 18px;
  border: 3px solid #ffffff;
  border-radius: 20px;
}
```

네 모서리를 둥글게 해서 부드러운 느낌이 되었습니다.

제 몸처럼 둥글둥글해졌네요.

이것은 알아두자 LEARNING

border는 이것만 기억하면 OK!

▶ 단축 속성 작성하는 법을 기억하자

단축 속성이란 같은 주제를 가진 CSS 속성을 한꺼번에 지정하는 방식입니다. 테두리 속성을 비롯해 몇몇 CSS 속성을 이 방식으로 작성할 수 있습니다. 단축 속성을 사용하면 코드가 짧아지는 장점이 있습니다.

▶ 자주 사용하는 선의 종류(border-style)의 값

선의 종류는 많지만 자주 사용하는 것은 'solid', 'double', 'dotted', 'dashed'의 4가지입니다.

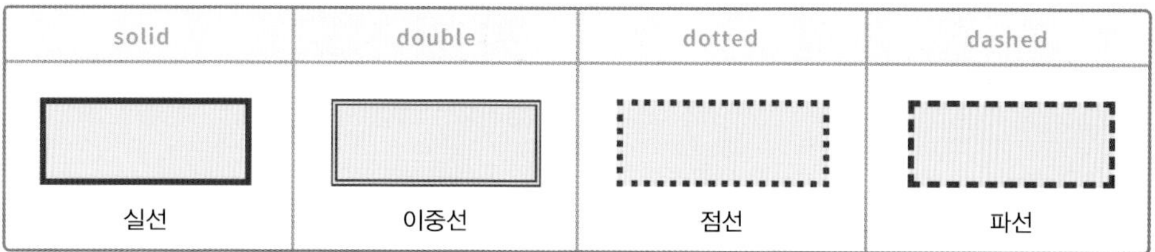

▶ border의 네 변을 다르게 지정하기

특정 변의 border 값을 개별로 지정할 수 있습니다.

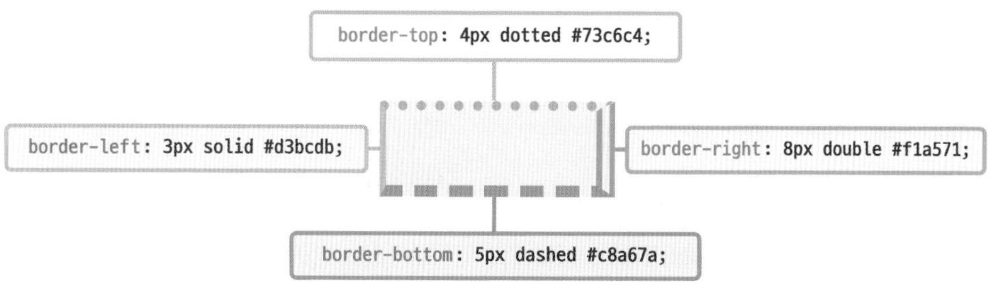

여백 넣기

STEP 1 안쪽 여백을 넣자

테두리 안쪽 여백을 지정하는 속성

패딩 padding: ～ ;	테두리 안쪽 네 면의 여백을 지정할 수 있는 단축 속성입니다. 값에는 단위를 동반한 수치가 들어갑니다.

테두리와 '카피조우'라는 글자 사이에 여백을 넣기 위해 padding 속성을 지정합니다.

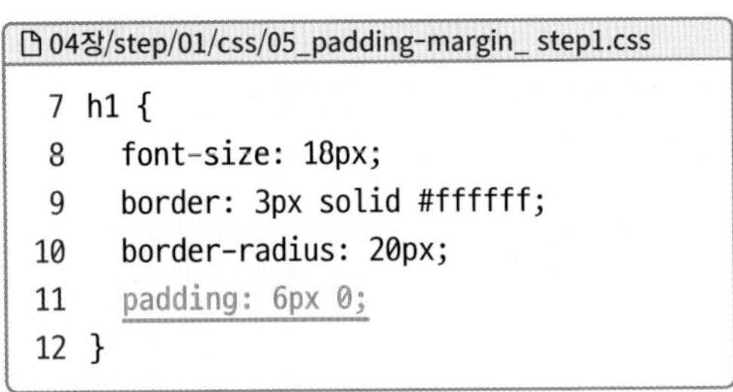

04장/step/01/css/05_padding-margin_ step1.css

```
h1 {
  font-size: 18px;
  border: 3px solid #ffffff;
  border-radius: 20px;
  padding: 6px 0;
}
```

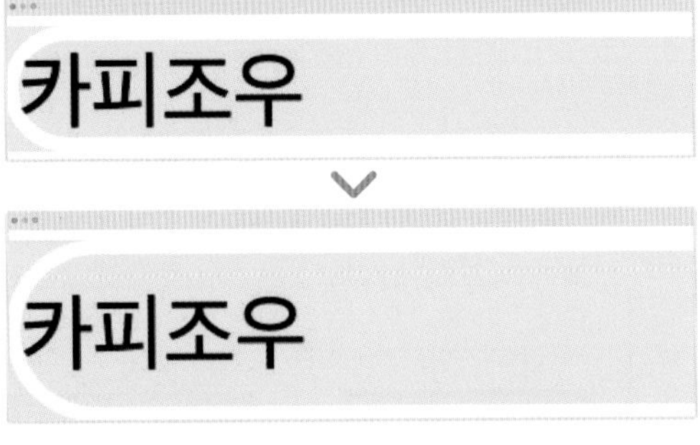

글자와 테두리 사이에 위아래 여백이 생겼습니다.

STEP 2 바깥 여백을 넣자

테두리 바깥 여백을 지정하는 속성

마진 margin: ～ ;	테두리 바깥쪽 네 면의 여백을 지정할 수 있는 단축 속성입니다. 값에는 단위를 동반한 수치가 들어갑니다.

h1 요소의 바깥 여백을 넣기 위해 margin 속성을 지정합니다.

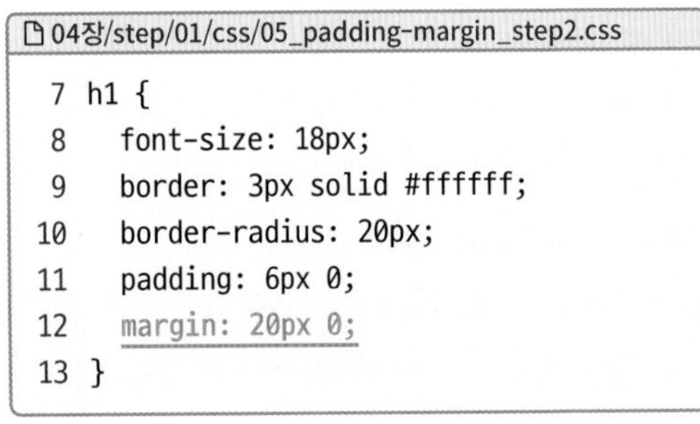

04장/step/01/css/05_padding-margin_step2.css

```
h1 {
  font-size: 18px;
  border: 3px solid #ffffff;
  border-radius: 20px;
  padding: 6px 0;
  margin: 20px 0;
}
```

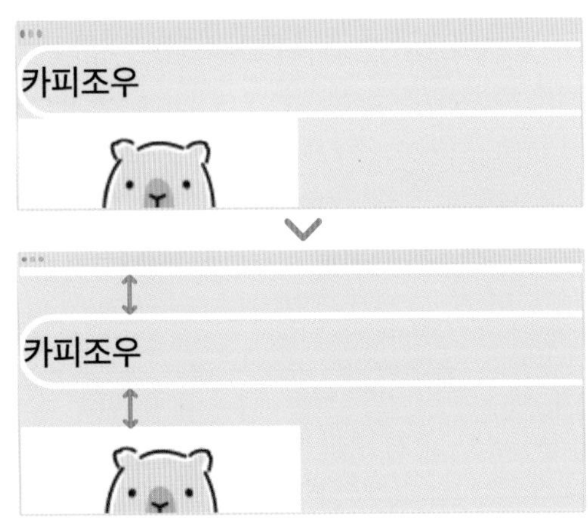

테두리 바깥에 여백이 생겼습니다.

길이가 0일 때는 단위를 생략할 수 있습니다.

이것은 알아두자! LEARNING margin과 padding을 효율적으로 작성하는 법

margin과 padding은 네 면의 여백을 한번에 지정할 수 있는 단축 속성입니다. 두 속성은 여백을 지정하는 방법이 같으므로 같이 기억해두면 좋습니다.

단축 속성으로 여백을 지정할 때는 다음의 4가지 방법이 있습니다. 앞의 STEP에서는 상하, 좌우 값이 동일한 경우의 작성법이었습니다(※ 다음은 margin의 예이지만 padding도 동일하게 적용됩니다).

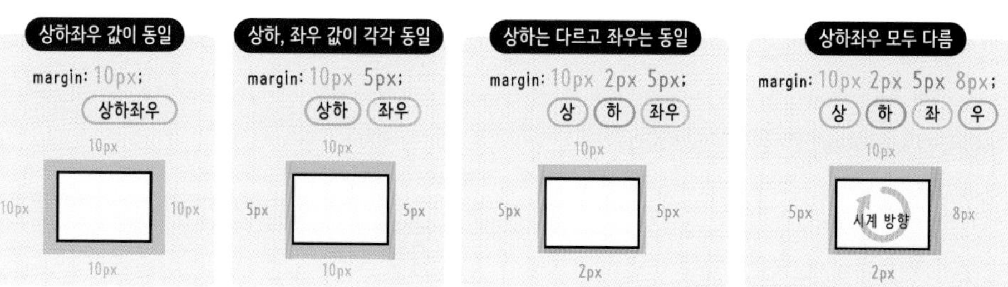

상하좌우 여백을 개별로 지정하고 싶을 때는 다음과 같이 작성합니다.

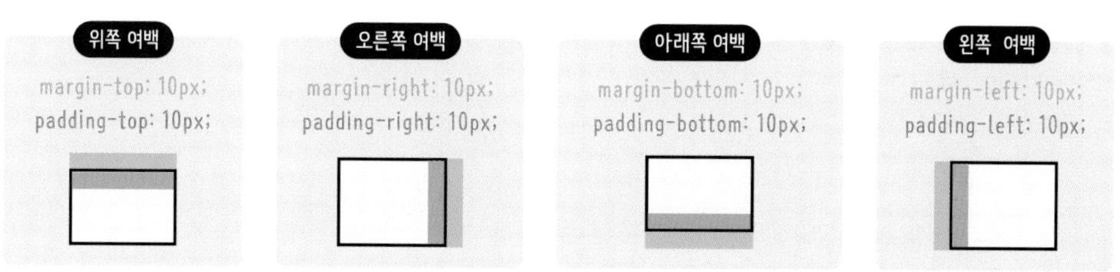

건너뛰어도 OK RANK UP padding과 border는 폭과 높이에 포함될까?

초기 상태에서 padding과 border는 폭과 높이에 **포함되지 않습니다**. 즉, 폭을 100px로 지정해도 padding과 border 값을 포함하면 **100px보다 커집니다**.

box-sizing의 속성값을 border-box로 설정하면 **폭과 높이에 padding과 border를 포함시킨다**라는 뜻이 되어, 요소 사이즈를 직관적으로 확인할 수 있습니다.

이 책에서는 `reset.css`에서 `box-sizing:border-box;`라고 지정하고 있습니다.

가운데 정렬하기(블록 박스)

STEP 1 h1 요소의 폭을 지정하자

요소의 폭을 지정하는 속성

위드 width: ~ ;	값에는 단위를 동반한 수치가 들어갑니다.

h1 요소에 width 속성을 지정해서 폭을 300px로 줄입니다.

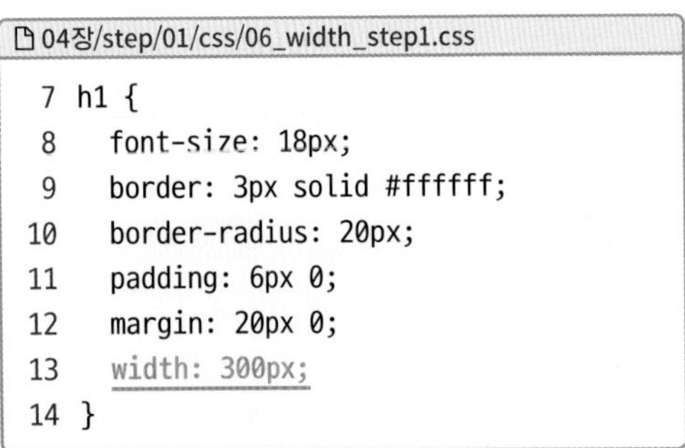

04장/step/01/css/06_width_step1.css

```
h1 {
  font-size: 18px;
  border: 3px solid #ffffff;
  border-radius: 20px;
  padding: 6px 0;
  margin: 20px 0;
  width: 300px;
}
```

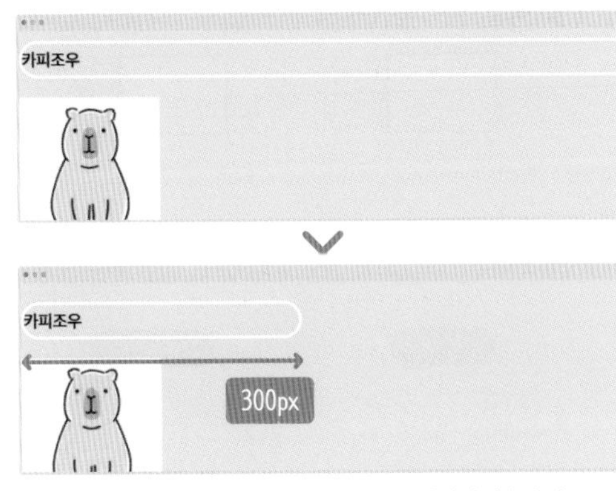

h1 요소의 폭이 300px로 되고 왼쪽으로 정렬되었습니다.

STEP 2 가운데로 정렬하자(블록 박스)

margin-right와 margin-left에 auto를 지정하면 좌우의 여백이 균일해져서 부모 요소 중앙에 배치됩니다.

앞의 페이지에서 지정한 margin의 0 부분을 auto로 변경합니다.

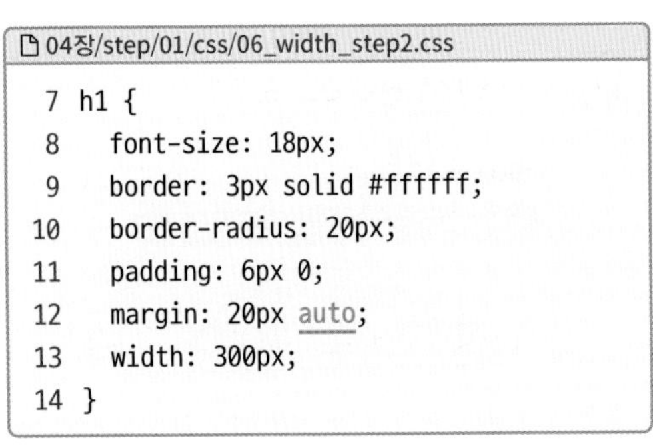

04장/step/01/css/06_width_step2.css

```
h1 {
  font-size: 18px;
  border: 3px solid #ffffff;
  border-radius: 20px;
  padding: 6px 0;
  margin: 20px auto;
  width: 300px;
}
```

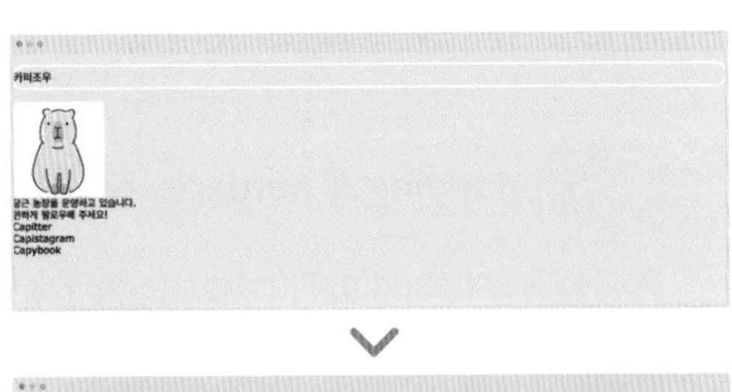

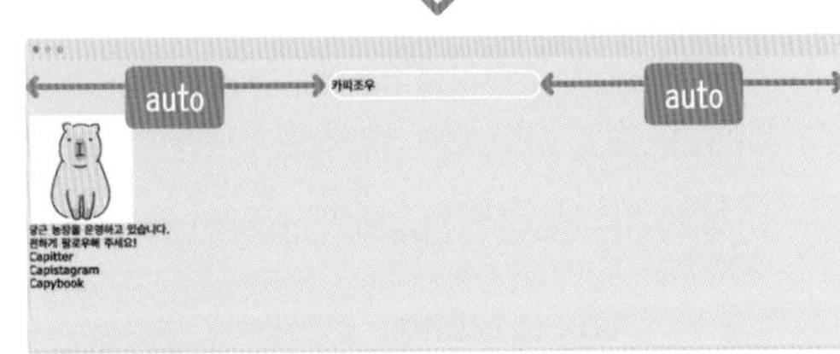

h1 요소가 중앙에 배치되었습니다.

LEARNING 요소를 가운데 정렬한다는 것은

왜 가운데 정렬이 된 건지 잘 모르겠어요…….

요소를 가운데 정렬하는 방법은 해당 요소가 블록 박스인지 인라인 박스인지에 따라 달라집니다.

▶ 블록 박스의 가운데 정렬

'카피조우'라는 글자는 <h1> 태그로 마크업되어 있습니다. h1 요소는 블록 박스입니다.

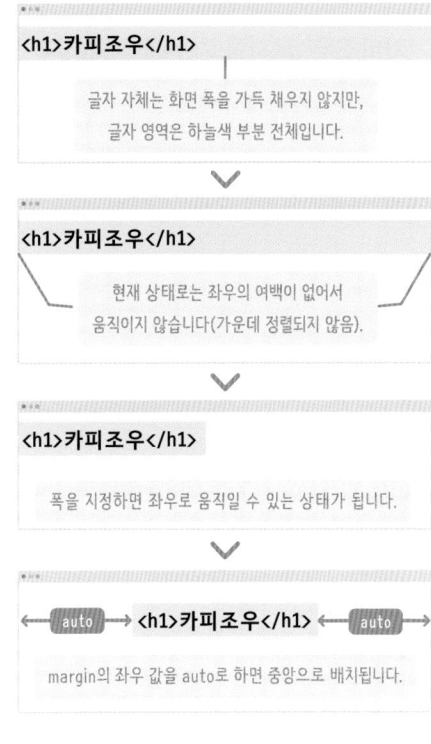

<h1>카피조우</h1>

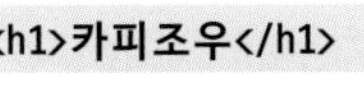

글자 자체는 화면 폭을 가득 채우지 않지만, 글자 영역은 하늘색 부분 전체입니다.

가운데 정렬을 하려면 좌우에 여백이 있어야 합니다. 그런데 블록 박스는 '부모의 폭을 가득 채우려는 성질'을 갖고 있으므로 현재 상태로는 가운데 정렬이 되지 않습니다(55쪽).

<h1>카피조우</h1>

현재 상태로는 좌우의 여백이 없어서 움직이지 않습니다(가운데 정렬되지 않음).

블록 박스의 폭을 부모의 폭보다 작게 만들고, 좌우의 여백을 auto로 지정하면 가운데 정렬이 됩니다.

<h1>카피조우</h1>

폭을 지정하면 좌우로 움직일 수 있는 상태가 됩니다.

정리하자면 블록 박스의 가운데 정렬은 다음 순서로 진행됩니다.
1. 요소의 폭을 지정한다.
2. 좌우 margin을 auto로 지정한다.

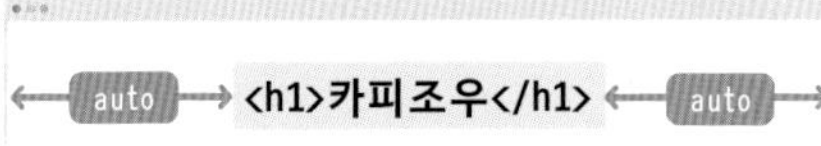

margin의 좌우 값을 auto로 하면 중앙으로 배치됩니다.

▶ 인라인 박스의 가운데 정렬

인라인 박스를 가운데 정렬할 때는 그 요소가 포함된 부모의 블록 박스에 대해서 `text-align:center;`라는 CSS를 작성합니다.

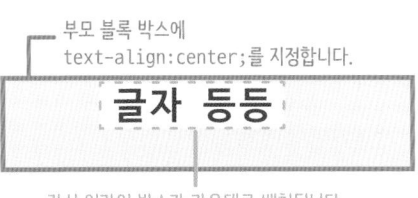

부모 블록 박스에 text-align:center;를 지정합니다.

글자 등등

자식 인라인 박스가 가운데로 배치됩니다.

가운데 정렬하기(인라인 박스)

다음은 인라인 박스를 가운데로 정렬해봅시다!

인라인 박스의 정렬 위치를 지정하는 속성

텍스트 얼라인 text-align: ∼ ;	내부에 있는 인라인 박스의 정렬 위치를 지정하는 속성입니다. 값에는 center·left·right 등 위치를 나타내는 키워드가 들어갑니다.

STEP 1 '카피조우' 글자를 가운데 정렬하자

<h1> 태그 안에 있는 '카피조우'라는 텍스트는 인라인에 해당하기 때문에 text-align 속성값을 center로 지정하여 가운데 정렬합니다.

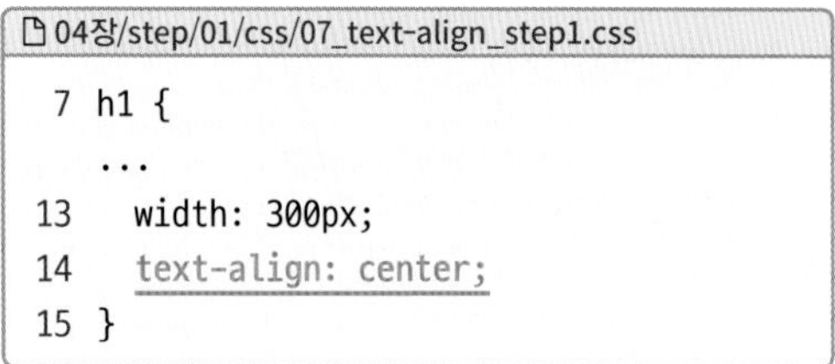

04장/step/01/css/07_text-align_step1.css

```
h1 {
  ...
  width: 300px;
  text-align: center;
}
```

'카피조우'라는 글자가 가운데 정렬되었습니다.

STEP 2 나머지 요소도 가운데 정렬하자

<p> 태그와 <ul> 태그로 마크업한 부분도 `text-align:center;`를 지정해서 가운데로 정렬합니다.

<p> 태그와 <ul> 태그에 지정할 CSS가 동일하므로 선택자를 한꺼번에 사용할 수 있습니다. 복수 선택자를 지정할 때는 선택자를 ,(콤마)로 구분합니다. 아래 여백도 함께 지정하겠습니다.

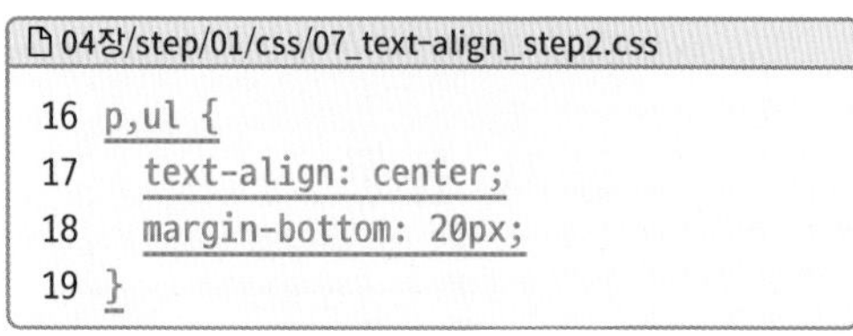

04장/step/01/css/07_text-align_step2.css

```
p,ul {
  text-align: center;
  margin-bottom: 20px;
}
```

<p> 태그와 <ul> 태그 안에 있는 텍스트와 이미지는 인라인이므로 `text-align:center;`로 가운데 정렬을 할 수 있군요!

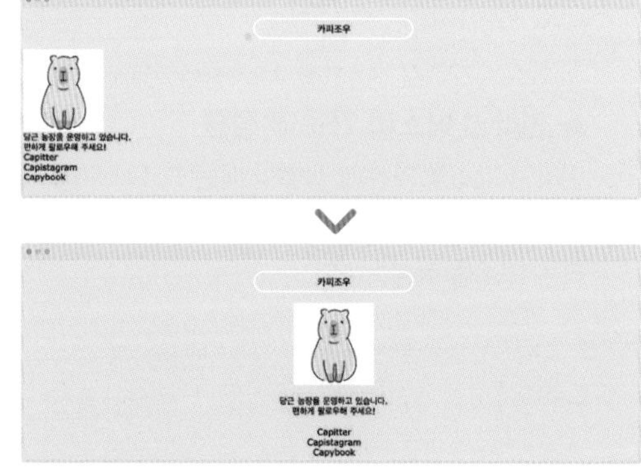

나머지 요소들도 가운데 정렬되었습니다.

이미지를 둥글게 만들기

STEP 1 프로필 이미지를 둥글게 만들자

〈img〉 태그에 border-radius 속성을 지정해서 이미지를 둥글게 만들어봅시다.

04장/step/01/css/08_img_step1.css

```
img {
  border-radius: 50%;
}
```

이미지가 둥글게 바뀌어서 귀여운 분위기가 되었습니다.

완성 디자인과 얼추 비슷해졌네요!

이것은 알아두자 LEARNING CSS에서 사용하는 단위

지금까지는 'px'라는 단위를 사용했는데, 처음으로 '%'라는 단위가 나왔습니다. CSS에서는 다양한 단위를 사용하기 때문에 여기서 간단히 그 종류를 설명하겠습니다.

▶ px(픽셀)

디지털 이미지를 구성하는 최소한의 단위(픽셀)를 기준으로 크기를 나타냅니다. px로 크기를 지정하면 화면의 크기가 변해도 동일한 크기로 표시됩니다.

px: 브라우저 창을 키우거나 줄여도 바뀌지 않습니다.

800px → 800px

▶ px 이외의 단위

px 외에 사용하는 단위로 '%(퍼센트)'와 'em(엠)', 'rem(렘)' 등이 있습니다. 이들은 px과는 다른 성질을 갖고 있어서 부모 요소와 같은 요소에 따라 기준이 달라집니다.

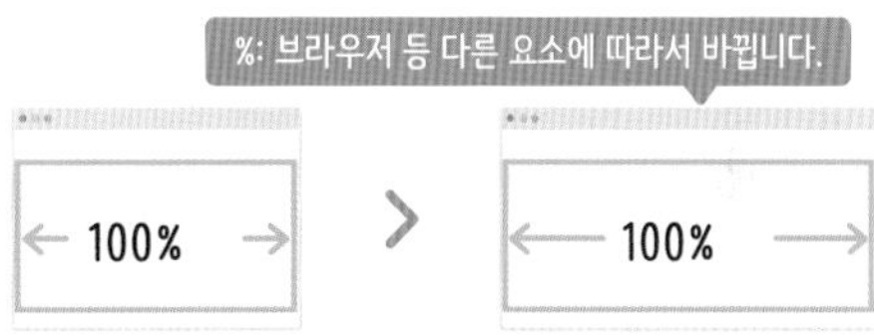

px은 화면 크기가 변해도 크기가 변하지 않기 때문에 요소의 폭을 고정하고 싶을 때 사용합니다. 반대로 화면의 크기에 따라 폭이 변경되기를 원할 때는 다른 단위를 사용합니다.

버튼 만들기

이 부분은 태그의 중첩 관계가 복잡하므로 HTML을 확인하면서 실습해 봅시다.

```
<ul>
  <li><a href="#">Capitter</a></li>
  <li><a href="#">Capistagram</a></li>
  <li><a href="#">Capybook</a></li>
</ul>
```

STEP 1 a 요소에 배경색을 넣자

a 요소에 배경색을 넣기 위해 background-color에 #ff9a9e를 지정합니다.

04장/step/01/css/09_button_step1.css

```
a {
  background-color: #ff9a9e;
}
```

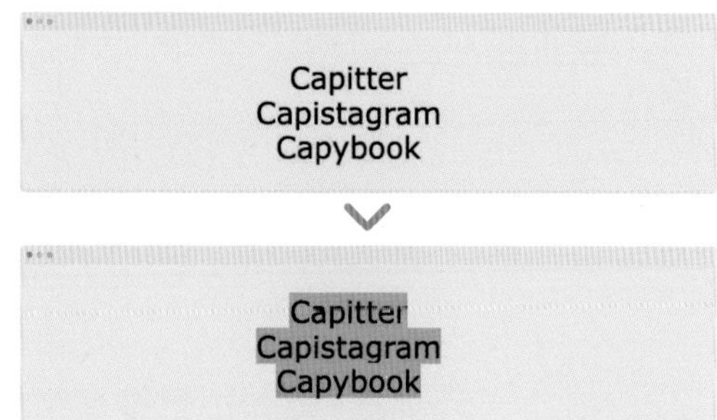

a 요소에 배경색이 들어갔습니다.

STEP 2 a 요소를 블록 박스로 변경하자

박스 레이아웃의 종류를 지정하는 속성

디스플레이 display: ～ ;	값에는 레이아웃의 종류를 나타내는 block이나 inline 등의 키워드가 들어갑니다.

<a> 태그의 display 속성 초깃값은 inline입니다. 이 상태로 버튼을 만들면 앞의 SETP에서 배경을 칠한 만큼의 좁은 영역만 클릭할 수 있습니다. display 값을 block으로 변경해서 박스의 영역를 넓혀봅시다.

04장/step/01/css/09_button_step2.css

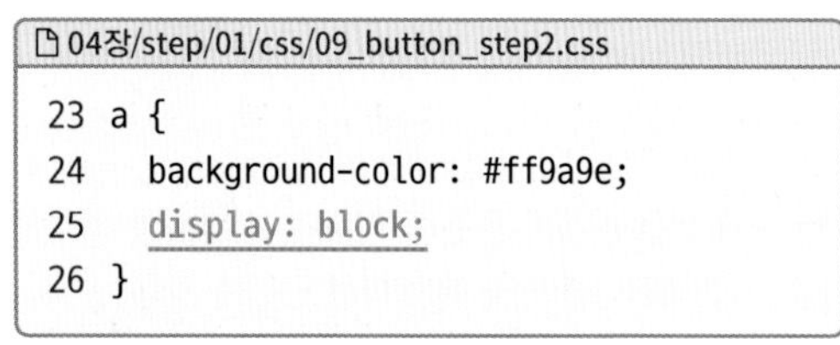

```
a {
  background-color: #ff9a9e;
  display: block;
}
```

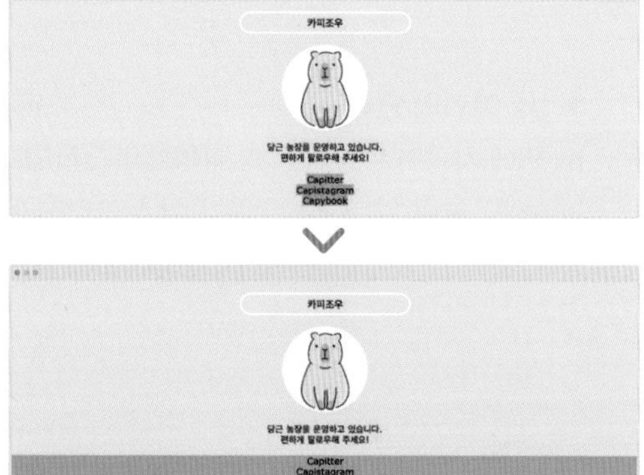

인라인이었던 <a> 태그가 블록이 되어 화면에 가득 차도록 폭이 넓어졌습니다.

3장(55쪽)에서 배웠던 박스의 성질을 바꾸는 작업이군요.

STEP 3 버튼을 가운데 정렬하자

버튼의 폭을 300px로 조정하고 화면 중앙으로 정렬해봅시다. **64쪽**과 동일하게 **width 지정 → margin의 좌우를 auto로 지정**하는 방법을 사용합니다. 이때 선택자를 〈a〉가 아닌 〈ul〉 태그로 해서 목록 내의 버튼 전체가 한꺼번에 정렬되도록 합니다.

04장/step/01/css/09_button_step3.css

```
ul {
  width: 300px;
  margin: 0 auto;
}
```

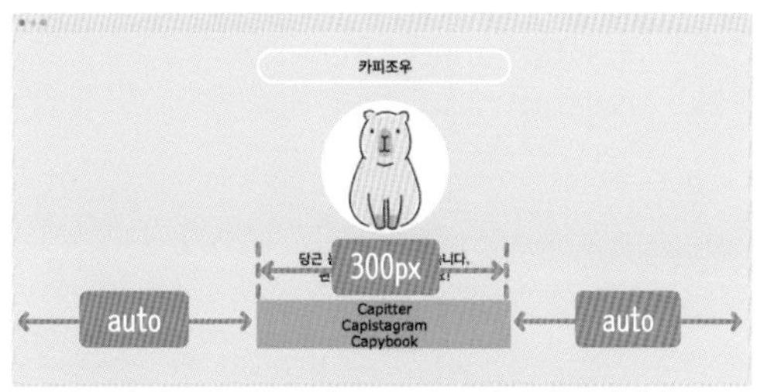

목록의 폭이 300px이 되고 가운데로 정렬되었습니다.

STEP 4 버튼 바깥에 여백을 넣자

테두리 바깥 아래에 여백을 넣어 버튼 사이에 간격을 만들어봅시다. 버튼은 각각 〈li〉 태그로 마크업되어 있기 때문에, li 요소에 대해 margin-bottom을 지정합니다.

04장/step/01/css/09_button_step4.css

```
li {
  margin-bottom: 20px;
}
```

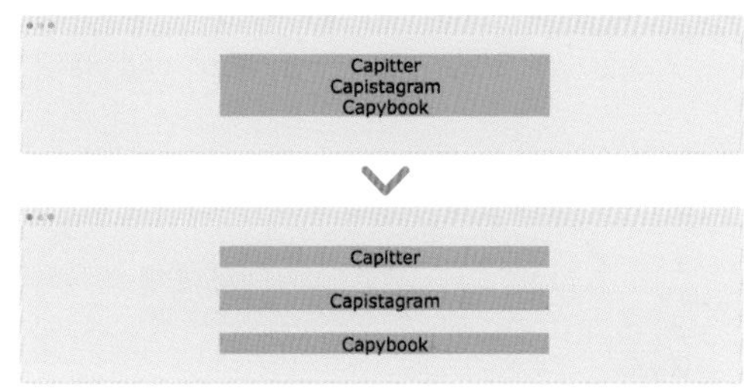

각 버튼 사이에 여백이 생겼습니다.

a 요소에 margin-bottom을 지정해도 같은 결과가 나오지만 HTML의 구조상 li 요소에 여백을 넣는 것이 합리적입니다.

STEP 5 버튼 안에 여백을 넣자

버튼 내부에 상하 여백을 만들기 위해 padding을 지정합니다.

04장/step/01/css/09_button_step5.css

```
a {
  background-color: #ff9a9e;
  display: block;
  padding: 20px 0;
}
```

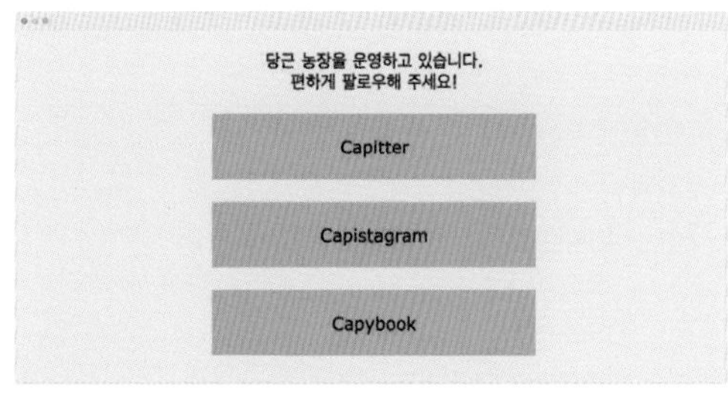

버튼 모양이 완성되었습니다.

STEP 6 버튼의 모서리 각도를 둥글게 하자

border-radius로 버튼의 모서리 각도를 둥글게 만듭니다.

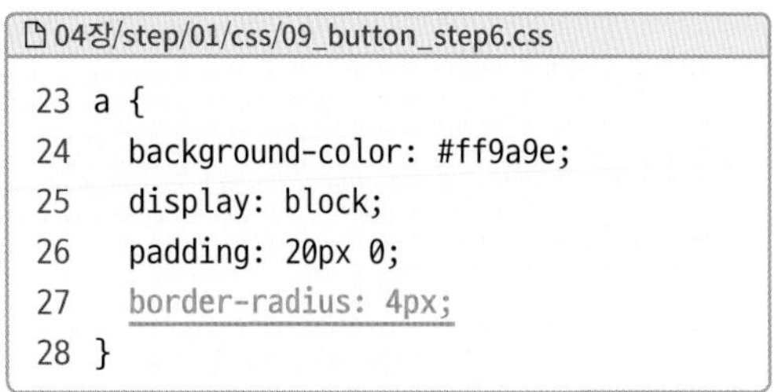

04장/step/01/css/09_button_step6.css

```
a {
  background-color: #ff9a9e;
  display: block;
  padding: 20px 0;
  border-radius: 4px;
}
```

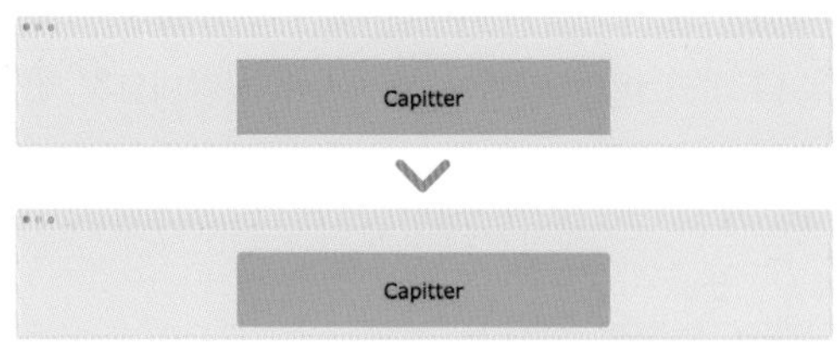

버튼의 모서리 각도가 둥글어졌습니다.

LEARNING border-radius의 값

값을 px로 지정하면 그 값을 반지름으로 갖는 원의 호만큼 모서리의 각도가 둥글어집니다. 값을 %로 지정하면 현재 요소의 크기를 기준으로 원의 반지름 크기가 결정됩니다.

네 모서리의 각도를 다르게 하고 싶다면 `border-top-left-radius: 20px`과 같이 개별 속성으로 각각 지정할 수도 있고, 단축 속성 `border-radius`에 한꺼번에 지정할 수도 있습니다.

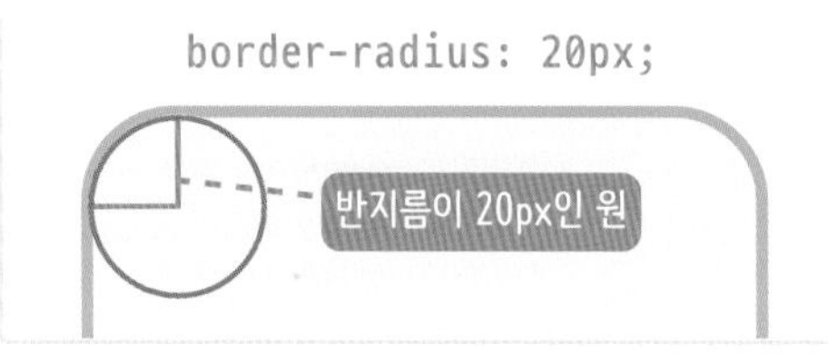

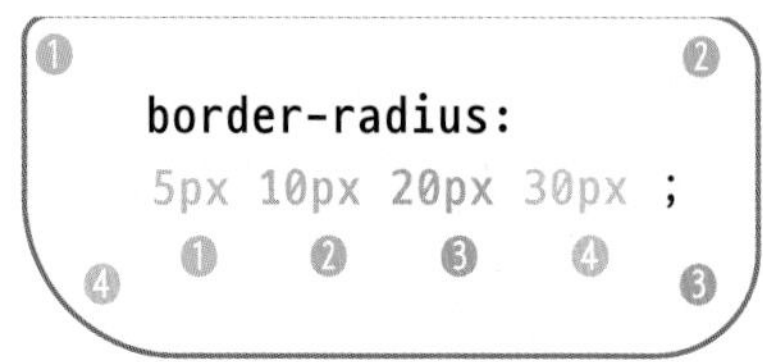

STEP 7 버튼 글자의 색상을 지정하자

글자 색상을 지정하는 속성

컬러 color: ~ ;	글자의 색상(전경색)을 지정합니다. 값에는 색상코드나 색상명이 들어갑니다.

버튼의 글자색을 흰색으로 바꾸기 위해 <a> 태그에 `color: #ffffff;`를 지정합니다.

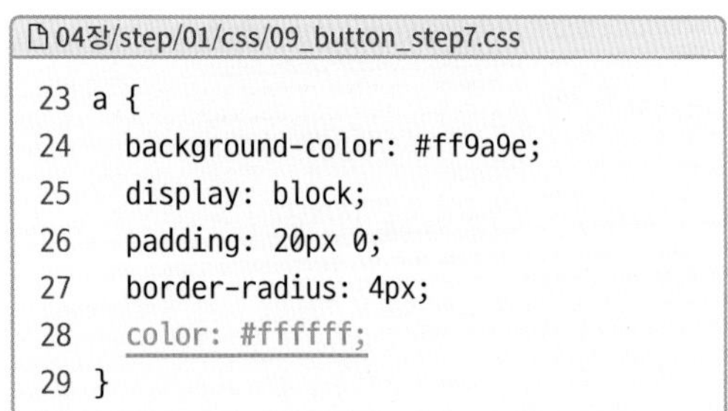

04장/step/01/css/09_button_step7.css

```
a {
  background-color: #ff9a9e;
  display: block;
  padding: 20px 0;
  border-radius: 4px;
  color: #ffffff;
}
```

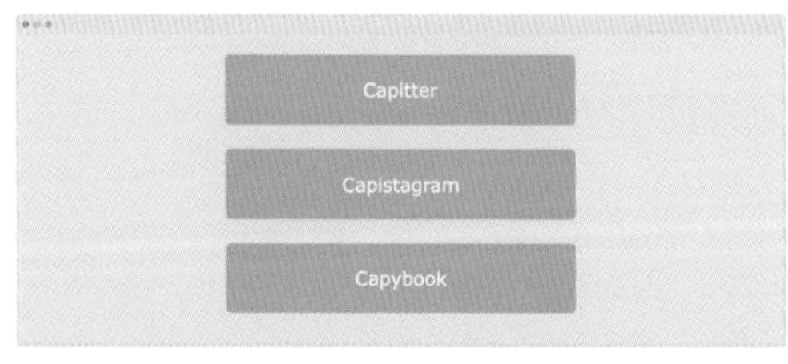

버튼 글자가 흰색으로 변경되었습니다.

STEP 8 버튼 글자의 굵기를 지정하자

글자의 굵기를 지정하는 속성

폰트 웨이트 font-weight: ～ ;	값에는 수치 또는 bold(굵게) 등의 키워드가 들어갑니다.

버튼의 글자가 얇아서 잘 보이지 않으므로, `font-weight:bold;`를 지정해서 두껍게 만들어줍니다.

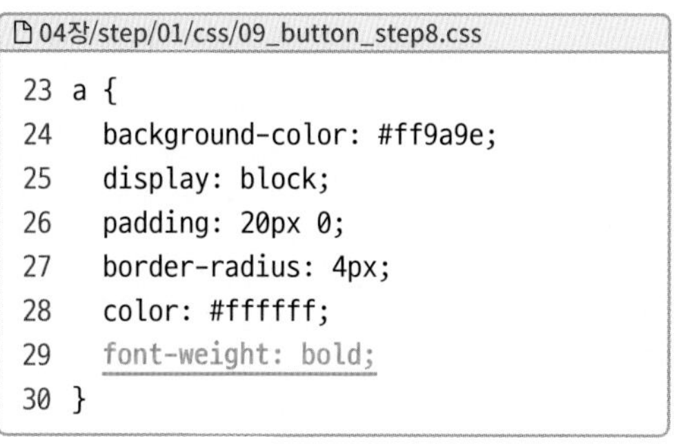
04장/step/01/css/09_button_step8.css

```
a {
  background-color: #ff9a9e;
  display: block;
  padding: 20px 0;
  border-radius: 4px;
  color: #ffffff;
  font-weight: bold;
}
```

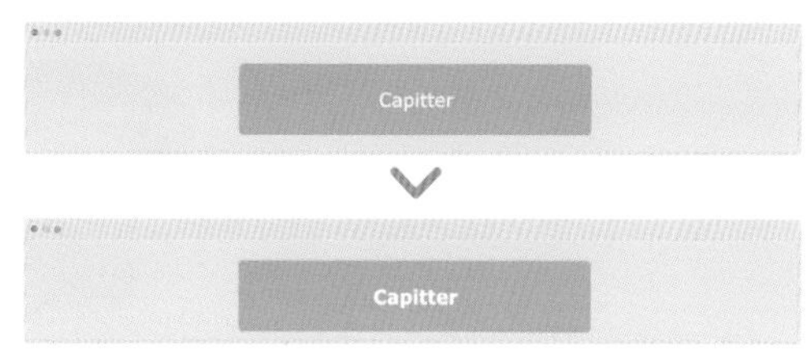

버튼의 글자가 두꺼워졌습니다.

건너뛰어도OK RANK UP 실제 코딩을 할 때 진행 방법

이 책의 실습에서는 속성값에 들어갈 수치나 색상코드를 미리 준비해두었지만, 원래 이러한 정보는 코딩을 하는 사람이 디자인 데이터에서 직접 추출해서 사용합니다. 이미지도 디자인 데이터에서 내보내기해서 사용합니다.

이러한 데이터 추출 방법은 디자인 데이터가 어떤 형식인지에 따라 다르기 때문에 이 책에서는 구체적으로 다루지 않지만 이런 작업이 필요하다는 것만 알아둡시다.

Adobe XD에는 색상 정보를 볼 수 있는 기능이 있습니다.

Part 3

2칼럼 페이지 만들기

룰루랄라
카피코 양이 SNS에 댓글을 달아줬어요~!
오~
어떤 댓글이야?
이거예요.

이 파트에서 만들 사이트

2칼럼 레이아웃 디자인

Design Point 01

핸드메이드 느낌을 주기 위해
로고와 배경에 질감을 추가합니다.

HOME ABOUT BLOG SHOP CONTACT

Design Point 02

모서리를 둥글게 하고 그림자를
넣어서 부드러운 느낌을 줍니다.

당근 농장의 하루를 소개합니다

3023년 8월 8일 오후 1시 13분

6:00~ 당근 수확과 아침 식사

아침에는 6시쯤 일어납니다. 언제까지나 이불 속에 파묻혀 있고 싶지만, 영차! 하고 힘내서 일어납니다.
밖에 나가면 해님에게 '안녕, 좋은 아침이에요.'라고 인사.

다음 잘 여문 당근을 수확합니다.
못난이 당근은 제가 아침밥으로 먹습니다.
수확을 하면서 … 율적입니다!

Design Point 03

제목의 크기

본문과 글자 크기에
차이를 두어
읽기 쉽게 합니다.

모양이 못생겨서 내가 먹은 당근들

8:30~12:30 슈퍼마켓이나 휴게소로 출하

아침에 캔 당근을 산지 직송 매장으로 운반합니다. 일과 중 가장 힘을 … 일이네요.
슬슬 리어카가 아니라 전기로 움직이는 차를 구입해볼까 생각하고 있어요.

12:30~18:00 밭일과 저녁 식사

당근의 상태를 보면서 물을 주거나, 벌레를 잡거나, 비닐을 씌우거나 합니다.
지금은 당근이 메인이지만, 장기적으로는 더 많은 작물을 키우고 싶어서 관련 준비도 같이 하고 있습니다.

18:30~ 목욕과 취침

느긋하게 목욕을 하고 잠자리에 듭니다. 이불 속은 천국입니다.

Category

- 농가의 일상(4)
- 채소 재배 노하우(5)
- 카피조우 레시피(2)
- 농장 경영(2)

Recent Articles

온실 재배 주의할 점 TOP10

현역 농부가 해충 퇴치법을 알려드립니다

집에서도 가능! 화분 재배의 핵심

간단하게 만드는 당근 요리 소개!

농사지어서 먹고살 수 있을까? 제일 궁금해하는 연 수입 대공개

온라인 샵
online shop →

Design Point 04

문단 디자인

문장이 너무 길거나 행간이
좁으면 읽기 어렵습니다.
문단 디자인에도 신경을 씁니다.

칼럼이 뭔가요?

칼럼이란 '열'을 말해요. 이런 디자인은 왼쪽에 '본문 열', 오른쪽에 '내비게이션 열'이란 2개의 열이 있어서 2칼럼 사이트라고 부르기도 합니다.

학습 POINT

문서 구조의 마크업

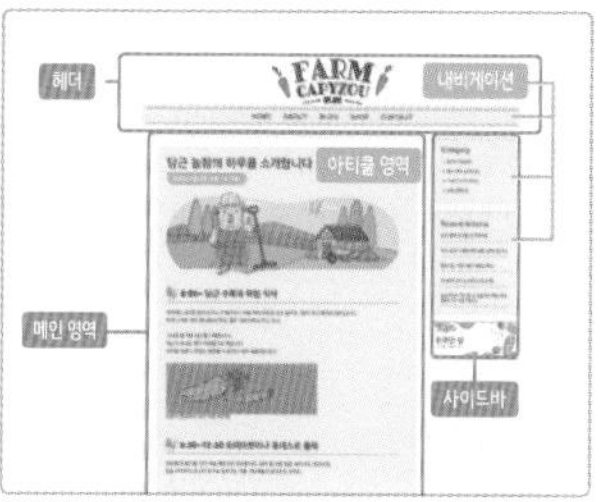

문서 구조를 명확히 정의하는 HTML 태그와 아웃라인에 대해 배웁니다.

Flexbox 레이아웃

2칼럼 레이아웃을 만들 때 편리한 Flexbox 사용법을 배웁니다.

실전적인 코딩

HTML과 CSS를 왔다갔다 하면서 좀 더 실전에 가까운 코딩을 진행합니다.

디자인 POINT

2칼럼 레이아웃

https://www.amazon.com

블로그나 쇼핑몰 사이트에서 자주 볼 수 있는 레이아웃입니다.

사이드바에 내비게이션이 고정되어 있으므로 페이지 이동이 쉽다는 특징이 있습니다.

'페이지를 자주 이동한다', '광고 등의 보조 정보를 싣고 싶다' 등의 목적이 있을 때는 2칼럼 레이아웃이 적합합니다.

화면이 좁은 모바일에서는 2칼럼 레이아웃을 나타내는 것이 어려우므로 PC 버전과는 다른 레이아웃을 생각해볼 필요가 있습니다.

디자인 컨셉은…

크래프트 느낌 × 내추럴

농장 블로그이기 때문에 자연을 떠올릴 수 있는 색을 사용해서 내추럴한 느낌을 만듭니다.

포인트 컬러는 당근의 주황으로 합니다. 또한 로고와 배경에 질감을 넣어서 크래프트 느낌을 연출합니다.

큰 면적의 박스에 모서리를 둥글게 만들고 옅은 그림자를 넣어서 전체적으로 부드러운 분위기를 만듭니다.

CHAPTER 05

블로그 사이트 HTML 작성하기

앞에서 문서 내의 세부 콘텐츠를 마크업하는 방법에 대해 배웠습니다. 이 장에서는 큰 틀에서 문서 구조를 나타내는 HTML 태그를 배워보겠습니다.

문서 구조…….
왠지 호락호락하지 않은 단어네요.

사람의 몸을 '머리', '몸통', '발'과 같이 나누는 것처럼 문서를 영역으로 구분하는 거예요.

웹사이트의 영역 구분하기

주요 영역의 명칭과 지원하는 태그

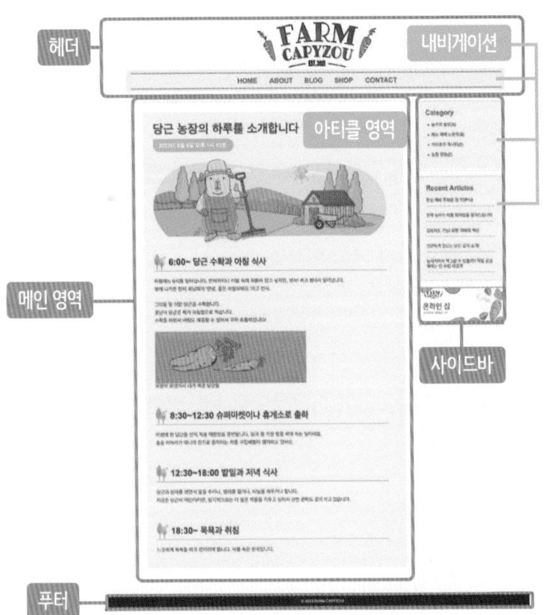

헤더

페이지의 도입부 영역입니다. 일반적으로는 웹사이트 상단에 위치하고, 로고나 내비게이션을 포함합니다.

사이트 내 모든 페이지가 함께 공유하는 부분으로, 사이트의 일관성을 유지하고 다른 페이지로 편리하게 이동할 수 있는 접근성을 제공합니다.

헤더 영역은 〈header〉 태그로 마크업합니다.

내비게이션

다른 페이지로 이동할 수 있는 링크가 모여 있는 영역입니다.

이 장의 디자인에서는 헤더와 사이드바 안에 내비게이션이 배치되어 있습니다.
내비게이션 영역은 〈nav〉 태그로 마크업합니다.

메인 영역

페이지의 주요 정보가 있는 영역입니다. 메인 영역은 〈main〉 태그로 마크업합니다.

아티클 영역

뉴스 기사나 블로그 게시글은 아티클 영역으로 구분합니다.
아티클 영역은 〈article〉 태그로 마크업합니다.

사이드바

로컬 내비게이션이나 광고 등 보조적인 정보를 배치하는 영역입니다.
사이드바 영역은 〈aside〉 태그로 마크업합니다.

푸터

저작권 표시(카피라이트)나 문의처 등이 배치되는 곳입니다.
푸터 영역은 〈footer〉 태그로 마크업합니다.

이것은 알아두자! LEARNING 용도에 따라 달라지는 내비게이션의 명칭

내비게이션에는 몇 가지 종류가 있습니다. 각각의 형태와 용도를 살펴봅시다.

▶ 글로벌 내비게이션

모든 페이지에 공통으로 배치하는 내비게이션을 말하며, 사이트 내의 주요 페이지로 접근하기 위해 사용합니다.

▶ 로컬 내비게이션

블로그의 카테고리 목록처럼 주요 페이지 내에서 선택할 수 있는 옵션을 제시합니다. 이 장의 디자인에서는 사이드바 안에 있는 2개의 내비게이션이 이에 해당합니다.

▶ 사이트 이동 경로 내비게이션

현재 페이지의 위치를 직관적으로 이해할 수 있는 내비게이션입니다. 이 장의 디자인에서는 등장하지 않지만, 쇼핑몰 사이트 등에서 자주 볼 수 있습니다.

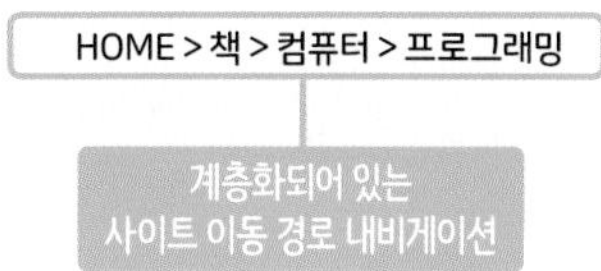

같은 <nav> 태그라고 해도 용도에 따라 부르는 말이 다르군요.

블로그의 문서 구조 마크업하기

앞 페이지의 내용을 참고해서 마크업을 시작해봅시다.

그 전에 지금까지 배운 마크업을 복습하고 싶다면 <SELF WORK>에 도전해보세요.

실력 확인해보자 SELF WORK **앞에서 배운 HTML 마크업을 복습해보자**

05장/SELF WORK/HTML_마크업_복습하기/작업/index.html을 VSCode에서 열어봅시다. 이 파일은 'HTML의 기본 틀'과 '텍스트 콘텐츠'만 작성된 상태입니다.

05장/design/design.png를 보면서 지금까지 배운 HTML 태그로 마크업을 해봅시다.

끝났다면 **05장/SELF WORK/완성/index.html**과 비교해보세요.

작업 파일 확인하기

05장/작업/index.html을 VSCode에서 열어봅시다. 이 파일은 앞에서 학습한 HTML 태그로 마크업이 끝난 상태입니다.

완성 디자인(**05장/design/design.png**)을 참고하면서 진행합니다.

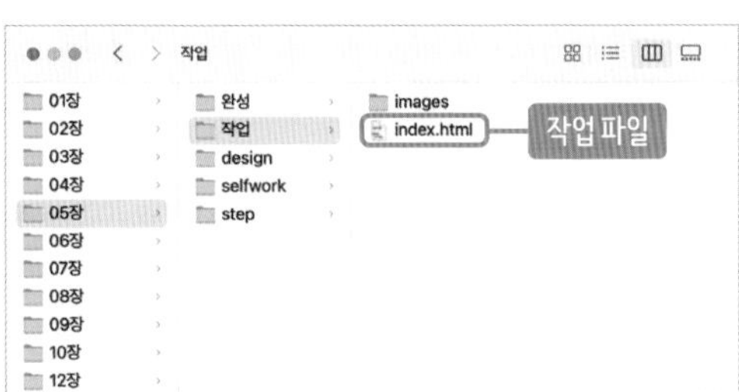

헤더 영역 구분하기

헤더 영역을 나타내는 태그

헤더 <header> ~ </header>	'head'에서 유래하여 콘텐츠의 도입부라는 뜻을 갖는 태그입니다. 문서의 메타정보를 작성하는 <head> 태그와 다른 것에 주의하세요.

STEP 1 헤더 영역을 마크업하자

로고(h1 요소)와 글로벌 내비게이션(HOME~CONTACT 목록)을 포함하도록 <header> 태그로 감쌉니다.

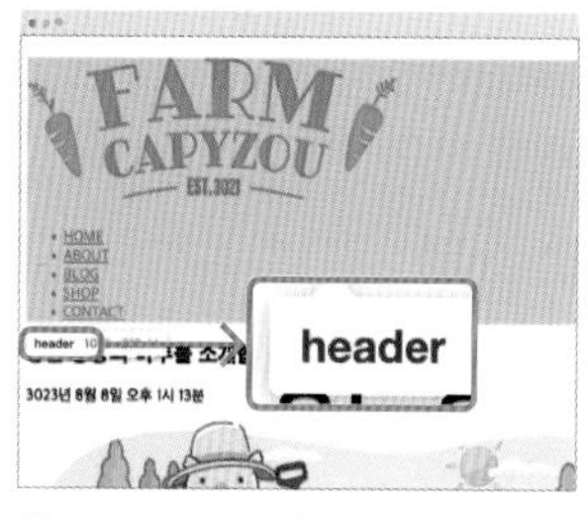

겉으로 보기에는 아무 변화가 없지만 개발자 도구에서 커서를 올리면 header 영역이 확인됩니다.

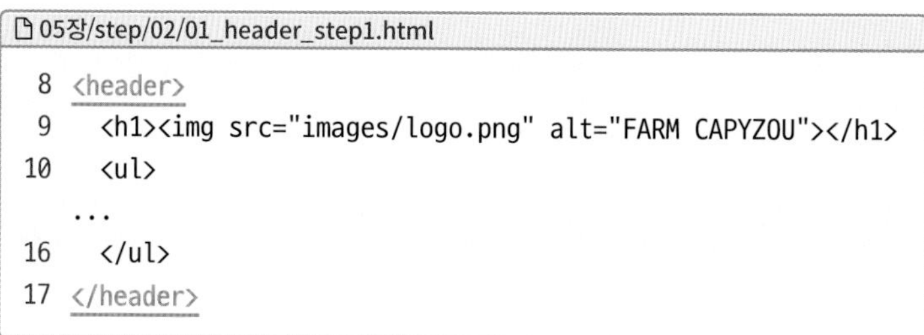

📄 05장/step/02/01_header_step1.html

```
<header>
  <h1><img src="images/logo.png" alt="FARM CAPYZOU"></h1>
  <ul>
...
  </ul>
</header>
```

이번 단계와 같이 이 장의 마크업은 외관상 변화가 생기지 않습니다. 따라서 의도한 범위가 제대로 마크업되었는지 크롬 개발자 도구로 확인합니다. 사용법은 46쪽을 확인해주세요.

내비게이션 영역 구분하기

내비게이션 영역을 나타내는 태그

내브 <nav> ~ </nav>	nav는 'navigation(내비게이션)'의 약자입니다. 페이지 안에서 주요 내비게이션에 사용합니다.

STEP 2 글로벌 내비게이션 영역을 마크업하자

글로벌 내비게이션에 해당하는 코드(<ul> 요소)를 <nav> 태그로 감쌉니다.

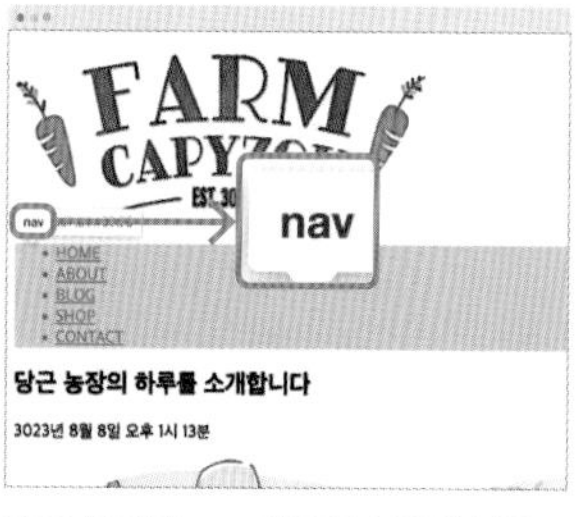

목록 전체가 nav 영역이 되었습니다.

📄 05장/step/02/02_nav_step1.html

```
<header>
  <h1><img src="images/logo.png" alt="FARM CAPYZOU"></h1>
  <nav>
    <ul>
...
    </ul>
  </nav>
</header>
```

STEP 3 로컬 내비게이션 영역을 마크업하자

이 장의 디자인을 보면 사이드바 안에 있는 두 개의 목록이 로컬 내비게이션이 됩니다. 두 영역을 <nav> 태그로 감쌉니다.

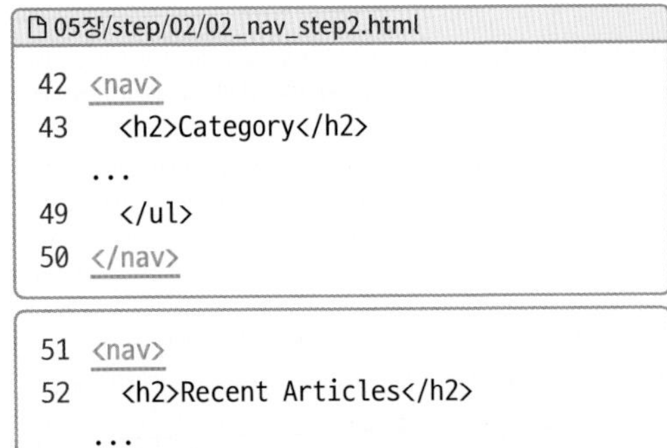

05장/step/02/02_nav_step2.html

```
<nav>
  <h2>Category</h2>
  ...
  </ul>
</nav>
```

```
<nav>
  <h2>Recent Articles</h2>
  ...
  </ul>
</nav>
```

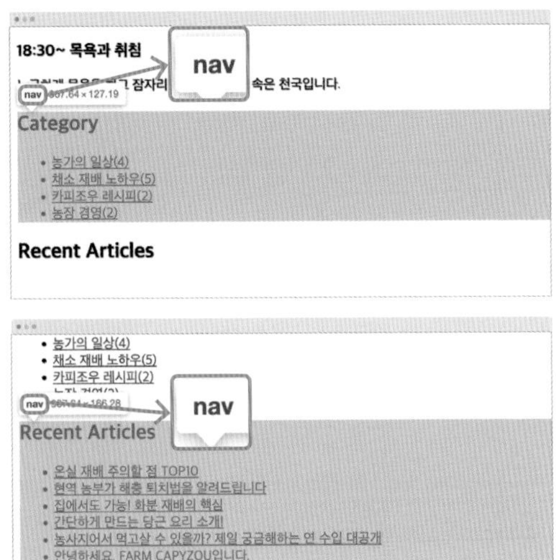

Category 및 Recent Articles 목록도 nav 영역이 되었습니다.

메인 영역 구분하기

메인 콘텐츠 영역을 나타내는 태그

메인 <main> ~ </main>	이 페이지의 주제가 되는 부분에 한번만 사용합니다.

STEP 1 메인 영역을 마크업하자

이 장의 디자인을 보면 블로그 글을 보여주는 부분이 메인 영역이므로, 게시글 전체를 포함하도록 <main> 태그로 감쌉니다.

05장/step/02/03_main_step1.html

```
<main>
  <h2>당근 농장의 하루를 소개합니다</h2>
  ...
  <p>느긋하게 목욕을 하고 잠자리에 듭니다. 
  이불 속은 천국입니다.</p>
</main>
```

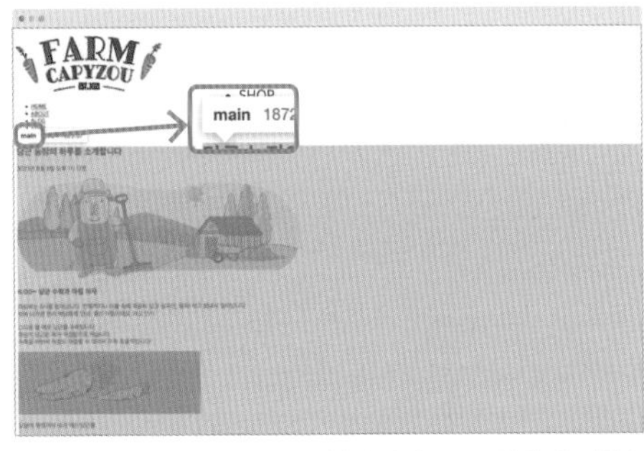

게시글 제목부터 Category 앞부분까지 main 영역이 되었습니다.

쉽게 설명하기 위해 브라우저를 확대·축소하면서 화면을 캡처했으므로 여러분의 화면과 보이는 범위가 다를 수 있습니다.

아티클 영역 구분하기

자기 완결성 있는 영역을 나타내는 태그

아티클 <article> ~ </article>	뉴스 사이트의 기사나 블로그의 게시물 등을 나타낼 때 사용합니다. 제목(<h1>~<h6>)과 함께 사용하는 것이 바람직합니다.

STEP 1 아티클 영역을 마크업하자

게시글의 제목(h2 요소)부터 마지막 문장까지 <article> 태그로 감쌉니다.

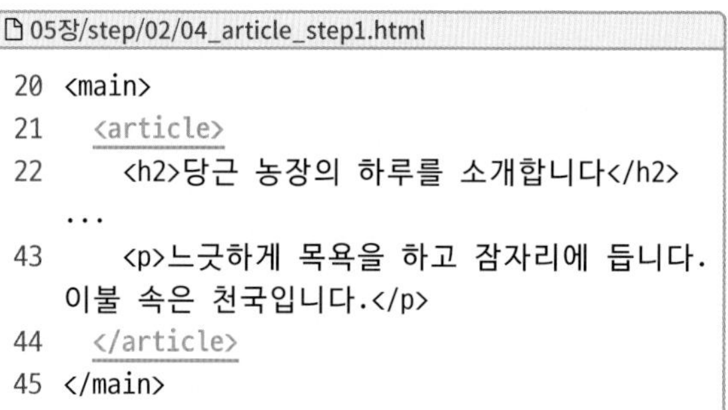

05장/step/02/04_article_step1.html

```
<main>
  <article>
    <h2>당근 농장의 하루를 소개합니다</h2>
...
    <p>느긋하게 목욕을 하고 잠자리에 듭니다. 이불 속은 천국입니다.</p>
  </article>
</main>
```

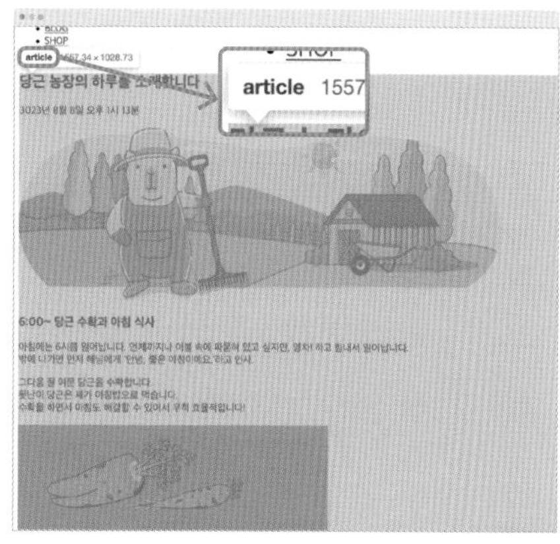

main 요소와 article 요소가 같은 범위가 되었습니다.

건너뛰어도OK RANK UP <article> 태그는 언제 사용할까?

article은 '기사'라는 의미의 영어 단어로, 기사를 포함하여 **자기 완결성이 있는 요소**를 마크업할 때 사용됩니다.

자기 완결성이 있다라는 뜻은 다른 요소와 관련이 없고 스스로 의미가 통하는 것을 말합니다. 예를 들면 트위터나 인스타그램의 게시물은 단독으로 검색 결과나 외부 사이트에 노출되어도 의미가 전달(자기 완결적)되기 때문에 <article> 태그로 마크업할 수 있습니다.

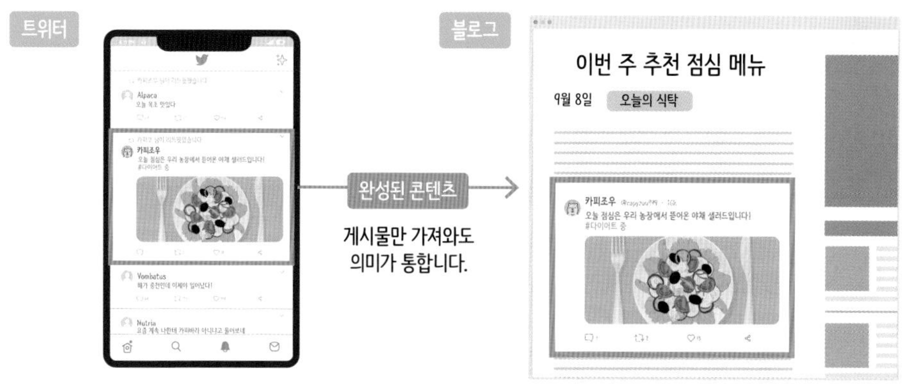

사이드바 영역 구분하기

보조 정보 영역을 나타내는 태그

어사이드
<aside> ~ </aside>

광고·관련 링크·칼럼과 같이 생략해도 메인 콘텐츠에 영향을 미치지 않는 보조 정보를 나타냅니다.

STEP 1 사이드바를 마크업하자

사이드바 부분은 보조 정보이므로 <aside> 태그로 감싸줍니다.

05장/step/02/05_aside_step1.html

```
<aside>
  <nav>
    <h2>Category</h2>
...
    <a href="#"><img src="images/side_
banner.png" alt="온라인 샵 배너"></a>
  </p>
</aside>
```

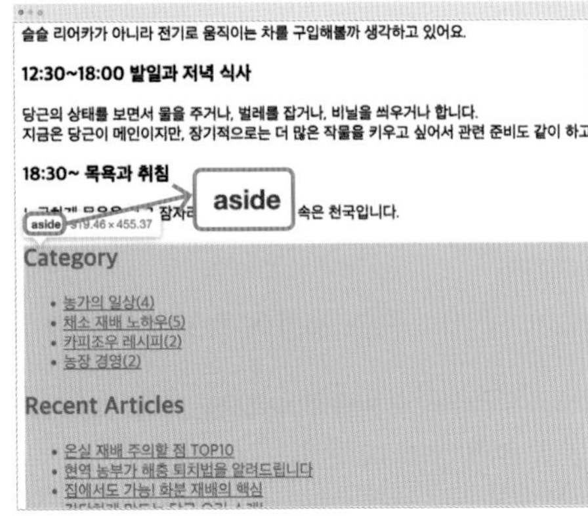

Category부터 배너까지 aside 영역이 되었습니다.

푸터 영역 구분하기

푸터 영역을 나타내는 태그

푸터
<footer> ~ </footer>

'foot'에서 유래되었고 콘텐츠의 가장 아랫부분을 의미합니다. 저작권과 저작권자에 관한 정보를 표시할 때가 많습니다.

STEP 1 푸터 영역을 마크업하자

저작권 표시 부분을 <footer> 태그로 감싸줍니다.

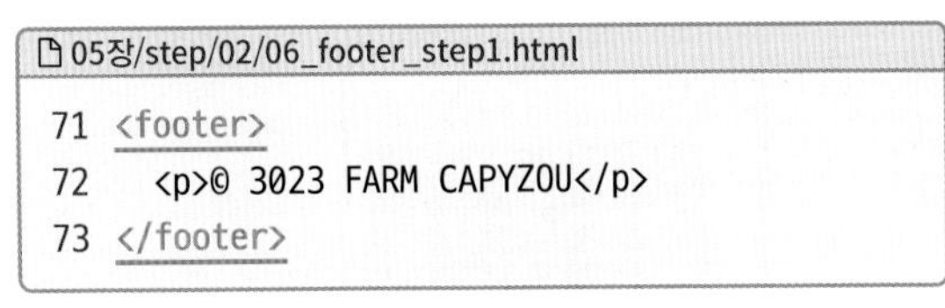

05장/step/02/06_footer_step1.html

```
<footer>
  <p>© 3023 FARM CAPYZOU</p>
</footer>
```

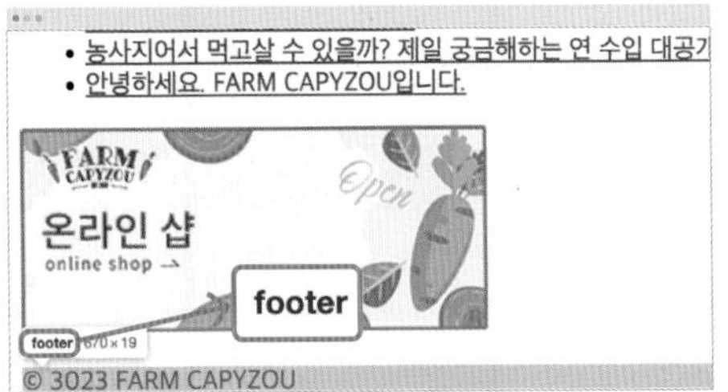

저작권 표시 부분이 푸터 영역이 되었습니다.

SECTION 3 아웃라인과 섹션 알아보기

이걸로 마크업은 끝난 건가요?

한 가지 더 <section>이라는 태그가 있어요. 아웃라인이라는 개념과 함께 기억해둡시다.

섹션 영역 구분하기

섹션 영역을 나타내는 태그

섹션 <section> ~ </section>	제목과 그 다음에 오는 단락 등을 감쌉니다. 제목(h1~h6)과 함께 사용하는 것이 바람직합니다.

STEP 1 <section> 태그로 마크업하자

〈section〉 태그는 보통 제목과 함께 사용하고, 제목이 포괄하는 내용의 영역을 감쌉니다. article 요소 안에 〈h3〉 태그로 시작하는 단락 부분을 각각 〈section〉 태그로 마크업해봅시다.

05장/step/03/01_section_step1.html

```
<section>
  <h3>6:00~ 당근 수확과 아침 식사</h3>
...
  <p>모양이 못생겨서 내가 먹은 당근들</p>
</section>
<section>
  <h3>8:30~12:30 슈퍼마켓이나 휴게소로 출하</h3>
  <p>아침에 캔 당근을 산지 직송 매장으로 운반합니다. 일과 중 가장 힘을 써야 하는 일이네요.<br>슬슬 리어카가 아니라 전기로 움직이는 차를 구입해볼까 생각하고 있어요.</p>
</section>
<section>
  <h3>12:30~18:00 밭일과 저녁 식사</h3>
  <p>당근의 상태를 보면서 물을 주거나, 벌레를 잡거나, 비닐을 씌우거나 합니다.<br>지금은 당근이 메인이지만, 장기적으로는 더 많은 작물을 키우고 싶어서 관련 준비도 같이 하고 있습니다.</p>
</section>
<section>
  <h3>18:30~ 목욕과 취침</h3>
  <p>느긋하게 목욕을 하고 잠자리에 듭니다. 이불 속은 천국입니다.</p>
</section>
```

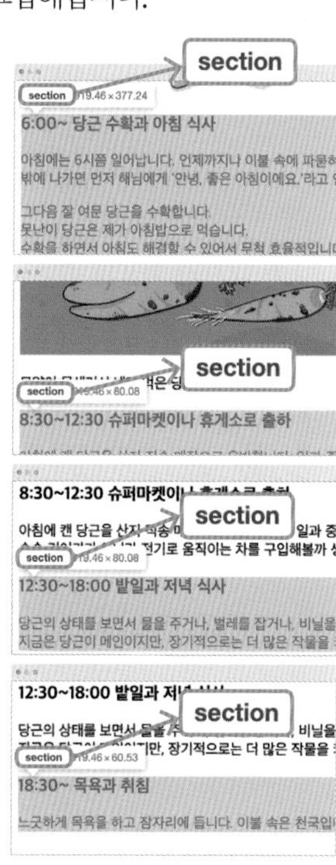

이것은 알아두자! LEARNING

왜 <section> 태그로 마크업을 하는 걸까?

<section> 태그로 마크업을 하면 **아웃라인**이 명확해집니다.

아웃라인은 책의 목차와 같은 것으로, 1부 안에 1장~4장이 있고, 2부 안에도 1~2장이 있듯이 문서의 계층 구조를 한 눈에 볼 수 있도록 나타낸 것입니다.

이 장의 디자인을 책으로 만든다고 상상해봅시다. 책 제목이 'FARM CAPYZOU (<h1> 태그로 마크업된 부분)'이 되고, 오른쪽 그림과 같은 목차가 나온다면 올바른 아웃라인이라고 할 수 있습니다.

문서의 아웃라인이 잘 잡혀야 컴퓨터가 콘텐츠의 내용을 바르게 인식할 수 있기 때문에 <section> 태그의 마크업이 중요합니다.

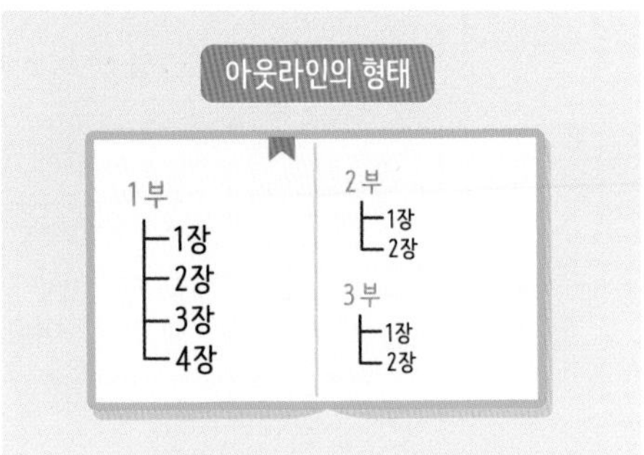

무작정 <section> 태그를 사용해서는 안 되는 거군요.

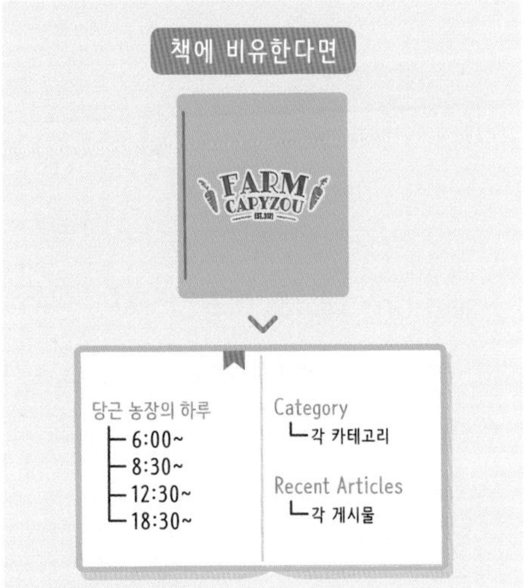

▶ 디자인 적용을 위해 구분할 때는 <section> 태그를 사용하지 않는다

단지 외관을 꾸밀 목적으로만 영역을 나눌 때는 <section> 태그가 아니라 <div> 태그를 사용합니다. <div> 태그는 문서 구조상 의미를 갖지 않아서 아웃라인에 영향을 주지 않습니다.

<div> 태그에 대한 사용 예는 다음 장에서 살펴봅니다.

건너뛰어도OK RANK UP <section>과 제목은 반드시 세트일까?

제목이 나오면 반드시 <section> 태그로 마크업해야 하나요?

항상 그런 건 아니에요. 문서 전체의 관점에서 올바른 아웃라인이 나오는지 판단하고 마크업하면 됩니다.

예를 들면 <h1> 태그의 로고 부분을 <section> 태그로 마크업하면 아웃라인이 흐트러집니다.

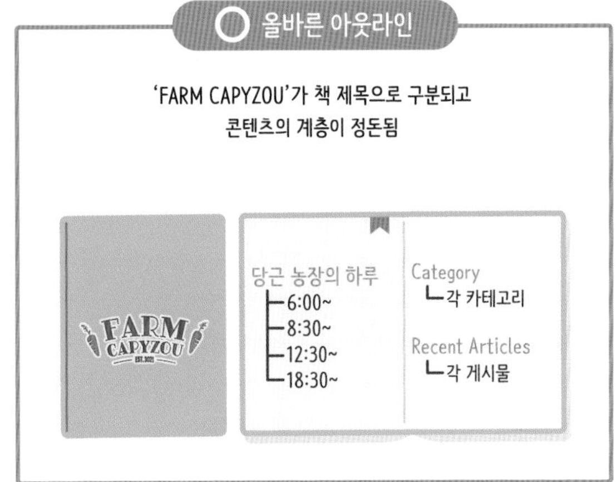

마크업을 어떻게 하느냐에 따라 아웃라인도 달라지기 때문에 툴을 사용해서 올바른 아웃라인이 생성되었는지 확인해봅시다.

아웃라인을 확인할 수 있는 툴에 대해서는 부록 PDF(추천 사이트 모음)에서 소개합니다.

<section>과 같이 아웃라인을 생성하는 태그는 <article>, <nav>, <aside>가 있습니다. 영역을 구분할 때 <section>보다 더 적합한 태그가 있다면 골라서 사용해봅시다.

그 외에 새로운 HTML 태그 배우기

아직 마크업이 끝난 게 아니군요……!

지금까지는 문서 구조를 나타내는 HTML 태그를 배웠습니다. 그 밖에도 새로운 HTML 태그가 몇 개 남아 있으니 좀 더 힘내봅시다.

게시글을 발행한 날짜 마크업하기

날짜·시간을 나타내는 태그

타임 <time> ～ </time>	게시글의 발행일 등과 같이 날짜·시간이 중요한 의미를 가질 때 사용합니다.

이것은 알아두자! LEARNING time 요소의 datetime 속성 작성법

time 요소는 대부분 datetime 속성과 함께 사용됩니다.

datetime 속성에는 **컴퓨터가 읽을 수 있는 형식**으로 날짜·시간을 작성합니다.

데이트타임

```
<time datetime="3023-08-08T13:13" >3023년 8월 8일 오후 1시 13분</time>
```

간추린 형식으로 쓸 수도 있습니다.

연도만	년·월	월·일	시간만	주
3023	3023-08	08-08	13:13	3023-W32

연월일 사이에 -(하이픈)을, 시분초 사이에 :(콜론)을 넣으면 컴퓨터가 읽을 수 있는 형식이 됩니다. '날짜'와 '시간'을 연속해서 쓸 때는 사이에 대문자 T를 넣습니다.

또한 연월·월일·시각 등 일부분이 생략된 형식으로도 지정할 수 있습니다.

<time> 태그로 마크업하는 텍스트가 '컴퓨터가 읽을 수 있는 형식'이라면 datetime 속성은 생략할 수 있습니다.

날짜·시간 표기를 모두 <time> 태그로 마크업할 필요는 없습니다. 게시글의 발행 시간이나 이벤트 개최일 등 일시가 중요한 의미를 가질 때 사용합니다.

STEP 1 발행 일시를 <time> 태그로 마크업하자

글을 발행한 날짜·시간을 〈time〉 태그로 감쌉니다. 발행 일시 텍스트에 한국어가 들어가 있으므로, datetime 속성도 부여합니다.

📄 05장/step/04/01_time_step1.html

```
<h2>당근 농장의 하루를 소개합니다</h2>
<p>
  <time datetime="3023-08-08T13:13">
    3023년 8월 8일 오후 1시 13분
  </time>
</p>
```

발행 일시가 〈time〉 태그로 마크업되었습니다.

게시글 내의 이미지 마크업하기

사진·그래프·코드 등의 묶음을 나타내는 태그

피겨
<figure>
피겨(피그)캡션
<figcaption> ~ </figcaption>
</figure>

〈figure〉 태그는 문서 안에서 자기 완결성을 가진 콘텐츠(이미지, 표, 코드 등)의 구역을 정할 때 사용합니다. 〈figcaption〉 태그로 캡션(설명문)을 넣을 수 있지만, 필수는 아닙니다.

STEP 1 캡션이 붙은 이미지를 마크업하자

현재는 이미지와 캡션이 〈p〉 태그로 각각 마크업되어 있습니다. 두 요소는 하나의 단위로 문서 내에서 자기 완결된 콘텐츠이기 때문에, 단락(p 요소)이 아니라 독립된 영역(figure)으로 취급하는 것이 적절합니다. 〈p〉 태그를 〈figure〉 태그와 〈figcaption〉 태그로 교체해봅시다.

📄 05장/step/04/02_figure_step1.html

```
  <figure>
    <img src="images/carrots.png" alt="못난이 당근 그림">
    <figcaption>모양이 못생겨서 내가 먹은 당근들</figcaption>
  </figure>
</section>
```

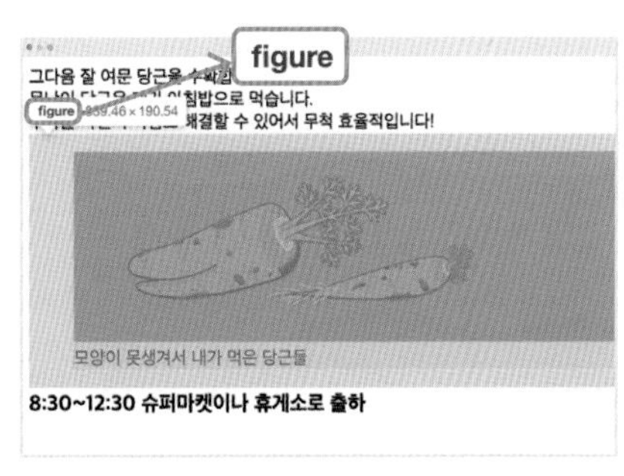

이미지와 캡션이 figure 태그로 마크업되었습니다.

이것은 알아두자! LEARNING

figure 요소의 '자기 완결성'이란 무슨 뜻일까?

본문 내용과 관계없는 이미지는 <figure> 태그로 마크업할 수 없습니다.

본문과 관계가 있으면서 자기 완결적이라는 게 무슨 말인가요? 혼란스러워요.

약간 헷갈리죠. 이 장의 마크업의 예로 설명해보겠습니다.

○ figure 요소에 해당함

- 본문 내에서 직접적인 언급이 없는 이미지

  이미지가 없어도 본문에 영향을 주지 않으므로 이미지가 자기 완결적이라고 말할 수 있습니다.

- 본문과 관련 있는 이미지

  본문과 무관한 이미지가 아니라 본문을 좀 더 알기 쉽게 해주는 이미지입니다.
  오른쪽 그림은 당근의 상태를 부연 설명하고 있습니다.

수확을 하면서 아침도 해결할 수 있어서 무척 효율적입니다!

✕ figure 요소에 해당하지 않음

- 본문에서 '다음 그림과 같이'라고 언급하는 이미지

  이미지가 없으면 본문의 의미가 제대로 전달되지 않습니다.

오늘의 식사는 다음 그림의 당근이었습니다.

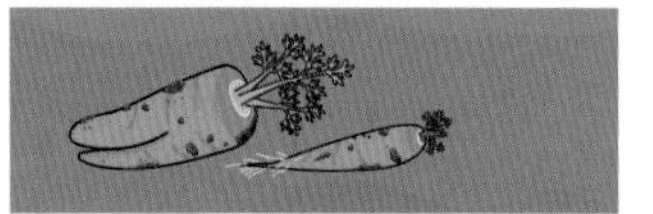

- 본문과 직접 관계가 없는 이미지

  장식만을 위한 이미지는 CSS로 배치할 때도 있습니다.

수확을 하면서 아침도 해결할 수 있어서 무척 효율적입니다!

아, 그렇구나~ 본문과 이미지의 관계에 따라 <figure> 태그를 사용할 수 있는지 없는지가 결정되는군요!

저작권 정보 마크업하기

주석처럼 작게 표시되는 문장을 나타내는 태그

스몰 <small> ～ </small>	저작권·법적 공지사항 등 관용적으로 작게 표시하는 부분을 나타낼 때 사용합니다. 단지 글자 크기를 작게 만들고 싶은 것이라면 CSS를 사용합니다.

STEP 1 저작권 정보를 <small> 태그로 마크업하자

푸터 안에 있는 저작권 정보를 <small> 태그로 감쌉니다.

05장/step/04/03_small_step1.html

```
<footer>
  <p><small>© 3023 FARM CAPYZOU</small></p>
</footer>
```

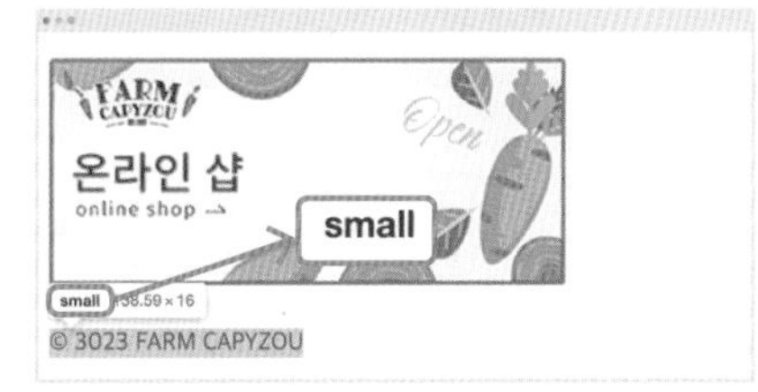

저작권 정보가 <small> 태그로 마크업되었습니다.

건너뛰어도OK RANK UP

HTML 태그 분류 방법과 포함된 규칙

HTML 태그는 성질의 유사성에 따라 7가지로 분류됩니다. 이러한 분류를 **콘텐츠 카테고리**라고 합니다.

복수의 콘텐츠 카테고리에 속하는 태그도 있고, 어느 카테고리에도 속하지 않는 태그도 있습니다.

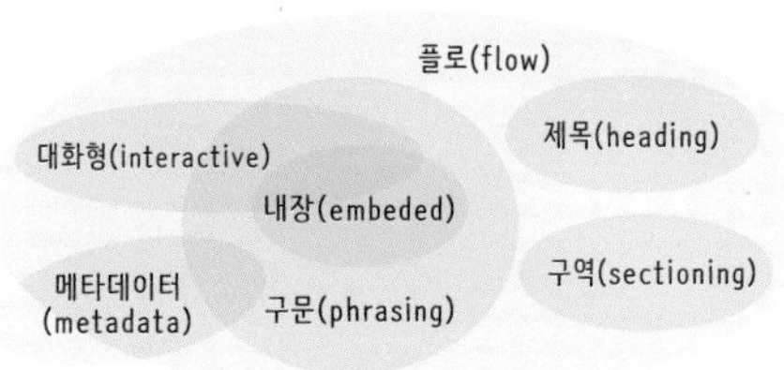

예를 들면 <small> 태그는 구문 콘텐츠인 동시에 플로 콘텐츠입니다. <li> 태그는 어떤 콘텐츠 카테고리에도 속하지 않습니다.

또한 특정 태그 안에 어떤 태그를 넣을 수 있는지에 대한 규칙을 **콘텐츠 모델**이라고 합니다. 콘텐츠 모델을 설명할 때 콘텐츠 카테고리를 자주 언급하므로, 자주 쓰는 태그의 카테고리를 기억해두면 좋습니다.

예를 들면 '헤딩 콘텐츠는 구문 콘텐츠를 포함할 수 있다'와 같은 규칙이 있습니다. 전부 기억하는 것은 어려우니 잘 모르는 경우에는 부록 PDF(추천 사이트 모음)에 있는 'HTML5 콘텐츠 모델 가이드'를 참고하기 바랍니다.

CHAPTER 06

블로그 사이트 CSS 작성하기

CSS를 작성해서 블로그 레이아웃과 디자인을 완성해봅시다.
Flexbox를 사용해 2칼럼 레이아웃을 구현합니다.

플렉스박스로 레이아웃을 짜는 방법을 확실히 배워봅시다.

플렉스박스? 내가 할 수 있을까……?

SECTION 1 Flexbox 레이아웃 알아보기

Flexbox(플렉스박스)란?

3장에서 블록 박스를 층층이 쌓아 올렸던 형태를 기억하나요?

3장

가로로 나열된 블록 없이 전부 세로로 쌓여 있다.

이번 장

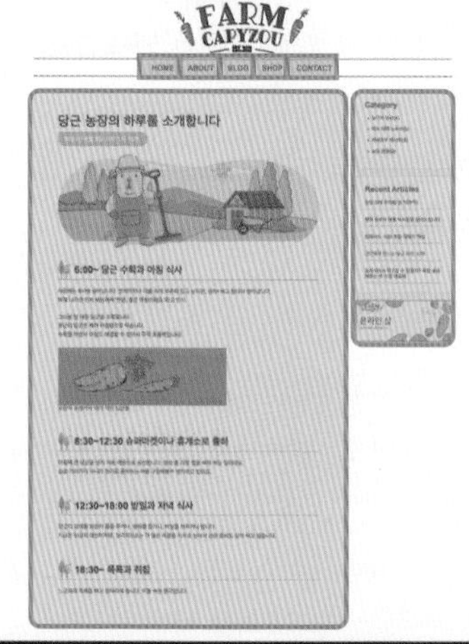

두 블록이 가로로 나열되었다.

네! 3장 디자인은 블록 박스가 전부 세로로 나열되어 있었어요.

Flexbox를 사용하면 블록 박스를 가로로 나열할 수 있습니다.

Flexbox 사용법 연습하기

Flexbox 사용법은 2단계로 무척 간단합니다!

Flexbox 사용의 2단계

❶ 가로로 늘어놓고 싶은 요소의 부모 요소를 확인합니다.

❷ 부모 요소에 display:flex;를 지정합니다.

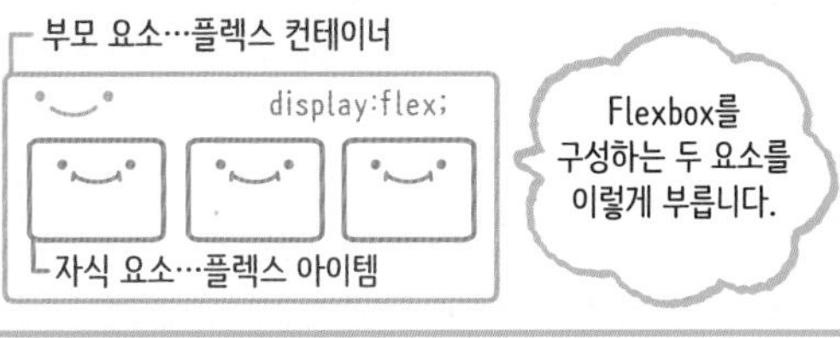

STEP 1 파일을 확인하자

06장/Flexbox/작업/index.html을 VSCode에서 열어봅시다. 다음과 같이 작성되어 있습니다.

06장/Flexbox/작업/index.htm

```
<ul>
  <li>box1</li>
  <li>box2</li>
  <li>box3</li>
  <li>box4</li>
  <li>box5</li>
</ul>
```

box1
box2
box3
box4
box5

li 요소가 위에서 아래로 나열되어 있습니다.
※ 부모·자식 요소가 눈에 잘 띄도록 배경색과 테두리를 넣었습니다.

STEP 2 box1~box5를 가로로 나열하자

수평으로 배열할 자식(box1~box5)은 li 요소이고, 컨테이너가 될 부모는 ul 요소입니다. **06장/Flexbox/작업/css/style.css**를 열고 ul 요소에 display:flex;를 지정합니다.

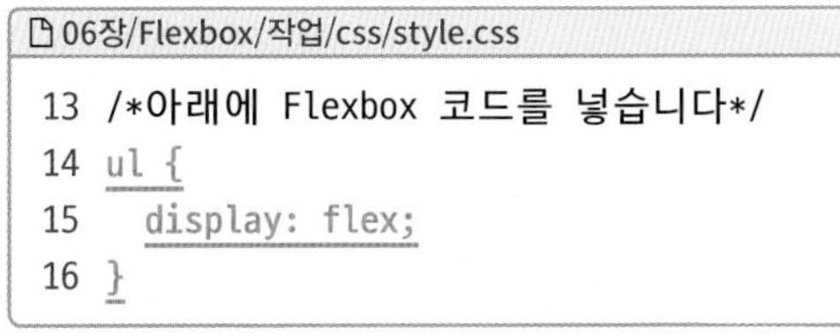

06장/Flexbox/작업/css/style.css

```
/*아래에 Flexbox 코드를 넣습니다*/
ul {
  display: flex;
}
```

li 요소가 수평으로 정렬되었습니다.

Flexbox는 여러 형태의 레이아웃을 만들 수 있는 다양한 속성을 제공합니다.
자주 사용하는 레이아웃을 다음 페이지에서 소개합니다.

플렉스 컨테이너(부모 요소)에 지정하는 속성

아이템의 줄바꿈을 지정하는 flex-wrap

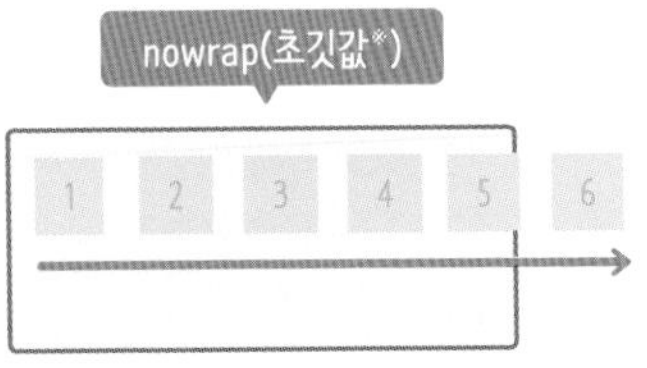

아이템이 컨테이너를 빠져나가도 한 줄로 나열합니다.

*초깃값 … 아무것도 지정하지 않으면 초깃값으로 설정됩니다.

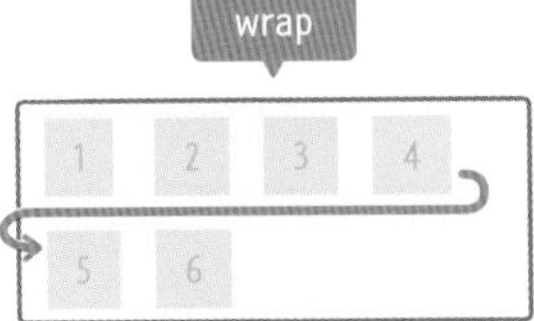

컨테이너를 빠져나간 아이템은 다음 줄로 바꿔서 나열합니다.

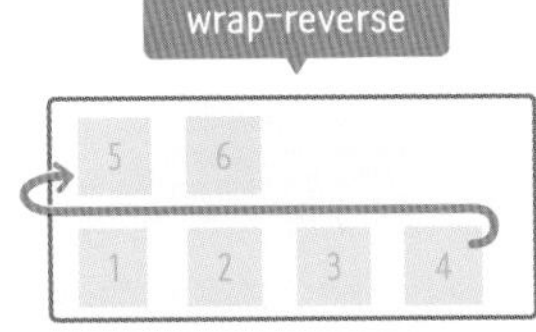

아이템을 마지막 줄부터 채우고 컨테이너를 빠져나간 아이템은 이전 줄로 바꿔서 나열합니다.

기본축※ 방향의 배치를 지정하는 justify-content

※기본축(main axis)의 초깃값은 가로 방향(row)입니다.

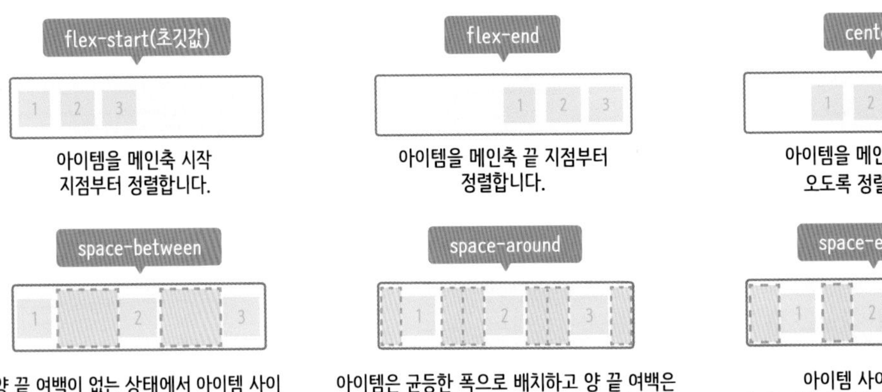

flex-start(초깃값): 아이템을 메인축 시작 지점부터 정렬합니다.

flex-end: 아이템을 메인축 끝 지점부터 정렬합니다.

center: 아이템을 메인축 중앙에 오도록 정렬합니다.

space-between: 양 끝 여백이 없는 상태에서 아이템 사이 여백이 균등하도록 배치합니다

space-around: 아이템은 균등한 폭으로 배치하고 양 끝 여백은 아이템 사이 여백의 절반이 되도록 배치합니다.

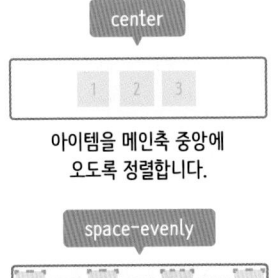

space-evenly: 아이템 사이 여백과 양 끝 여백이 균등하도록 배치합니다.

교차축※ 방향의 배치를 지정하는 align-items

※교차축(cross axis)의 초깃값은 세로 방향(column)입니다.

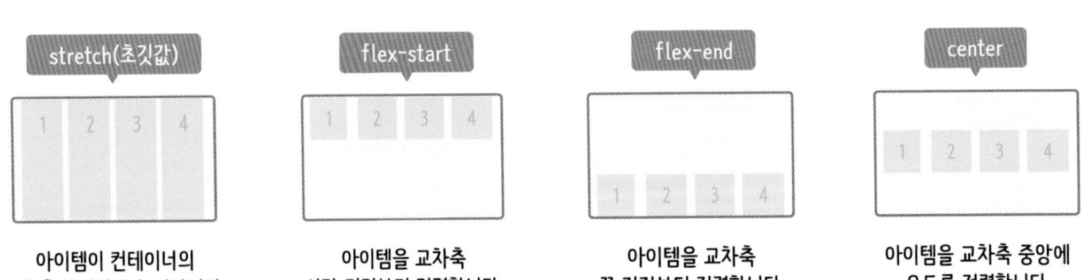

stretch(초깃값): 아이템이 컨테이너의 교차축 길이만큼 늘어납니다.

flex-start: 아이템을 교차축 시작 지점부터 정렬합니다.

flex-end: 아이템을 교차축 끝 지점부터 정렬합니다.

center: 아이템을 교차축 중앙에 오도록 정렬합니다.

플렉스 아이템(자식 요소)에 지정할 수 있는 속성

아이템의 폭을 지정하는 flex-basis

아이템 내용에 맞게 크기가 변합니다.

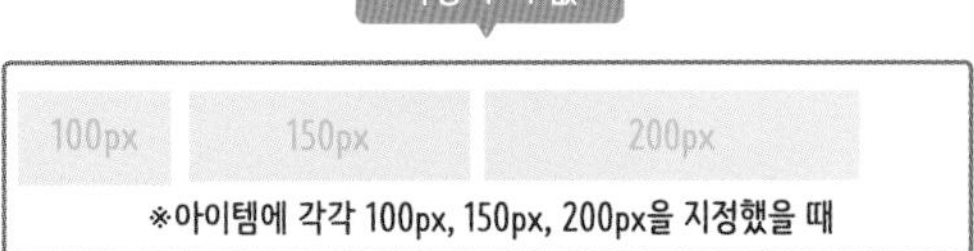

※아이템에 각각 100px, 150px, 200px을 지정했을 때

아이템이 지정한 크기만큼의 폭을 갖습니다.

아이템 각각의 교차축※ 방향 배치를 지정하는 align-self

※교차축(cross axis)의 초깃값은 세로 방향(column)입니다.

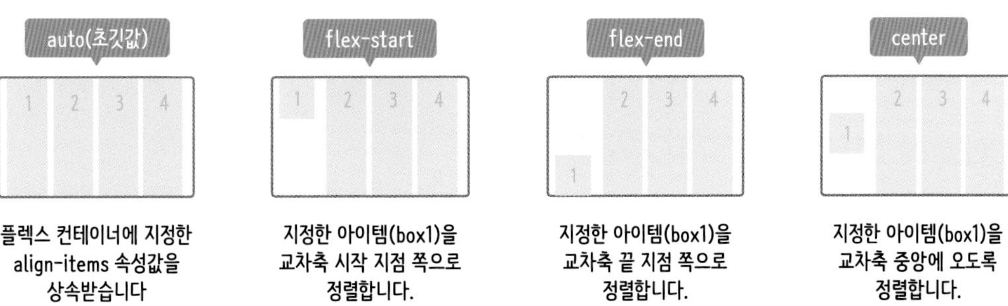

auto(초깃값)
1 2 3 4
플렉스 컨테이너에 지정한 align-items 속성값을 상속받습니다
flex-start
1 2 3 4
지정한 아이템(box1)을 교차축 시작 지점 쪽으로 정렬합니다.
flex-end
1 2 3 4
지정한 아이템(box1)을 교차축 끝 지점 쪽으로 정렬합니다.
center
1 2 3 4
지정한 아이템(box1)을 교차축 중앙에 오도록 정렬합니다.

너무 많아서 다 못 외울 것 같아요…….

다음 실습에서 실제로 사용하다 보면 자연스레 익숙해질테니 너무 걱정하지 마세요. 여기서는 **부모 요소와 자식 요소에 지정하는 속성이 있다는 점**과 **어떤 배치가 가능한가 정도만 알아두어도 괜찮습니다.**

부록 PDF(치트시트)에는 이 책에서 사용하지 않는 Flexbox 관련 속성이 설명되어 있으니 활용해보세요.

페이지 전체와 헤더의 CSS 작성하기

그렇다면 블로그 사이트의 CSS를 작성해봅시다. 여기서 Flexbox가 등장합니다.

작업 파일 확인하기

06장/작업/css/style.css를 VSCode에서 열어봅시다. 06장/작업/index.html을 브라우저에서 열고, CSS가 반영되는지 확인하면서 진행합니다. 완성 디자인(06장/design/design.png)도 참고해주세요.

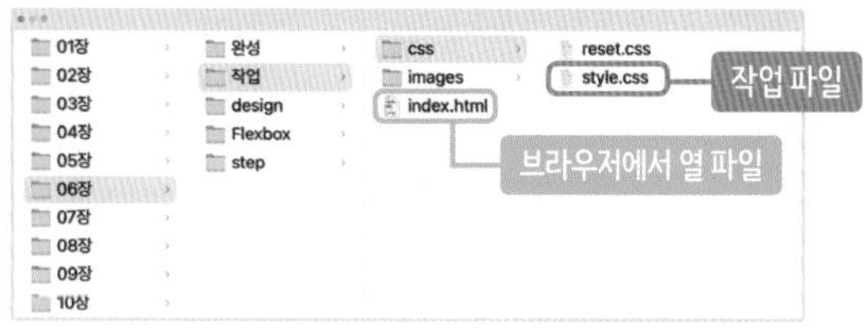

페이지 전체의 CSS 작성하기

배경 이미지를 지정하는 속성

백그라운드 이미지 background-image: ～ ;	값에는 이미지의 위치를 지정하는 URL(파일경로)이 들어갑니다.

STEP 1 페이지 전체의 배경 이미지를 설정하자

페이지 전체에 배경 이미지를 설정해봅시다. body 선택자의 background-image 속성값으로 이미지 경로를 지정합니다.

06장/step/02/css/01_body_step1.css

```
@charset "utf-8";

body {
  background-image: url(../images/bg.png);
}
```

이미지가 너무 작으면 반복하는 횟수가 많아져서 오히려 페이지 로딩 속도가 느려질 수 있습니다.

▼ 배경용 이미지

반복했을 때 경계가 눈에 띄지 않는 이미지를 사용합니다. 큰 이미지 1장을 사용할 때보다 작은 이미지를 반복하는 것이 페이지 로딩 속도가 빠릅니다.

페이지 전체에 이미지가 채워졌습니다.

페이지 전체에 대한 CSS는 body 선택자에 작성하면 되는군요.

STEP 2 페이지 전체의 글자 관련 속성을 설정하자

전체 페이지에 적용할 기본 글자 크기, 글꼴, 색상은 body에 지정하면 자식 요소에도 상속되어 편리합니다.

여기서는 font-size, font-family, color 세 가지 속성을 지정합니다.

06장/step/02/css/01_body_step2.css

```
body {
  background-image: url(../images/bg.png);
  font-size: 16px;
  font-family: 'arial','Apple SD Gothic Neo','NanumGothic',sans-serif;
  color: #333333;
}
```

6:00~ 당근 수확과 아침 식사
아침에는 6시쯤 일어납니다. 언제까지나 이불 속에 파묻혀 있고 싶지만, 영차! 하고 힘내서 일어납니다.
밖에 나가면 먼저 해님에게 '안녕, 좋은 아침이에요.'라고 인사.
그다음 잘 여문 당근을 수확합니다.
못난이 당근은 제가 아침밥으로 먹습니다.
수확을 하면서 아침도 해결할 수 있어서 무척 효율적입니다!

6:00~ 당근 수확과 아침 식사
아침에는 6시쯤 일어납니다. 언제까지나 이불 속에 파묻혀 있고 싶지만, 영차! 하고 힘내서 일어납니다.
밖에 나가면 먼저 해님에게 '안녕, 좋은 아침이에요.'라고 인사.
그다음 잘 여문 당근을 수확합니다.
못난이 당근은 제가 아침밥으로 먹습니다.
수확을 하면서 아침도 해결할 수 있어서 무척 효율적입니다!

변화가 눈에 잘 띄지는 않지만 글자 색상이 검은색에서 짙은 회색이 되었고 숫자의 폰트가 달라졌습니다.
※윈도우에서는 캡처 이미지와 다른 서체로 표시됩니다.

헤더의 CSS 작성하기

STEP 1 헤더 영역을 가운데 정렬하자

페이지의 전체적인 배치를 결정한 다음에 요소 내부의 세부 사항을 조정하는 것이 좋습니다. 먼저 헤더 영역을 가운데로 정렬해봅시다(65쪽).

헤더 영역과 메인 콘텐츠 영역 사이의 여백을 만들기 위해 아래 여백(44px)도 지정합니다.

06장/step/02/css/02_header_step1.css

```
header {
  width: 1240px;
  margin: 0 auto 44px;
}
```

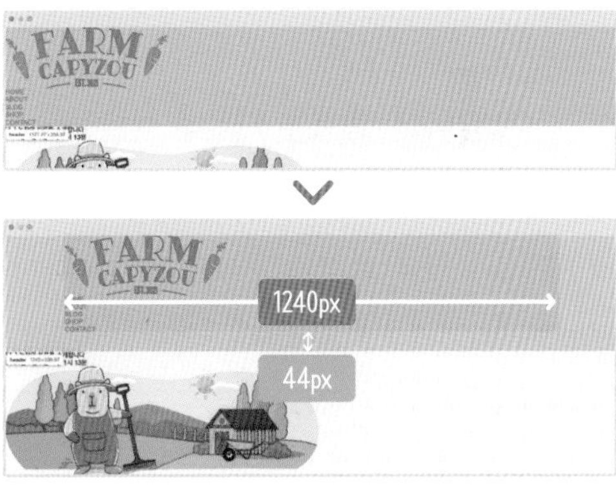

개발자 도구로 확인하면 헤더 영역의 크기가 지정되어 가운데로 정렬됩니다. ※주황색 부분이 margin으로 지정된 부분입니다.

STEP 2 로고를 가운데 정렬하고 여백을 넣자

로고의 img 요소는 인라인이므로 부모 요소인 h1 요소에 `text-align:center;`를 지정해서 가운데로 정렬합니다.

상하 여백도 padding을 이용해 지정합니다.

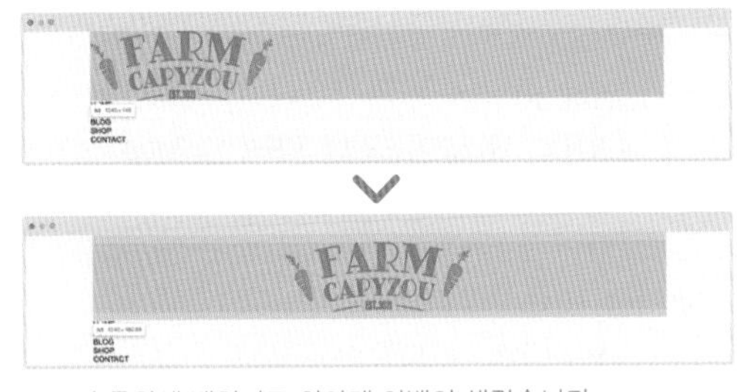

로고가 중앙에 배치되고 위아래 여백이 생겼습니다.
※ 초록색 부분이 padding으로 지정한 부분입니다.

06장/step/02/css/02_header_step2.css

```
h1 {
  text-align: center;
  padding: 20px 0px 16px;
}
```

글로벌 내비게이션의 CSS 작성하기

STEP 1 내비게이션 항목을 가로로 배열하고 가운데 정렬하자

세로로 나열되어 있는 li 요소를 가로로 나열해봅시다. 부모 요소인 ul 요소에 `display:flex;`를 지정합니다. ul 요소는 플렉스 컨테이너가 됩니다.

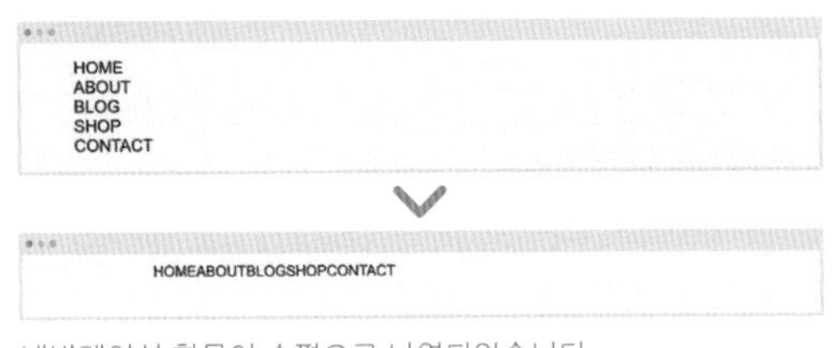

내비게이션 항목이 수평으로 나열되었습니다.

06장/step/02/css/03_global-navigation_step1.css

```
header nav ul {
  display: flex;
}
```

header nav ul과 같이 작성하는 방식을 자손 선택자라고 부릅니다. 다음 페이지에서 자세히 설명합니다.

STEP 2 내비게이션 항목을 가운데 정렬하자

플렉스 아이템이 된 li 요소들을 컨테이너 중앙에 배치하기 위해, ul 요소에 `justify-content: center;`를 지정합니다(92쪽).

내비게이션 항목들이 가운데 정렬되었습니다.

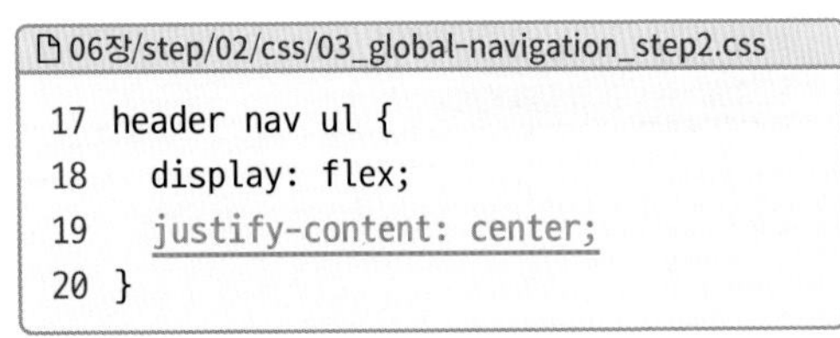

06장/step/02/css/03_global-navigation_step2.css

```
header nav ul {
  display: flex;
  justify-content: center;
}
```

STEP 3 내비게이션을 장식하자

ul 요소를 꾸며봅시다. 위아래에 선과 여백을 넣고, 배경색을 지정하겠습니다. 배경의 투명도를 조절하기 위해 RGBA로 지정합니다.

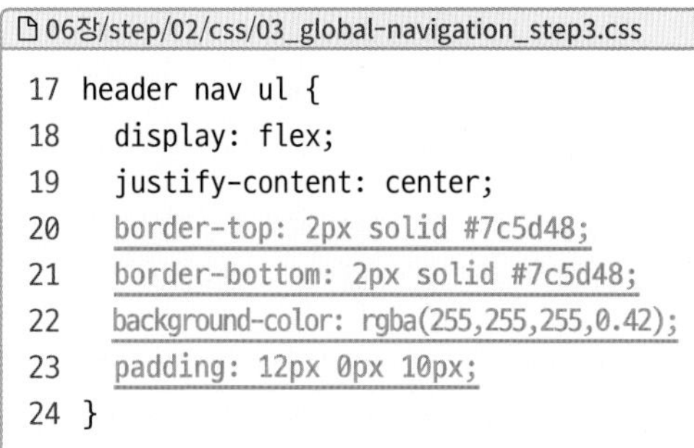

06장/step/02/css/03_global-navigation_step3.css

```
header nav ul {
  display: flex;
  justify-content: center;
  border-top: 2px solid #7c5d48;
  border-bottom: 2px solid #7c5d48;
  background-color: rgba(255,255,255,0.42);
  padding: 12px 0px 10px;
}
```

내비게이션이 장식되었습니다.

STEP 4 내비게이션 항목 사이에 여백을 넣자

내비게이션 항목의 간격이 너무 좁으니 margin을 넣어 항목 사이를 띄워봅시다.

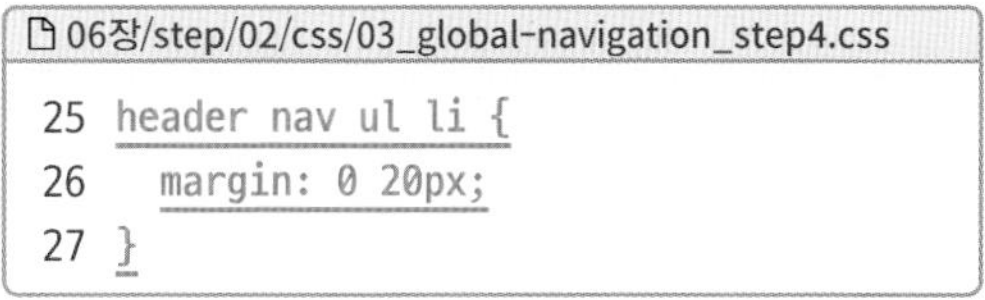

06장/step/02/css/03_global-navigation_step4.css

```
header nav ul li {
  margin: 0 20px;
}
```

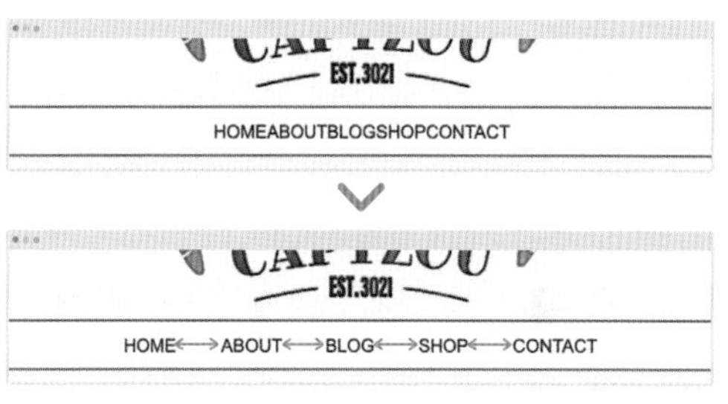

내비게이션 항목의 간격(분홍색 화살표 부분)이 띄워졌습니다.

STEP 5 내비게이션 글자를 장식하자

내비게이션 각 항목의 글자 크기, 굵기, 색상을 디자인에 맞게 조정해봅시다.

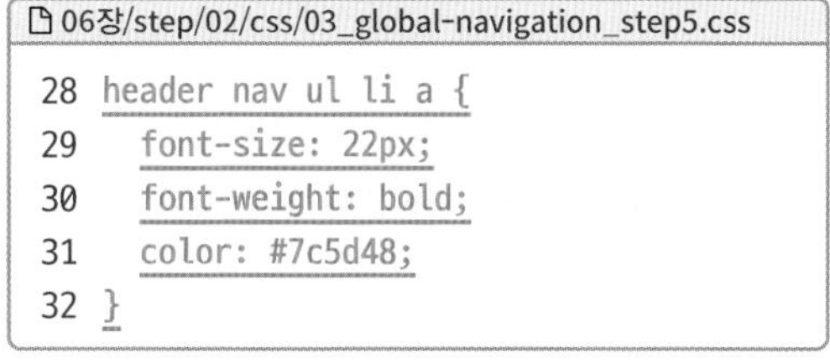

06장/step/02/css/03_global-navigation_step5.css

```
header nav ul li a {
  font-size: 22px;
  font-weight: bold;
  color: #7c5d48;
}
```

내비게이션 항목의 글자가 커지고 두꺼워졌으며, 갈색으로 변경되었습니다.

이것은 알아두자 LEARNING 다양한 선택자의 사용법

header nav ul과 같은 작성 방법은 처음 봤어요! 이건 뭔가요?

요소를 선택할 때 h1이나 ul처럼 태그명으로 지정하는 형태를 **타입 선택자**라고 부릅니다. header nav ul처럼 선택자를 공백으로 띄어 지정하는 형태는 **자손 선택자**라고 부릅니다.

타입 선택자

```
ul { ~ }
```

ul 요소 전체에 동일한 스타일을 적용한다.

자손 선택자

```
header nav ul { ~ }
```

'header 안에 있는 nav 안의 ul 요소만 선택한다'는 의미

특정 조건의 ul 요소에만 스타일을 적용한다.

이 장의 HTML에는 여러 개의 ul 요소가 있고, 각 ul에 다른 CSS를 적용하고자 할 때 자손 선택자를 사용합니다. 그 밖에도 다양한 형식의 선택자를 소개합니다.

명칭	작성법	설명
타입 선택자	A { ~ }	모든 A 요소를 선택합니다. 적용 범위가 넓어서 실무에서 많이 쓰이지 않습니다.
자손 선택자	A B { ~ }	A 요소 안에 있는 B 요소 전체를 선택합니다.
자식 선택자	A > B { ~ }	A 요소의 직접적인 자식 요소인 B 요소를 선택합니다.
가상 클래스	A:hover { ~ }	특정 상태의 A 요소를 선택합니다. 이 예에서는 hover(mouse-over) 상태의 A 요소에만 적용합니다. 그 밖에도 다양한 상태를 지정할 수 있습니다.
인접 형제 선택자	A+B { ~ }	A 요소 뒤에 나오는 형제 요소 중 첫 번째 B 요소를 선택합니다.
속성 선택자	A[C] { ~ }	C라는 속성을 가진 A 요소를 선택합니다
class 선택자	.클래스명 { ~ }	class 속성값이 '클래스명'인 요소를 선택합니다.
id 선택자	#아이디명 { ~ }	id 속성값이 '아이디명'인 요소를 선택합니다.

너무 많아서 기억하기 어려울 것 같아요!!

우선은 선택자의 종류가 다양하다는 것만 이해해도 괜찮습니다. 자주 사용하는 것은 실습에서 실제로 사용해보겠습니다.

마우스 커서를 올렸을 때의 효과를 넣어보자

STEP 1 마우스 커서를 올렸을 때 모양을 바꾸자

텍스트 모양을 일괄적으로 지정하는 단축 속성

텍스트 데코레이션 text-decoration: ~ ;	값에는 선의 위치·종류·색상·두께가 들어갑니다.

링크에 커서를 올려놓았을 때 다른 모양을 보여주면 직관적으로 사용자의 클릭 액션을 유도할 수 있습니다. 마우스오버(mouse-over) 상태를 선택할 때는 :hover라는 가상 클래스를 사용합니다(앞 페이지 표 참조).

여기서는 텍스트 아래에 이중선이 생기도록 지정하겠습니다.

06장/step/02/css/04_hover_step1.css

```css
header nav ul li a:hover {
  text-decoration: underline double;
}
```

커서를 올리면 이중선으로 된 밑줄이 생깁니다.

이것은 알아두자! LEARNING text-decoration 단축 속성 작성법을 알아보자

text-decoration에는 텍스트를 장식하는 선의 위치·종류·색상·두께를 일괄적으로 지정할 수 있습니다.

단축 속성 작성법

```css
text-decoration: underline double #ed7a92 2px;
```

- underline: 선의 위치
- double: 선의 종류
- #ed7a92: 선의 색상
- 2px: 선의 두께

· 값은 스페이스로 구분합니다.
· 순서는 자유입니다.

선의 위치를 지정하는 값

underline	카피조우	밑줄
overline	카피조우	윗줄
line-through	카피조우	취소선
none	카피조우	선 없음

선의 종류를 지정하는 값

solid	카피조우	실선
double	카피조우	이중선
dotted	카피조우	점선
dashed	카피조우	파선
wavy	카피조우	물결선

선의 위치 이외의 값은 생략할 수 있습니다. 생략하면 종류는 solid(실선), 색은 글자 색과 동일하게, 두께는 브라우저 기본값으로 지정됩니다.

메인 영역과 사이드바의 CSS 작성하기

메인 영역과 사이드바 수평으로 배치하기

구분하기 쉽도록 색으로 표시했습니다.

분홍색이 메인 영역(main 요소)이고, 민트색이 사이드바(aside 요소)입니다. 이 두 가지가 수평 배치되도록 `display: flex;`를 적용할 태그를 찾아봅시다.

main 요소와 aside 요소의 부모를 찾아봤는데 body 요소였어요. body에 flex를 적용하면 되는 건가요?

body에 flex를 적용해버리면 body의 다른 자식들(header 및 footer)에게도 영향을 미칩니다. 이때 영향을 미치는 범위를 한정하기 위해 **의미를 갖지 않는 태그를 추가하는 방법**을 사용합니다.

의미를 갖지 않는 <div> 태그와 <span> 태그

마크업한 태그만으로는 CSS를 적용하기 어려울 때가 있습니다. 그럴 때 사용하는 것이 다음과 같은 의미를 갖지 않는 태그입니다.

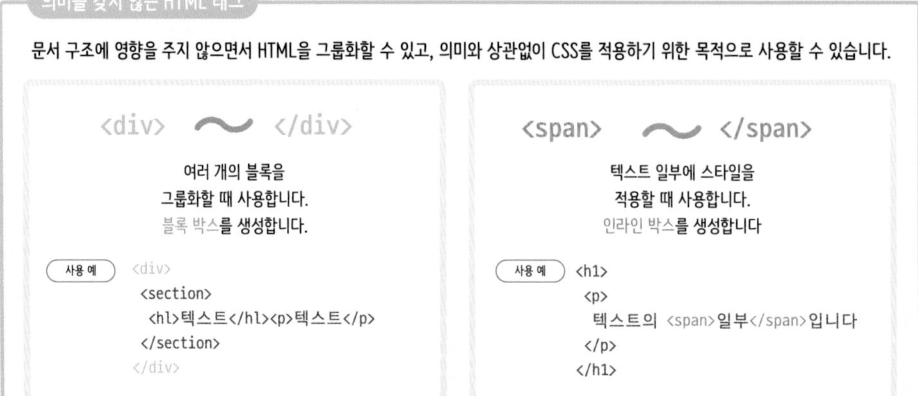

의미를 갖지 않는 HTML 태그

문서 구조에 영향을 주지 않으면서 HTML을 그룹화할 수 있고, 의미와 상관없이 CSS를 적용하기 위한 목적으로 사용할 수 있습니다.

<div> ~ </div>

여러 개의 블록을 그룹화할 때 사용합니다. 블록 박스를 생성합니다.

사용 예

```
<div>
 <section>
  <h1>텍스트</h1><p>텍스트</p>
 </section>
</div>
```

<span> ~ </span>

텍스트 일부에 스타일을 적용할 때 사용합니다. 인라인 박스를 생성합니다

사용 예

```
<h1>
 <p>
  텍스트의 <span>일부</span>입니다
 </p>
</h1>
```

STEP 1 HTML에 <div> 태그를 추가하자

06장/작업/index.html을 VSCode에서 엽니다.

main 요소와 aside 요소를 Flexbox에서 수평 배치하고자 하므로, 두 요소를 포괄하는 부모 요소로 <div> 태그를 추가합니다.

06장/step/03/01_main-side_step1.html

```
</header>
<div>
  <main>
...
  </aside>
</div>
<footer>
```

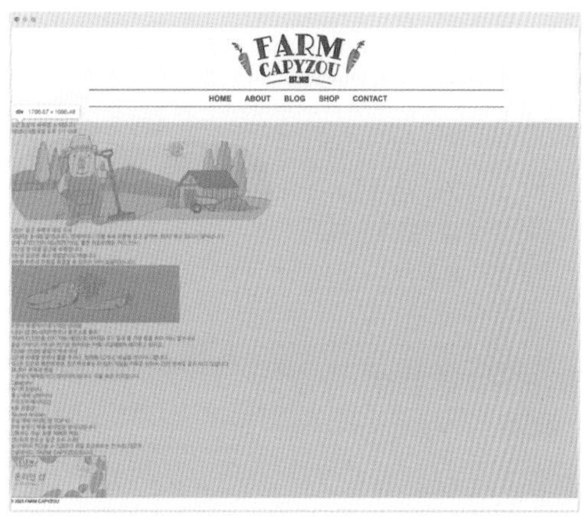

겉으로 보아서는 달라지지 않았지만, header 요소 아래부터 footer 요소 바로 위까지 <div> 영역이 되었습니다.

STEP 2 <div> 영역을 헤더 영역에 맞추자

<div> 내의 요소를 수평 배치하기 전에 <div> 영역의 가로 폭을 헤더 영역과 맞추고 가운데 정렬하겠습니다.

style.css로 돌아가서 다음과 같이 CSS를 기술합니다.

06장/step/03/css/01_main-side_step2.css

```
div {
  width: 1240px;
  margin: 0 auto 50px;
}
```

<div> 영역이 가운데 정렬되었습니다.

STEP 3 메인 영역과 사이드바를 수평으로 배치하자

메인 영역과 사이드바를 수평으로 배치해봅시다. div에 display:flex;를 지정합니다.

06장/step/03/css/01_main-side_step3.css

```
div {
  width: 1240px;
  margin: 0 auto 50px;
  display: flex;
}
```

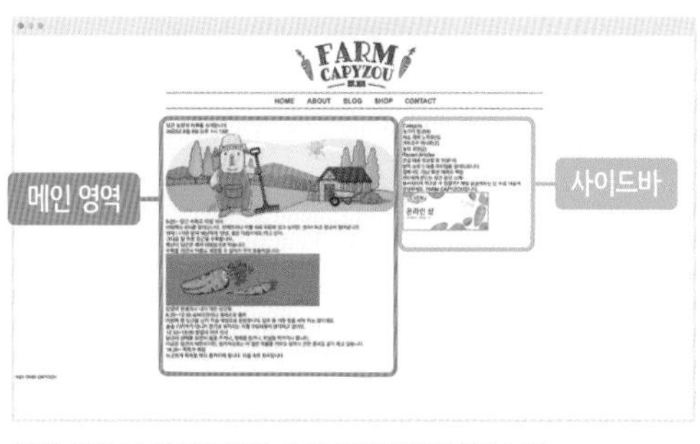

메인 영역과 사이드바가 수평으로 배치되었습니다.

STEP 4 메인 영역과 사이드바의 가로 폭을 조정하자

메인 영역과 사이드바의 가로 폭을 각각 flex-basis에 지정합니다(93쪽).

이후 작업에서 영역 구분이 쉽도록 메인 영역에는 배경색을 넣겠습니다.

06장/step/03/css/01_main-side_step4.css

```
main {
  flex-basis: 920px;
  background-color: #ffffff;
}
aside {
  flex-basis: 284px;
```

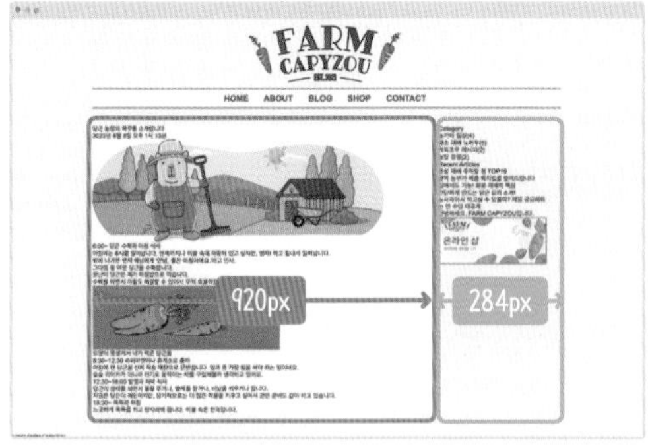

메인 영역은 넓은 폭으로, 사이드바는 좁은 폭으로 지정되었습니다.

STEP 5 메인 영역과 사이드바 사이에 여백을 넣자

Flexbox 속성 justify-content에 space-between을 지정해봅시다. div 양 끝에 있는 여백이 사라지고 메인 영역과 사이드바 사이에 여백이 생겼습니다.

06장/step/03/css/01_main-side_step5.css

```
div {
  width: 1240px;
  margin: 0 auto 50px;
  display: flex;
  justify-content: space-between;
}
```

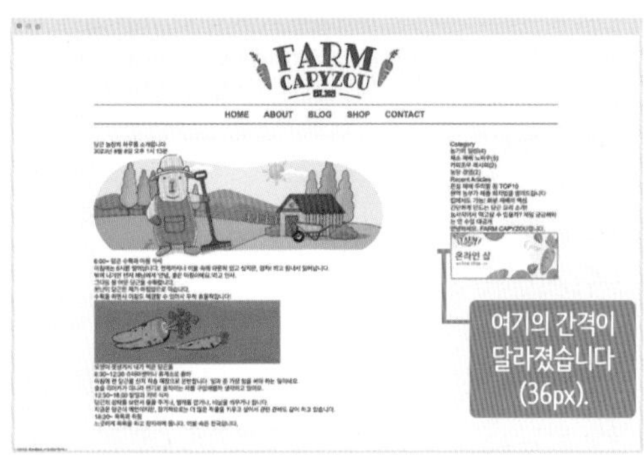

메인 영역과 사이드바가 컨테이너 좌우 끝에 붙어서 사이에 간격이 생겼습니다.

가로 폭이 1240px인 div 요소에 '920px인 메인 영역'과 '284px인 사이드바'가 들어가서 간격이 1240px - (920px+284px) = 36px만큼의 간격이 생겼습니다.

메인 영역의 오른쪽, 사이드바의 왼쪽에 margin을 넣는 방법도 있습니다.

같은 결과라 하더라도 다양한 방식의 CSS를 사용할 수 있군요!

메인 영역과 사이드바의 박스 장식하기

박스 그림자를 지정하는 속성

박스 섀도
box-shadow: ~ ;

값에는 그림자 위치·흐림 정도·확산 거리·색상 등이 들어갑니다.

STEP 1 메인 영역 박스를 장식하자

main 요소 모서리의 각도를 둥글게 하고 안쪽 여백을 만들겠습니다. 모서리 각은 border-radius, 여백은 padding으로 지정합니다.

바깥쪽에는 그림자를 넣어봅시다. 박스에 그림자를 넣을 때는 box-shadow 속성을 사용합니다. 여기서는 '확산 거리' 지정은 생략하고, 색상은 RGBA 값으로 투명도 0.16을 지정합니다.

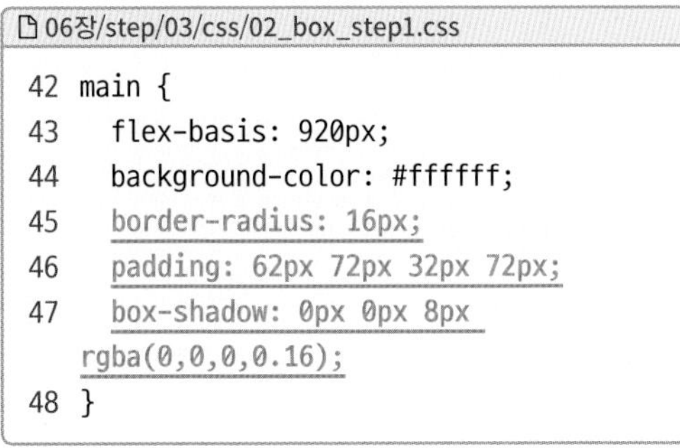

06장/step/03/css/02_box_step1.css

```
main {
  flex-basis: 920px;
  background-color: #ffffff;
  border-radius: 16px;
  padding: 62px 72px 32px 72px;
  box-shadow: 0px 0px 8px
rgba(0,0,0,0.16);
}
```

메인 영역의 모서리가 둥글게 되고 안쪽 여백이 생겼습니다. 바깥쪽에는 그림자가 들어갔습니다.

이것은 알아두자! LEARNING box-shadow 작성법을 알아보자

그림자의 위치를 결정하는 X축·Y축의 값은 필수입니다. 이때 양수 값을 지정하면 오른쪽 아래 방향으로 그림자가 생기고, 왼쪽 또는 위쪽으로 그림자를 만들고 싶을 때는 음의 값을 지정합니다. 흐림 정도를 지정하면 그림자 테두리가 흐려져서 더욱 그림자 느낌이 납니다.

,(콤마)로 구분하여 지정하면 여러 개의 그림자를 넣을 수도 있습니다.

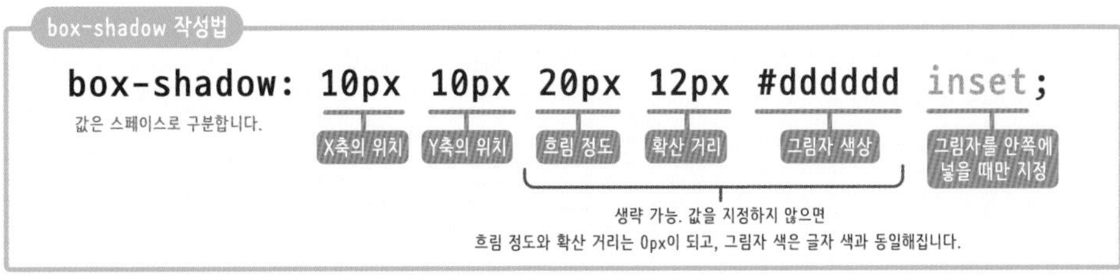

STEP 2 사이드바 박스를 장식하자

메인 영역과 같은 스타일로 사이드바에 있는 nav 요소를 꾸며봅시다.

내비게이션 아래에 여백을 주기 위해 margin-bottom도 지정합니다.

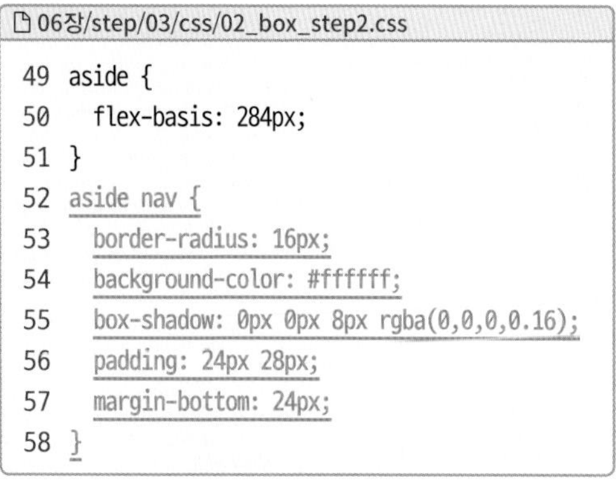

06장/step/03/css/02_box_step2.css

```css
aside {
  flex-basis: 284px;
}
aside nav {
  border-radius: 16px;
  background-color: #ffffff;
  box-shadow: 0px 0px 8px rgba(0,0,0,0.16);
  padding: 24px 28px;
  margin-bottom: 24px;
}
```

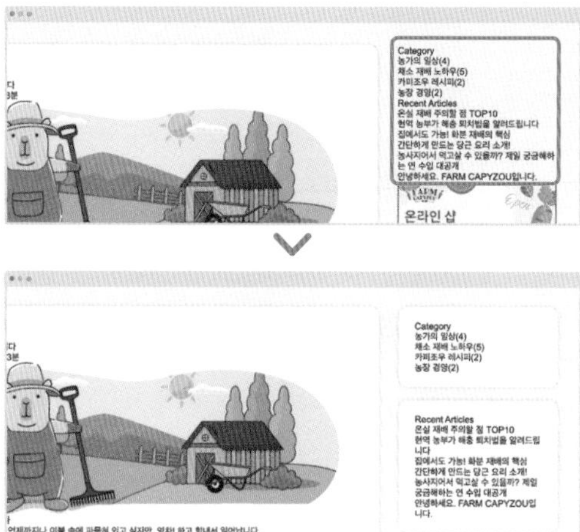

사이드바에도 메인 영역과 같은 스타일이 지정되었습니다.

사이드바 공통 스타일 작성하기

두 로컬 내비게이션에는 디자인이 같은 부분이 있습니다. 공통 스타일을 CSS로 작성해봅시다.

STEP 1 로컬 내비게이션의 제목을 장식하자

두 내비게이션의 h2 요소에 스타일을 주기 위해 aside nav h2라는 선택자를 사용하겠습니다. 제목의 크기, 굵기, 색상, 아래 여백을 지정합니다.

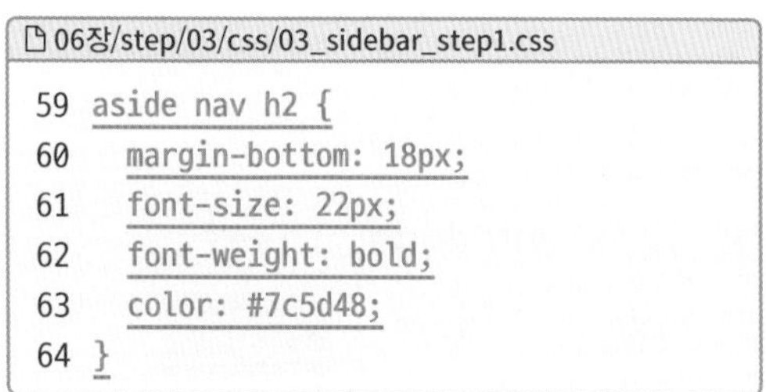

06장/step/03/css/03_sidebar_step1.css

```css
aside nav h2 {
  margin-bottom: 18px;
  font-size: 22px;
  font-weight: bold;
  color: #7c5d48;
}
```

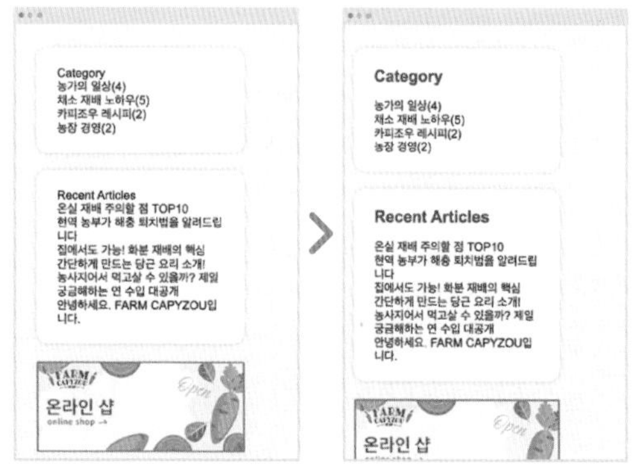

두 내비게이션의 제목 부분에 같은 스타일이 적용되었습니다

STEP 2 로컬 내비게이션의 글자 크기를 바꾸자

앞의 STEP과 동일하게 aside nav ul이라는 선택자로 ul 요소에 CSS를 적용하겠습니다. 완성 디자인에서 확인하면 로컬 내비게이션의 글자 크기가 페이지 전체 글자 크기보다 작기 때문에 14px로 지정합니다.

📄 06장/step/03/css/03_sidebar_step2.css

```
aside nav ul {
  font-size: 14px;
}
```

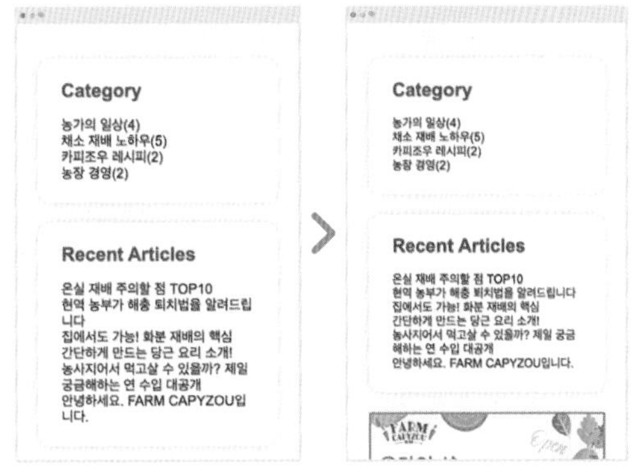

내비게이션 항목의 글자 크기가 작아졌습니다.

Category 내비게이션 장식하기

공통 스타일을 적용했으니 이번에는 Category의 개별 스타일을 적용해볼 차례입니다. 선택자는 aside nav ul 그대로 쓰면 되나요?

Category에만 CSS를 적용해야 하는데 aside nav ul을 쓰면 Recent Articles에도 적용되고 맙니다. 내비게이션 각각에 다른 CSS를 적용하기 위해서 class 선택자를 사용합니다.

STEP 1 HTML에 class 속성을 추가하자

Category와 Recent Articles를 구별하기 위해 class 속성을 추가하겠습니다.

index.html을 VSCode에서 열어 각 <nav> 태그에 class 속성을 추가합니다.

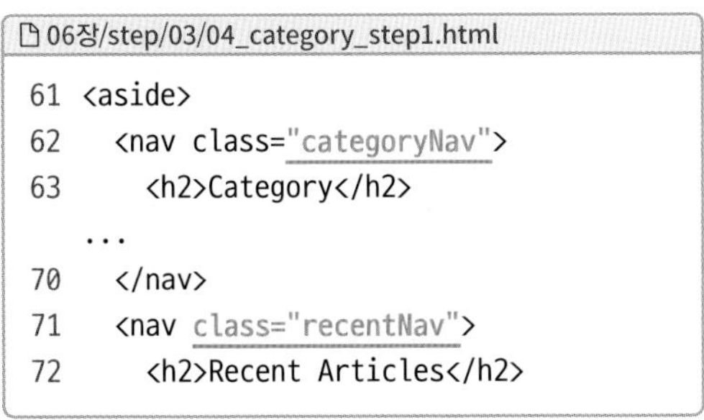

📄 06장/step/03/04_category_step1.html

```
<aside>
  <nav class="categoryNav">
    <h2>Category</h2>
 ...
  </nav>
  <nav class="recentNav">
    <h2>Recent Articles</h2>
```

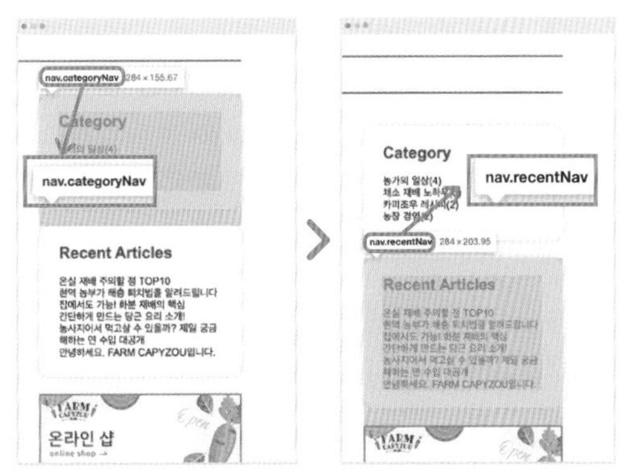

겉보기에는 변하지 않았지만, 개발자 도구로 확인해보면 두 내비게이션에 class명이 부여된 것을 볼 수 있습니다.

이것은 알아두자 LEARNING class 선택자와 id 선택자

HTML 태그에 class 속성이나 id 속성을 추가하면 자신이 만든 이름으로 선택자를 지정할 수 있습니다.

클래스 class

같은 성격을 가진 요소를 묶어서 나타냅니다.

- 같은 class명을 여러 개 태그에 넣을 수 있습니다.
- 하나의 태그에 여러 개 class를 넣을 수 있습니다.

속성 작성법

```
<h1 class="name">텍스트</h1>
```

여러 개 사용할 경우

```
<h1 class="name1 name2">텍스트</h1>
```

클래스명 사이에 스페이스를 넣습니다.

선택자 사용법

```
.name {color:pink;}
```

앞에 .(마침표)를 붙입니다.

아이디 id

유니크(오직 1개)한 요소를 나타냅니다.

- 한 페이지에 같은 id명이 중복 등장할 수 없습니다.
- 하나의 태그에는 id를 하나만 넣을 수 있습니다.

속성 작성법

```
<h1 id="name">텍스트</h1>
```

여러 개 사용할 경우

여러 개 사용할 수 없습니다.

선택자 사용법

```
#name {color:pink;}
```

앞에 #(해시)를 붙입니다.

class와 id는 어떤 기준으로 선택하나요?

id는 페이지 내부 링크나 자바스크립트 등에서 사용할 때가 있으니, CSS에서는 class를 사용하는 것이 좋습니다. 페이지 내부 링크에 대해서는 다음 장에서 살펴봅니다.

▶ class와 id에 이름을 붙일 때 주의할 점

첫 글자에 숫자를 사용할 수 없습니다. 이름에는 기호나 한국어도 사용할 수 있지만 호환성을 고려하여 영숫자와 -(하이픈), _(언더스코어) 사용을 추천합니다. 두 단어를 연결하여 사용하는 이름 짓기 방식은 대표적으로 다음과 같은 것이 있습니다. 꼭 이런 방식이 아니어도 일관성 있게 이름을 붙여야 읽기 쉬운 코드가 됩니다.

카멜 표기법(Camel case)	스네이크 표기법(Snake case)	케밥 표기법(Kebab case)
categoryNav 연결되는 단어 첫 글자를 대문자로 함	category_nav 언더스코어로 단어를 연결	category-nav 하이픈으로 단어를 연결

STEP 2 내비게이션 항목을 장식하자

목록의 마커 스타일을 지정하는 속성

리스트·스타일·타입 `list-style-type: ~ ;`	리스트 항목 앞에 붙는 기호를 마커(marker)라고 합니다. 값에는 마커의 종류를 나타내는 키워드가 들어갑니다.

자주 사용하는 마커 종류

disc ※ul의 초깃값	circle	square	decimal ※ol의 초깃값	none
• 카피조우 • 카피코 검은색 점	◦ 카피조우 ◦ 카피코 흰색 점	▪ 카피조우 ▪ 카피코 검은색 사각형 점	1. 카피조우 2. 카피코 숫자	카피조우 카피코 마커 없음

style.css로 돌아가 봅시다. Category 내비게이션에만 CSS를 적용하기 위해 STEP 1에서 붙인 class 선택자(.categoryNav)를 사용합니다.

현재 reset.css에서 목록의 마커를 무효화한 상태이므로, 마커가 표시되도록 square(사각)를 지정하겠습니다. 마커에 색을 넣고, 항목 사이의 여백도 margin으로 조정합니다.

06장/step/03/css/04_category_step2.css

```
.categoryNav ul li {
  list-style-type: square;
  color: #7c5d48;
  margin: 0 0 16px 20px;
}
```

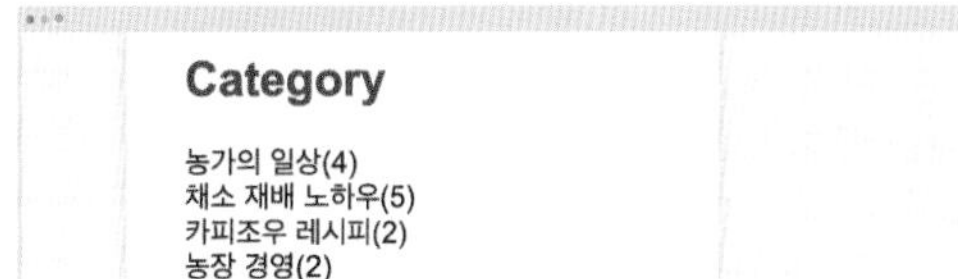

Category
- 농가의 일상(4)
- 채소 재배 노하우(5)
- 카피조우 레시피(2)
- 농장 경영(2)

갈색 사각형 마커가 생겼습니다.

리셋 CSS를 적용하지 않은 상태라면 ul의 초깃값인 검은색 원형 마커가 표시됩니다.

STEP 3 글자 색을 검은색으로 되돌리자

앞의 STEP에서 글자 색도 같이 갈색이 되어버렸으므로 <a> 태그에 색상을 지정해서 어두운 회색으로 되돌리겠습니다.

06장/step/03/css/04_category_step3.css

```
.categoryNav ul li a {
  color: #333333;
}
```

- 농가의 일상(4)
- 채소 재배 노하우(5)

- 농가의 일상(4)
- 채소 재배 노하우(5)

마커는 갈색으로 남아 있고 글자만 어두운 회색으로 바뀌었습니다.

Recent Articles 내비게이션 장식하기

STEP 1 테두리와 여백을 조정하자

이번에는 .recentNav 선택자를 사용해서 Recent Articles에만 CSS를 적용해봅시다.

항목에 border-bottom을 지정해서 밑줄을 넣고, padding과 margin을 이용해서 밑줄 위아래에 여백이 생기도록 합니다.

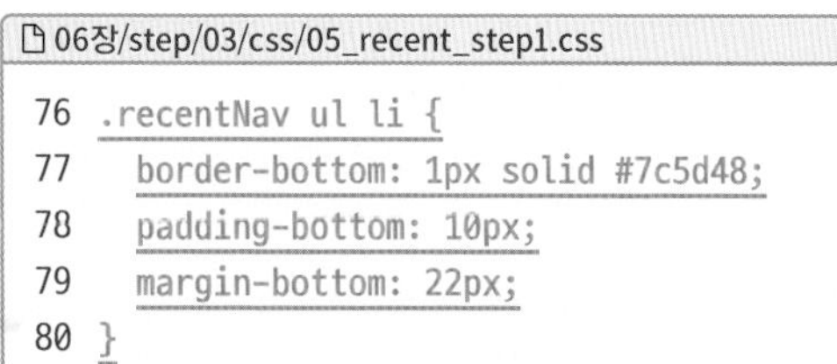

06장/step/03/css/05_recent_step1.css

```
.recentNav ul li {
  border-bottom: 1px solid #7c5d48;
  padding-bottom: 10px;
  margin-bottom: 22px;
}
```

밑줄이 들어가고, 여백이 조정되었습니다.

건너뛰어도 OK RANK UP 선택자는 어떻게 사용하는 것이 정확할까?

앞의 STEP에서 `.recentNav ul li`라는 자손 선택자를 사용했는데, 이때는 `.recentNav li`라고 작성해도 같은 결과가 나옵니다.

하지만 만약 <nav class="recentNav"> 안에 <ol> 태그가 있다면 그 안에 있는 <li>도 선택되어 같은 CSS가 적용됩니다. 이처럼 선택자를 어떻게 구성하느냐에 따라 CSS의 적용 범위를 컨트롤할 수 있는 것이 CSS의 편리하고 재미있는 부분입니다.

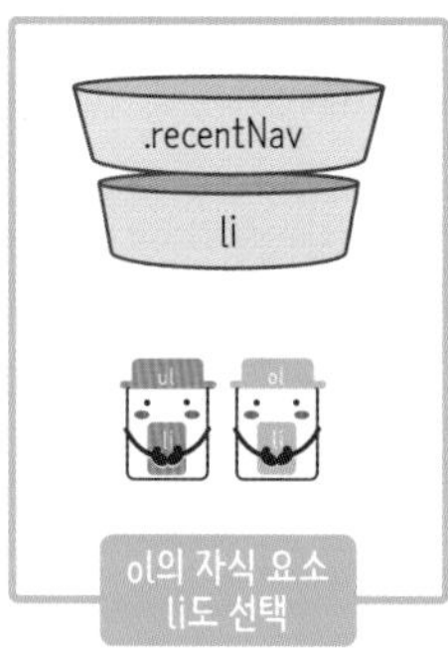

선택자를 효율적으로 구성하는 방법은 마크업 내용에 따라 달라지기 때문에 정해진 정답은 없습니다. 자유롭게 생각하여 class 선택자와 자손 선택자, 그 외의 선택자를 조합하여 최적의 작성 방법을 고민해보세요.

이 책에서는 가독성에 우선 순위를 두고 가능한 한 상세하게 자손 선택자를 작성합니다.

STEP 2 콘텐츠 표시 방법을 변경하자

요소의 높이를 지정하는 속성

하이트 `height: ~;`	값에는 단위를 동반한 수치가 들어갑니다.

영역을 벗어난 콘텐츠의 표시 방법을 지정하는 속성

오버플로 `overflow: ~ ;`	값에는 표시 방법을 나타내는 키워드가 들어갑니다.

세로로 길어진 Recent Articles 박스의 높이를 줄이고 스크롤을 넣어봅시다. ul 요소의 높이를 지정하고, 세로 방향의 overflow 속성값에 scroll을 지정하면, 지정한 높이를 벗어나는 부분은 스크롤을 내릴 수 있게 됩니다.

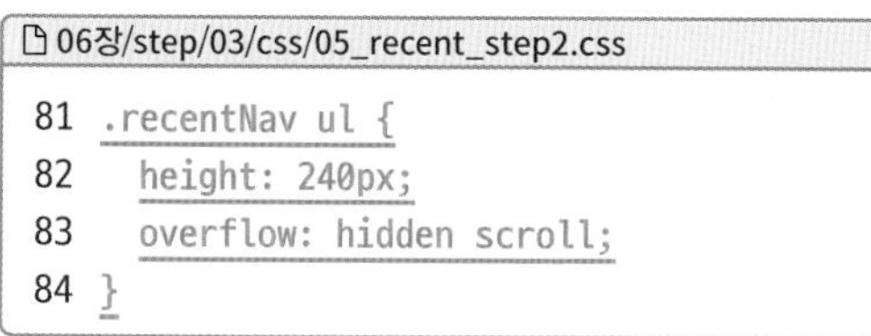
06장/step/03/css/05_recent_step2.css

```
.recentNav ul {
  height: 240px;
  overflow: hidden scroll;
}
```

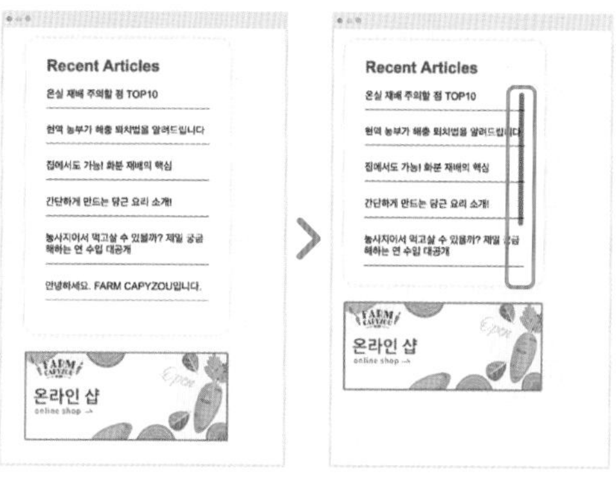

박스의 크기가 작아지고 스크롤바가 생겼습니다.

LEARNING 넘치는 콘텐츠 표시를 위한 overflow

overflow 속성에는 width와 height로 크기를 지정한 요소에서 콘텐츠가 넘칠 때 어떻게 표시할지 지정합니다.

overflow 작성법

```
overflow: hidden scroll;
```

값은 스페이스로 구분 — hidden: 가로 방향 지정, scroll: 세로 방향 지정

가로 방향만 지정 `overflow-x: hidden;`

세로 방향만 지정 `overflow-y: scroll;`

주로 사용하는 값

visible ※초깃값	hidden	scroll	auto
벗어나서 표시 넘친 콘텐츠를 어떻게 표시할지 결정하는 것이 overflow 속성입니다.	표시되지 않음 넘친 콘텐츠를 어떻게 표시할지 결정하	스크롤이 생김 넘친 콘텐츠를 어떻게 표시할지 결	브라우저에 의존하여 표시 넘친 콘텐츠를 어떻게 표시할지 결 ※많은 경우 스크롤이 생김

아티클 영역과 푸터의 CSS 작성하기

게시글 타이틀 장식하기

STEP 1 게시글의 타이틀을 크게 만들자

게시글의 타이틀이 눈에 잘 띄도록 크고 굵게 수정해봅시다. h2 요소에 font-size와 font-weight를 지정하는데 사이드바의 h2에는 영향이 가지 않도록 선택자는 article h2로 합니다. margin-bottom을 지정해서 아래에 여백도 넣습니다.

글자가 커지고 굵어졌으며 아래에 여백이 생겼습니다.

06장/step/04/css/01_h2_step1.css

```
article h2 {
  font-size: 40px;
  font-weight: 500;
  margin-bottom: 8px;
}
```

font-weight는 수치로 지정할 수도 있고 키워드로 지정할 수도 있습니다. 수치 400은 normal, 700은 bold와 같은 의미입니다. 미세하게 굵기를 조정하고 싶을 때는 수치를 사용합니다. 다만 윈도우 기본 글꼴인 맑은 고딕에는 font-weight 500에 해당하는 굵기가 없어서 normal과 동일하게 표시됩니다.[1]

발행 날짜 장식하기

STEP 1 글자와 배경을 장식하자

발행 날짜의 배경, 모서리 각도 등 글자를 꾸며 보겠습니다. border3-radius에 네 각의 수치를 각각 지정할 수 있습니다(70쪽).

06장/step/04/css/02_time_step1.css

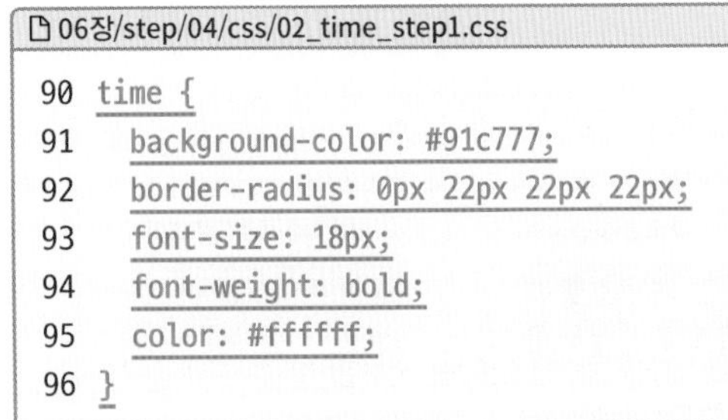

```
time {
  background-color: #91c777;
  border-radius: 0px 22px 22px 22px;
  font-size: 18px;
  font-weight: bold;
  color: #ffffff;
}
```

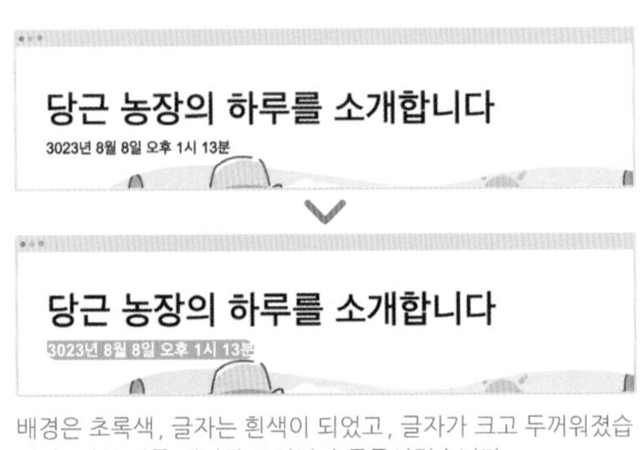

배경은 초록색, 글자는 흰색이 되었고, 글자가 크고 두꺼워졌습니다. 왼쪽 위를 제외한 모서리가 둥글어졌습니다.

1 [옮긴이] 이 장의 font-family에는 한글의 경우 맥은 'Apple산돌고딕네오'가, 윈도우는 '나눔고딕'이 적용되도록 지정되어 있습니다. 나눔고딕이 설치되어 있지 않은 윈도우 기기에서는 기본 폰트인 '맑은고딕'으로 표시됩니다.

STEP 2 안쪽 여백과 형태를 장식하자

발행 날짜 안쪽에 여백을 넣기 위해 padding을 지정하면 아래 그림과 같이 이미지와 겹치는 부분이 생깁니다. 이는 time 요소가 인라인 박스이기 때문입니다. 위아래 여백에 배경색이 들어가서 인라인 박스에 padding이 생긴 것처럼 보이지만 요소가 차지하는 높이 자체는 변하지 않습니다.

이 문제를 해결하기 위해 display 속성의 값을 inline-block으로 변경합니다.

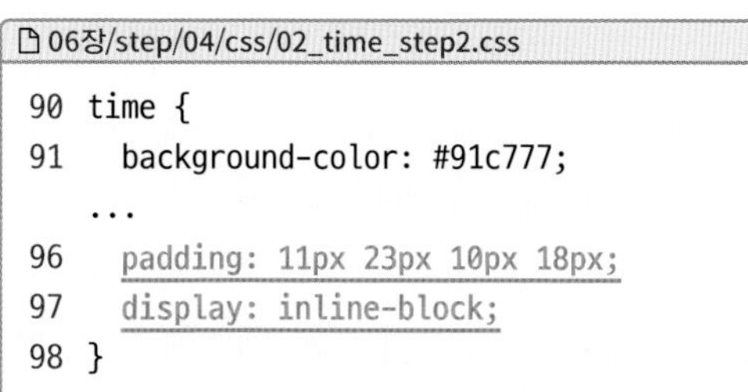

06장/step/04/css/02_time_step2.css

```
time {
  background-color: #91c777;
  ...
  padding: 11px 23px 10px 18px;
  display: inline-block;
}
```

display:inline-block; 을 지정하지 않고 padding만을 지정했을 때의 상태로 실제로는 높이가 없으므로 다음에 오는 이미지와 겹쳐집니다.

display:inline-block;을 지정하면 위아래 padding이 적용됩니다.

이것은 알아두자 LEARNING display:inline-block; 의 특징

마크업된 요소는 블록 박스 또는 인라인 박스가 된다는 내용을 배웠습니다(55쪽).

inline-block은 이 두 개의 성질을 합친 것입니다.

	block	inline	inline-block
나열 방식	가로 영역을 가득 채우면서 위아래로 쌓인다.	인라인 박스	inline 과 같은 성질
폭과 높이 지정	width / height width와 height를 지정할 수 있다.	카피조우 카피조우 카피 요소의 내용물에 따라 변화한다(지정 불가).	inline 과 block 을 합친 성질
여백 지정	margin / margin / padding / margin / margin margin과 padding을 사방으로 지정할 수 있다.	margin / padding / margin margin과 padding은 좌우만 지정할 수 있다.	block 과 같은 성질

display:inline-block;은 블록 박스와 같이 상하 여백을 지정할 수 있고, 인라인 박스와 같이 요소의 내용물에 따라 크기가 변경됩니다.

건너뛰어도 OK RANK UP 인라인 블록을 사용한 이유

앞의 STEP에서 '블로그 발행일'에 display:inline-block;을 지정했습니다. 발행일은 게시글마다 다르므로 크기를 미리 지정하기 어렵습니다. '1월 1일'과 '12월 31일'은 문자열의 길이가 다르기 때문입니다.

이처럼 텍스트 길이가 달라질 가능성이 있는 곳에 inline-block을 지정하면 여백을 넣을 수 있으면서도 길이는 텍스트에 맞게 조절되므로 편리합니다.

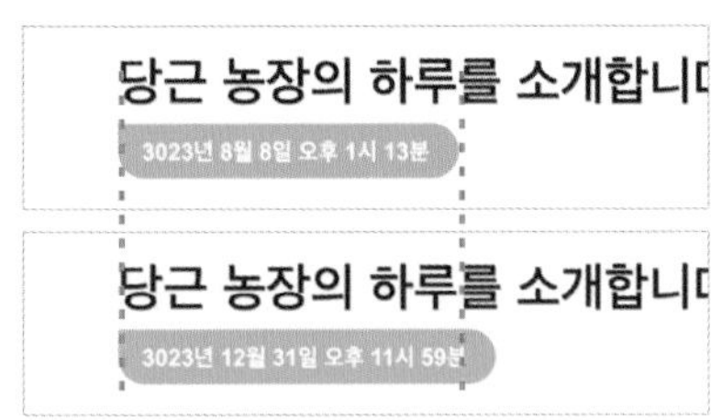

인라인 블록은 문자열 길이에 따라 배경의 길이도 자동으로 조절됩니다.

STEP 3 class 속성을 추가하고 여백을 조정하자

발행 날짜와 메인 이미지 사이에 여백을 넣어봅시다.

time 요소의 부모인 p 요소에 margin-bottom을 지정하고자 합니다. 다른 p 요소와 구별하여 선택하기 위해 class 속성을 부여하겠습니다.

개발자 도구에서 확인하면 p 요소에 class명 'postdate'가 부여되어 있습니다

index.html을 열어서 time 요소의 부모인 p 요소에 class="postdate"를 추가합니다.

06장/step/04/02_time_step3.html

```html
<p class="postdate">
  <time datetime="3023-08-08T13:13">
```

style.css로 돌아가서 class 선택자를 사용해 margin-bottom에 값을 지정합니다.

발행일과 이미지 사이에 간격이 생겼습니다.

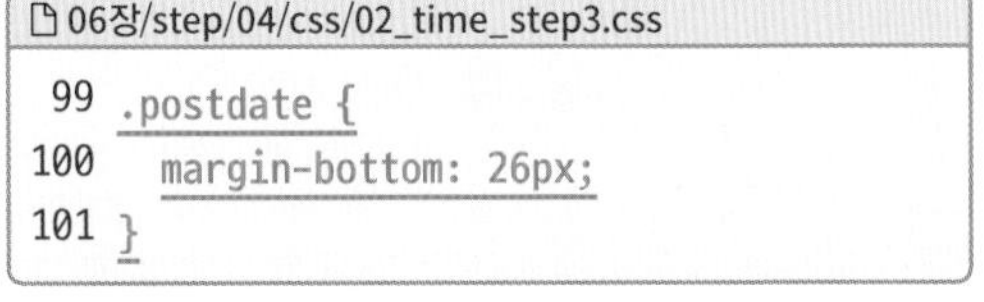

06장/step/04/css/02_time_step3.css

```css
.postdate {
  margin-bottom: 26px;
}
```

이렇게 class를 사용하면 원하는 요소에만 CSS를 적용할 수 있군요.

메인 이미지 여백 장식하기

STEP 1 class 속성을 추가하여 여백을 조정하자

앞의 STEP과 같은 순서로 메인 이미지 아래에 여백을 넣어봅시다.

개발자 도구로 확인하면 p 요소에 class명 'eyecatch'가 부여되었습니다.

다른 p 요소와 구별하기 위해 index.html을 열어서 p 요소에 class="eyecatch"를 추가합니다.

06장/step/04/03_eycatch_step1.html

```
<p class="eyecatch">
  <img src="images/eyecatch.png"
alt="농원에 있는 카피조우 그림">
```

style.css로 돌아가서 class 선택자를 사용해 margin-bottom에 여백을 지정합니다.

06장/step/04/css/03_eycatch_step1.css

```
.eyecatch {
  margin-bottom: 26px;
}
```

메인 이미지 아래에 여백이 생겼습니다.

게시글 소제목 장식하기

STEP 1 소제목을 조정하자

소제목의 글자를 디자인과 맞춰봅시다.

테두리, 아래 여백, 글자 크기, 글자 굵기를 지정합니다.

06장/step/04/css/04_h3_step1.css

```
article h3 {
  border-bottom: 2px solid #6ab547;
  margin-bottom: 20px;
  font-size: 28px;
  font-weight: 600;
}
```

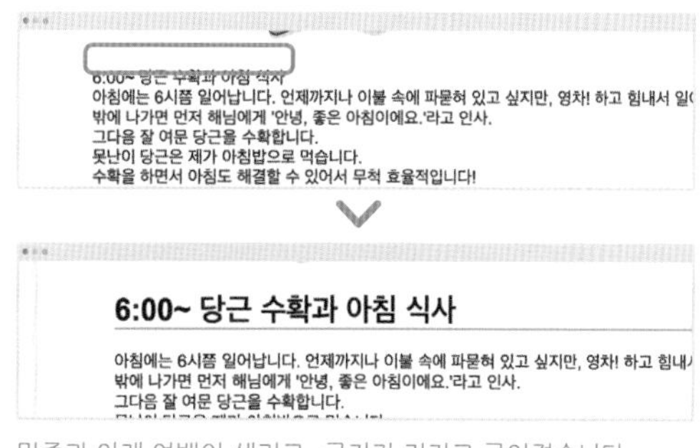

밑줄과 아래 여백이 생기고, 글자가 커지고 굵어졌습니다.

STEP 2 소제목 앞에 아이콘을 넣자

배경 이미지의 반복 방법을 지정하는 속성

백그라운드 리핏
`background-repeat: ~ ;` | 값에는 반복 방법을 나타내는 키워드가 들어갑니다.

주로 사용하는 값

repeat ※초깃값	repeat-x	repeat-y	no-repeat
지정한 영역 안에서 반복됩니다. 넘치는 부분은 잘립니다.	X축 방향(가로)으로만 반복됩니다.	Y축 방향으로만 반복됩니다.	반복하지 않습니다.

배경 이미지의 위치를 지정하는 속성

백그라운드 포지션
`background-position: ~ ;` | 값에는 단위를 동반한 수치 또는 위치를 나타내는 키워드가 들어갑니다.

소제목 앞에 아이콘을 넣기 위해 h3 요소의 background-image 속성에 이미지 경로를 지정합니다. 이미지 반복 방법은 background-repeat 속성에, 이미지의 위치는 background-position 속성에 작성합니다. 아이콘과 소제목이 자연스럽게 배치되도록 padding으로 여백을 줍니다. 글자와 아이콘이 겹치지 않도록 좌측 여백은 여유 있게 설정하겠습니다.

06장/step/04/css/05_h3_step1.css

```
article h3 {
  border-bottom: 2px solid #6ab547;
  margin-bottom: 20px;
  font-size: 28px;
  font-weight: 600;
  background-image: url(../images/h2_icon.png);
  background-repeat: no-repeat;
  background-position: left bottom;
  padding: 20px 10px 10px 48px;
}
```

나무 아이콘이 표시되고 텍스트 주변에 여백이 생겼습니다.

LEARNING background-position 값에 대해서

배경 이미지의 위치는 수평 위치(left · center · right)와, 수직위치(top · center · bottom)의 키워드를 조합해서 지정합니다.

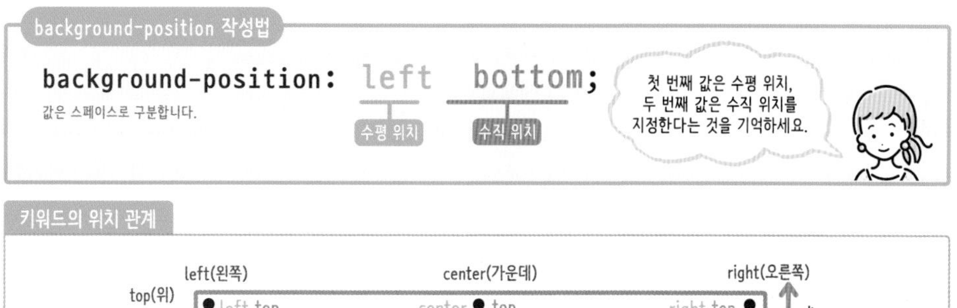

키워드의 위치 관계

left(왼쪽) center(가운데) right(오른쪽)

top(위): left top / center top / right top

center(가운데): left center / center center / right center

bottom(아래): left bottom / center bottom / right bottom

수직(세로) 방향

수평(가로) 방향

게시글 본문 장식하기

행간을 지정하는 속성

라인 하이트
`line-height: ～ ;`

행간(줄 간격)을 조정하기 위해 사용합니다.
값에는 행의 높이를 나타내는 수치가 들어갑니다.

STEP 1 행간을 조절하자

본문의 행간이 좁아서 읽기가 어려우니 line-height로 조정해봅시다.

margin-bottom으로 단락 사이의 간격도 띄우겠습니다.

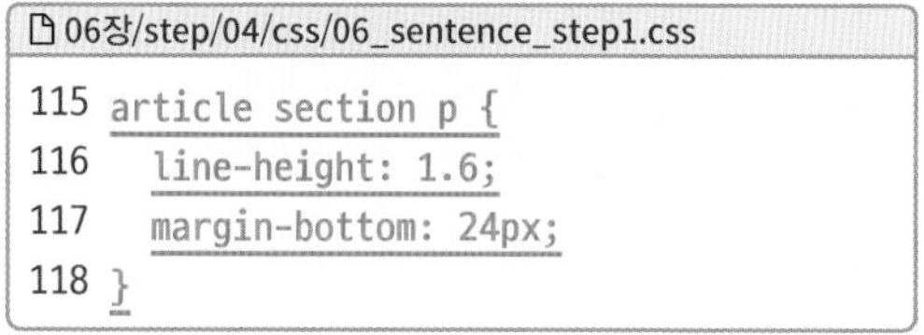

06장/step/04/css/06_sentence_step1.css

```
article section p {
  line-height: 1.6;
  margin-bottom: 24px;
}
```

아침에는 6시쯤 일어납니다. 언제까지나 이불 속에 파묻혀 있고 싶지만, 영차! 하고 힘내서 일어
밖에 나가면 먼저 해님에게 '안녕, 좋은 아침이에요.'라고 인사.
그다음 잘 여문 당근을 수확합니다.
못난이 당근은 제가 아침밥으로 먹습니다.
수확을 하면서 아침도 해결할 수 있어서 무척 효율적입니다!

아침에는 6시쯤 일어납니다. 언제까지나 이불 속에 파묻혀 있고 싶지만, 영차! 하고 힘내서 일어
밖에 나가면 먼저 해님에게 '안녕, 좋은 아침이에요.'라고 인사.

margin-bottom:24px;

그다음 잘 여문 당근을 수확합니다.
못난이 당근은 제가 아침밥으로 먹습니다.
수확을 하면서 아침도 해결할 수 있어서 무척 효율적입니다!

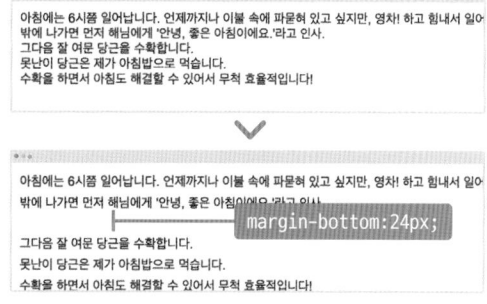

행간과 단락 사이가 띄워져 읽기 쉬워졌습니다.

이것은 알아두자! LEARNING line-height는 어느 부분의 높이일까?

행간(줄 간격)이란 문장이 두 줄 이상 있을 때 첫째 줄 아래 여백과 둘째 줄 위의 여백을 합친 부분을 말합니다.

line-height는 글자 높이와 글자 위아래 여백(=행간)을 더한 **한 행의 높이**를 뜻합니다. line-height 값에는 행 높이의 실제 수치나 글자 높이를 기준으로 한 배율을 지정합니다.

line-height: 1.5 ;

카피조우는 산책을 좋아해 글자의 높이 ×1.5

행간으로 인식되는 부분

낮잠도 정~말 좋아합니다. 글자의 높이 ×1.5

▶ 구체 예시

만약 글자 크기가 30px일 때 줄 사이 간격을 15px씩 띄우고 싶다고 합시다. 즉 글자 위아래에 7.5px만큼의 여백을 넣고 싶다면 line-height에 45px을 지정하면 됩니다. 이는 글자 높이의 1.5배이므로 line-height에 1.5 또는 150%를 지정해도 같은 효과를 냅니다.

line-height의 값은 **실제 수치보다 배율로** 지정하는 것을 권장합니다. 초깃값은 약 1.2지만 한국어에서는 약간 좁게 느껴지므로 1.5~1.8을 추천합니다.

line-height를 넣으면 문장 읽기가 쉬워지네요!

STEP 2 섹션의 여백을 조정하자

섹션 사이의 간격이 좁으므로 section 요소 아래에 여백을 넣어 조정해봅시다.

06장/step/04/css/06_sentence_step2.css

```
article section {
  margin-bottom: 50px;
}
```

모양이 못생겨서 내가 먹은 당근들
8:30~12:30 슈퍼마켓이나 휴게소로 출하
아침에 캔 당근을 산지 직송 매장으로 운반합니다. 일과 중 가장 힘을 써야 하는 일이네요.

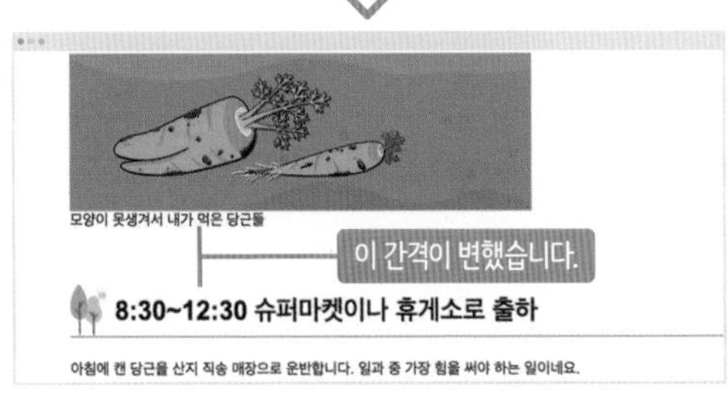

모양이 못생겨서 내가 먹은 당근들
이 간격이 변했습니다.
8:30~12:30 슈퍼마켓이나 휴게소로 출하
아침에 캔 당근을 산지 직송 매장으로 운반합니다. 일과 중 가장 힘을 써야 하는 일이네요.

섹션의 간격이 생겨서 여유 있는 느낌을 줍니다.

푸터 영역 장식하기

STEP 1 푸터 영역을 장식하자

푸터의 배경과 글자에 색상을 넣고, 가운데 정렬을 한 다음 안쪽 여백을 지정합니다. 모두 앞에서 배운 내용이므로 한꺼번에 지정하겠습니다.

06장/step/04/css/07_footer_step1.css

```
footer {
  background-color: #523f2e;
  color: #ffffff;
  text-align: center;
  padding: 14px 10px 20px;
}
```

푸터가 완성 디자인과 동일해졌습니다.

이것으로 블로그 사이트가 완성됐습니다.

우와, 완성이다~! 이제부터 블로그에 글을 열심히 써볼래요!

속성을 쓰는 순서에 정답이 있을까?

지금까지 실습에서 다양한 CSS 속성을 소개했는데, 작성 순서에 대해서는 특별히 설명하지 않았습니다. 그 이유는 CSS 속성에 대한 작성 순서가 정해져 있지 않기 때문입니다.

margin과 padding 어느 쪽을 먼저 작성해도 상관없고, color는 반드시 font-size 다음에 써야 한다는 규칙이 있는 것도 아니므로 자유롭게 작성해도 괜찮습니다.

알파벳 순서로 쓰거나 박스 바깥에서 안으로 쓰는 방법 등이 있지만, 하다 보면 자기 나름의 순서가 생기게 되므로 조금씩 의식하며 작성해봅시다.

이 책은 속성을 한 행 추가했을 때 그 결과 화면이 쉽게 확인되는 순서로 진행되었기 때문에 통일감은 고려하지 않았습니다.

Part 4

1칼럼 페이지 만들기

1년후
2
1
영차
실은… 카피코 양과
결혼하기로 했어요!
와-! 축하해!

블로그가 화제가 되어서
농장 경영도 잘 되고 있어요.
판매
대박
두 분 덕분이에요!
그래서… 부탁하고
싶은 게 하나 더 있어요.
결혼 파티 초대 사이트를
만들고 싶어요!
이런
느낌으로…
Welcome
Weddin

가능하다면… 스마트폰에서도 볼 수 있고,
움직이기도 하고… 모두가 파티에 오고 싶어할 만한
근사한 사이트라면 좋겠는데…
머뭇머뭇
맡겨줘~!!

이 파트에서 만들 사이트

1칼럼 레이아웃 디자인

Design Point 01

메인 카피 등에 리얼한 느낌의 금박 무늬를 합성하여 화려하게 연출합니다.

Design Point 02

요소 위에 장식을 겹쳐 입체감 있게 연출합니다.

Design Point 03

흰색 사각형을 겹쳐 입체감 있게 연출합니다.

Design Point 04

패럴랙스 효과

어두운 사진 위에 전환 효과를 주어 세련미를 더합니다.

모바일 버전 사이트는 어떻게 만드는 건가요?

반응형 웹 디자인이라는 기법을 사용해서 스마트폰 화면에 최적화시킬 거에요. 이 파트에서는 PC에서 모바일 버전의 순서로, 다음 Part 5에서는 모바일에서 PC 버전 순서로 반응형 디자인을 만들어보겠습니다.

학습 POINT

웹 폰트 사용법

표현의 폭이 확 넓어지는 웹 폰트의 사용법을 배웁니다.

CSS 애니메이션

CSS로 실현할 수 있는 2종류의 애니메이션을 배우고 표현의 폭을 넓혀봅시다.

반응형 웹 디자인

PC 버전의 웹사이트를 모바일 버전으로 최적화하는 방법을 알기 쉽게 설명합니다.

디자인 POINT

1칼럼 레이아웃

저자의 사이트

1칼럼 레이아웃은 세로로 길게 1페이지로만 이루어진 사이트에서 자주 사용합니다.

사용자에게 위에서부터 순서대로 콘텐츠가 보여지기 때문에 순서를 잘 생각해서 정보 설계를 해야 합니다. 2칼럼 레이아웃과 비교해서 시선 이동이 적으므로 콘텐츠에 대한 집중도가 높아집니다.

PC 버전과 모바일 버전에 대한 레이아웃의 차이가 크지 않아 반응형 웹 디자인과 호환성이 좋은 레이아웃입니다.

디자인 컨셉은…

차분하면서 아기자기한

웨딩 파티 초대장 사이트는 친구부터 회사 동료들까지 본다는 것을 가정하여 자연스러우면서 진지하고 차분한 분위기로 만들어보겠습니다. 하트와 잎사귀 장식을 사용해 귀여운 요소로 포인트를 주었습니다. 리얼한 느낌의 금박 무늬가 더해진 메인 카피 등으로 파티의 화려함을 연출합니다.

CHAPTER 07

웹 초대장 사이트 HTML 작성하기

이 장에서는 폼을 만들기 위한 HTML 태그를 소개합니다.
페이지 내부 링크를 만드는 방법도 익혀봅시다.

폼은 사용자에게 정보를 입력받을 때 사용합니다.

이름을 입력하거나 하는 그거 말이군요!

HTML 구조 파악하기

지금까지 배운 마크업을 복습하고 싶다면 SELF WORK부터 시작해봅시다.

진도를 빨리 나가고 싶은 사람은 SELF WORK를 건너뛰어도 좋습니다.

HTML 마크업에 도전해보자

07장/SELF WORK/HTML_마크업_복습하기/작업/index.html을 VSCode에서 열어봅시다. 이 파일에는 HTML의 기본 틀과 텍스트만 작성되어 있습니다.

07장/design/design.png를 보면서 지금까지 배웠던 HTML 태그를 사용하여 마크업을 완성합니다.

끝났다면 07장/SELF WORK/완성/index.html과 비교해보세요.

작업 파일 확인하기

07장/작업/index.html을 VSCode에서 열어봅시다. 이 파일은 앞에서 배운 HTML 태그로 마크업이 끝난 상태입니다.

완성 디자인(07장/design/design.png)을 참고하면서 진행합니다.

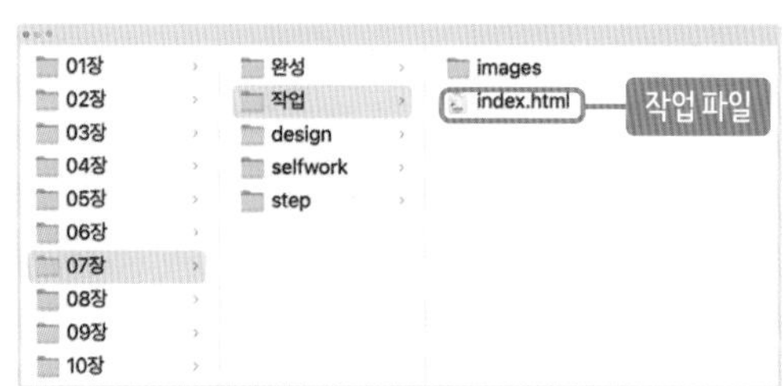

HTML 구조 파악하기

index.html과 design.png 파일을 나란히 배치합니다. 디자인과 대조해보면서 마크업 내용을 파악해봅시다. 이 장에서는 페이지 내 링크와 폼 마크업에 대해서 배웁니다.

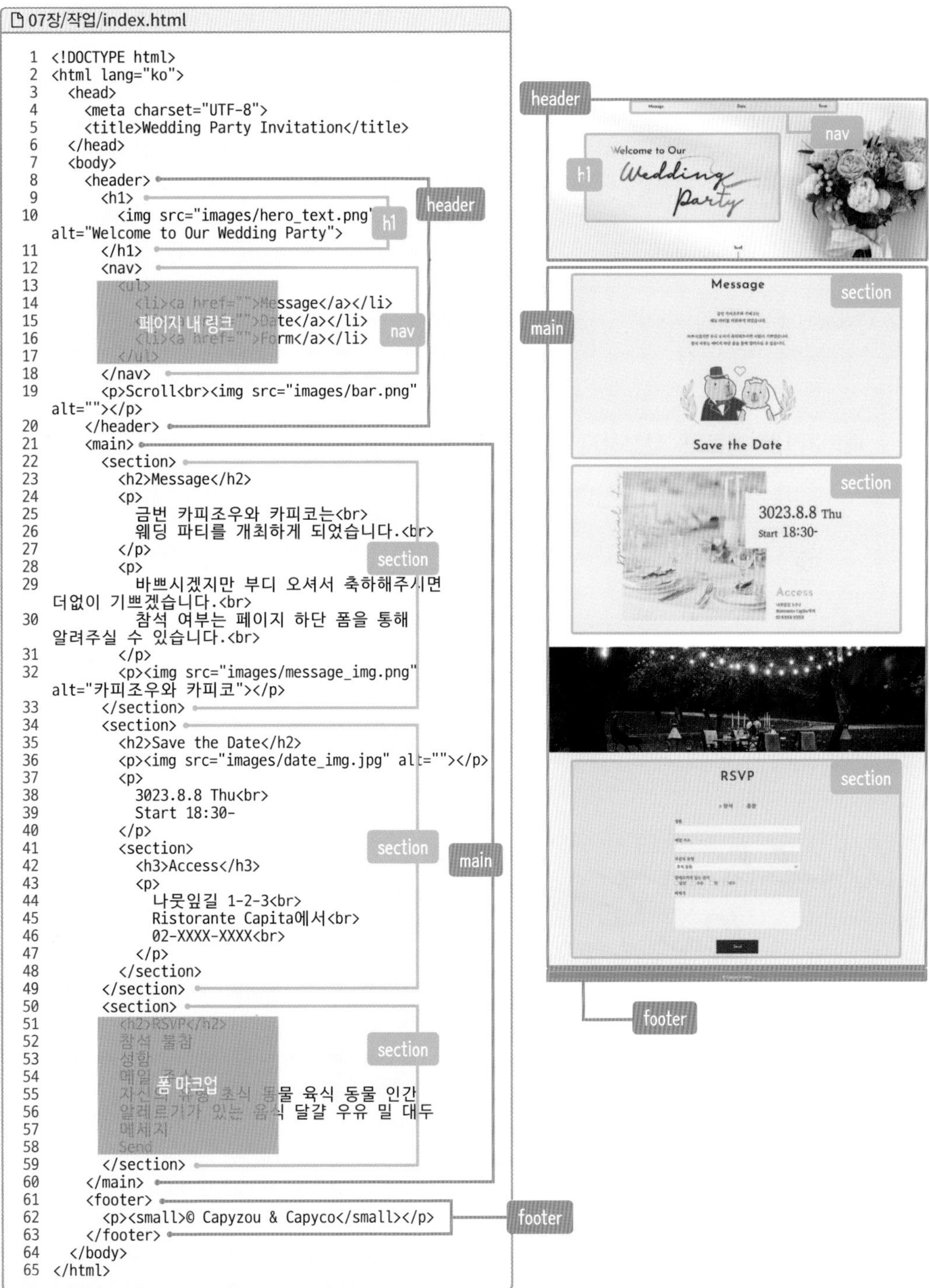

07장/작업/index.html

```
<!DOCTYPE html>
<html lang="ko">
  <head>
    <meta charset="UTF-8">
    <title>Wedding Party Invitation</title>
  </head>
  <body>
    <header>
      <h1>
        <img src="images/hero_text.png"
alt="Welcome to Our Wedding Party">
      </h1>
      <nav>
        <ul>
          <li><a href="">Message</a></li>
          <li><a href="">Date</a></li>
          <li><a href="">Form</a></li>
        </ul>
      </nav>
      <p>Scroll<br><img src="images/bar.png"
alt=""></p>
    </header>
    <main>
      <section>
        <h2>Message</h2>
        <p>
          금번 카피조우와 카피코는<br>
          웨딩 파티를 개최하게 되었습니다.<br>
        </p>
        <p>
          바쁘시겠지만 부디 오셔서 축하해주시면
더없이 기쁘겠습니다.<br>
          참석 여부는 페이지 하단 폼을 통해
알려주실 수 있습니다.<br>
        </p>
        <p><img src="images/message_img.png"
alt="카피조우와 카피코"></p>
      </section>
      <section>
        <h2>Save the Date</h2>
        <p><img src="images/date_img.jpg" alt=""></p>
        <p>
          3023.8.8 Thu<br>
          Start 18:30-
        </p>
        <section>
          <h3>Access</h3>
          <p>
            나뭇잎길 1-2-3<br>
            Ristorante Capita에서<br>
            02-XXXX-XXXX<br>
          </p>
        </section>
      </section>
      <section>
        <h2>RSVP</h2>
        참석 불참
        성함
        메일 주소
        자신의 식성 초식 동물 육식 동물 인간
        알레르기가 있는 음식 달걀 우유 밀 대두
        메세지
        Send
      </section>
    </main>
    <footer>
      <p><small>© Capyzou & Capyco</small></p>
    </footer>
  </body>
</html>
```

페이지 내부 링크 넣기

이 사이트에서는 글로벌 내비게이션을 클릭하면 페이지 내의 지정된 곳으로 이동합니다. 이를 페이지 내부 링크라고 합니다. 2단계로 페이지 내부 링크를 연결하는 방법에 대해 배워봅시다.

STEP 1 이동할 곳에 id를 지정하자

먼저 링크로 이동할 지점에 id 속성을 부여합니다. main 요소 아래에 있는 세 개의 section에 각각 id를 지정해봅시다.

07장/step/02/01_page-link_step1.html

```
<main>
  <section id="msgArea">
    <h2>Message</h2>
```

```
</section>
<section id="dateArea">
  <h2>Save the Date</h2>
```

```
</section>
<section id="formArea">
  <h2>RSVP</h2>
```

STEP 2 페이지 내부 링크를 작성하자

다음으로 내비게이션에 링크가 생성되도록 <li> 태그 안에 <a> 태그를 중첩합니다. href 속성에는 앞의 STEP에서 붙인 id 속성값을 '#아이디명'과 같이 지정합니다.

07장/step/02/01_page-link_step2.html

```
<ul>
  <li><a href="#msgArea">Message</a></li>
  <li><a href="#dateArea">Date</a></li>
  <li><a href="#formArea">Form</a></li>
</ul>
```

'Message' 링크를 클릭하면 Message 섹션으로 이동합니다. index.html을 브라우저에서 열어서 확인해봅시다.

폼 마크업하기

폼 영역 마크업하기

폼을 나타내는 태그

폼 <form> ∼ </form>	이 태그 안에 다양한 '폼 컨트롤'이 중첩되고, 각 컨트롤에 입력된 값이 서버로 전달됩니다. action 속성에는 데이터의 전달 위치를 지정하고, method 속성에는 데이터의 전달 방식을 지정합니다.

STEP 1 폼 영역을 마크업하자

폼이 될 부분을 〈form〉 태그로 감싸겠습니다. action 속성과 method 속성은 비워둡니다.

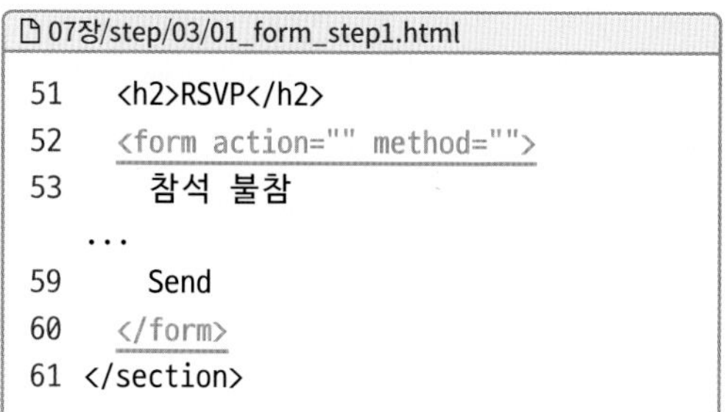

07장/step/03/01_form_step1.html

```
  <h2>RSVP</h2>
  <form action="" method="">
    참석 불참
...
    Send
  </form>
</section>
```

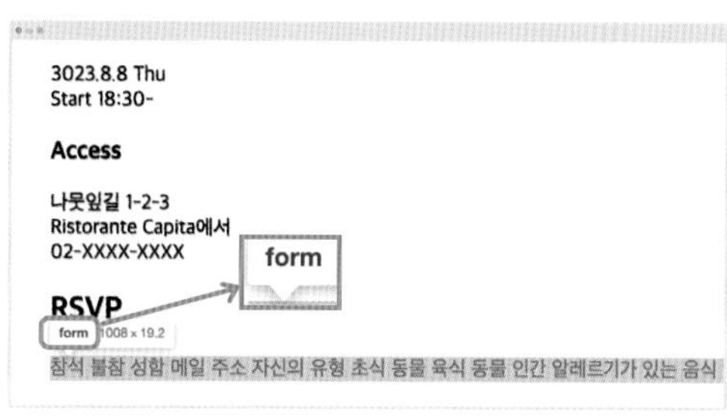

개발자 도구에서 보면 해당 부분이 form 영역으로 마크업되었음을 확인할 수 있습니다.

원래 action 속성에는 데이터가 전달될 곳을, method 속성에는 전달하는 방식을 지정합니다. 다만 이 책에서는 사이트의 외관을 만드는 부분까지만 배워보기 때문에 두 속성의 값은 비워둡니다.

STEP 2 폼 질문을 단락으로 만들자

폼의 각 질문을 단락으로 간주하고 〈p〉 태그로 마크업합니다.

07장/step/03/01_form_step2.html

```
<form action="" method="">
  <p>참석 불참</p>
  <p>성함</p>
  <p>메일 주소</p>
  <p>자신의 유형 초식 동물 육식 동물 인간</p>
  <p>알레르기가 있는 음식 달걀 우유 밀 대두</p>
  <p>메세지</p>
  <p>Send</p>
</form>
```

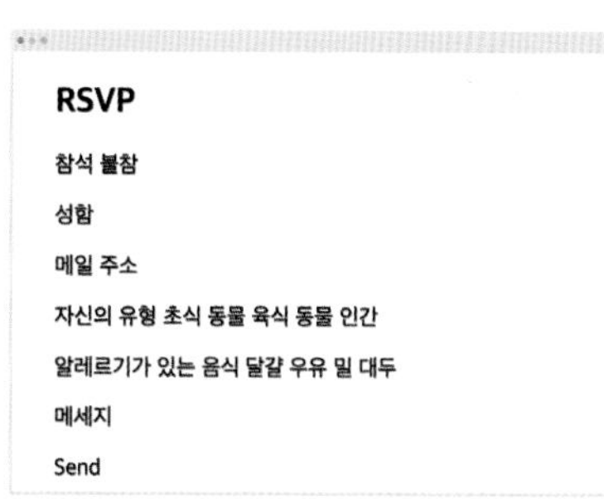

폼의 각 질문이 단락으로 설정되었습니다.

라디오버튼 만들기

입력란을 표시하는 태그

인풋 <input>	type 속성에는 입력란의 종류를 지정하고, name 속성에는 입력란의 이름을 지정합니다. 시작·종료 태그를 사용하지 않고 단독으로 사용합니다.

STEP 1 참석·불참을 선택할 수 있도록 하자

여러 선택지에서 한 개만을 선택할 수 있는 폼 컨트롤을 **라디오버튼**이라고 합니다. '참석'과 '불참'은 둘 중 하나만 골라야 하므로 라디오버튼을 사용합니다.

type 속성에 radio를 지정하고, 같은 그룹임을 표시하기 위해 name 속성에 동일한 값을 지정합니다.

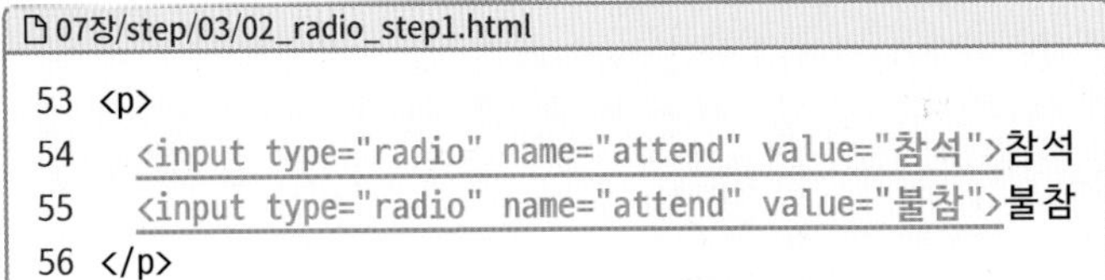

07장/step/03/02_radio_step1.html

```
<p>
  <input type="radio" name="attend" value="참석">참석
  <input type="radio" name="attend" value="불참">불참
</p>
```

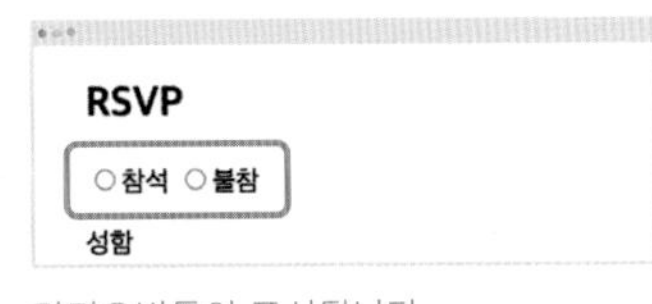

라디오버튼이 표시됩니다.

STEP 2 참석이 기본 선택된 상태로 만들자

checked 속성에 checked를 지정하면 초기 선택 항목을 지정할 수 있습니다.

'참석'에 checked 속성을 추가합니다.

07장/step/03/02_radio_step2.html

```
<p>
  <input type="radio" name="attend" value="참석" checked="checked">참석
  <input type="radio" name="attend" value="불참">불참
</p>
```

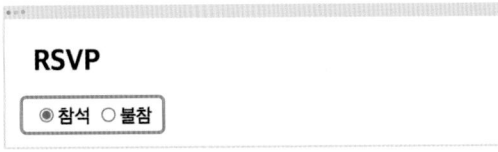

'참석'이 초깃값으로 선택되었습니다.

LEARNING type 속성값에 따라 변하는 입력란

<input> 태그의 type 속성에 지정하는 값에 따라 컨트롤의 입력란이 달라집니다.

type 속성값	출력 결과	
radio	○미선택 ◉선택	여러 선택지 중에서 1개를 선택할 수 있다.
checkbox	☐A ☑B ☑C	여러 선택지 중에서 0개 이상을 선택할 수 있다.
text	[ ]	한 행으로 텍스트를 입력할 수 있다.
email	[ ]	메일 주소 입력란이다. 브라우저에 따라 입력값의 검증이 수행된다.
url	[ ]	URL 입력란이다. 브라우저에 따라 입력값의 검증이 수행된다.
submit	[제출]	폼 내용을 전달하는 버튼이다.

같은 <input> 태그도 type 속성값에 따라 표시되는 입력란의 종류가 달라지는군요.

RANK UP name 속성과 value 속성의 역할

name 속성과 value 속성에는 특정한 값을 지정할 수 있는데, 각각 다음과 같은 역할을 합니다.

▶ name 속성

서버 프로그램이 데이터를 넘겨받았을 때 어떤 컨트롤에서 작성한 데이터인지 판단할 때 사용됩니다.

입력란을 구별하기 위해 서로 다른 name을 붙이는데, 라디오버튼이나 체크박스는 하나의 질문에 묶인 선택지임을 나타내기 위해 동일한 name을 붙이기도 합니다.

▶ value 속성

서버 프로그램에 전달할 데이터를 지정합니다. `type="text"`와 같이 자유 형식으로 입력할 때는 사용자가 입력한 데이터가 송신되므로 value를 설정할 필요가 없습니다.

1행 텍스트 입력란 만들기

STEP 1 성함 입력란을 만들자

1행 텍스트 입력란을 만들 때는 type="text"를 지정하고, name 속성을 붙입니다.

07장/step/03/03_text_step1.html

```
</p>
<p>성함<input type="text" name="user_name"></p>
<p>메일 주소</p>
```

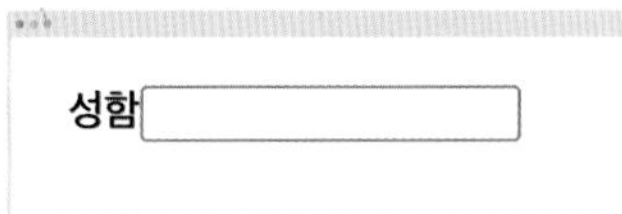

1행 텍스트 입력란이 표시되었습니다.

STEP 2 메일 주소 입력란을 만들자

메일 주소 입력란을 만들 때는 type 속성에 email을 지정합니다. 브라우저에 따라 입력값이 메일 주소 형식에 맞는지 간단히 검사해주는 경우도 있습니다.

07장/step/03/03_text_step2.html

```
<p>성함<input type="text" name="user_name"></p>
<p>메일 주소<input type="email" name="user_mail"></p>
<p>자신의 유형 초식 동물 육식 동물 인간</p>
```

메일 주소

메일 주소 입력란이 표시되었습니다.

셀렉트박스 만들기

셀렉트박스를 표시하는 태그

선택 / 옵션

```
<select>
  <option> ~ </option>
  <option> ~ </option>
</select>
```

전체를 <select>~</select>로 감싸고, 선택지(항목) 하나하나를 <option>~</option>으로 감쌉니다.
name 속성은 <select> 태그에 지정하고, value 속성은 <option> 태그에 지정합니다.
<select>에 multiple 속성을 부여하면 항목을 여러 개 선택할 수도 있습니다.

STEP 1 자신의 유형을 선택할 수 있도록 하자

드롭다운 형식으로 선택지를 제시하는 폼 컨트롤을 **셀렉트박스**라고 합니다. 질문 전체를 <select> 태그로, 선택지를 <option> 태그로 감쌉니다. name 속성은 <select> 태그에, value 속성은 <option> 태그에 지정합니다.

07장/step/03/04_select_step1.html

```
<p>
  자신의 유형
  <select name="user_type">
    <option value="초식 동물">초식 동물</option>
    <option value="육식 동물">육식 동물</option>
    <option value="인간">인간</option>
  </select>
</p>
```

자신의 유형 [초식 동물 ∨]

셀렉트박스는 작은 공간에 여러 개의 선택지를 제시할 수 있습니다.

체크박스 만들기

STEP 1 알레르기가 있는 음식을 고를 수 있도록 하자

여러 항목을 선택할 수 있는 폼 컨트롤로 **체크박스**가 있습니다. <input> 태그의 type 속성에 checkbox를 지정하고, 각 선택지가 동일 그룹임을 나타내기 위해 name 속성에 같은 값을 지정합니다.

07장/step/03/05_check_step1.html

```
<p>
  알레르기가 있는 음식
  <input type="checkbox" name="allergy" value="달걀">달걀
  <input type="checkbox" name="allergy" value="우유">우유
  <input type="checkbox" name="allergy" value="밀">밀
  <input type="checkbox" name="allergy" value="대두">대두
</p>
```

알레르기가 있는 음식 ☐달걀 ☐우유 ☐밀 ☐대두

여러 항목을 선택할 수 있는 체크박스가 표시되었습니다.

여러 행 텍스트 입력란 만들기

여러 행 텍스트 입력란을 표시하는 태그

텍스트 에어리어 <textarea></textarea>	시작 태그와 종료 태그 사이의 문자열은 초깃값으로 입력되므로 보통은 비워둡니다.

STEP 1 메시지 입력란을 만들자

여러 행으로 텍스트를 입력할 때는 〈textarea〉 태그를 사용합니다. name 속성도 추가합니다.

07장/step/03/06_textarea_step1.html

```
</p>
<p>메세지<textarea name="message"></textarea></p>
<p>Send</p>
```

메세지

여러 행의 텍스트 입력란이 표시되었습니다.

버튼 만들기

STEP 1 전송 버튼을 만들자

폼 전송 버튼을 만들 때는 〈input〉 태그의 type 속성에 submit을 지정합니다. value 속성에 값을 지정하면 버튼 텍스트로 표시됩니다. submit 버튼이 여러 개 있을 때는 어느 버튼을 클릭했는지 구분하기 위해 name 속성을 사용하지만 여기서는 버튼이 한 개이므로 사용하지 않습니다.

07장/step/03/07_submit_step1.html

```
    <p>메세지<textarea name="message"></textarea></p>
    <p><input type="submit" value="Send"></p>
</form>
```

Send

'Send'라고 적힌 전송 버튼이 생성되었습니다.

사용성 높이기

사용성(Usability, 유저빌리티)이란 '사용하기 편함'을 나타내는 용어입니다. 라디오버튼을 클릭할 수 있는 영역을 넓혀서 사용성을 높여봅시다.

항목명과 입력란을 묶어주는 태그

라벨 <label> ~ </label>	이 태그로 감싼 항목명과 입력란은 연결되므로 항목명을 클릭하면 선택지나 입력란이 활성화됩니다.

STEP 1 항목명 텍스트와 라디오버튼을 연결하자

항목명을 클릭했을 때 라디오버튼이 클릭되도록 <label> 태그로 항목명과 라디오버튼을 마크업합니다.

07장/step/03/08_label_step1.html

```
<p>
  <label><input type="radio" name="attend" value="참석" checked="checked">참석</label>
  <label><input type="radio" name="attend" value="불참">불참</label>
</p>
```

◉참석 ○불참 > ○참석 ◉불참

항목명 '불참'에 커서를 대고 클릭해도 라디오버튼이 선택됩니다.

label에 대한 실습은 여기까지지만 '알레르기가 있는 음식'도 <label>로 마크업해봅시다. 완성 파일은 07장/완성/index.html에 있으므로 확인해봅니다.

HTML과 CSS만으로 폼을 전송할 수 없다

폼에 전송 기능을 넣기 위해서는 프로그래밍이 필요합니다. HTML과 CSS는 프로그래밍 언어가 아니므로 폼 전송 기능을 만들 수 없습니다.

직접 프로그램을 만들지 않아도 간단하게 폼을 만들어주는 구글 폼과 같은 웹 서비스를 이용할 수도 있습니다.

CHAPTER 08

웹 초대장 사이트 CSS 작성하기

position 속성과 가상 요소 등 새로운 CSS 속성에 대해 알아보고 CSS를 통한 표현의 폭을 넓혀봅시다.

이번에는 레벨이 조금 높아집니다. 겁먹지 말고 차근차근 따라가 봅시다.

흐잇~!!! 간식을 준비해야겠어요…….

SECTION 1 CSS 작성 순서

작업 파일 확인하기

08장/작업/css/style.css를 VSCode에서 열어봅시다. 08장/작업/index.html을 브라우저에 띄우고, CSS가 잘 반영되는지 확인하면서 진행합니다.

완성 디자인은 8장/design/design.png를 참고합니다.

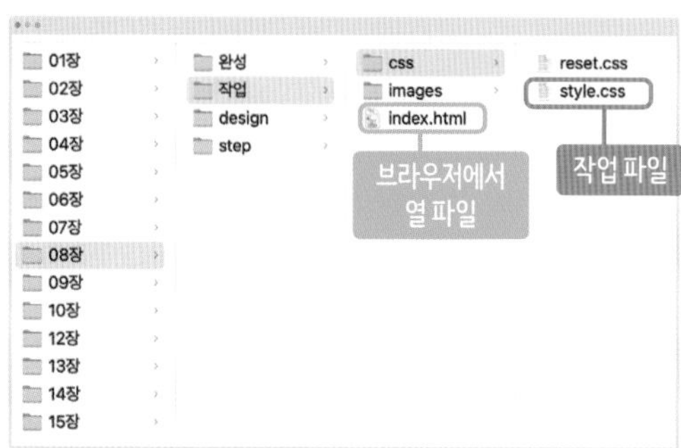

08장/작업/index.html에는 이 장에서 사용할 class 속성이 미리 작성되어 있습니다. 원래 class 속성을 붙일 때는 HTML과 CSS를 오가면서 작성하지만, 이 장에서는 그 순서를 생략했습니다.

앞 장에서 사용한 HTML에는 class 속성이 추가되지 않은 상태이기 때문에, 이 장의 CSS를 작성해도 반영되지 않습니다. 꼭 8장의 작업 파일로 실습을 시작해주세요.

네~ 알겠습니다!

CSS 작성 순서 확인하기

다음 페이지부터 CSS 작성을 시작합니다. 어떤 순서로 CSS를 작성할지, 어떤 class가 추가되는지 확인해보세요.

1. 폰트 설정

이 장에서는 2종류의 웹 폰트를 사용합니다.
먼저 웹 폰트의 사용법을 알아봅시다.

2. 레이아웃 잡기

폭과 여백 등 큰 틀에서 레이아웃을 잡습니다.

3. 공통 디자인 CSS 작성

디자인이 겹치는 부분의 CSS를 작성합니다.

4. 개별 섹션 CSS 작성

다음 순서로 CSS를 작성합니다.

1. header
2. msg 섹션(.msgSec)
3. date 섹션(.dateSec)
4. form 섹션(.formSec)
5. footer & 패럴렉스 효과

파란색 박스가
이 장의 HTML에 새로
추가된 class 속성입니다.

이 그림에는 없지만
ffJosefin이라는
class 속성이
부여된 곳도 있습니다.

웹 폰트를 사용하는 방법

웹 폰트란?

자신의 디바이스에 설치되지 않은 글꼴은 표시되지 않습니다(59쪽).

어떤 디바이스에서 확인해도 지정한 글꼴을 보여주고 싶을 때 '웹 폰트'를 사용합니다. 웹 폰트는 글꼴 데이터를 인터넷에서 읽어와서 사용하는 방법입니다.

웹 폰트를 사용하면 모든 사람들이 동일한 글꼴로 사이트를 볼 수 있구나!

여기에 주의! POINT 웹 폰트를 사용할 때 주의점

웹 폰트는 웹사이트를 처음 읽어들일 때 글꼴 데이터를 다운로드합니다. 이로 인해 페이지 표시가 늦어진다는 단점이 있습니다.

특히 한국어 글꼴은 글자수가 많기 때문에 데이터의 용량도 큽니다. 따라서 사용하는 종류나 굵기(두께)를 제한하는 등의 고민이 필요할 때도 있습니다.

구글 폰트 사용하기

웹 폰트를 제공하는 서비스는 여러 가지가 있지만 그중에서도 무료로 이용할 수 있는 **구글 폰트**가 유명합니다. 구글 폰트를 사용하는 대표적인 방법을 살펴봅시다.

STEP 1 구글 폰트 사이트에 접속하자

https://fonts.google.com/에 접속해서 글꼴을 선택합니다(여기서는 샘플 디자인에서 사용하지 않은 글꼴을 선택했습니다).

집필 시점의 웹사이트 캡처이므로 사이트의 모습이 다를 수 있습니다.

STEP 2 글꼴 두께를 선택하자

글꼴 목록에서 사용하고 싶은 두께를 선택합니다. 오른쪽에 Selected family 창이 뜹니다.

STEP 3 코드를 복사&붙여넣기 하자

Selected family 창 안에 있는 코드를 각각 HTML 파일과 CSS 파일에 복사&붙여넣기 합니다.

그림에서 분홍색 박스 안의 코드를 HTML의 〈head〉 태그 안에 넣습니다. **이때 `reset.css`보다는 뒤에, `style.css`보다는 앞에 붙여넣습니다.**

하늘색 박스의 폰트 패밀리명을 CSS에 지정하면 글꼴이 적용됩니다.

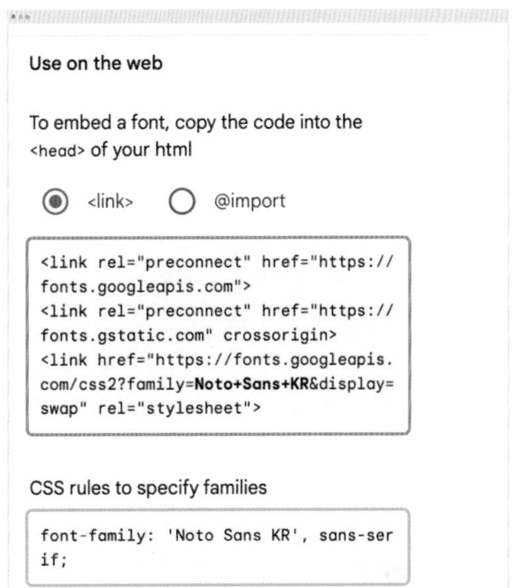

Use on the web
To embed a font, copy the code into the <head> of your html
<link>
@import
<link rel="preconnect" href="https://fonts.googleapis.com">
<link rel="preconnect" href="https://fonts.gstatic.com" crossorigin>
<link href="https://fonts.googleapis.com/css2?family=Noto+Sans+KR&display=swap" rel="stylesheet">
CSS rules to specify families
font-family: 'Noto Sans KR', sans-serif;

읽어오는 태그는 구글 폰트 사양의 변화에 따라 캡처한 내용과 다를 수 있습니다.

이 장의 샘플 디자인에서 사용하는 웹 폰트를 읽어오는 태그는 이미 HTML 파일에 기재되어 있습니다. 한국어 폰트는 'Noto Serif Korean', 영어 폰트는 'Josefin Sans'를 사용하고, 두께는 모두 Regular입니다.

▼ 해당 코드 부분

08장/작업/index.html

```
<head>
  <meta charset="UTF-8">
  <link rel="stylesheet" href="css/reset.css">
  <link rel="preconnect" href="https://fonts.googleapis.com">
  <link rel="preconnect" href="https://fonts.gstatic.com" crossorigin>
  <link href="https://fonts.googleapis.com/css2?family=Josefin
   +Sans&family=Noto+Serif+KR&display=swap" rel="stylesheet">
  <link rel="stylesheet" href="css/style.css">
  <title>Wedding Party Invitation</title>
</head>
```


이 태그는 폰트 로딩 속도를 빠르게 하기 위한 태그로, 없어도 웹 폰트는 사용할 수 있습니다.
※구글 폰트 사양의 변경으로 없어지거나 추가로 생길 수 있습니다.

글꼴 관련 CSS 작성하기

글꼴을 웹 폰트로 설정하기

STEP 1 페이지 전체 글꼴을 지정하자

사이트의 기본 글꼴을 웹 폰트 'Noto Serif Korean'으로 지정해보겠습니다.

앞 페이지에서 설명한 것처럼 <head> 태그 안에 이미 구글 폰트를 읽어오는 태그가 들어 있으므로 body에 font-family 지정을 하면 웹 폰트가 적용됩니다. 웹 폰트를 적용할 수 없는 환경을 대비해 제네릭 패밀리 이름도 지정합니다. 글꼴 사이즈와 색상도 지정합니다.

08장/step/03/css/01_font_step1.css

```
@charset "utf-8";
body {
  font-family: 'Noto Serif KR', serif;
  font-size: 18px;
  color: #121212;
}
```

Message
금번 카피조우와 카피코는
웨딩 파티를 개최하게 되었습니다.
바쁘시겠지만 부디 오셔서 축하해주시면 더없이 기쁘겠습니다.
참석 여부는 페이지 하단 폼을 통해 알려주실 수 있습니다.

Message
금번 카피조우와 카피코는
웨딩 파티를 개최하게 되었습니다.
바쁘시겠지만 부디 오셔서 축하해주시면 더없이 기쁘겠습니다.
참석 여부는 페이지 하단 폼을 통해 알려주실 수 있습니다.

웹 폰트가 적용되었습니다.

STEP 2 내비게이션과 제목 등의 글꼴을 별도로 지정하자

페이지에서 영어로 작성된 부분에는 웹 폰트 'Josefin Sans'를 적용합니다. 적용할 곳에 이미 `class="ffJosefin"`을 부여했으므로, 이 class에 대하여 font-family를 지정합니다.

08장/step/03/css/01_font_step2.css

```
.ffJosefin {
  font-family: 'Josefin Sans',sans-serif;
}
```

내비게이션과 제목 등의 폰트가 변경되었습니다.

한국어 글꼴을 지정할 때처럼 특정 요소를 선택해서 font-family를 지정할 수도 있지만, 이번처럼 지정할 곳이 많을 때는 각 요소에 class 속성을 부여한 후에 클래스명으로 한꺼번에 선택하면 편리합니다.

레이아웃 관련 CSS 작성하기

CSS를 작성하기 전에 레이아웃을 확인하고 어떻게 CSS를 작성할지 생각해봅시다. 처음에는 어렵게 느껴질 수도 있지만, 먼저 전체적인 레이아웃을 잡아놓으면 세부적인 CSS도 쉽게 작성할 수 있습니다.

레이아웃 확인하기

각 섹션의 콘텐츠 폭을 확인해봅시다. 오른쪽 그림을 보면 특정 가로 폭을 갖고 있는 각각의 콘텐츠(분홍색 박스)가 가운데 정렬되어 있습니다. 동시에 header에는 배경 이미지가, msg 섹션·form 섹션에는 배경색이 지정되어 화면을 가득 채우고 있습니다.

이러한 디자인을 구현할 때는 **(콘텐츠를 가운데 정렬하기 위해) 특정 폭을 갖는 박스**와 **(배경을 지정하기 위해) 화면을 가득 채우는 박스** 2가지가 필요합니다.

현재는 박스가 하나뿐이므로 다음 페이지에서 레이아웃용 〈div〉 태그로 박스를 추가하겠습니다.

추가할 div 요소를 일정한 폭에 맞추면 레이아웃 잡기가 쉬워집니다. 이 페이지처럼 섹션마다 콘텐츠의 폭이 다를 때는 가장 큰 폭에 맞춥니다. 여기서는 date 섹션의 폭이 1240px로 가장 크기 때문에 레이아웃용 박스의 폭을 1240px로 지정합니다.

date 섹션에 복수 칼럼 레이아웃을 사용하는 부분도 체크해두세요.

STEP 1 레이아웃용 <div> 태그를 추가하자

앞의 페이지에서 설명한대로 header 요소와 section 요소 안에 레이아웃용 <div> 태그를 추가합니다. `index.html`에서 다음 4군데에 <div> 태그를 추가하고 공통 클래스명(innerWrap)을 추가합니다.

08장/step/04/01_layout-div_step1.html

```
<header>
  <div class="innerWrap">
...
  </div>
</header>
```

```
<section class="msgSec" id="msgArea">
  <div class="innerWrap">
...
  </div>
</section>
```

```
<section class="dateSec" id="dateArea">
  <div class="innerWrap">
...
    </section>
  </div>
</section>
```

```
<section class="formSec" id="formArea">
  <div class="innerWrap">
...
    </form>
  </div>
</section>
```

STEP 2 보조용 테두리선을 긋자

`style.css`로 돌아가서 레이아웃을 구분하기 쉽게 보여주는 border를 임시적으로 만들어주겠습니다.

08장/step/04/css/01_layout-div_step2.css

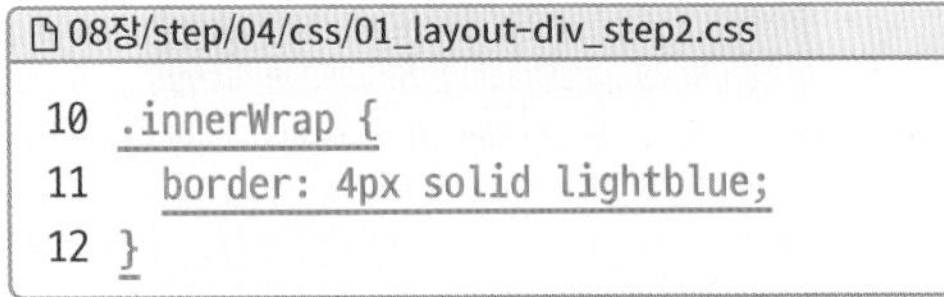

```
.innerWrap {
  border: 4px solid lightblue;
}
```

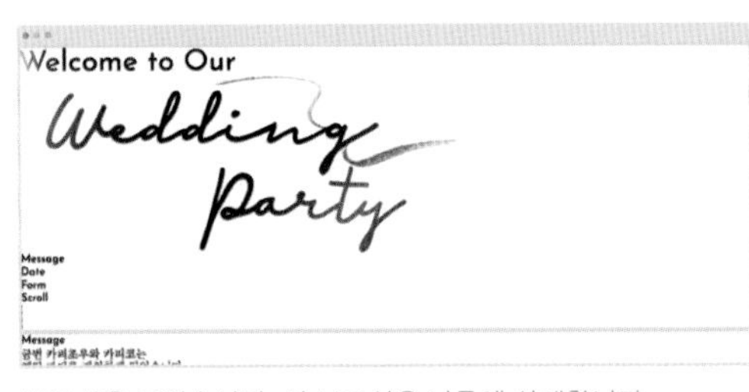

보조선을 그었습니다. 이 보조선은 나중에 삭제합니다.

STEP 3 콘텐츠 부분을 가운데 정렬하자

가로 폭을 1240px로 설정하고 양쪽 margin을 auto로 하여 가운데 정렬합니다. padding도 넣어줍니다.

08장/step/04/css/01_layout-div_step3.css

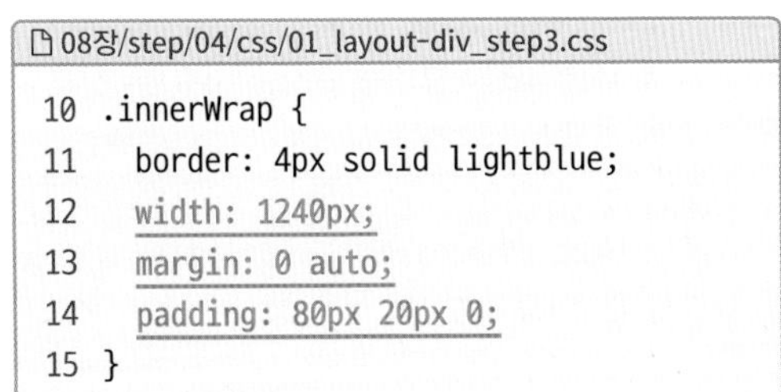

```
.innerWrap {
  border: 4px solid lightblue;
  width: 1240px;
  margin: 0 auto;
  padding: 80px 20px 0;
}
```

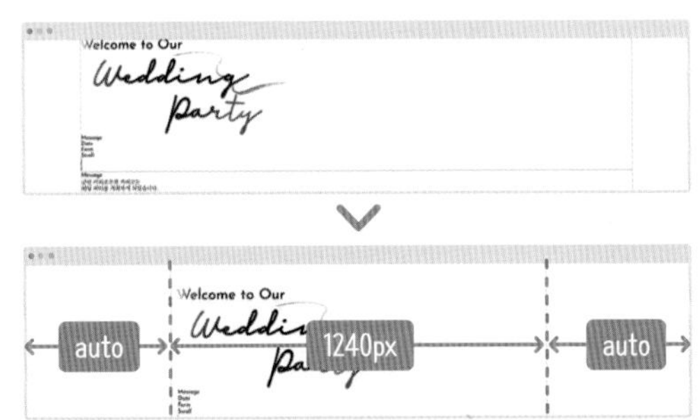

`<div class="innerWrap">~</div>`로 감싼 부분의 너비가 1240px이 되고, 화면의 중앙에 배치되었습니다.

공통 디자인 CSS 작성하기

각 섹션의 제목 설정하기

STEP 1 제목을 장식하자

글자 간격을 지정하는 속성

레터 스페이싱 `letter-spacing: ～ ;`	값에는 단위를 동반한 수치가 들어갑니다. 양의 값을 넣으면 간격이 늘어나고, 음의 값을 넣으면 줄어듭니다.

<h2> 태그 안에 있는 텍스트는 인라인이므로 부모 요소인 h2 요소에 `text-align:center;`를 넣어서 가운데 정렬합니다.

문자 간격을 조정하기 위해 `letter-spacing`을 `0.05em`으로 지정합니다. 1의 단위가 0일 때는 0을 생략할 수 있습니다. 글자 사이즈와 아래 여백도 조정하겠습니다.

08장/step/05/css/01_h2_step1.css

```
main h2 {
  text-align: center;
  font-size: 60px;
  letter-spacing: .05em;
  margin-bottom: 80px;
}
```

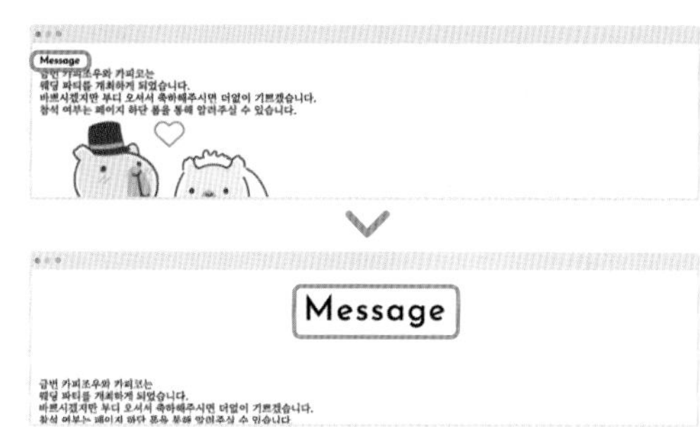

제목의 크기가 커지고 가운데 정렬이 되었습니다.

letter-spacing 값은 얼마가 좋을까?

letter-spacing의 단위는 현재 글자 크기를 기준으로 계산되는 em이 편리합니다. 1em = 글자의 높이이므로, 0.5em이라면 **글자 높이의 절반**이 글자 사이의 간격이 됩니다.

저는 0.04~0.12em 정도로 설정할 때가 많습니다.

헤더 CSS 작성하기

수정 전

수정 후

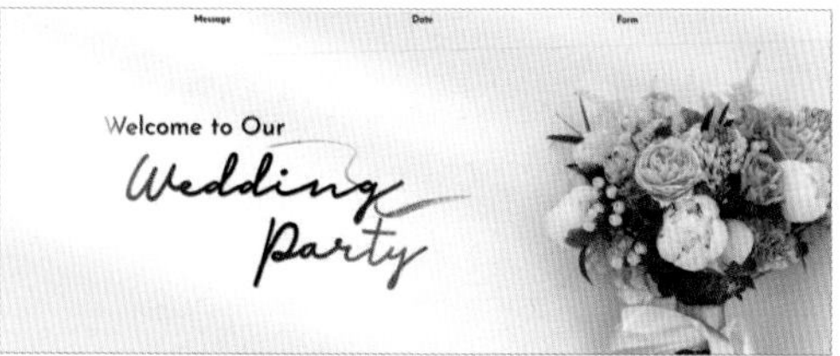

메인 이미지 지정하기

STEP 1 배경에 꽃다발 이미지를 표시하자

배경 속성을 한번에 지정하는 단축 속성

백그라운드 background: ～ ;	배경에 관한 8개의 속성을 한꺼번에 지정할 수 있습니다. 각 속성의 값을 스페이스로 구분하여 지정합니다.

배경 이미지의 사이즈를 지정하는 속성

백그라운드 사이즈 background-size: ～ ;	값에는 cover(영역 전체를 덮음), contain(이미지 전체를 표시)과 같은 키워드나 단위를 동반한 수치가 들어갑니다.

CSS를 사용하여 꽃다발 이미지를 배경 이미지로 지정해봅시다. 코드를 간결하게 하기 위해 background 속성에 단축 속성 방식을 지정합니다.

브라우저의 크기가 변하더라도 메인 이미지가 header 영역 전체를 덮을 수 있도록 background-size의 값을 cover로 지정합니다.

08장/step/06/css/01_header_step1.css

```
header {
  background: url(../images/hero.jpg) no-repeat right center/cover;
}
```

메인 이미지가 배경에 표시되었습니다.

이것은 알아두자! LEARNING 배경에 관한 다양한 종류의 속성

▶ background 속성을 작성하는 방법

background 속성에는 배경에 대한 8가지 CSS 속성을 한꺼번에 지정할 수 있습니다.

background 작성법

```
background: url(파일 경로) no-repeat right center/cover;
```

- url(파일 경로): background-image
- no-repeat: background-repeat
- right center: background-position
- cover: background-size

· 값은 스페이스로 구분합니다.
· 순서와 상관없이 자유롭게 작성합니다.

background-size는 **background-position 값 뒤에 /(슬래시)를 붙여서 지정합니다.**

그 밖에도 background-color · background-attachment · background-clip · background-origin을 추가해 8개의 속성을 전부 지정할 수 있습니다.

▶ background-size의 키워드

background-size의 값에는 cover나 contain이라는 키워드를 자주 사용하므로 두 가지의 차이점을 이해해둡시다.

cover

- 지정한 영역을 이미지가 빈틈없이 덮을 수 있도록 가로세로 비율을 유지한 채 확대·축소됩니다.
- 영역에서 벗어난 부분의 이미지는 잘립니다.

contain

- 영역 안에 채우지 못한 부분은 background-repeat 속성에 따라 반복되어 채우거나 비어있는 상태로 남겨집니다.

키워드 이외에도 50%와 같이 단위를 동반한 수치를 지정할 수도 있습니다.

STEP 2 헤더의 높이를 지정하자

현재 헤더 영역의 높이가 완성 디자인에 비해 약간 짧기 때문에 <header> 안에 있는 `<div class="innerWrap">`에 높이를 지정하겠습니다.

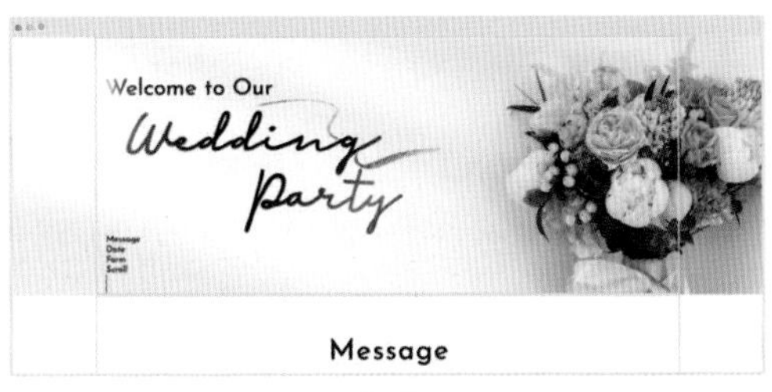

헤더 영역의 높이가 변경되었습니다.

08장/step/06/css/01_header_step2.css

```css
header .innerWrap {
  height: 720px;
}
```

<header> 태그에 직접 높이를 지정하면 안 되나요?

카피조우 군의 말대로 <header> 태그에 높이를 지정해도 같은 결과가 나옵니다. 하나의 CSS 표현에 대해서 다양한 방식의 CSS 작성법이 있답니다.

이번 케이스에서는 <header> 태그에 높이를 지정하면 뒤에 나올 스크롤마크의 배치가 잘 되지 않기 때문에, innerWrap에 높이를 지정하는 방법을 택했습니다.

STEP 3 메인 카피의 위치를 저정하자

메인 카피의 위치를 조정하기 위해 h1 요소 상단에 여백을 넣겠습니다. padding-top을 지정합니다.

08장/step/06/css/01_header_step3.css

```css
header h1 {
  padding-top: 120px;
}
```

메인 카피의 위치가 변경되었습니다.

스크롤마크 배치하기

스크롤마크는 header 영역 최하단에 고정됩니다. 이를 position 속성을 사용하여 배치해봅시다.

요소의 배치 방법을 지정하는 속성

포지션
`position: ~ ;`

값에는 static·relative·absolute·fixed·sticky 중 하나가 들어갑니다.

위치를 지정하는 속성

레프트 / 라이트
`left: ~ ; right: ~ ;`

탑 / 보텀
`top: ~ ; bottom: ~ ;`

위치 지정 요소(position 속성에 static 이외의 값이 지정된 요소)에만 효과가 있습니다.
값에는 위치를 지정하기 위해 단위를 동반한 수치가 들어갑니다.

STEP 1 스크롤마크를 원하는 위치에 배치하자

position 속성에 대해서는 다음 페이지에서 자세히 설명합니다. 여기서는 먼저 어떤 방식으로 사용하는지 실습을 통해 알아봅시다.

요소를 position으로 배치할 때는 기준점이 필요합니다. 먼저 기준이 될 부모(header.innerWrap)에 position:relative;를 작성합니다. 다음으로 움직이고자 하는 자식 요소에 position:absolute;를 작성하고, 위치를 지정하는 CSS를 사용합니다. 여기서는 스크롤마크를 움직이고자 하므로 header .scroll에 position:absolute;를 작성하고, left와 bottom으로 구체적인 위치를 지정하겠습니다.

08장/step/06/css/02_scroll_step1.css

```
header .innerWrap {
  height: 720px;
  position: relative;
}
```

```
header .scroll {
  position: absolute;
  left: 0;
  bottom: 0;
}
```

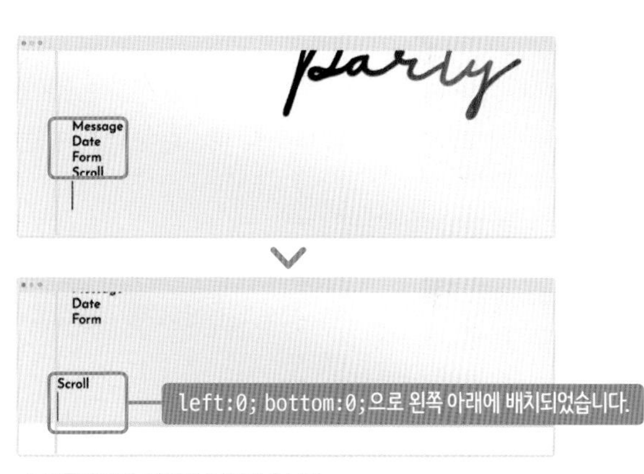

스크롤마크의 위치가 달라졌습니다.

이것은 알아두자! LEARNING position 레이아웃

position 속성을 사용하면 위치를 자유롭게 지정할 수 있기 때문에 레이아웃 구성을 자유롭게 지정할 수 있습니다.

position 속성을 사용하면 요소를 겹쳐서 표시하는 등 기본 배치(static)로는 할 수 없는 표현이 가능해집니다. 각 속성값의 특징을 이해하고 사용해봅시다.

static(초기값)

- position을 지정하지 않은 요소는 이 값을 갖게 됩니다.
- left나 top 등 위치를 지정해도 움직이지 않습니다.

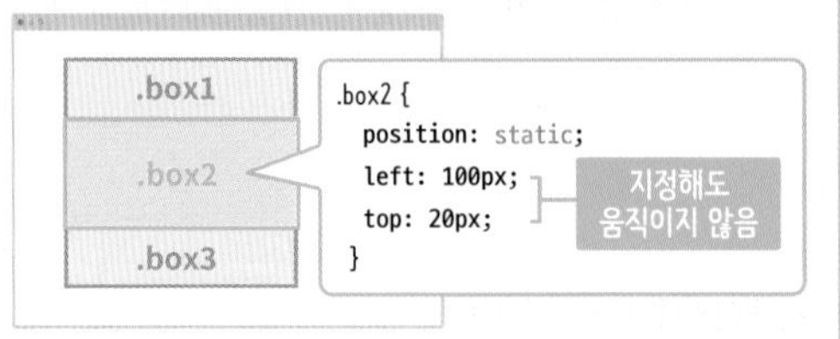

relative

- left·right·top·bottom을 사용하여 배치하고 싶은 위치를 구체적으로 지정할 수 있습니다.
- 기준점은 원래 위치의 왼쪽 위 꼭지점입니다.
- 다음에 오는 요소(.box3)의 위치는 변하지 않습니다.

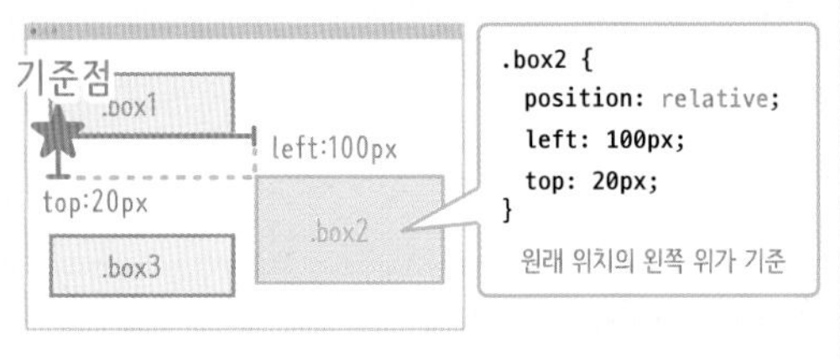

absolute

- left·right·top·bottom을 사용하여 배치하고 싶은 위치를 구체적으로 지정할 수 있습니다.
- 기준은 창의 왼쪽 위 꼭지점입니다.
- 기존 위치는 다음에 오는 요소(.box3)로 채워집니다.
- 블록 박스가 갖고 있는 가능한 가로 너비 가득한 영역을 차지함이라는 성질을 잃어버립니다.

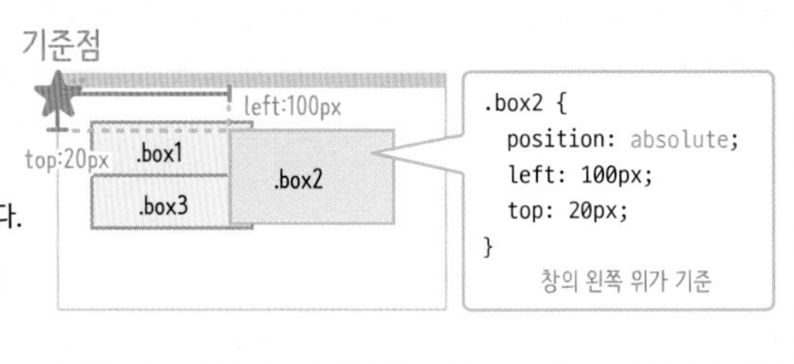

relative와 absolute 어느 쪽을 선택하느냐에 따라 기준점이 달라지는군요!

absolute는 기본적으로 창의 왼쪽 위를 기준으로 하지만, 이 상태로는 사용하기가 어려우므로 많은 경우에 기준점을 부모 요소로 변경하여 사용합니다.

▶ absolute의 기준점을 부모 요소로 변경하려면

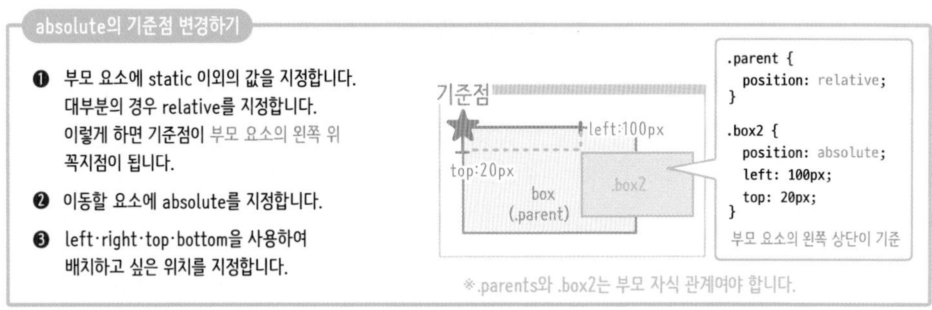

absolute의 기준점 변경하기
❶ 부모 요소에 static 이외의 값을 지정합니다. 대부분의 경우 relative를 지정합니다. 이렇게 하면 기준점이 부모 요소의 왼쪽 위 꼭지점이 됩니다.
❷ 이동할 요소에 absolute를 지정합니다.
❸ left·right·top·bottom을 사용하여 배치하고 싶은 위치를 지정합니다.
기준점
left:100px
top:20px
box
(.parent)
.box2
.parent {
position: relative;
}
.box2 {
position: absolute;
left: 100px;
top: 20px;
}
부모 요소의 왼쪽 상단이 기준
※.parents와 .box2는 부모 자식 관계여야 합니다.

STEP 2 스크롤마크를 가운데 정렬하고 세부 조정을 하자

앞의 STEP에서 스크롤마크의 position 값을 absolute로 변경한 결과 p 요소(.scroll)가 가로 폭만큼 가득 채우는 성질을 잃어버리고 자신의 폭만큼만 채우는 성질을 갖게 되었습니다. p 요소를 화면 폭 가득 차게 만들면 그 안에 있는 내용물을 `text-align:center;`로 가운데 정렬할 수 있습니다. p 요소가 다시 화면 폭을 가득 채우도록 width를 100%로 지정합니다.

font-size를 지정해 스크롤 텍스트의 크기를 조금 줄이고, 텍스트와 실선 이미지의 사이를 띄우기 위해 이미지의 margin-top도 지정합니다.

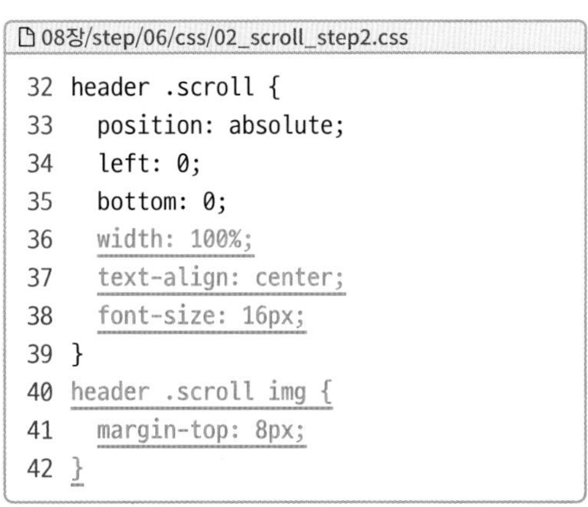

08장/step/06/css/02_scroll_step2.css

```
header .scroll {
  position: absolute;
  left: 0;
  bottom: 0;
  width: 100%;
  text-align: center;
  font-size: 16px;
}
header .scroll img {
  margin-top: 8px;
}
```

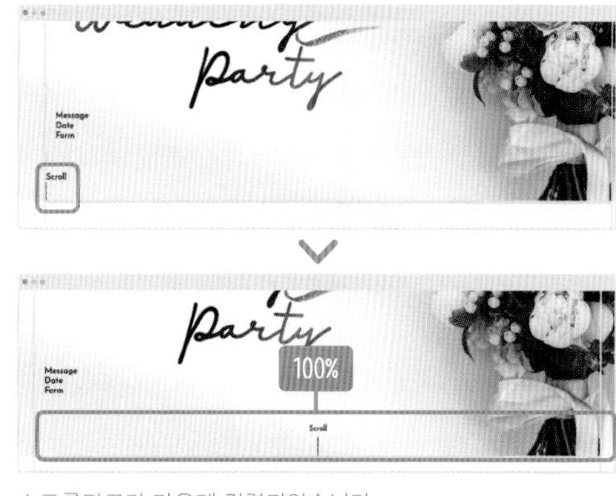

스크롤마크가 가운데 정렬되었습니다.

글로벌 내비게이션 만들기

스크롤을 움직여도 내비게이션이 화면 상단에 고정되도록 만들어봅시다.
`position:fixed;`를 지정하면 현재 위치에 고정됩니다.

STEP 1 글로벌 내비게이션을 고정 배치하자

header nav에 `position:fixed;`를 지정하고, top과 left로 위치를 지정합니다.

또한 값을 fixed로 하면 absolute와 마찬가지로 블록 박스의 성질을 잃어버리기 때문에 `width:100%;`도 지정합니다.

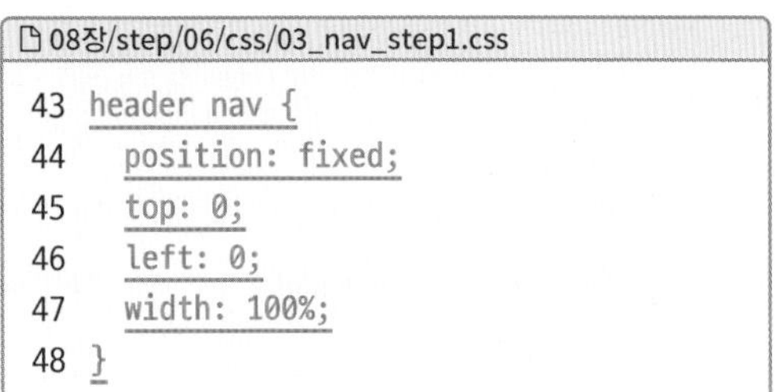

08장/step/06/css/03_nav_step1.css

```
header nav {
  position: fixed;
  top: 0;
  left: 0;
  width: 100%;
}
```

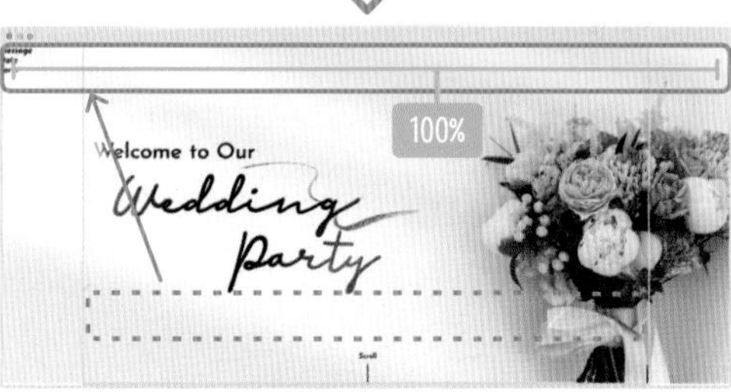

내비게이션이 위로 이동했습니다.

여기에 주의! POINT position:fixed; 의 특징

`position:fixed;`는 스크롤을 움직여도 요소가 그 자리에 고정되는 것이 특징입니다. 또한, 위치의 기준점은 창의 왼쪽 위 꼭지점입니다.

STEP 2 내비게이션 항목을 가로 방향으로 나열하자

내비게이션 항목을 가로로 나란히 배치하기 위해 ul 요소에 `display:flex;`를 지정합니다.

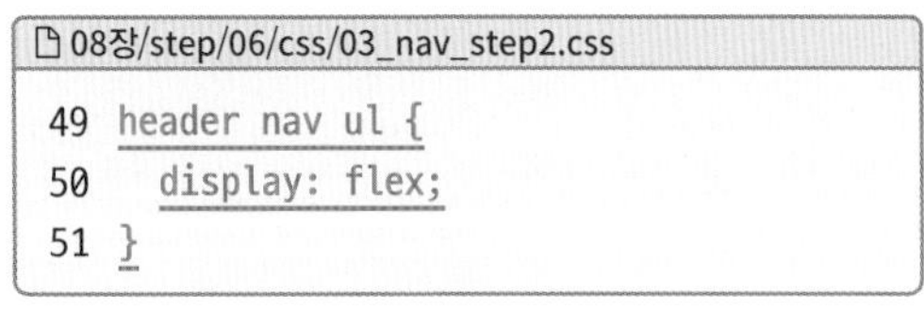

08장/step/06/css/03_nav_step2.css

```
header nav ul {
  display: flex;
}
```

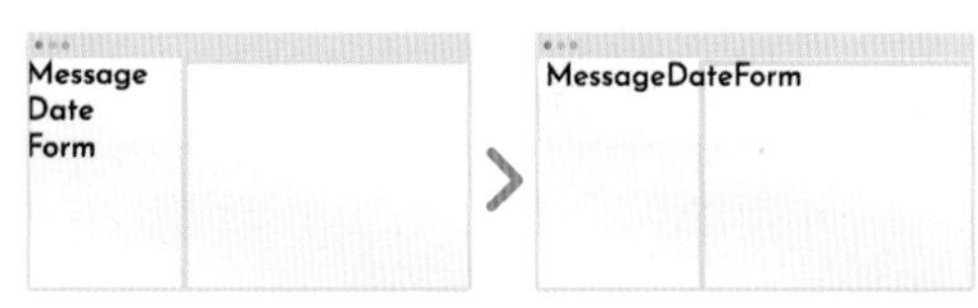

내비게이션 항목이 가로 방향으로 나열됐습니다.

가로로 나란히 배치할 때는 flex지요!

STEP 3 위치를 조정하자

nav 요소 안에 있는 ul 요소에 폭을 지정하고 좌우 margin을 auto로 해서 nav 중앙에 배치합니다. padding으로 내부 여백도 넣어줍니다.

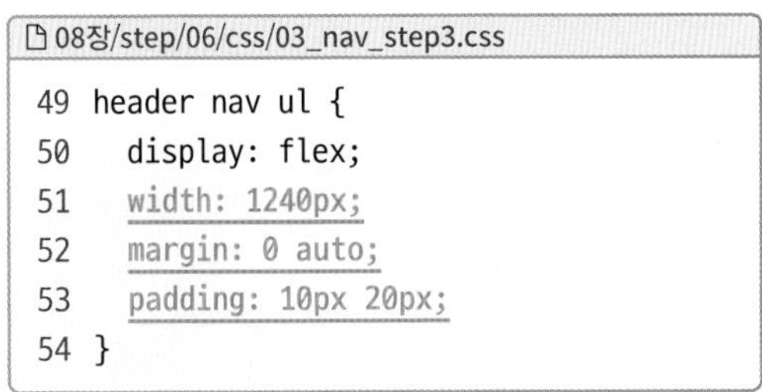

08장/step/06/css/03_nav_step3.css

```
header nav ul {
  display: flex;
  width: 1240px;
  margin: 0 auto;
  padding: 10px 20px;
}
```

내비게이션 위치가 달라졌습니다.

STEP 4 균등하게 배치하자

항목끼리 간격을 띄우기 위해 Flexbox 관련 속성 justify-content(**92쪽**)로 요소를 균등하게 배치합니다.

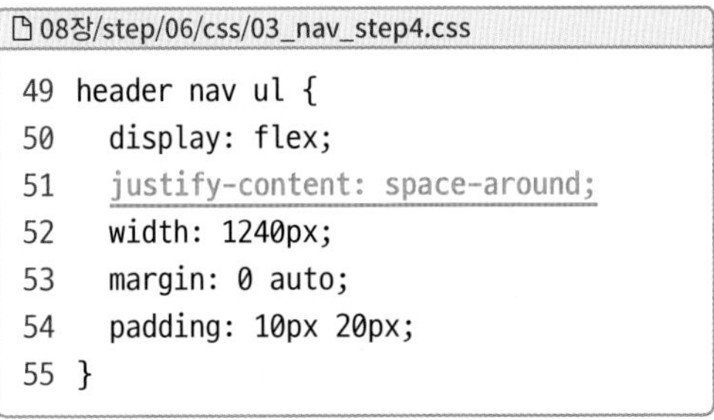

08장/step/06/css/03_nav_step4.css

```
header nav ul {
  display: flex;
  justify-content: space-around;
  width: 1240px;
  margin: 0 auto;
  padding: 10px 20px;
}
```

내비게이션이 같은 간격으로 배치되었습니다.

STEP 5 마우스오버 효과를 지정하자

링크에 마우스를 올려놓았을 때 밑줄이 표시되는 효과를 주기 위해 가상 클래스를 사용하여 `text-decoration:underline;`을 지정합니다.

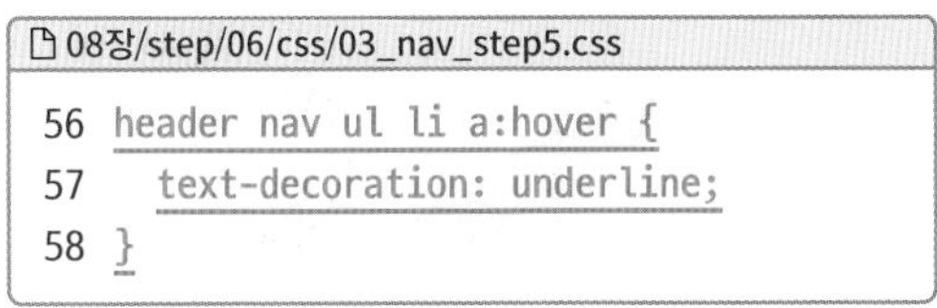

08장/step/06/css/03_nav_step5.css

```
header nav ul li a:hover {
  text-decoration: underline;
}
```

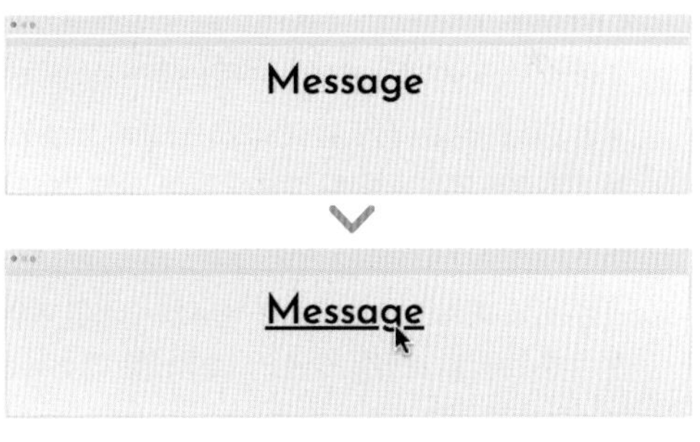

마우스를 올려놓으면 밑줄이 표시됩니다.

STEP 6 요소가 겹쳐지는 방식을 지정하자

요소가 겹쳐지는 순서를 지정하는 속성

제트 인덱스 z-index: ~ ;	값에는 정수가 들어갑니다. 숫자가 커질수록 앞쪽으로 배치됩니다. 음의 값도 지정할 수 있습니다.

position을 지정한 요소들이 의도치 않은 순서로 겹쳐질 때가 있습니다. 내비게이션이 항상 앞쪽으로 나오도록 z-index를 지정해둡시다.

08장/step/06/css/03_nav_step6.css

```
header nav {
  position: fixed;
  top: 0;
  left: 0;
  width: 100%;
  z-index: 100;
}
```

화면상으로는 변화가 없지만 이것으로 완성입니다!

야호-! 헤더를 완성했다!

이것은 알아두자 LEARNING z-index란?

HTML 요소에는 X축(가로)과 Y축(세로) 외에도 Z축(깊이)이라는 개념이 있습니다. 아무것도 지정하지 않으면 각 요소들은 책상 위에 흩어진 종이처럼 같은 층(레이어)에 쌓이기 때문에, 영역이 겹칠 경우 어떤 것이 앞에 나올지 예측하기가 어렵습니다.

z-index는 Z축(깊이)을 지정하고, 겹치는 순서를 결정하는 속성입니다.

z-index는 position 등을 지정한 상태의 요소(위치 지정 요소라고도 함)에만 효과가 적용됩니다.

앞의 STEP에서는 글로벌 내비게이션에 `z-index:100;`을 지정함으로써 오른쪽 그림과 같이 **기본 Z축의 배치보다 위쪽에** 표시하도록 했습니다.

가장 위에 배치할 z-index에 넉넉한 수치를 지정해두면 추후 순서를 조정할 요소가 늘어났을 때 z-index를 부여하기 편리합니다.

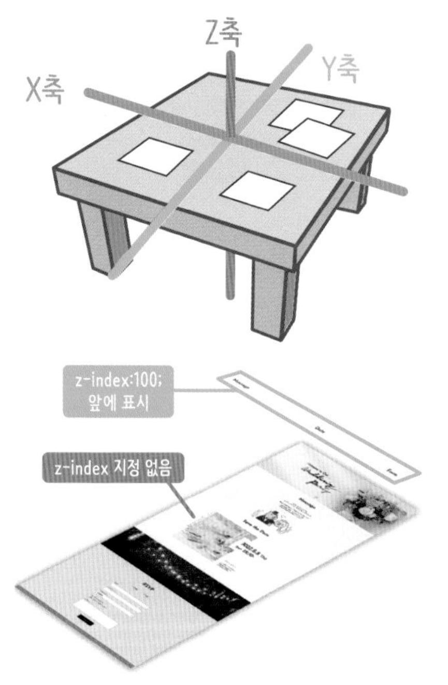

msg 섹션 CSS 작성하기

수정 전

수정 후

다음은 class명이 msgSec인 영역을 코딩해봅시다.

앞의 그림에서 수정 후를 보면 보조선 위에 잎사귀 이미지가 겹쳐져 있습니다.
이처럼 박스에서 벗어난 요소는 position 속성을 사용하면 간단하게 수정할 수 있습니다.

텍스트와 일러스트 배치하기

STEP 1 배경색과 콘텐츠의 위치를 조정하자

msgSec 섹션에 배경색을 지정하고 콘텐츠를 중앙에 배치해봅시다. 텍스트와 이미지는 인라인이므로 `text-align:center;`로 가운데 정렬할 수 있습니다.

문장의 행간이 좁으니 line-height 속성으로 조정하고, margin-bottom으로 단락 간에도 여백을 넣어줍니다.

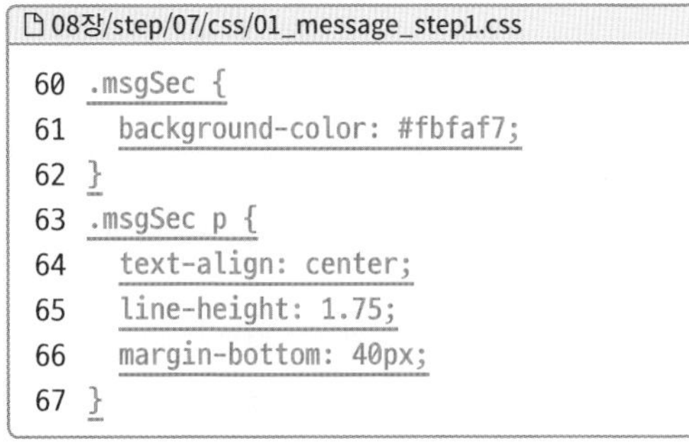

08장/step/07/css/01_message_step1.css

```
.msgSec {
  background-color: #fbfaf7;
}
.msgSec p {
  text-align: center;
  line-height: 1.75;
  margin-bottom: 40px;
}
```

배경색이 들어가고 콘텐츠가 중앙에 배치되었습니다.

STEP 2 텍스트와 일러스트의 여백을 조정하자

텍스트와 일러스트의 간격을 좀 더 넓히기 위해 일러스트를 감싸고 있는 p 요소(.illust)에 margin-top으로 여백을 넣습니다. 앞의 STEP에서 p 요소에 `margin-bottom:40px;`을 넣었기 때문에 일러스트 아래에도 여백이 생겼습니다. 아래 여백은 0px로 없애줍니다.

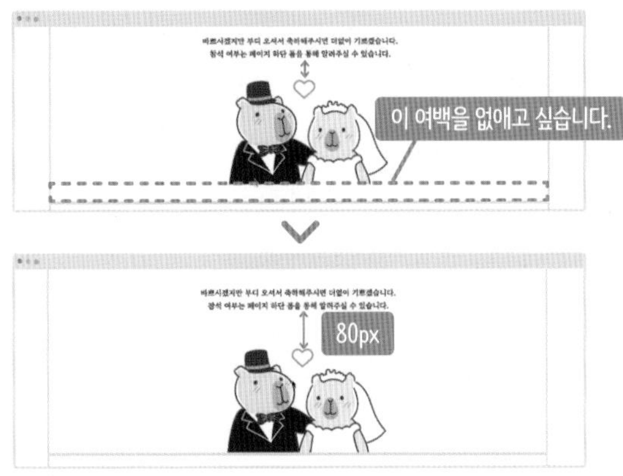

일러스트 위의 여백이 넓어지고 아래 여백은 없어졌습니다.

08장/step/07/css/01_message_step2.css

```
.msgSec p.illust {
  margin-top: 80px;
  margin-bottom: 0;
}
```

p.illust라는 선택자는 illust라는 class를 가진 p 요소라는 의미입니다.

CSS의 덮어쓰기와 우선순위

STEP2에서 여백을 없애기 위해 지정한 `margin-bottom:0;`은 STEP1에서 지정한 `margin-bottom:40px;`을 덮어씁니다. 이처럼 CSS에서는 나중에 나오는 것이 우선시되는 규칙이 있습니다.

▶ 선택자의 상세도

CSS의 우선순위가 작성 순서만으로 정해지는 것은 아닙니다. 선택자 작성 방식에 따라 우선순위가 부여되는 상세도(specificity)라는 개념이 있습니다.

상세도에 의해 우선순위가 높아지고, 작성된 순서와 관계없이 CSS가 적용됩니다.

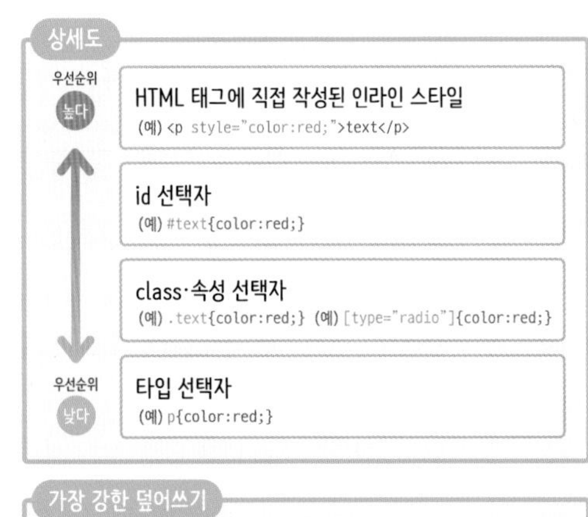

상세도
우선순위 높다
HTML 태그에 직접 작성된 인라인 스타일
(예) <p style="color:red;">text</p>
id 선택자
(예) #text{color:red;}
class·속성 선택자
(예) .text{color:red;} (예) [type="radio"]{color:red;}
타입 선택자
(예) p{color:red;}
우선순위 낮다

가장 강한 덮어쓰기

!important를 사용한 작성법

(예) p{color:red!important;}

position 속성을 사용하면 요소를 겹쳐서 표시하는 등 기본 배치(static)로는 할 수 없는 표현이 가능해집니다. 각 속성값의 특징을 이해하고 사용해봅시다.

여기에 주의! POINT 마진 상쇄에 주의

STEP1에서 지정한 `margin-bottom:40px;`과 STEP2에서 지정한 `margin-top:80px;`은 같은 영역에 margin을 지정했지만, 40px+80px=120px의 margin이 되는 것은 아닙니다.

이는 인접한 요소의 상하 방향 margin을 지정할 때 일어나는 현상으로 **마진 상쇄**(margin collapsing)라고 부릅니다.

마진 상쇄가 발생할 때는 더 큰 값의 마진이 적용됩니다.

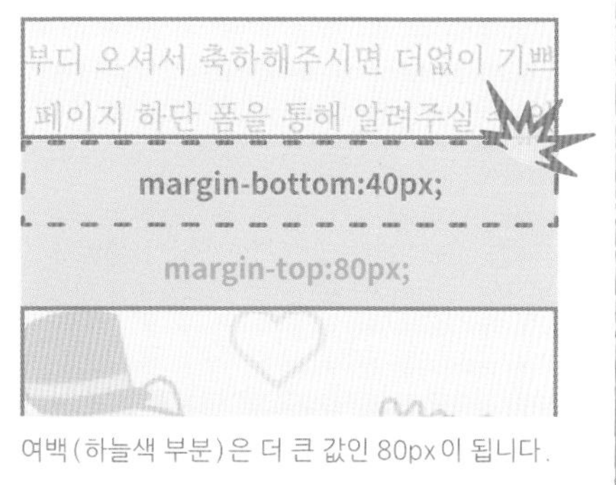

여백(하늘색 부분)은 더 큰 값인 80px이 됩니다.

STEP 3 왼쪽 잎사귀 장식을 붙이자

요소를 생성하는 속성

콘텐츠
`content: ~ ;`

값에는 이미지 경로나 텍스트 등이 들어갑니다.
주로 ::before 및 ::after와 함께 사용합니다.

잎사귀 이미지는 외관을 꾸미기 위해 사용하는 것으로 문서 내에서 의미를 갖지 않습니다. 따라서 img 태그가 아니라 ::before와 content를 통해 가상 요소로 만들어 표시합니다.

08장/step/07/css/01_message_step3.css

```
.msgSec p.illust {
  margin-top: 80px;
  margin-bottom: 0;
  position: relative;
}
.msgSec p.illust::before {
  content: url(../images/deco_left.png);
  position: absolute;
  left: 320px;
  bottom: -30px;
}
```

잎사귀 장식(좌측)이 표시되었습니다.

가상 요소 선택자(::before)에 대해서는 다음 페이지에서 자세하게 설명합니다.

STEP 4 오른쪽 잎사귀 장식을 붙이자

오른쪽 잎사귀 장식도 붙여봅시다. ::after로 가상 요소를 만들고 앞의 STEP과 동일하게 작성합니다.

위치 지정 속성에는 left가 아닌 right가 들어가는 점에 유의합니다.

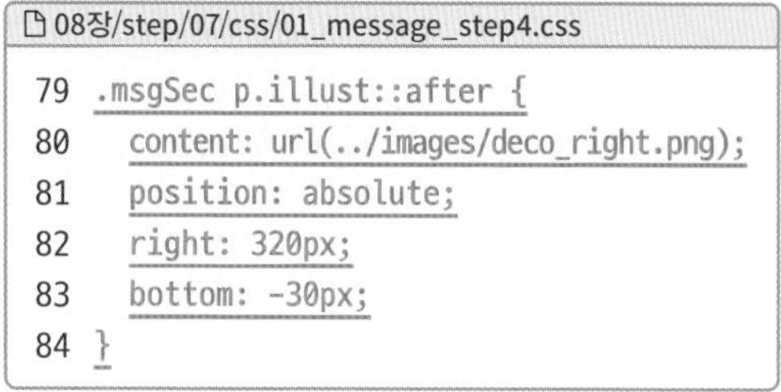

08장/step/07/css/01_message_step4.css

```css
.msgSec p.illust::after {
  content: url(../images/deco_right.png);
  position: absolute;
  right: 320px;
  bottom: -30px;
}
```

오른쪽 잎사귀까지 표시됐다면 msg 섹션은 완성입니다!

이것은 알아두자! LEARNING 가상 요소 선택자 ::before와 ::after

::before와 ::after는 특정 요소 앞뒤에 가상 요소를 생성하여 HTML에 요소를 추가한 효과를 주는 선택자입니다. ::before는 **시작 태그 바로 뒤에**, ::after는 **종료 태그 바로 앞에** 요소를 생성합니다.

::before와 ::after의 사용법
:(콜론) 2개
선택자명::before(after){content: ~ ;}
::before나 ::after만으로는 아무것도 표시되지 않습니다.
내용을 넣기 위해서 content 속성을 함께 사용합니다.
p::before {
content:"☆";
}
p::after {
content:"★";
}
HTML
<p>Wedding Party</p>
HTML에는 ☆과 ★을 기술하지 않음
☆Wedding Party★
가상 요소로 ☆과 ★을 표시

STEP3에서는 .illust인 p 요소의 **시작 태그 바로 뒤**에 왼쪽 잎사귀를 넣고, STEP4에서는 **종료 태그 바로 앞**에 오른쪽 잎사귀를 넣었습니다.

이번 실습에서는 content 속성에 이미지를 직접 지정했습니다. 만약 삽입할 이미지 사이즈를 조정하고 싶을 때는 `content:"";`로 값을 비워두고, 이미지를 background-image 속성에 지정하는 방법도 자주 사용합니다. 이 내용은 13장에서 다시 살펴봅니다.

date 섹션 CSS 작성하기

수정 전

수정 후

date 섹션의 배경색과 여백 설정하기

STEP 1 보조선을 없애고 배경과 여백을 조정하자

보조선이 남아 있으면 레이아웃이 어긋날 수 있기 때문에 여기서 삭제합니다. .dateSec에는 배경색과 여백을 지정합니다.

08장/step/08/css/01_date_step1.css

```
10 .innerWrap {
11   border: 4px solid lightblue;  ←삭제합니다
12   width: 1240px;
```

```
84 .dateSec {
85   background-color: #ffffff;
86   padding-bottom: 120px;
87 }
```

보조선이 사라지고 콘텐츠 밑에 여백이 생겼습니다. 배경색은 원래 흰색이었으므로 변화는 없습니다.

보조선을 지웠을 때 코드 행의 수가 달라지는 점에 유의해주세요. 두 부분을 고치면 위의 코드처럼 마지막 행이 87행이 됩니다.

개발자 도구를 사용해도 요소의 위치와 크기를 파악하기 어렵다면 그때그때 보조선을 만들어서 확인하면 쉽게 이해할 수 있습니다.

Flexbox로 가로 방향 레이아웃 만들기

STEP 1 HTML에 <div> 태그를 추가하자

이미지와 텍스트 정보 그룹(날짜부터 전화번호까지)을 가로로 나란히 배치해봅시다. 먼저 `index.html`을 열고, 플렉스 컨테이너로 사용할 `<div class="layoutWrap">`을 추가합니다. 그리고 텍스트 정보 그룹을 한 그룹으로 묶을 수 있도록 〈div〉 태그도 추가합니다(100쪽).

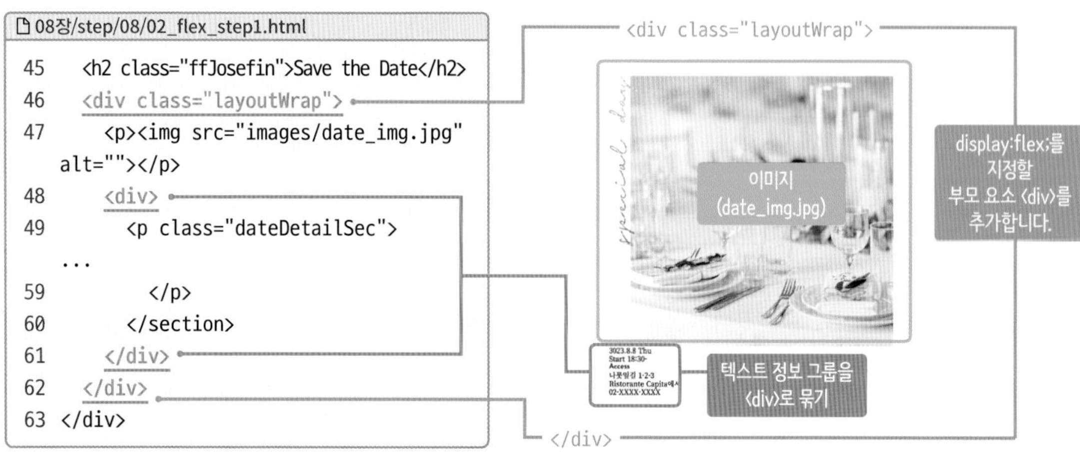

08장/step/08/02_flex_step1.html

```html
<h2 class="ffJosefin">Save the Date</h2>
<div class="layoutWrap">
  <p><img src="images/date_img.jpg"
alt=""></p>
  <div>
    <p class="dateDetailSec">
...
      </p>
    </section>
  </div>
</div>
</div>
```


STEP 2 Flexbox로 가로 방향으로 배치하자

가로 방향으로 배치하기 위해 `<div class="layoutWrap">`에 `display:flex;`를 지정합니다.

나란히 배치된 좌우 칼럼의 가로 폭을 조정하기 위해 flex-basis로 크기를 지정합니다.

08장/step/08/css/02_flex_step2.css

```css
.dateSec .layoutWrap {
  display: flex;
}
.dateSec .layoutWrap > p {
  flex-basis: 735px;
}
.dateSec .layoutWrap > div {
  flex-basis: 465px;
}
```

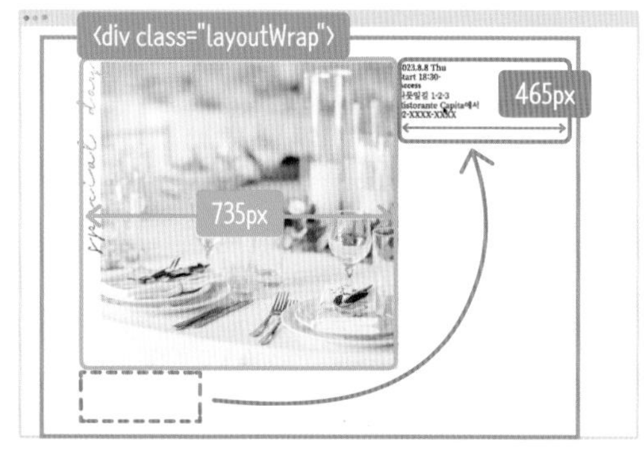

수직으로 놓여 있던 이미지와 텍스트 정보 그룹이 수평으로 배치되었습니다.

`.dateSec .layoutWrap > p`는 자식 선택자라고 부르며, .layoutWrap의 바로 아래에 있는 p 요소에만 적용됩니다(98쪽). 즉 자식 요소 아래의 요소(후손 요소)들에는 적용되지 않습니다.

날짜 영역 정돈하기

STEP 1 날짜 영역을 장식하자

먼저 텍스트 정보 그룹을 한데 묶은 <div> 태그에 padding-top으로 여백을 넣습니다. 날짜 영역에는 .dateDetailSec라는 클래스가 붙어 있으므로 이 선택자에 대해서 font-size를 지정해 글자를 크게 만듭니다. 또한 배치를 왼쪽으로 약간 이동하여 이미지와 포개지도록 왼쪽 margin에 마이너스 값을 지정합니다. 그 밖에 배경색, 여백, 행간도 조정합니다.

08장/step/08/css/03_datedetail_step1.css

```
.dateSec .layoutWrap > div {
  flex-basis: 465px;
  padding-top: 100px;
}
```

```
.dateSec .dateDetailSec {
  font-size: 72px;
  margin: 0 0 170px -100px;
  background-color: #ffffff;
  padding: 40px 64px;
  line-height: 1.2;
}
```

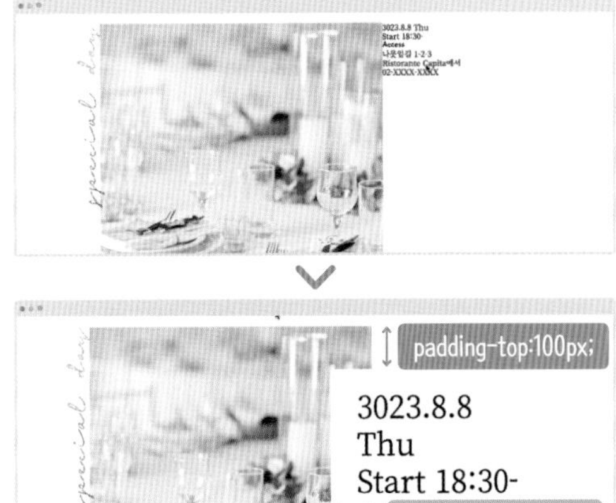

날짜 영역의 스타일이 정돈되었습니다.

STEP 2 HTML에 <span> 태그를 추가하자

완성 디자인을 보면 'Thu', 'Start', '18:30-'의 글자 크기가 다릅니다. index.html에 <span> 태그를 추가해서 각각 CSS를 지정할 수 있도록 만들어봅시다.

08장/step/08/03_datedetail_step2.html

```
<p class="dateDetailSec">
  3023.8.8 <span class="word1">Thu</span><br>
  <span class="word2">Start</span> <span class="word3">18:30-</span>
</p>
```

스페이스는 그대로 남겨 둡니다.

화면상의 변화는 없습니다.

이번 STEP과 같이 의미 부여 없이 외관상 글자 크기만 변경할 때는 의미를 나타내지 않는 태그인 <div>와 <span>을 사용합니다. 여기서는 텍스트 일부(인라인)에 스타일을 주기 위해 <span> 태그를 사용했습니다(100쪽).

STEP 3 font-size를 지정하자

앞의 STEP에서 추가한 class에 대해서 각각 font-size를 지정해봅시다.

유사한 선택자에 같은 속성을 지정할 때는 1행으로 작성하면 가독성이 올라갑니다.

08장/step/08/css/03_datedetail_step3.css

```
.word1 {font-size: 50px;}
.word2 {font-size: 40px;}
.word3 {font-size: 60px;}
```

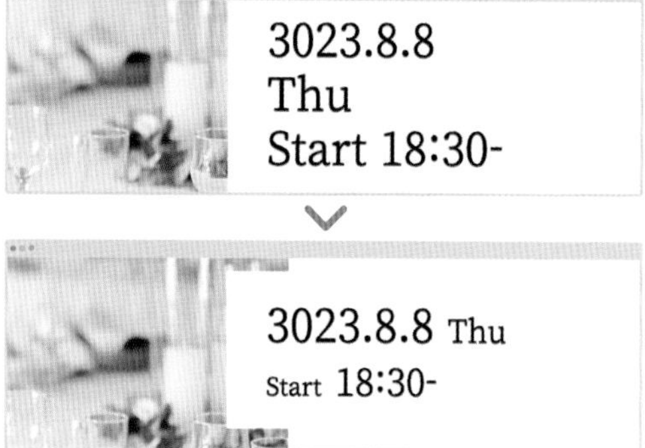

영역마다 글자 사이즈가 달라졌습니다.

연락처 영역 정돈하기

STEP 1 연락처 영역을 지금까지 배운 속성으로 정돈하자

연락처 영역(.accessSec)의 글자색과 크기 등을 조정합니다. 지금까지 배운 속성으로 조정해봅시다.

08장/step/08/css/04_access_step1.css

```
.accessSec {
  margin-left: 48px;
}
.accessSec h3 {
  color: #cfafa3;
  font-size: 55px;
  letter-spacing: .05em;
  margin-bottom: 8px;
}
.accessSec p {
  line-height: 1.6;
}
```

휴우. 어떻게든 완성은 했지만 좀 어려워서 전부 이해하지는 못한 것 같아요. 한 걸음씩 여기까지 도달한 여러분 모두 대단해요!

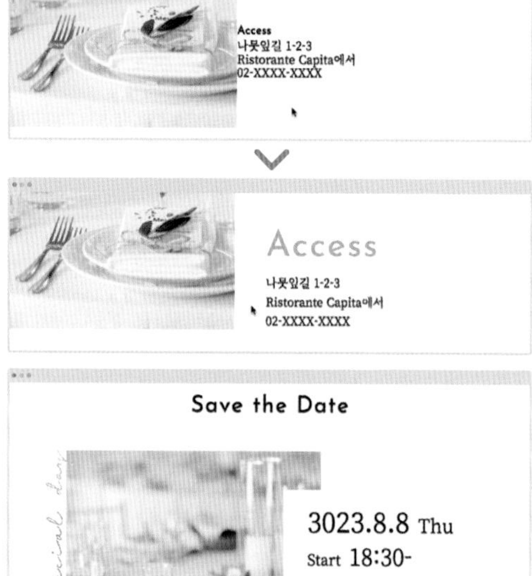

이것으로 date 섹션이 완성되었습니다!

form 섹션 CSS 작성하기

수정 전

RSVP

수정 후

수정 전 그림에서는 7장에서 마크업한 폼 컨트롤이 보이지 않는데 이는 리셋 CSS의 영향입니다. 이제부터 CSS로 각 컨트롤의 모습을 바꿔나갈 것이므로 시작할 때는 수정 전처럼 보여도 괜찮습니다.

form 섹션의 배경색과 여백 설정하기

STEP 1 배경색과 여백을 설정하자

.formSec에 배경색(#efe8d9)과 여백을 지정합니다. 폼의 가로 폭(600px)을 지정하고 섹션 중앙에 배치합니다.

08장/step/09/css/01_form_step1.css

```
.formSec {
  background-color: #efe8d9;
  padding-bottom: 60px;
}
form {
  width: 600px;
  margin: 0 auto;
}
```

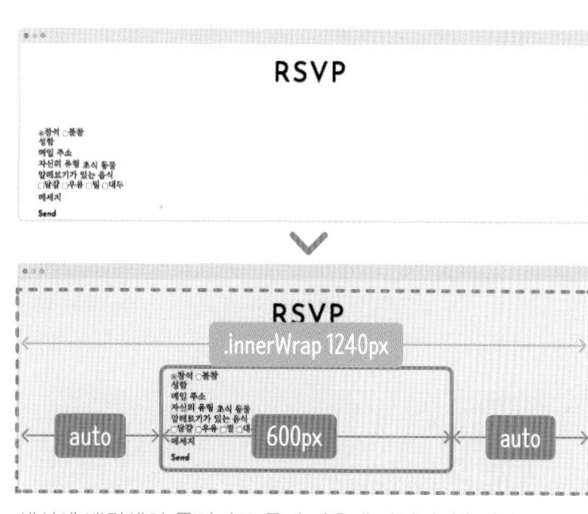

섹션에 배경색이 들어가고 폼이 가운데 정렬되었습니다.

STEP 2 폼 입력란 스타일을 장식하자

공통 스타일을 가진 컨트롤의 배경색과 경계선을 지정해봅시다. 텍스트 입력란을 갖는 요소가 여러 개 있으므로 ',(컴마)'로 구분하여 여러 개의 선택자를 지정합니다. 입력란의 가로 폭을 100%로 지정하고, 여백도 조정하겠습니다.

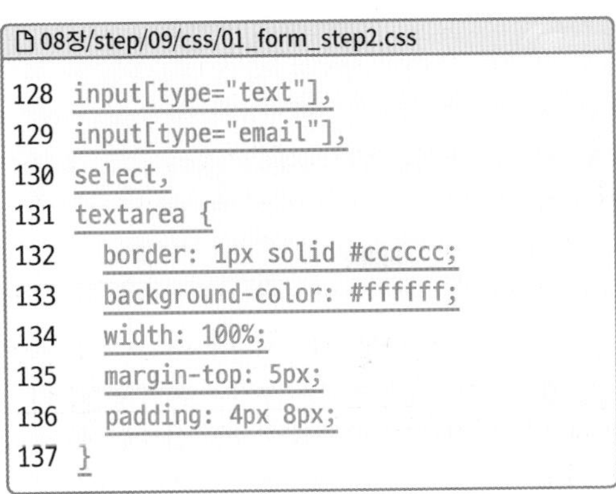

08장/step/09/css/01_form_step2.css

```css
input[type="text"],
input[type="email"],
select,
textarea {
  border: 1px solid #cccccc;
  background-color: #ffffff;
  width: 100%;
  margin-top: 5px;
  padding: 4px 8px;
}
```

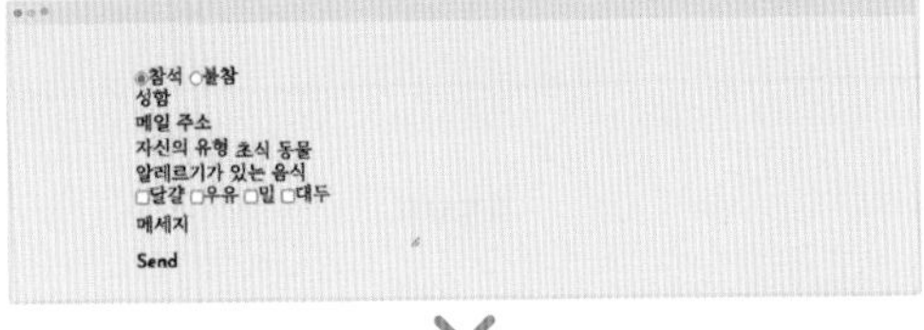

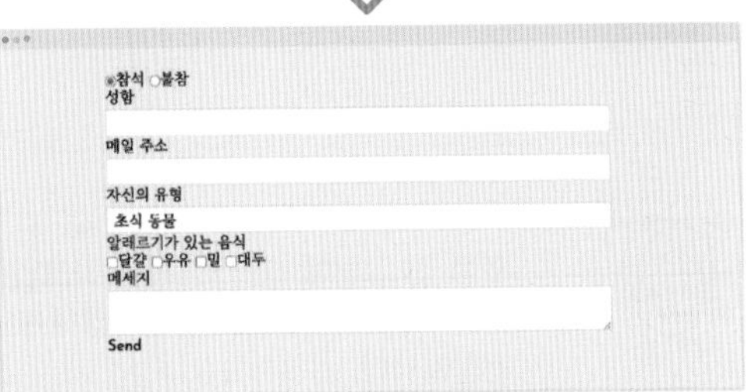

흰색 박스가 공통 디자인으로 적용되었습니다.

여기서 `width:100%;`는 부모 요소에 대한 100%이므로 form 요소의 폭도 600px이 됩니다.

이것은 알아두자! LEARNING 속성 선택자에 대해서

STEP2의 `input[type="text"]`와 같은 선택자를 속성 선택자라고 합니다(108쪽).

속성 선택자 작성법

선택자명[속성명]
(선택자명은 생략 가능)

구체 예시

선택자	설명
input[type]	type 속성을 가진 input 요소를 선택
input[type="text"]	속성값까지 일치하는 input 요소를 선택
[type="text"]	속성으로 type="text"가 지정된 모든 요소를 선택

속성 선택자는 왜 사용하는 건가요?

폼 안에는 속성값이 다른 input 요소가 여러 개 있지요. 이들을 선택할 때 속성 선택자를 사용하면 HTML에 불필요한 class를 추가할 필요가 없어서 효율적이랍니다.

STEP 3 폼 선택란 스타일을 지정하자

세로 방향의 정렬 방법을 지정하는 속성

버티컬 얼라인
`vertical-align: ~ ;`

display 속성값이 인라인·인라인 블록·테이블 셀인 요소에 대해 지정합니다.
값에는 단위를 동반한 수치나 키워드가 들어갑니다.

자주 사용하는 키워드

baseline	★카피조우	middle	★카피조우
top	★카피조우	bottom	★카피조우

테이블 셀 요소에 적용했을 때

라디오버튼과 체크박스의 선택란이 항목명에 비해 살짝 아래로 치우쳐 있으므로 세로 방향의 위치를 맞춰줍니다. width와 height로 컨트롤의 크기를 지정하고, vertical-align으로 위치를 조정합니다. 컨트롤과 항목명 사이의 여백도 margin-right로 지정해줍니다.

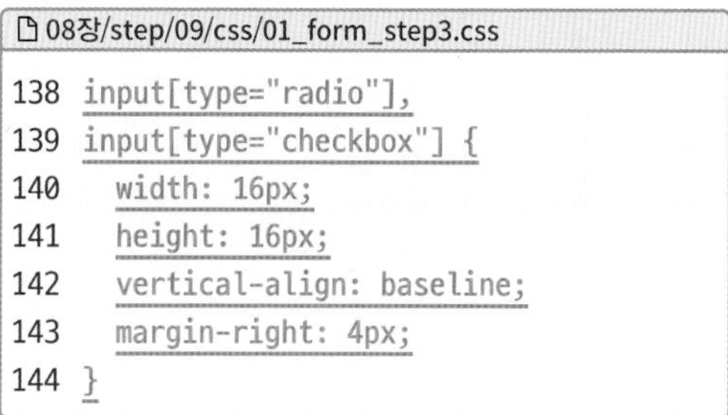

08장/step/09/css/01_form_step3.css

```css
input[type="radio"],
input[type="checkbox"] {
  width: 16px;
  height: 16px;
  vertical-align: baseline;
  margin-right: 4px;
}
```

선택란과 항목명의 위치가 정렬되었습니다.

폰트 종류에 따라서 vertical-align값을 middle로 지정해도 요소와 글자의 중앙이 잘 맞지 않을 때가 있습니다. 이번 STEP도 baseline으로 지정해야 더 깔끔하게 정렬되는 예입니다.

여기에 주의! POINT vertical-align을 적용하는 요소에 주의

인라인 박스를 세로 정렬하는 vertical-align과 가로 정렬하는 text-align은 이름이 비슷하지만 적용하는 위치가 다릅니다. vertical-align은 위치를 조정할 요소에 직접 지정하지만, text-align은 부모 요소에 지정해서 자식 요소의 위치를 조정합니다

또한 vertical-align은 블록 박스 안에서 인라인 박스의 세로 위치를 조정하는 것이 아니라, 인라인 박스가 속한 라인 안에서 인라인 박스끼리 세로 정렬을 맞출 때 사용한다는 점에 유의하세요.

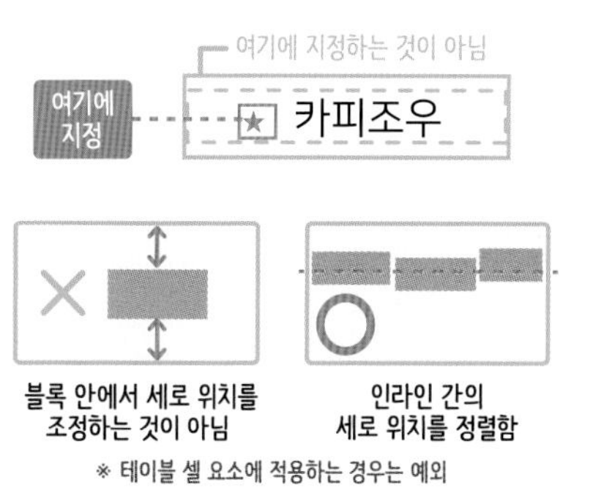

STEP 4 라디오버튼과 체크박스의 항목명을 조정하자

참석·불참 항목의 배치를 조정합니다. 두 선택지를 감싸고 있는 .attendRadio라는 class에 text-align으로 가운데 정렬하고, margin-bottom으로 여백을 지정합니다.

두 선택지 간의 거리를 띄우기 위해 label 요소 좌우에 margin을 지정합니다. 폰트 사이즈도 24px로 키워줍니다.

알레르기가 있는 음식(.allergyCheck)의 선택지(label) 사이의 여백도 조정합니다.

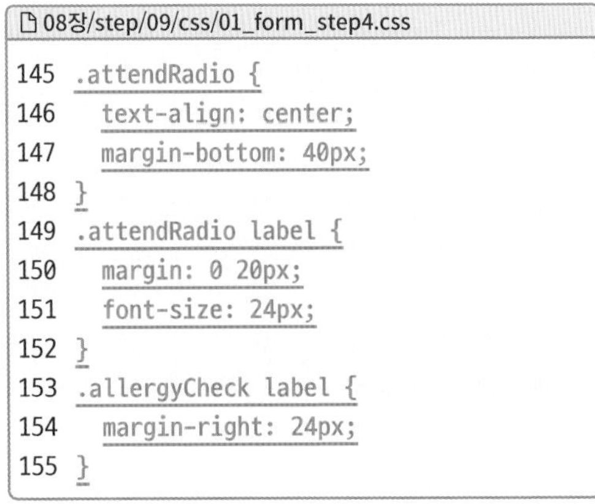

08장/step/09/css/01_form_step4.css

```
.attendRadio {
  text-align: center;
  margin-bottom: 40px;
}
.attendRadio label {
  margin: 0 20px;
  font-size: 24px;
}
.allergyCheck label {
  margin-right: 24px;
}
```

라디오버튼과 항목명의 위치가 조정되었습니다.

체크박스와 항목명의 간격이 조정되었습니다.

STEP 5 셀렉트박스에 마크를 표시하자

셀렉트박스에 마크(▼)를 표시하기 위해 background 속성으로 이미지를 지정합니다.

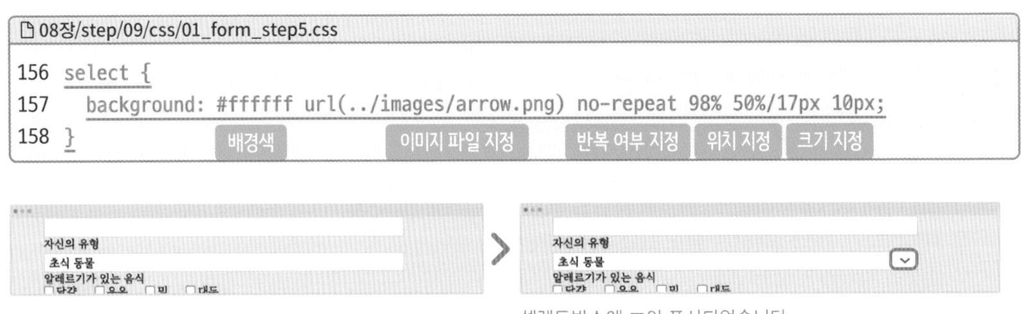

08장/step/09/css/01_form_step5.css

```
select {
  background: #ffffff url(../images/arrow.png) no-repeat 98% 50%/17px 10px;
}
```


셀렉트박스에 ▼이 표시되었습니다.

셀렉트박스 마크도 reset.css로 사라져버렸군요.

STEP 6 메시지 입력란의 높이와 항목 간의 여백을 조정하자

메시지 입력 공간을 넉넉히 잡아주기 위해 textarea 요소의 height를 지정합니다. Send 버튼과의 여백도 추가합니다.

질문끼리 너무 붙어 있으므로 각 질문을 마크업한 〈p〉 태그에 line-height와 margin-bottom을 지정하여 여백을 추가합니다.

08장/step/09/css/01_form_step6.css

```
textarea {
  height: 148px;
  margin-bottom: 30px;
}
form > p {
  line-height: 1.4;
  margin-bottom: 20px;
}
```

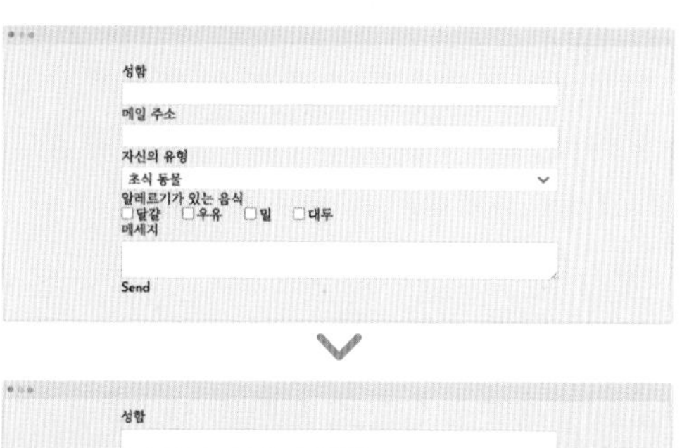

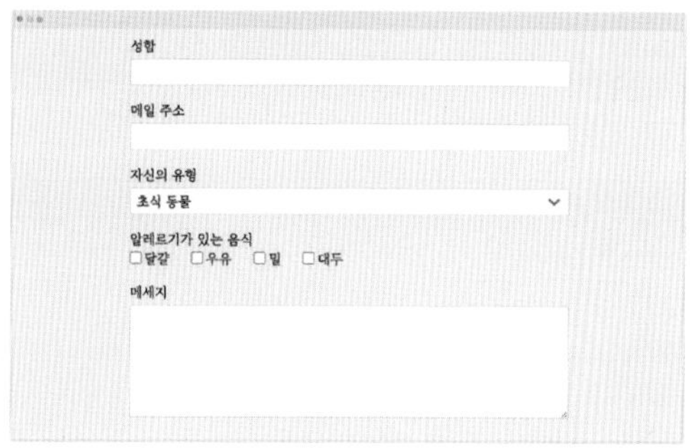

메시지 입력란이 넓어지고 항목 간의 여백이 조정되었습니다.

STEP 7 Send 버튼을 장식하자

Send 버튼(input 요소)은 인라인 블록이므로 부모인 p 요소(.submitBtn)에 `text-align:center;`를 지정하여 가운데 정렬합니다. 속성 선택자를 사용하여 버튼의 배경색, 글자색, 여백도 지정합니다.

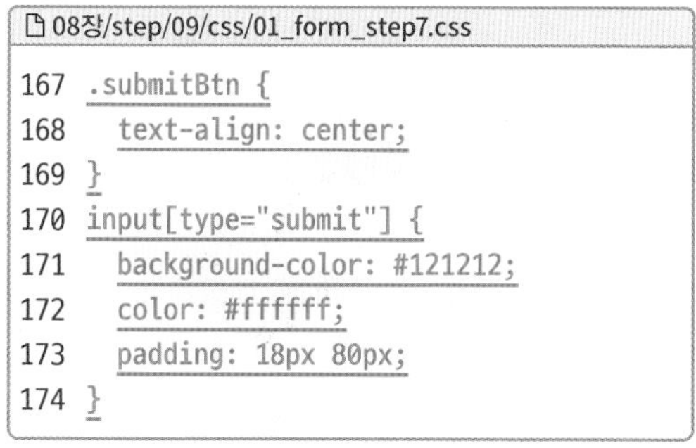
08장/step/09/css/01_form_step7.css

```
.submitBtn {
  text-align: center;
}
input[type="submit"] {
  background-color: #121212;
  color: #ffffff;
  padding: 18px 80px;
}
```

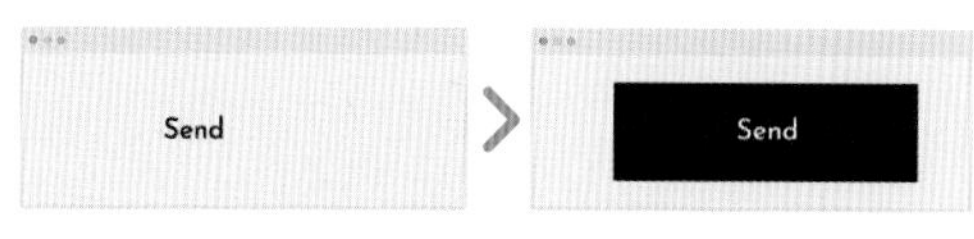

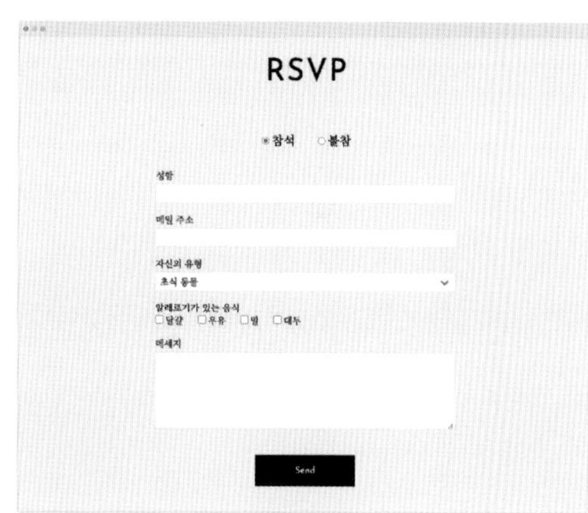

이것으로 form 섹션이 완성되었습니다!

SECTION
10

footer와 패럴랙스 효과 CSS 작성하기

footer 섹션 장식하기

STEP 1 푸터를 완성하자

footer에 배경색, 글자색, 여백을 지정합니다. 텍스트도 text-align으로 가운데 정렬합니다.

08장/step/10/css/01_footer_step1.css

```
footer {
  background-color: #c7887f;
  color: #f3e9e5;
  padding: 14px 10px 20px;
  text-align: center;
}
```

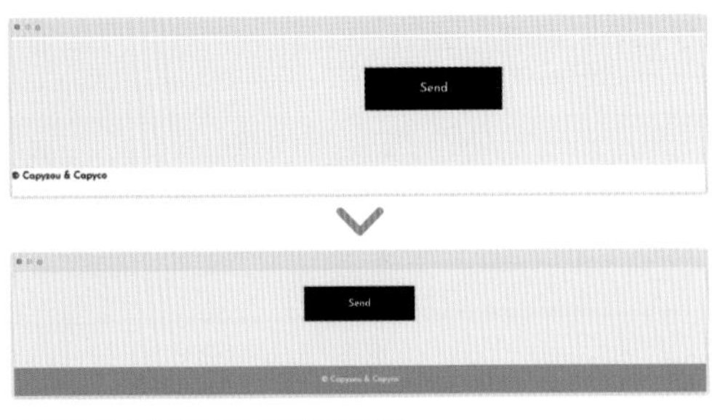
Send
Send

푸터가 완성 디자인과 같아졌습니다.

이쯤 되니까 점점 익숙한 CSS 속성만 나오네요!

패럴랙스 효과 추가하기

패럴랙스(parallax)란 **시차**(다른 지점에서 보는 방향의 차이)라는 의미입니다. 페이지 스크롤을 할 때 각 층의 요소를 다른 속도로 움직이도록 함으로써 화면에 깊이감을 주는 표현법입니다.

이 사이트에서는 배경 이미지를 고정시키고 앞면 콘텐츠와 스크롤 감각의 차이를 둠으로써 시차 효과를 연출합니다.

계층이나 움직이는 오브젝트의 수를 늘려 속도의 차이를 크게 함으로써 더욱 강한 시차 효과를 얻을 수 있습니다.

콘텐츠 부분은 스크롤로
움직입니다.
Save the Date
RSVP
배경은 position:fixed;로
고정시켜 움직이지 않습니다.

STEP 1 패럴랙스 효과를 위해 CSS를 추가하자

date 섹션 아래에 이미지를 표시해봅시다. 먼저 .dateSec 아래에 이미지를 표시할 높이만큼 margin-bottom으로 여백을 줍니다.

.dateSec의 가상 요소 배경으로 이미지를 추가합니다. `position:fixed;`로 지정하고, width와 height를 100%로 해서 이미지가 화면에 꽉 차도록 영역을 잡습니다. z-index 값으로 -1을 주어 콘텐츠 중에서 가장 안쪽으로 고정 배치합니다.

08장/step/10/css/01_parallax_step1.css

```
.dateSec {
  margin-bottom: 480px;   /* .dateSec 아래에 이미지가 들어갈 여백 만들기 */
}
.dateSec::after {   /* 가상 요소 만들기 */
  content: "";   /* 배경 이미지는 background로 지정하므로 content는 비워둡니다. */
  position: fixed;
  left: 0;
  top: 0;
  width: 100%;
  height: 100%;   /* 화면을 가득 채우고 고정 배치한합니다. */
  background: url(../images/bg.jpg) no-repeat center/cover;   /* 배경 이미지를 지정합니다. */
  z-index: -1;   /* 가상 요소를 뒤쪽으로 배치합니다. */
}
```

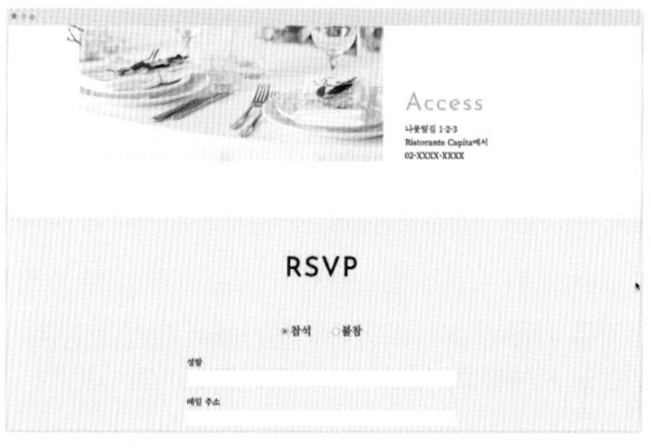

실제로 스크롤을 해보며 움직임을 확인해봅시다.

배경 이미지를 영역 안에 가득 채우고 화면상의 위치를 고정시켰습니다. 브라우저 스크롤을 내려도 배경 이미지는 고정되어 있고, 앞쪽의 콘텐츠만 움직이므로 시차 효과를 얻을 수 있습니다.

페이지가 미끄러지듯이 배경 이미지를 지나가는 모습이 재미있네요!

CHAPTER 09

CSS 애니메이션 추가하기

트랜지션 애니메이션과 키 프레임 애니메이션이라는 2 종류의 애니메이션 표현 방법을 배워봅시다.

이 장에서는 CSS만으로 구현할 수 있는 애니메이션을 배워보겠습니다.

움직이는 건가요? 우와 재밌겠다!

SECTION 1 CSS 애니메이션의 기초

CSS 애니메이션의 종류

CSS로 표현할 수 있는 애니메이션은 **트랜지션 애니메이션**과 **키 프레임 애니메이션** 2종류가 있습니다.

트랜지션 애니메이션

- 시작과 종료 두 가지 상태를 정의합니다.
- 애니메이션 시작을 위해 트리거가 필요합니다.
- 1회만 재생됩니다.

키 프레임 애니메이션

- 시작과 종료 사이에 여러 개의 키 프레임을 만들 수 있습니다.
- 트리거가 없어도 애니메이션을 시작할 수 있습니다.
- 반복 횟수나 재생 방법을 지정할 수 있습니다.

트랜지션 애니메이션의 트리거로는 hover가 자주 사용됩니다. 트리거를 동반해서 한번만 실행하는 심플한 애니메이션은 트랜지션 애니메이션을 사용하고, 세부적이고 복잡한 동작을 구현할 때는 키 프레임 애니메이션을 사용합니다.

완성 파일로 애니메이션 확인하기

09장/완성/index.html을 브라우저에서 열어서 스크롤마크가 움직이는 것과 폼 [Send] 버튼에 커서를 댔을 때 움직이는 것을 확인해봅시다.

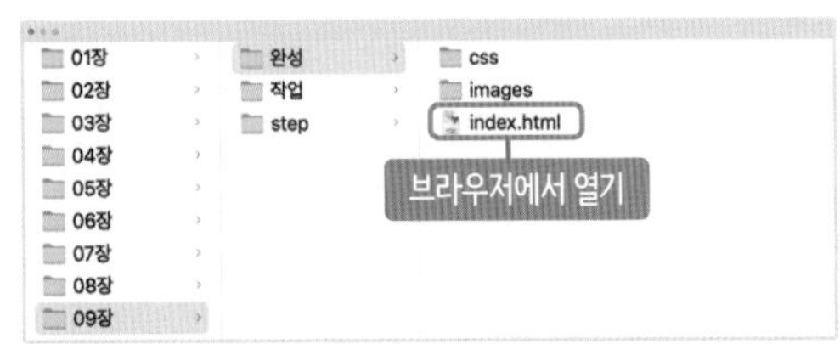

작업 파일 확인하기

09장/작업/css/style.css를 VSCode에서 열어봅시다. 이 파일에는 8장 실습 내용이 반영되어 있습니다. 09장/작업/index.html을 브라우저에서 열어서 CSS가 잘 반영되는지 확인하면서 진행합니다.

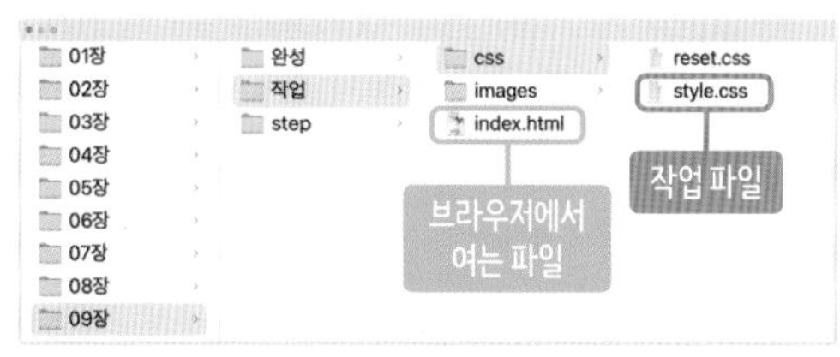

트랜지션 애니메이션 사용하기

트랜지션 효과 관련 속성

속성	설명
트랜지션 프로퍼티 `transition-property: ~ ;`	효과를 적용할 CSS 속성을 지정합니다. 값에는 특정 속성명이나 all이 들어갑니다.
트랜지션 듀레이션 `transition-duration: ~ ;`	효과를 적용할 소요 시간(초)을 지정합니다. 값에는 초(밀리초) 단위의 수치가 들어갑니다.
트랜지션 딜레이 `transition-delay: ~ ;`	효과가 발생하기까지의 대기 시간을 지정합니다. 값에는 초(밀리초) 단위의 수치가 들어갑니다.
트랜지션 타이밍 펑션 `transition-timing-function: ~ ;`	변화 방식을 지정합니다. 값에는 키워드 혹은 함수형 값이 들어갑니다.

STEP 1 폼 버튼에 애니메이션을 넣자

선택자는 속성 선택자와 가상 클래스를 조합한 input[type="submit"]:hover입니다. 선택자에 대해 애니메이션이 끝났을 때의 상태(배경색이 변하고 오른쪽으로 이동)를 CSS 속성으로 지정합니다. transition을 적용할 CSS명(background-color와 margin-left)을 transition-property에 지정하고, 그 외의 3개의 transition 관련 속성도 지정합니다.

09장/step/01/css/01_transition_step1.css

```
input[type="submit"]:hover {
  background-color: #c7887f;
  margin-left: 20px;
  transition-property: background-color,margin-left;
  transition-duration: 300ms;
  transition-timing-function: ease-in;
  transition-delay: 0ms;
}
```


버튼에 hover를 하면 300ms에 걸쳐서 ease-in으로 우측으로 이동하고 배경색이 변화합니다. 지연은 0ms로 없습니다.

이것은 알아두자! LEARNING

트랜지션 애니메이션 설정 방법

STEP1에서는 transition 관련 속성을 하나씩 지정했지만, 단축 속성으로 일괄 지정할 수도 있습니다.

트랜지션 단축 속성 작성법

```
transition: all 300ms ease-in 100ms;
            ❶   ❷     ❸       ❹
```

값을 작성할 때 순서는 없지만, 시간을 지정하는 값은 첫 번째가 duration, 두 번째가 delay라고 간주됩니다.

❶ transition-property
어떤 속성을 움직일지

❷ transition-duration
몇 초(밀리초)에 걸쳐 움직일지

❸ transition-timing-function
어떤 식으로 움직일지

❹ transition-delay
몇 초(밀리초) 지연을 두고 움직일지

transition property의 all은 '모든 속성을 대상으로 한다'라는 의미입니다. 앞의 STEP에서는 background-color, margin-left와 같이 움직이고 싶은 속성명을 개별적으로 지정했지만, all이라고 바꿔 써도 됩니다.

transition-timing-function 속성은 애니메이션 변화 방식을 지정합니다. 실습에서 사용한 ease-in 외에도 속성값으로 지정할 수 있는 키워드가 여러 개 있습니다.

transition-timing-function의 키워드

ease(초깃값)	천천히 시작하고 천천히 끝난다.
linear	일정 속도로 변한다.
ease-in	천천히 시작하고 빨리 끝난다.
ease-out	빨리 시작하고 천천히 끝난다.
ease-in-out	천천히 시작하고 중간에 속도를 올리고 천천히 끝난다.

여기에 주의! POINT

모바일에는 hover라는 개념이 없다?

STEP1에서는 hover를 했을 때 버튼에 애니메이션을 지정했지만 모바일 기기에서는 hover와 탭이 거의 동시에 이루어지므로 모바일 기기에서는 동작을 확인하기 어렵습니다.

키 프레임 애니메이션 사용하기

요소를 변형하는 속성

트랜스폼
`transform: ~ ;`

요소의 회전, 이동, 확대·축소, 기울기를 지정할 수 있습니다.
값에는 요소를 어떤 식으로 변형할지에 대한 설정이 들어갑니다.

변형의 기준점을 지정하는 속성

트랜스폼 오리진
`transform-origin: ~ ;`

transform으로 요소를 변형할 때의 기준점을 지정하는 속성입니다.
값에는 위치를 나타내는 키워드나 수치가 들어갑니다.

STEP 1 키 프레임을 설정하자

키 프레임 애니메이션은 먼저 키 프레임을 설정한 다음에 움직이고 싶은 요소에 이를 적용하는 순서로 작성합니다.

@keyframes animation명으로 키 프레임 애니메이션을 정의합니다.

여기서는 **scrollAnimation**이라는 이름을 붙였습니다. 0%(시작점), 50%, 50.1%, 100%(종료점)의 4개의 키 프레임을 만들고 각각의 상태를 정의해봅시다.

이번 실습에서는 4개의 키 프레임을 만들었지만 더 많은 수의 키 프레임을 만들 수도 있습니다.

09장/step/01/css/02_animation_step1.css

```
@keyframes scrollAnimation {
  0% {
    transform: scaleY(0);
    transform-origin: top;
  }
  50% {
    transform: scaleY(1);
    transform-origin: top;
  }
  50.1% {
    transform: scaleY(1);
    transform-origin: bottom;
  }
  100% {
    transform: scaleY(0);
    transform-origin: bottom;
  }
}
```

애니메이션명 정의하기

Scroll
기준점
기준점을 top에 지정

Scroll
위에서 아래로 선을 늘이면서 애니메이션 중간(50%)에서 Y축의 크기를 1배(=실제 크기)로

Scroll
기준점이 top 그대로이면 아래에서 위로 돌아가려고 하므로 여기서는 기준점을 bottom으로 지정
기준점의 위치를 변경

Scroll
위에서 아래로 선이 사라져 감

키 프레임을 설정한 것만으로는 요소에 변화가 없습니다.

LEARNING transform 속성 개요

transform 속성은 요소를 회전, 이동, 확대·축소, 기울이기를 할 수 있습니다.

변형의 종류

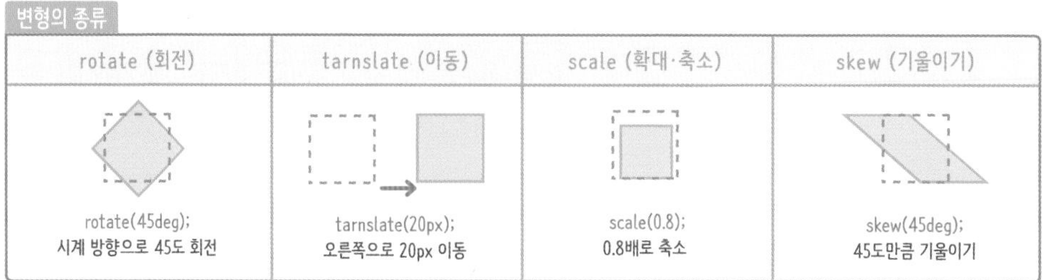

rotate (회전)	tarnslate (이동)	scale (확대·축소)	skew (기울이기)
rotate(45deg); 시계 방향으로 45도 회전	tarnslate(20px); 오른쪽으로 20px 이동	scale(0.8); 0.8배로 축소	skew(45deg); 45도만큼 기울이기

X축과 Y축의 값을 각각 지정할 수도 있습니다. STEP1에서는 scaleY 속성을 사용해서 Y축에 대해 scale을 지정했습니다.

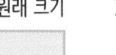

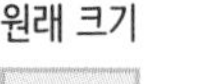

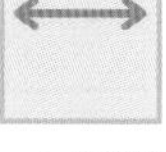

원래 크기	X축으로 확대	Y축으로 확대
scale(1);	scaleX(1.2);	scaleY(1.2);

transform 속성은 애니메이션과 조합하여 사용할 때가 많지만 단독으로 사용할 수도 있습니다.

▶ transform으로 요소를 변형시킬 때의 기준점을 지정하는 transform-origin 속성

transform 속성으로 요소를 변형할 때는 '변형의 기준점'을 고려할 필요가 있습니다. 기준점이 변하면 같은 값을 지정해도 변형의 결과가 달라집니다.

정사각형을 오른쪽으로 45도 회전시킬 때

center(초기값)	left top	right bottom
기준점 ※ 점선이 변형 전의 도형	기준점	기준점

그렇구나~! 기준점이 변하니까 정말 결과가 달라지네요!

STEP1의 50.1% 키 프레임에서는 이 transform-origin의 값을 bottom으로 변경해서 선이 아래 방향으로 변형되도록(사라지도록) 만들었습니다.

STEP 2 키 프레임 애니메이션을 적용하자

애니메이션 효과 관련 속성

속성	설명
애니메이션 네임 animation-name: ~ ;	효과를 적용할 애니메이션명을 지정하는 속성입니다. 값에는 애니메이션명이 들어갑니다.
애니메이션 듀레이션 animation-duration: ~ ;	효과의 소요 시간을 지정하는 속성입니다. 값에는 초(밀리초) 단위의 수치가 들어갑니다.
애니메이션 타이밍 펑션 animation-timing-function: ~ ;	애니메이션 변화 방법을 지정하는 속성입니다. 값에는 키워드나 함수형 값이 들어갑니다.
애니메이션 이터레이션 카운트 animation-iteration-count: ~ ;	애니메이션 실행 횟수를 지정하는 속성입니다. 값에는 infinite(무한 루프)나 수치(횟수)가 들어갑니다.

STEP1에서 만든 키 프레임 애니메이션을 스크롤마크(img 요소)에 적용해봅시다. 'scrollAnimation'이라는 키 프레임 애니메이션명을 animation-name 속성값에 지정합니다. 그 외 3개의 animation 관련 속성도 지정합니다.

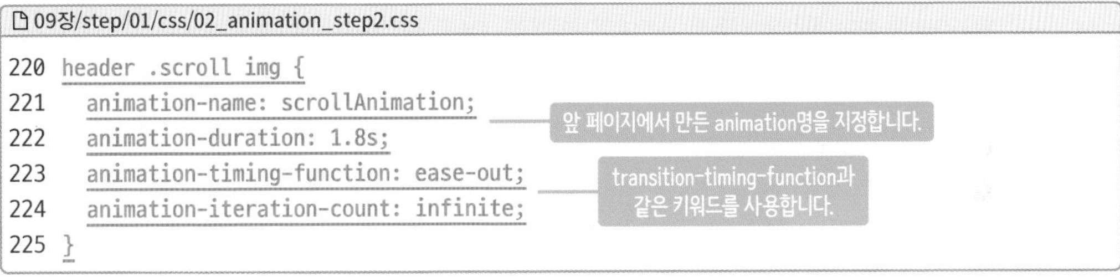
09장/step/01/css/02_animation_step2.css

```
header .scroll img {
  animation-name: scrollAnimation;
  animation-duration: 1.8s;
  animation-timing-function: ease-out;
  animation-iteration-count: infinite;
}
```

앞 페이지에서 만든 animation명을 지정합니다.
transition-timing-function과 같은 키워드를 사용합니다.

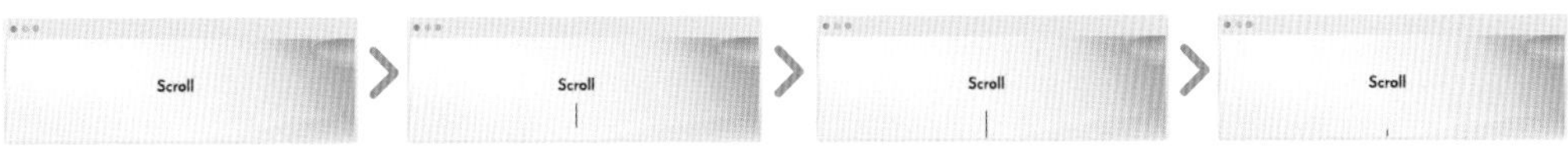
Scroll
Scroll
Scroll
Scroll

스크롤마크가 키 프레임에 지정한대로 1.8초에 걸쳐서 ease-out으로 움직입니다. infinite이므로 무한 반복됩니다.

animation-name에는 @keyframes로 정의한 애니메이션명을 넣을 수 있습니다. 같은 애니메이션명을 지정하면 어떤 요소라도 동일한 동작으로 움직일 수 있습니다. 또한 transform과 같이 animation 관련 속성도 단축 속성으로 작성할 수 있습니다.

CHAPTER 10

반응형 웹 디자인 지원하기

멀티 디바이스 환경을 지원하는 방법으로써 반응형 웹 디자인에 대해서 알아보고, 앞 장에서 만든 초대장 사이트를 모바일 버전으로 변경해봅시다.

새로운 용어가 많이 나오지만 하나하나 이해해보도록 합시다.

영어는 잘 못하지만 따라가 볼게요……!

SECTION 1 멀티 디바이스 지원의 기본

멀티 디바이스 지원이 뭔가요……?

웹사이트를 보는 환경은 컴퓨터, 스마트폰, 타블렛, TV 등 다양하지요. 이렇게 다양한 환경을 지원하여 사이트를 기기별로 최적화된 화면으로 보여주는 기법을 말합니다.

이 장에서는 멀티 디바이스 지원 방법으로 반응형 웹 디자인을 배워보겠습니다.

반응형 웹 디자인이란?

반응형 웹 디자인이란, 다양한 기기의 열람 환경을 고려하여 웹사이트 디자인에 차이를 두는 제작 기법입니다. 화면 크기에 따라 다른 CSS를 적용해서 디자인을 변경할 수 있습니다. 하나의 HTML 파일 안에서 구현할 수 있기 때문에 관리가 편하다는 점이 특징입니다.

⁘ 디바이스마다 다른 디자인의 예시

이 장에서 제작할 모바일용 디자인과 PC용 디자인에 어떤 차이가 있는지 살펴봅시다.

헤더에서는 'Welcome to our Wedding Party'의 위치나 배경 이미지의 가로 세로 비율이 달라졌습니다.

Save the Date 파트는 PC 버전에서는 사진과 날짜를 2칼럼으로 수평 배치했지만, 모바일 버전에서는 1칼럼으로 수직 배치했다는 점이 달라졌습니다.

이처럼 각 디바이스마다 최적화된 디자인을 적용함으로써 더욱 보기 편한 웹사이트를 만들 수 있습니다.

헤더

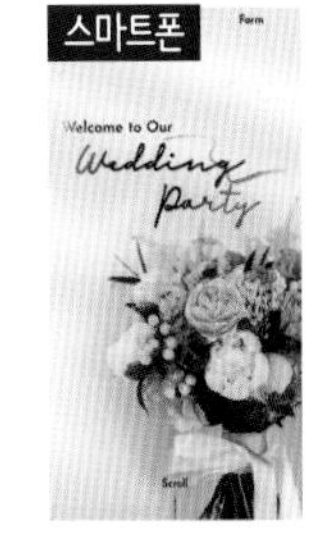

Save the Date 파트

PC

Save the Date

3023.8.8 Thu

Start 18:30-

Access

3023.8.8 Thu

Start 18:30-

Access

PC에서 보기 좋은 디자인과 스마트폰에서 보기 좋은 디자인은 다르구나.

⁘ 그 외의 멀티 디바이스 지원 방법

반응형 웹 디자인이 아니라 디바이스별로 페이지를 작성하는 방법도 있습니다. 각각의 특징에 대해 살펴봅시다.

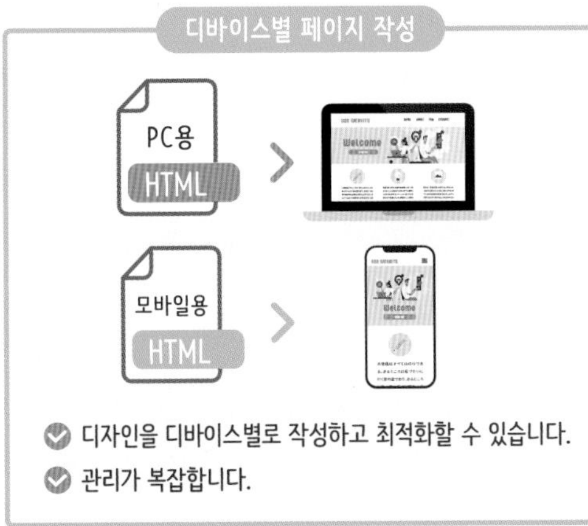

디바이스별 페이지 작성
PC용
HTML
모바일용
HTML
디자인을 디바이스별로 작성하고 최적화할 수 있습니다.
관리가 복잡합니다.

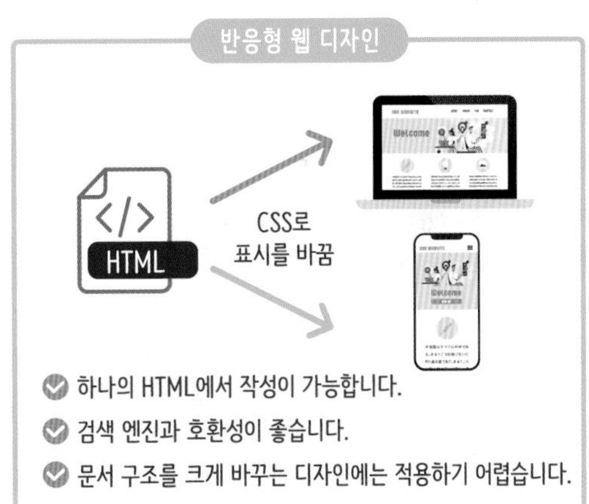

최근에는 반응형 웹 디자인을 채용하는 추세가 늘고 있지만, 각각의 장단점이 있으므로 프로젝트에 따라 최적의 방법을 선택해봅시다.

반응형 웹 디자인 준비하기

반응형 웹 디자인을 지원하기 위한 준비 과정은 다음의 3단계로 이뤄집니다.

❶ 뷰포트 작성 → ❷ 브레이크포인트 결정 → ❸ 미디어쿼리 작성

- ❶ 뷰포트 작성: HTML에 모바일용 화면 사이즈를 조정하는 태그 작성하기
- ❷ 브레이크포인트 결정: 화면 사이즈를 바꿀 포인트 결정하기
- ❸ 미디어쿼리 작성: CSS에 모바일용 CSS를 작성할 준비하기

준비만으로 3단계나?! 온통 영어 단어뿐이라 머리가 어지러워요.

해야 할 것은 무척 간단하니 안심하세요.

작업 파일 확인하기

10장/작업/css/style.css를 VSCode에서 열어 봅시다. 10장/작업/index.html을 브라우저에서 열고 CSS가 반영되는지 확인하면서 진행합니다.

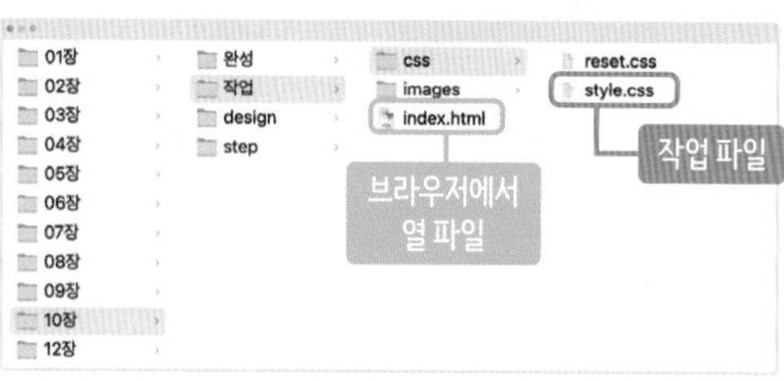

완성 디자인은 10장/design/design.png를 참고해주세요.

뷰포트 지정하기

STEP 1 HTML에 뷰포트를 지정하자

10장/작업/index.html을 VSCode에서 열고 <head> 태그 안에 뷰포트를 작성합니다. 뷰포트는 <meta> 태그 안에 1행으로 작성하면 됩니다.

10장/step/02/01_viewport_step1.html

```
<meta charset="UTF-8">
<meta name="viewport" content="width=device-width,initial-scale=1">
<link rel="stylesheet" href="css/reset.css">
```

외관상 변화는 없습니다.

이것은 알아두자 LEARNING 뷰포트란?

모바일 디바이스에서 웹 페이지를 볼 때 **가로 폭을 몇 px로 표시할까**를 설정하는 것이 뷰포트(viewport)입니다.

모바일 디바이스의 브라우저는 뷰포트를 지정하지 않은 상태에서 가로 폭 980px 정도의 영역을 보여줍니다. 하지만 작은 모바일 화면에 PC 사이즈의 페이지를 표시하기 때문에 문자나 이미지가 무척 작게 보입니다.

이를 해결하기 위해 viewport의 content 속성에 width=device-width를 지정하면 모바일 화면에 '디바이스 사이즈의 가로 폭만큼의 영역'을 보여주게 됩니다.

이때 PC용 사이트만 만든 상태라면 고정 폭으로 지정된 요소나 크기가 큰 이미지가 뷰포트를 벗어납니다. 모바일 사이트를 만들 때는 벗어난 요소를 조정하면서 모바일 화면에 최적화시켜 나갑니다.

뷰포트의 개념도

PC 사이즈의 화면을 표시하게 되어 보기 어렵다.

화면보다 크기가 큰 요소는 벗어난다.

▶ initial-scale은 기본적으로 1을 지정하자

initial-scale은 초기 확대 비율을 의미하고, 0.5로 하면 1/2 사이즈로 표시됩니다.

위의 그림은 개념도이므로 실제 보이는 화면과는 다릅니다.

특별한 이유가 없는 한 실제 크기로 표시할 수 있도록 initial-scale=1로 지정해둡시다.

width는 device-width, initial-scale은 1로 기억하면 되나요?

그렇습니다. 기본적으로는 실습에서 작성한 코드를 그대로 사용합니다. 특수한 디바이스 지원이나 뷰포트 사양 변경이 없다면 특별히 변경하지 않아도 괜찮습니다.

브레이크 포인트 결정하기

반응형 웹 디자인에서는 화면 폭에 따라 적용할 CSS를 변경합니다. CSS 변경 여부를 결정하는 기준점을 **브레이크 포인트**라고 합니다.

브레이크 포인트 설정에 정답은 없습니다. 여러 개를 설정하면 다양한 화면 사이즈를 지원할 수 있지만 그만큼 구현이 어려워집니다.

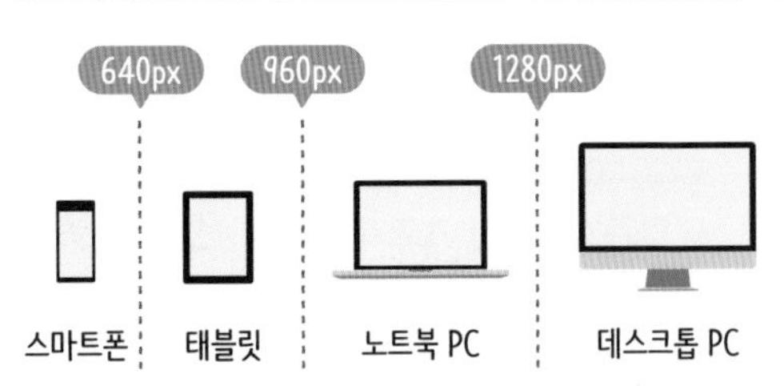

대체로 3~4개의 브레이크 포인트를 설정합니다.

브레이크 포인트 작성법

구체적인 수치를 결정할 때는 **디스플레이 해상도 점유율**을 참고합시다. 사이트를 리뉴얼하고자 할 때는 '기존 사이트 방문자 디바이스 데이터' 등을 참고하여 결정할 수도 있습니다.

이 장에서는 브레이크 포인트를 640px로 1개만 지정하고 모바일용 CSS를 추가합니다.

statcounter(https://gs.statcounter.com/)
국가별 또는 디바이스별 디스플레이 해상도 통계 데이터를 열람할 수 있습니다.

미디어쿼리 작성하기

STEP 1 미디어쿼리를 CSS에 추가하자

10장/작업/css/style.css를 열고 지금까지 작성한 CSS(225행) 다음에 미디어쿼리를 추가합니다.

지금까지 작성한 CSS는 PC와 스마트폰 양쪽에 적용되고, 미디어쿼리 안에 적힌 CSS는 스마트폰(화면폭이 640px 이내의 디바이스)에만 적용됩니다.

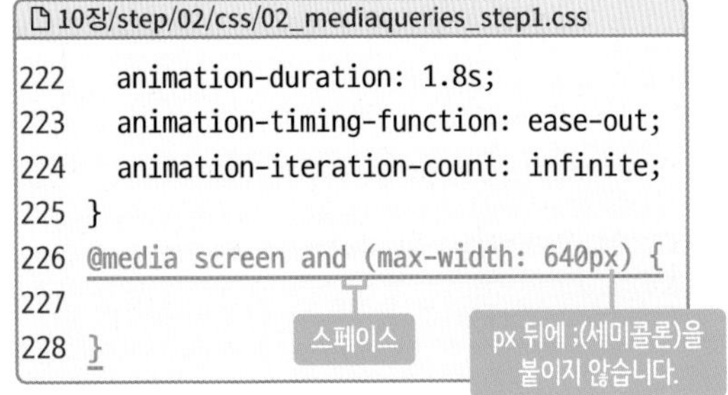

10장/step/02/css/02_mediaqueries_step1.css

```
222   animation-duration: 1.8s;
223   animation-timing-function: ease-out;
224   animation-iteration-count: infinite;
225 }
226 @media screen and (max-width: 640px) {
227
228 }
```

이것은 알아두자! LEARNING 미디어쿼리 작성법

조건에는 **max-width:○○px**이나 **min-width:○○px** 값이 들어갑니다.

`max-width:640px;`은 **화면 폭 640px 이하에 적용된다**라는 조건이 되고, `min-width:640px;`은 **화면 폭 640px 이상에 적용된다**라는 조건입니다.

모바일 디바이스에서 어떻게 보이는지 확인하기

실제 모바일 기기로 확인하기는 어렵기 때문에 개발자 도구에서 가상으로 모바일 화면을 확인할 수 있는 기능을 사용합니다.

STEP 1 디바이스 모드로 전환하는 버튼을 선택하자

스마트폰에서 어떻게 보이는지 미리보기로 확인해봅시다. `index.html`을 브라우저에서 열고 개발자 도구를 실행한 후에 [Toggle device toolbar] 버튼을 클릭합니다.

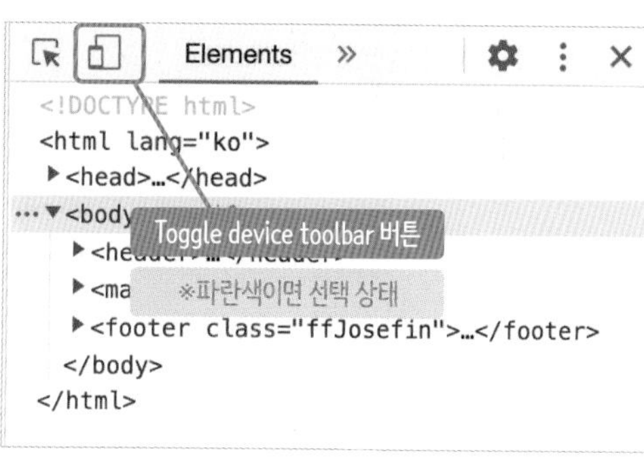

STEP 2 디바이스를 iPhoneX로 변경하자

미리보기할 디바이스를 선택하기 위해 상단의 툴바에서 [Responsive▼] 셀렉트박스를 선택합니다. 이 장에서는 iPhoneX에서 보이는 방식을 기준으로 할 것이므로 [iPhoneX]를 선택합니다.

목록에 iPhoneX가 없을 때는 기종 목록 맨 아래에 있는 [Edit...]를 클릭하고 [iPhoneX] 항목에 체크하면 추가됩니다.

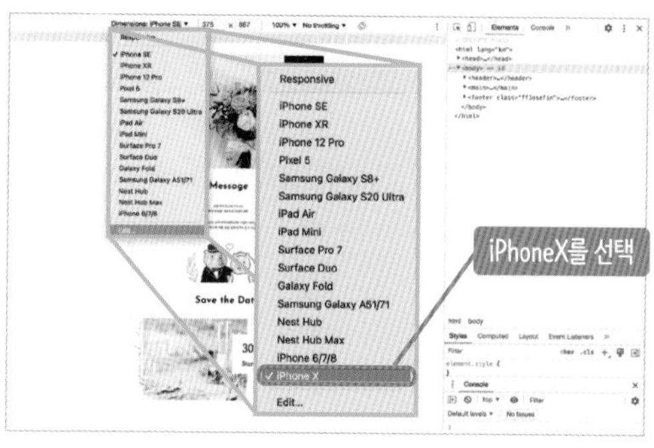

Part 4 · 10

멀티 디바이스 지원의 흐름

다음은 뷰포트를 작성한 상태로 확인한 화면입니다.
미디어쿼리 안에 CSS를 작성해서 모바일용 디자인으로 정돈해봅시다.

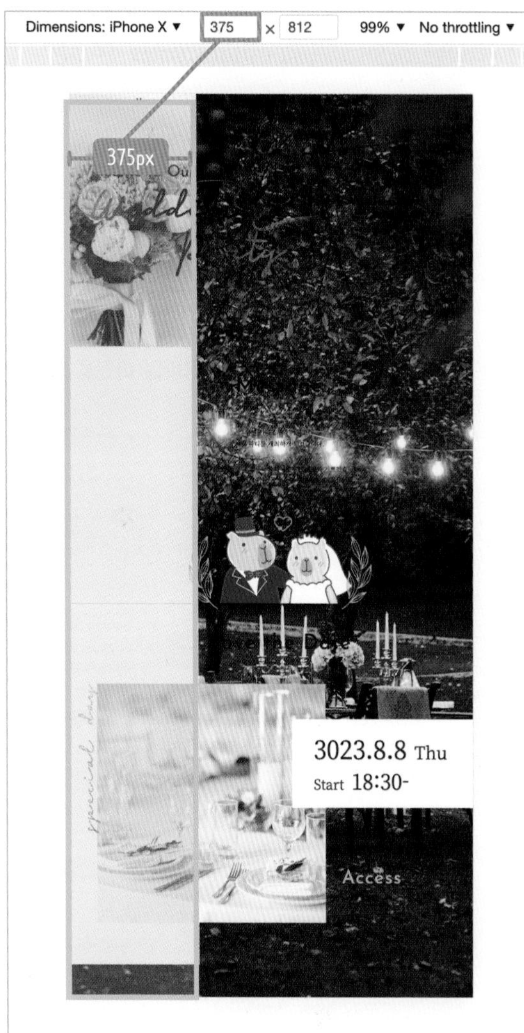

1. 각 파트를 화면 안에 넣기

- 칼럼 수 조정하기
- px로 사이즈가 고정된 부분을 가변 사이즈로 변경하기
- 벗어난 요소의 위치·크기 조정하기

2. 각 파트의 디자인 조정하기

- 글자 크기 조정하기
- 영역마다 조정하기

3. 화면 조정하기

- 고해상도 디스플레이 지원하기

파란색 부분이 스마트폰의 가로 폭(viewport)이로군요.

이렇게 보이지 않는다면 Toggle device toolbar를 몇 번 눌러보세요.

그래도 되지 않을 때는 뷰포트 작성을 확인해주세요.

SECTION

3 각 파트를 화면 안에 넣기

칼럼 수 조정하기

가로로 나란히 있는 2칼럼 레이아웃을 1칼럼으로 만들어 스마트폰 가로 폭에 맞춰봅시다. 이 장의 디자인에서는 date 섹션 한 군데만 수정하면 됩니다.

STEP 1 2칼럼을 1칼럼으로 만들자

2칼럼으로 나란히 배치된 부분을 1칼럼으로 만들기 위해 `display:flex;` 지정을 `display:block;`으로 덮어쓰기해서 Flexbox의 가로 정렬을 제거합니다.

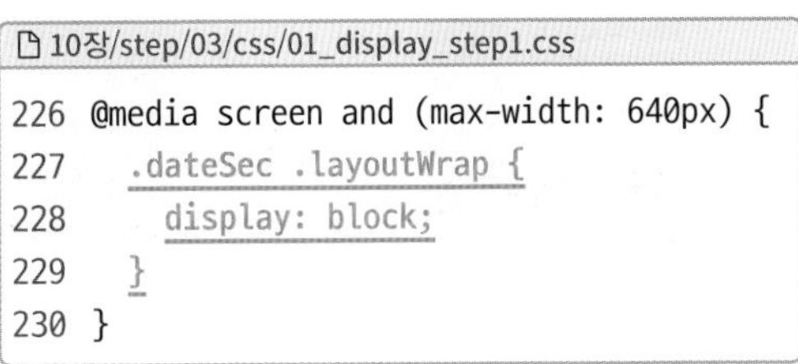

10장/step/03/css/01_display_step1.css

```
@media screen and (max-width: 640px) {
  .dateSec .layoutWrap {
    display: block;
  }
}
```

가로 정렬된 이미지와 날짜 영역이 세로로 정렬되었습니다.

여기에 주의! POINT 반드시 미디어쿼리에 작성하자

174쪽에서 설정한 `@media screen and (max-width: 640px){~}` 안에 작성합니다.

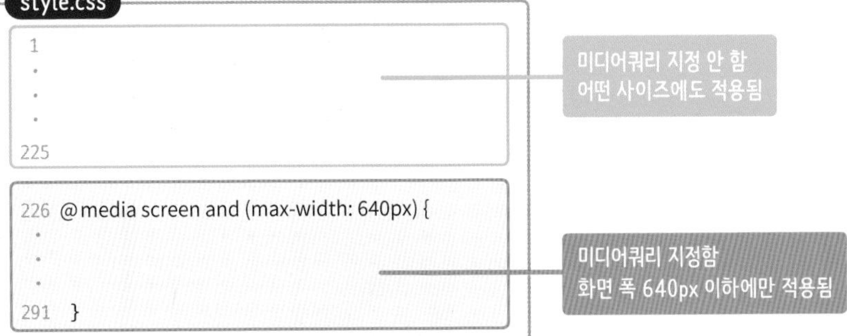

CSS는 나중에 작성한 것이 우선시된다는 점을 기억하나요?(150쪽) 그 특징을 이용해서 미디어쿼리 안에 작성한 CSS는 모바일 버전(640px 이하)에만 적용됩니다.

고정 폭을 가변 폭으로 바꾸기

STEP 1 고정 폭 레이아웃을 가변 폭으로 바꾸자

px로 고정 폭 지정을 한 부분이 스마트폰 가로 폭(viewport)에서 벗어나므로 가변 폭으로 변경하겠습니다.

구체적으로는 PC 버전에서 width를 px로 지정한 곳을 모두 %로 변경합니다. 모바일 버전에서는 화면이 부모의 가로 폭을 가득 채우도록 하기 위해 width를 100%로 지정합니다.

10장/step/03/css/02_width_step1.css

```
  .innerWrap,
  header nav ul,
  form {
    width: 100%;
  }
}
```

msg 섹션과 form 섹션을 보면 변화를 알 수 있습니다.

STEP 2 이미지를 가변 폭으로 바꾸자

img 요소가 PC 버전의 크기로 표시되어 화면에서 벗어났으므로 가변 폭으로 변경하기 위해 width를 %로 지정합니다.

부모 요소와 같은 가로 폭으로 지정하기 위해 100%로 지정합니다.

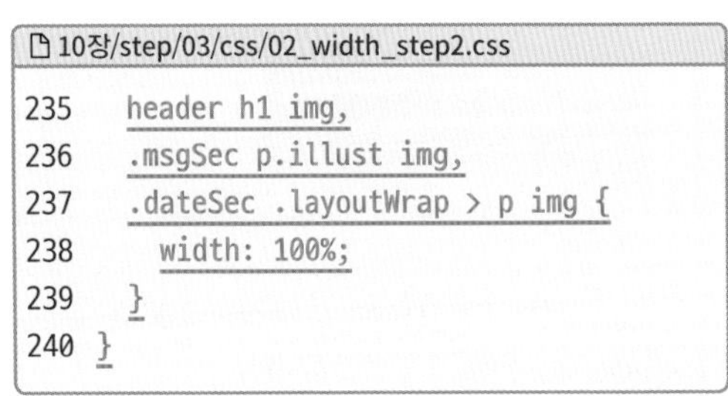
10장/step/03/css/02_width_step2.css

```
  header h1 img,
  .msgSec p.illust img,
  .dateSec .layoutWrap > p img {
    width: 100%;
  }
}
```

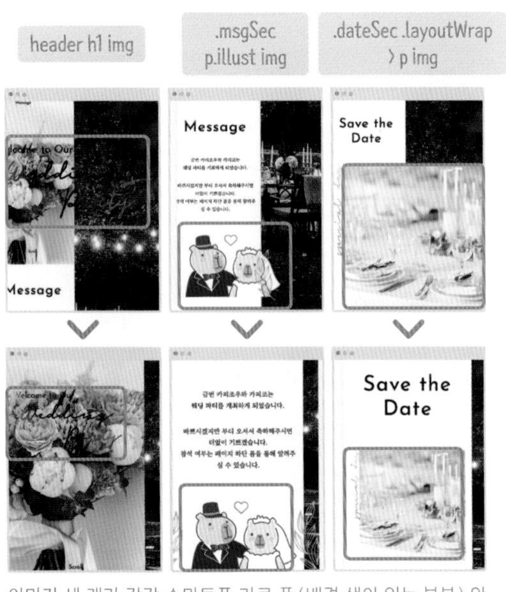

이미지 세 개가 각각 스마트폰 가로 폭(배경 색이 있는 부분) 안으로 들어갔습니다.

요소의 위치 · 크기 조정하기

STEP 1 잎사귀 장식을 조정하자

잎사귀 장식의 위치와 크기가 완성 디자인과 다르게 화면에서 벗어났으므로 조정해봅시다.

덮어쓰기할 부분만 지정할 수 있도록 `left`·`right`·`bottom`을 지정합니다. 잎사귀의 크기를 작게 하기 위해 `transform` 속성의 `scale`을 사용합니다(168쪽).

10장/step/03/css/03_position_step1.css

```
  .msgSec p.illust::before {
    left: -16px;
    bottom: -80px;
    transform: scale(0.7);
  }
  .msgSec p.illust::after {
    right: -16px;
    bottom: -80px;
    transform: scale(0.7);
  }
}
```

장식 위치가 조정되었습니다. 이제 옆으로 벗어난 요소가 없어졌습니다.

이제 페이지의 각 부분이 모바일 버전 가로 폭 안으로 전부 들어갔네요.

그렇네요. 모바일용에 최적화할 때는 먼저 요소들이 가로 폭 화면 안에 들어가도록 CSS를 변경하면 다음 단계가 쉬워집니다.

다음 페이지부터는 완성 디자인에 맞춰서 세부적인 조정을 해보겠습니다.

지금까지 CSS를 반영한 결과

각 파트의 디자인 조정하기

먼저 페이지 전체에 영향을 미칠 CSS부터 조정해봅시다.

공통 파트의 표시 조정하기

STEP 1 글자 크기와 여백을 조정하자

모바일과 PC는 글자 크기가 다르기 때문에 앞서 body에 지정한 글자 크기를 모바일 버전의 16px로 변경해봅시다.

공통 디자인을 한번에 지정하는 편이 알기 쉬우므로 섹션 제목(h2 요소)의 크기와 여백도 조정해봅시다.

10장/step/04/css/01_font_step1.css

```
body {
  font-size: 16px;
}
main h2 {
  font-size: 44px;
  margin-bottom: 60px;
}
}
```

섹션 제목과 본문의 글자 크기를 모바일 버전으로 변경했습니다.

헤더 표시 조정하기

STEP 1 모바일용 메인 이미지를 설정하자

현재 메인 비주얼인 꽃다발 이미지와 메인 카피가 겹쳐서 보이므로 메인 비주얼 이미지를 모바일용으로 변경합니다. HTML(img 요소)이 아니라 CSS(background)로 지정했으므로 덮어쓰기로 변경할 수 있습니다.

높이도 모바일용으로 변경하는데, 이미지의 크기에 맞춰서 변하는 vh라는 상대 지정으로 변경해봅시다. 메인 카피 위치도 padding으로 조정합니다.

📄 10장/step/04/css/02_header_step1.css

```
  header {
    background: url(../images/hero_sp.jpg) no-repeat right top/cover;
  }
  header .innerWrap {
    height: 90vh;
  }
  header h1 {
    padding-top: 80px;
  }
}
```

이것은 알아두자! LEARNING

뷰포트를 기준으로 하는 단위 vh와 vw

vh는 'viewport height'의 약자로 뷰포트의 높이를 의미합니다. 쉽게 표현하면 '100vh=화면의 높이와 동일하다'는 뜻입니다.

vw는 'viewport width'의 약자로 뷰포트의 가로 폭입니다. 이것도 동일하게 '100vw=화면의 가로 폭과 동일하다'는 뜻입니다.

vh와 vw는 단위의 기준이 화면의 높이와 폭일 뿐, 폭과 높이를 지정할 때만 사용할 수 있는 것은 아닙니다. font-size나 margin을 지정할 때도 사용할 수 있습니다.

또한 vw와 vh는 **화면 사이즈에 따라 크기**가 결정되고 %는 **부모 요소의 크기에 따라** 크기가 결정되므로, 80vh와 80%는 같은 의미가 아니라는 점에 주의합시다.

샘플 예시는 90vh이므로 화면의 9할 높이만큼 지정됩니다.

vh와 vw를 사용하면 화면의 크기가 다른 스마트폰에서도 동일한 비율로 표시되겠네요.

msg 섹션 표시 조정하기

STEP 1 문장을 왼쪽 정렬하자

텍스트가 가운데 정렬된 상태로 있으면 읽기가 어려우므로, text-align으로 왼쪽 정렬합니다.

📄 10장/step/04/css/03_message_step1.css

```
  .msgSec p {
    text-align: left;
  }
}
```

가운데 정렬된 문장이 왼쪽 정렬이 되었습니다.

date 섹션 표시 조정하기

STEP 1 날짜 영역의 크기 등을 조정하자

날짜 영역이 어긋나 있으므로 조정해봅시다. 전체 글자 크기는 font-size:36px;로 지정합니다.

여백을 넣어주고, 날짜 하나하나의 글자 크기를 변경합니다.

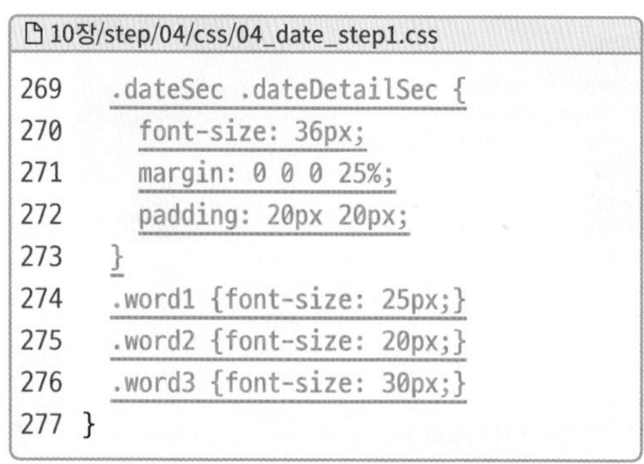

📄 10장/step/04/css/04_date_step1.css

```
  .dateSec .dateDetailSec {
    font-size: 36px;
    margin: 0 0 0 25%;
    padding: 20px 20px;
  }
  .word1 {font-size: 25px;}
  .word2 {font-size: 20px;}
  .word3 {font-size: 30px;}
}
```

글자 크기와 여백이 조정되었습니다.

STEP 2 날짜 영역의 위치를 조정하자

완성 디자인에서는 날짜 영역과 이미지가 겹쳐져 있으므로 위의 여백을 padding-top:0;으로 없앤 뒤 transform 속성의 translateY(Y축으로 이동)을 이용해 위로 이동합니다.

📄 10장/step/04/css/04_date_step2.css

```
  .dateSec .layoutWrap > div {
    padding-top: 0;
    transform: translateY(-50px);
  }
}
```

날짜와 사진의 간격이 0이 된 상태에서 50px 위로 올려 겹쳐졌습니다.

STEP 3 연락처 영역을 조정하자

글자 크기와 여백이 완성 디자인과 다르므로 글자 크기와 여백을 조정해봅시다.

📄 10장/step/04/css/04_date_step3.css

```
  .accessSec h3 {
    font-size: 44px;
  }
  .accessSec {
    margin: 32px 0 0 32px;
  }
}
```

연락처 영역의 글자 크기와 위치가 달라졌습니다.

STEP 4 date 섹션 전체를 조정하자

date 섹션의 흰 배경 아래의 여백이 너무 큰 것과 패럴랙스 이미지 영역이 너무 큰 것에 대해 조정해봅시다.

📄 10장/step/04/css/04_date_step4.css

```
  .dateSec {
    padding-bottom: 40px;
    margin-bottom: 250px;
  }
}
```

여백이 작아졌습니다.

고해상도 디스플레이 지원 이미지 만들기

고해상도 디스플레이란?

고해상도 디스플레이는 일반적인 디스플레이와 비교했을 때 같은 면적 안에 더 많은 픽셀이 있는 디스플레이입니다.

고해상도 디스플레이의 하나로 애플 사의 레티나(Retina) 디스플레이가 유명합니다.

이러한 디스플레이에는 이미지를 표시 영역의 2~3배 크기로 추출해 사용함으로써 미려하게 표시할 수 있습니다.

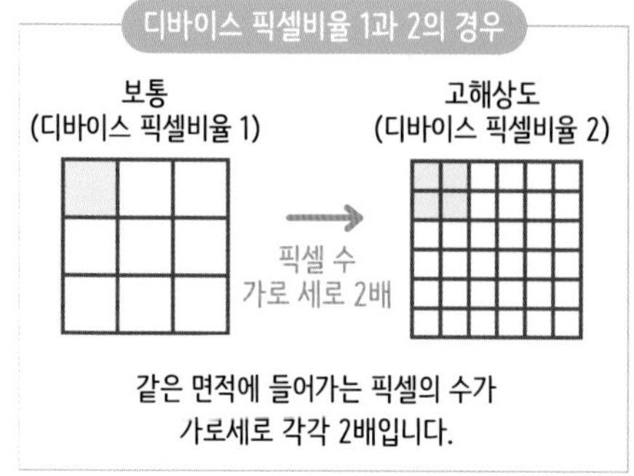

디바이스 픽셀비율 1과 2의 경우
보통
(디바이스 픽셀비율 1)
고해상도
(디바이스 픽셀비율 2)
픽셀 수
가로 세로 2배
같은 면적에 들어가는 픽셀의 수가
가로세로 각각 2배입니다.

고해상도 디스플레이를 지원하는 이미지 만들기

고해상도 디스플레이 지원 방법

- 확대해도 거칠어지지 않게 벡터 형식의 'SVG 이미지'를 사용합니다.
- 고해상도 디스플레이용으로 커다란 이미지를 준비해서 표시할 때 교체합니다.

여기서는 2번째 방법으로 이미지가 고해상도 디스플레이를 지원하도록 합니다.

STEP 1 <img> 태그에 srcset 속성을 추가하고 고해상도 디스플레이용 이미지를 지정하자

현재는 고해상도 디스플레이에서 메인 카피의 화질이 깨져 보입니다. 고해상도 디스플레이로 열람했을 때 이미지가 교체되도록 합니다.

`index.html`을 열고 〈img〉 태그에 srcset 속성을 추가해서 고해상도 디스플레이용 이미지를 지정합니다. 이렇게 하면 디스플레이의 해상도에 따라 이미지를 구분해서 불러올 수 있습니다.

📄 10장/step/05/01_srcset_step1.html

```
<h1>
  <img
  src="images/hero_text.png"
  srcset="images/hero_text.png 1x,images/hero_text@2x.png 2x"
  alt="Welcome to Our Wedding Party">
</h1>
```

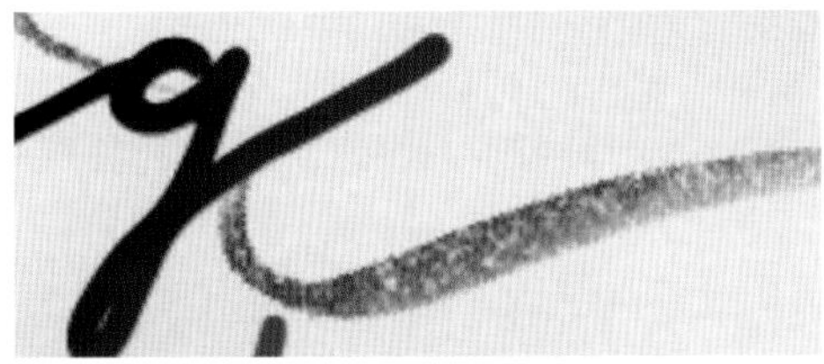 > 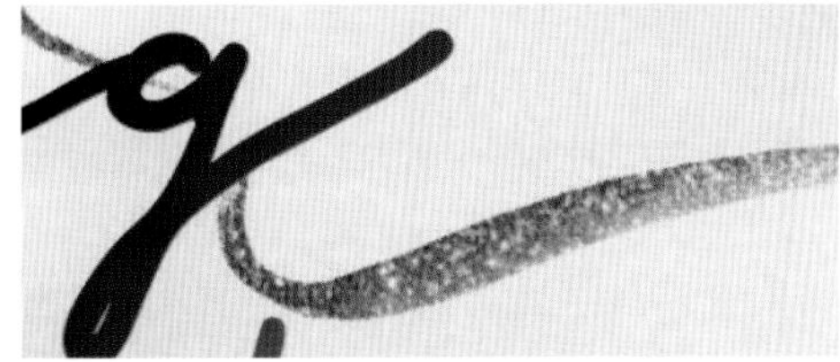

고해상도 디스플레이용 이미지가 표시되어 이미지가 깨지지 않습니다.

이것은 알아두자! LEARNING 이미지를 디스플레이 해상도에 따라 변경하는 방법

표시할 이미지를 디스플레이 해상도에 따라 변경할 때는 srcset 속성을 사용합니다.

```
srcset="image.png 1x,image-2x.png 2x"
```

image.png 1x: 해상도가 1배일 때 이미지 지정
image-2x.png 2x: 해상도가 2배일 때 이미지 지정

<img> 태그에 srcset 속성을 지정하면 디스플레이 해상도별로 표시하는 이미지를 다르게 적용할 수 있습니다. 필요 없는 이미지를 읽어오지 않으므로 페이지 표시 속도에는 영향을 주지 않으면서 고해상도 디스플레이를 지원할 수 있습니다.

src 속성에 지정한 이미지는 srcset 속성을 지원하지 않는 환경에서 사용되므로 반드시 함께 작성해둡시다.

images 폴더에 들어 있는 message_img@2x.png와 date_img@2x.jpg에 대해서도 동일한 방법으로 지정해봅시다! 모두 반영된 결과는 **10장/완성** 폴더에 들어 있습니다.

이미지의 파일 크기가 너무 크면 페이지 표시 속도가 느려질 수도 있습니다. 로고나 메인 비주얼 등 중요한 이미지 위주로 사이트를 최적화하는 것도 검토해봅시다.

Part 5

멀티 페이지 사이트 만들기

레스토랑을
오픈하기로 했어요!
Restaurant Harvest
와~ 축하해!!
그래서 사이트가 필요한 거구나?
그게, 이번에는 레스토랑
오픈 준비가 바빠서…
두 분이 사이트를
만들어주셨으면 좋겠어요!
예산은 두둑히
준비했습니다…
OK!!
그렇다면 어서! 의견 청취를
해봅시다!
의견 청취!?

의견 청취
기획
디자인
코딩
웹사이트 제작은
코딩 전에 해야할 것이
여러 가지 있답니다.
그렇군요~! 그렇다면
의견 청취부터 부탁드립니다.
마음의 소리
전부 다 맡길 수
있을 거라
생각했는데…

이 파트에서 만들 사이트

멀티 페이지 사이트

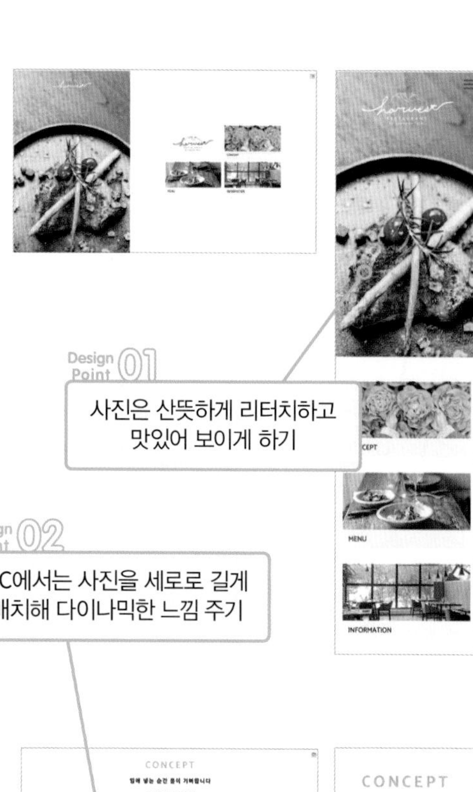

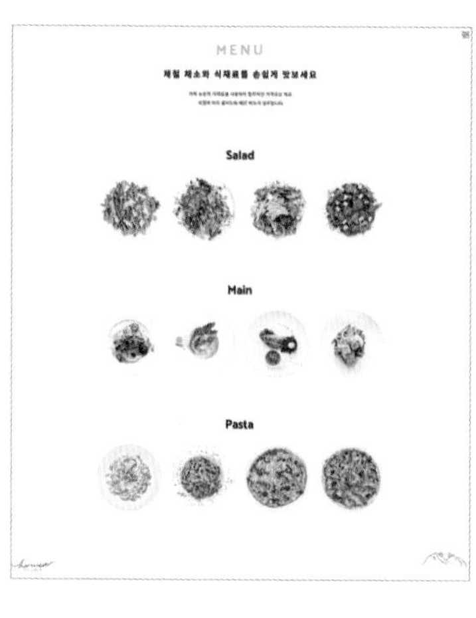

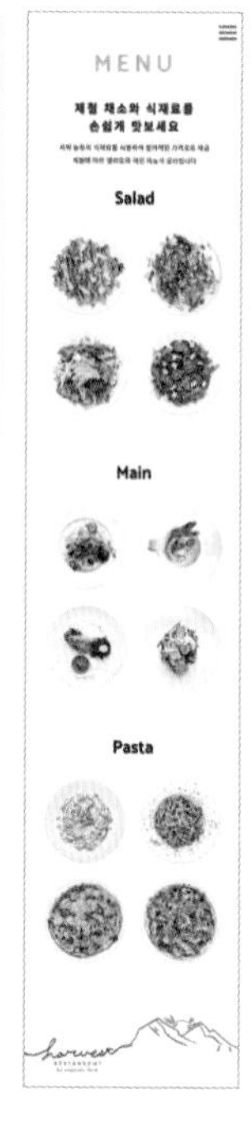

Design Point 03

전체적으로 사진을 많이
사용해 가게의 분위기와
요리를 시각적으로 전달하기

페이지가 많아서
어려워 보이네요…

이 파트에서는 멀티 페이지
웹사이트 제작 포인트를
확실히 배울 것이니 안심해도 좋아요.

학습 POINT

웹 디자인 기초

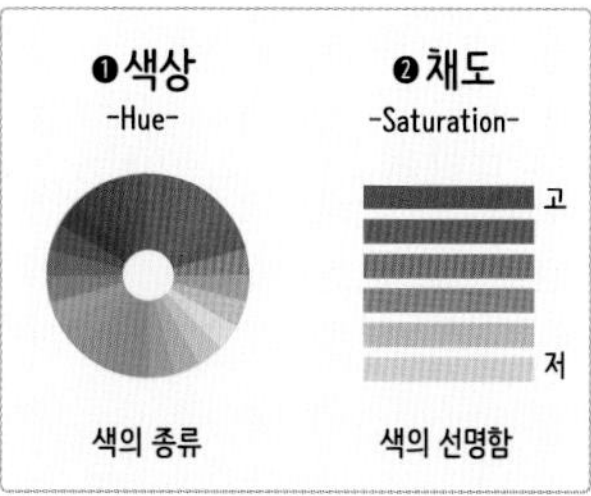

코딩을 하면서 알아두면 좋은 제작의 흐름과 웹 디자인 기초에 대해서 배웁니다.

그리드 레이아웃

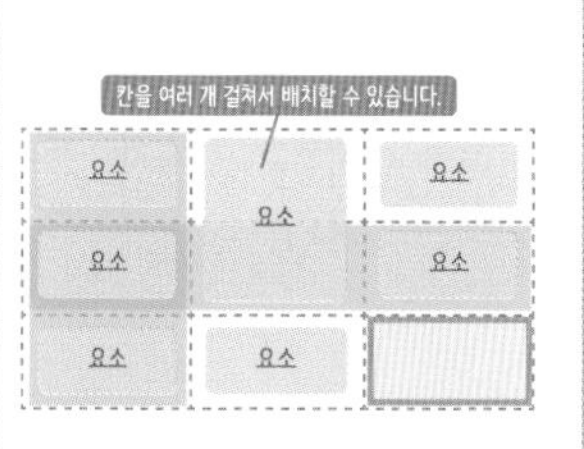

복잡한 레이아웃을 실현할 수 있는 그리드 레이아웃을 알기 쉽게 설명하고 실습해봅니다.

참고 사이트 사용법

스스로 나아가는 힘을 키우기 위해 웹상의 정보 활용 방법을 샘플 사이트를 통해 배워봅시다.

디자인 POINT

멀티 페이지 사이트

https://news.naver.com

페이지가 많은 사이트에서는 내비게이션을 알기 쉽게 설계하는 것이 중요합니다. 사용자가 길을 잃지 않도록 적절한 내비게이션을 검토해봅시다(**77쪽**).

헤더나 푸터 등의 디자인을 통일해서 같은 사이트임을 인식하게 하는 것이 중요합니다.

디자인 컨셉은…

심플×사진 위주

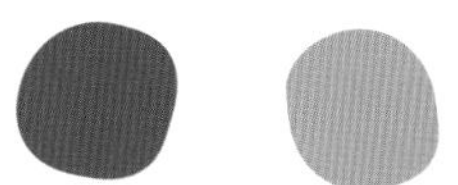

가게로 방문하게 하는 것이 목적이므로, 가게의 분위기와 요리의 맛있음이 전해지도록 사진을 많이 사용합니다.

배색은 사진이 눈에 띄는 것을 최우선으로 생각해서 흰색을 기조로 합니다. 심플한 느낌에 그치지 않고, 포인트로 그러데이션 컬러를 사용하여 산뜻함을 더합니다.

CHAPTER 11

사이트 제작과 웹 디자인의 기본

코딩을 자연스럽게 진행하기 위해 사이트 제작의 전체 흐름을 알아봅시다. 더불어 웹 디자인의 기본에 대해서도 배웁니다.

카피조우 군의 사이트 완성을 위한 전체적인 흐름을 살펴봅시다!

코딩 이외에도 신경 쓸 일이 이것저것 있군요.

SECTION 1 웹사이트 제작의 흐름

Part 5에서 만드는 레스토랑 사이트를 예로 들어 제작의 흐름을 확인해봅시다.

Step1 기획/조건 정리

타깃 사용자 설정

웹사이트 분석 데이터나 상품·서비스 구매 데이터에서 이끌어낼 때가 많습니다. 신규 사용자를 모으고 싶을 때는 '이런 사람이 보면 좋겠다'라는 희망에서 출발하거나, 페르소나라는 가상의 사용자를 설정하는 방법도 있습니다.

목표 설정

무엇을 위해 사이트 제작을 하는 것인지 명확히 합니다. 목표는 수치로 계산할 수 있는 '정량적 목표'와 질로 평가하는 '정성적 목표'의 두 가지 패턴으로 설정하면 좋습니다.

기타: 사용자 분석/고객 여정 지도 작성 등

추측이나 데이터만을 소재로 하는 것이 아니라 실제 사용자의 목소리를 듣는 방법도 있습니다.

고객 여정 지도는 사이트를 방문할 때만이 아니라 그 전후의 행동과 어떤 심리 상태에서 사이트를 열람하고 있는지를 도식화한 것입니다.

타깃(페르소나) 설정 예

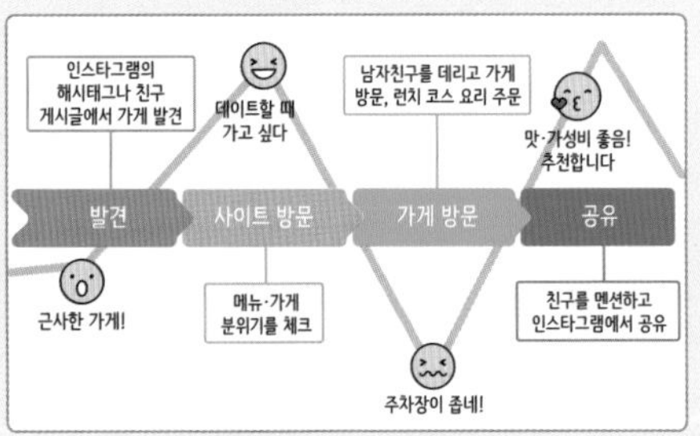

고객 여정 지도의 예

Step2 사이트 설계

콘텐츠 책정

타깃 사용자나 목표가 정해졌다면 '타깃이 원하는 콘텐츠는 무엇일까'를 구체적으로 생각합니다. 콘텐츠부터 먼저 생각하는 방법을 '콘텐츠 퍼스트'라고 부릅니다.

디자인 컨셉 책정

사이트 디자인을 만들 때 어떤 컨셉을 기반으로 할지 결정합니다. 어떤 색상이나 분위기의 사이트를 만들 것인지 도식화합니다.

사이트맵 작성

구체적인 콘텐츠가 정해졌다면 사이트의 규모를 예측할 수 있습니다. 이 STEP에서 사이트맵을 작성하고 사이트의 페이지 수를 결정합니다.

기타: IA/SEO 설계 등

사이트 맵 작성 과정에서 IA(정보 설계)나 SEO(검색 엔진 최적화)에 대해서 검토하기도 합니다.

사용자에게 전달하고 싶은 느낌

- 우선순위가 높은 이미지
  차분함·자연스러움·느긋함·리프레시
- 우선순위가 낮은 이미지
  고급스러움·화려함·트렌디함·기계적·팬시
  고급스러움을 강조한 디자인이면 뒷걸음질 칠 가능성이 있고 가격면에서도 고급스러움보다는 가벼운 느낌이 좋습니다.

디자인 컨셉의 예(1)
전하고 싶은 느낌과 피하고 싶은 느낌을 문장으로 적어둡니다.

디자인 포지셔닝

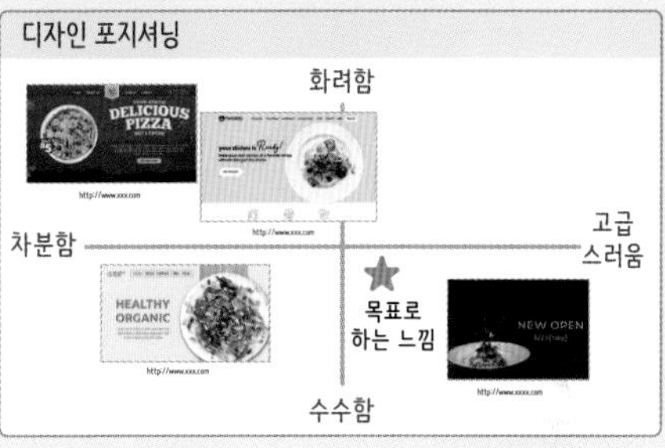

디자인 컨셉의 예(2)
사용자에게 전달하고 싶은 느낌을 경쟁 사이트의 디자인을 사용하여 매핑하고, 제작할 사이트의 느낌을 구체화합니다.

모바일 퍼스트라는 사고 방식

모바일 퍼스트(Mobile First)란 사이트를 설계할 때 모바일 디바이스의 특성에 최적화하는 사고방식입니다. 예를 들어, 화면 사이즈가 작다, 통신 데이터 양이 제한될 때가 있다, 이동 중에 중간중간 열람된다 등의 특성에 대해 생각합니다.

단순히 '모바일 버전부터 만든다'라는 작업 순서를 말하는 것이 아니므로 주의해주세요.

PC 버전의 사용자를 생각하지 않는다는 의미가 아닙니다.

Step3 제작

와이어프레임 제작

사이트의 콘텐츠 디자인을 구체화했다면 와이어프레임(wire-frame)을 작성합니다. 와이어프레임은 페이지 내용에 대한 설계도로, 각 페이지에 어떤 콘텐츠와 기능 요소가 들어가는지 기술한 것입니다.

디자인 시안(완성 이미지) 제작

와이어프레임이 완성되었다면 시안 제작에 들어갑니다. 정적인 디자인 시안을 제작할 수도 있고, 최근에는 페이지 이동이나 애니메이션 등을 확인할 수 있도록 프로토타입이라는 형식으로 제작하는 경우도 늘고 있습니다.

코딩

이제 드디어 코딩 순서입니다. 디자인 데이터에서 이미지 등을 추출한 다음 코딩을 시작합니다.

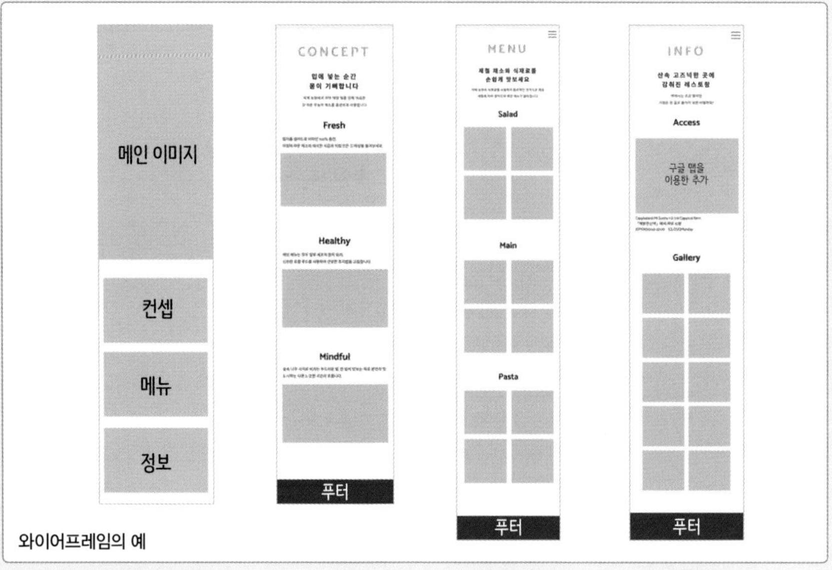

와이어프레임의 예

프로젝트에 따라 내용이나 순서는 다를 수 있지만 큰 틀에서는 이런 흐름으로 사이트가 제작됩니다. 회원제 사이트나 쇼핑몰 사이트와 같이 시스템이 필요한 경우에는 프로그램 조건 정의 등이 더욱 정밀하게 이루어집니다.

다양한 공정을 거쳐서 웹사이트가 만들어지는 거군요.

SECTION 2 웹 디자인 개요

웹 디자인이란 뭘까?

디자인은 **외관을 아름답게 하는 것**이라고 이해될 때가 많은데 **design**이라는 단어의 어원(designare)에는 **설계하다**라는 의미가 담겨 있습니다.

제작 흐름에서 본 것처럼 디자인 시안을 제작하기까지 여러 과정이 있고, 웹 디자인은 그 모든 과정을 계승한 후에 성립됩니다.

즉, 웹 디자인은 **외관을 아름답게 하는 것**만이 아니라 **타깃 사용자나 사이트 목적에 맞게 설계된 것**이라고 할 수 있습니다.
타깃이나 목적이 달라지면 **좋은 디자인**의 정의도 달라집니다.
덧붙여 웹 디자인을 할 때는 웹 자체적인 특성도 고려할 필요가 있습니다(197쪽 웹 특성을 고려한 디자인).

같은 차 전문 사이트도
타깃이나 목적에 따라 디자인이 달라집니다.

건강한 느낌을 강조

패키지 디자인을 강조

UI/UX 디자인

UI(User Interface, 사용자 인터페이스) 디자인, UX(User Experience, 사용자 경험) 디자인이라는 개념이 있습니다. 사람에 따라 해석의 폭이 다를 수 있지만 일반적인 의미에 대해 알아봅시다.

UI 디자인

유저가 사이트를 보고 있을 때의
화면 표시나 조작에 관한 디자인

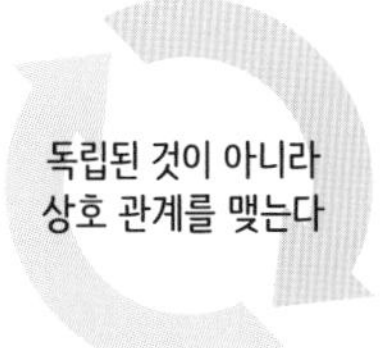

UX 디자인

유저가 사이트를 보고 있지 않을 때의
체험까지 포함한 일련의 디자인

웹 디자인은 UI·UX 관점의 디자인이 특히 중요해서 시인성(알기 쉬운지)·사용성(사용하기 쉬운지)·사용감(사용자 경험) 등을 고려할 필요가 있습니다.

SECTION 3 웹 디자인의 기본

좋은 디자인이란 하나만 있는 것이 아니다라는 말도 있지만 기본적인 원칙은 있습니다.
그 안에서도 중요한 핵심을 살펴봅시다.

레이아웃

레이아웃이란 요소를 배치하는 것입니다. Part 5 디자인을 예로 레이아웃의 4원칙을 살펴봅시다.

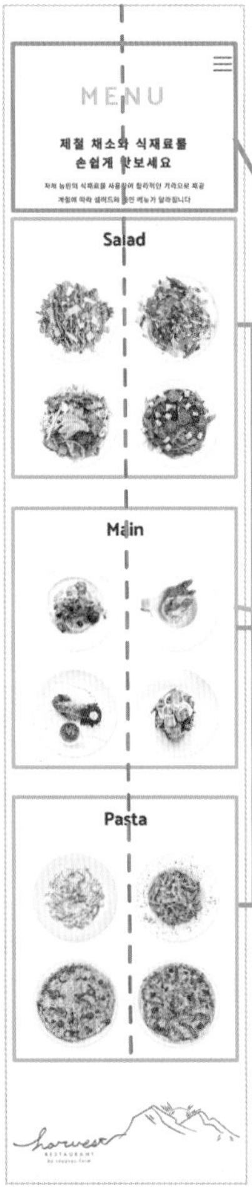

MENU

제철 채소와 식재료를
손쉽게 맛보세요

Salad

Main

Pasta

원칙1. 정렬한다

시각적인 아름다움이나 안정감이 생깁니다. 브라우저에서는 요소 배치의 초깃값이 왼쪽 정렬이지만, 가운데 정렬·오른쪽 정렬 등도 용도에 맞게 사용합니다. 샘플 디자인에서는 가운데 정렬 레이아웃을 채택했습니다.

원칙2. 차이를 둔다 A A

중요성에 따라 강조의 정도와 방법을 달리해서 역할을 명확하게 합니다. '큰 것과 작은 것을 대비한다', '색으로 대비를 준다' 등의 방법을 취합니다.

MENU

제철 채소와 식재료를
손쉽게 맛보세요

색의 대비

크기의 대비

원칙3. 그룹화

사람은 가까이 있는 정보끼리는 비슷한 성질을 가졌다고 인식합니다. 관련성이 높은 요소는 가까이 두고, 낮은 요소는 떨어뜨려야 정보를 파악하기 쉬워집니다. 여기서는 같은 카테고리의 사진을 가까이 두고, 다른 카테고리의 사진은 거리를 두었습니다.

원칙4. 반복한다

같은 디자인을 반복하면 규칙성이 생기고, 전체적인 통일감이 살아납니다. 디자인에서 반복 패턴을 사용하는 것만으로도 정보 전달력이 향상됩니다. 샘플 디자인에서는 메뉴를 카테고리 단위로 반복합니다.

harvest RESTAURANT

서체와 글꼴

서체, 글꼴, 굵기에 따라 디자인의 인상이 달라집니다. 서체의 기본적인 분류와 특성에 대해 알아봅시다.

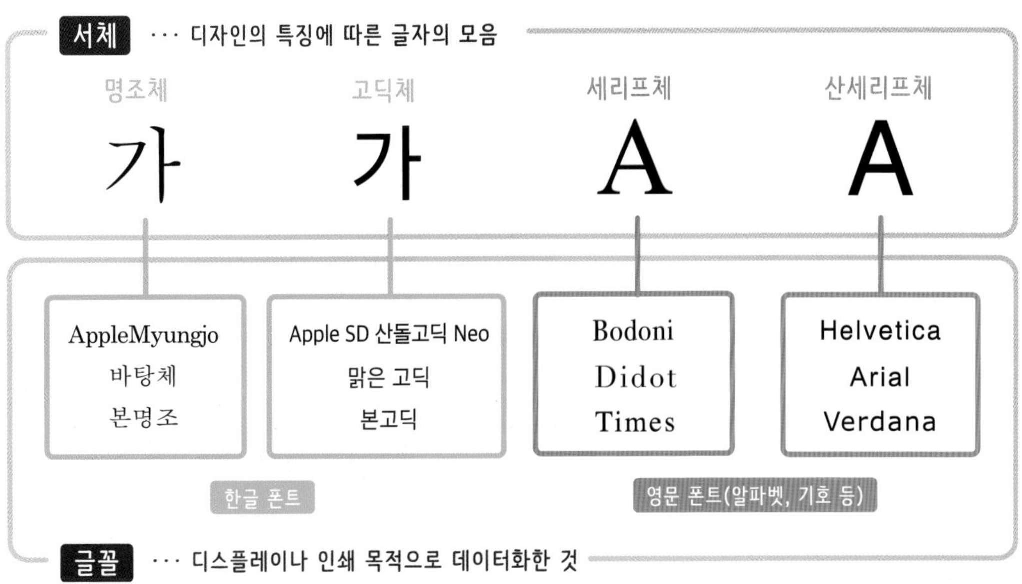

명조체&세리프체, 고딕체&산세리프체는 각각 같은 특징이 있으므로 함께 살펴봅시다.

명조체&세리프체의 특징

- 가로 선이 얇고 세로 선이 두껍다.
- 끝에 장식이 있다.

서체의 느낌과 용도

- 지적/자연스러움/전통적
- 가독성이 높으므로(읽기 쉬우므로) 신문, 소설 등의 장문에 적합하다.

고딕체&산세리프체의 특징

가

- 선의 굵기가 거의 같다.
- 선이 굵어서 보기 쉽다.

A

산세리프의 '산'은 '없다'라는 의미

서체의 느낌과 용도

- 안정감/현대적/친근감
- 시인성이 높으므로(눈에 잘 띄므로) 로고 타입, 제목 등에 적합하다.

그 밖의 서체로 둥근고딕체나 궁서체 등이 있습니다. 또한 글꼴의 두께나 색상, 크기 등의 조합에 따라서 분위기나 느낌이 달라집니다.

색(컬러)

우리 생활 속에서 넘쳐나는 색은 디자인에서 인상을 결정하는 무척 중요한 요소입니다. 색상의 기본적인 성질이나 풍기는 느낌에 대해 살펴봅시다.

색이 갖는 3가지 성질, 색상/채도/명도

색은 **색상**(hue), **채도**(saturation), **명도**(brightness)라는 세 가지의 성질을 갖고 있습니다. 이 세 가지의 성질을 이해하면 색을 조정하기가 쉬워집니다.

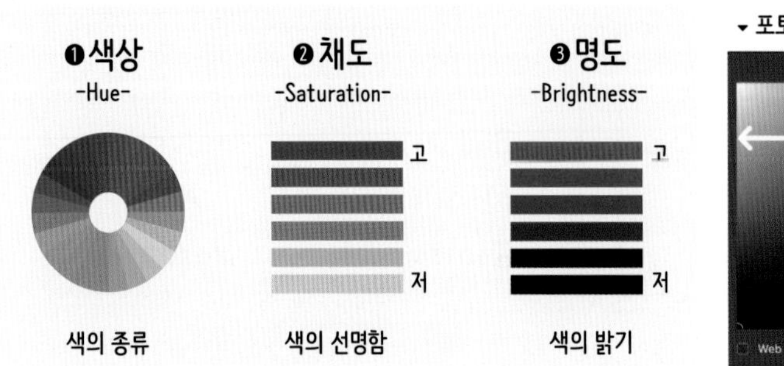

▾ 포토샵 색상 피커

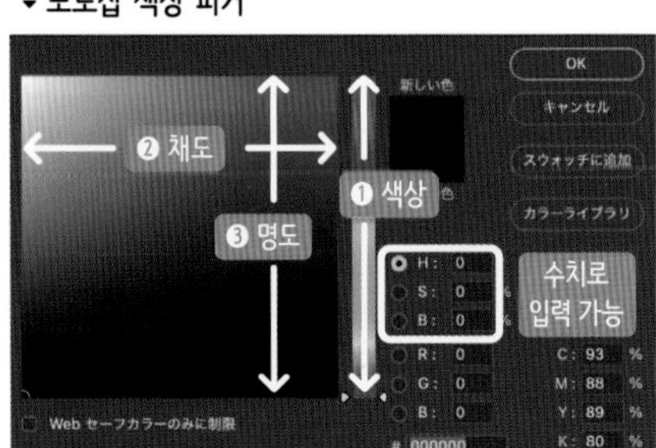

색이 주는 느낌

색은 특정한 느낌을 떠오르게 합니다. 색의 기본적인 느낌을 알아두면 배색에 응용할 수 있습니다.

웹 특성을 고려한 디자인

레이아웃·글꼴·색상은 잡지 등과 같은 인쇄 디자인과 공통된 부분이지만, 웹 디자인 자체의 특징을 고려한 디자인을 할 필요가 있습니다.

조작이 가능하다

잡지나 포스터는 시각적인 정보를 주는 것이 주요한 목적이지만, 웹은 **다른 페이지로 이동한다, 쇼핑을 한다, 문의를 한다**와 같은 조작이 가능한 매체입니다.

따라서 **조작하기 쉬움**이나 **처리가 빠름, 알기 쉬움** 등이 요구됩니다.

열람 환경이 다양하다

사용자의 열람 환경이 제각각인 것도 중요한 차이점입니다.

10장에서 반응형 웹 디자인을 배웠던 것처럼, 사람에 따라서 화면 폭이나 해상도가 다를 수 있기 때문에 각각의 환경에 맞는 디자인으로 최적화할 필요가 있습니다.

움직임을 표현할 수 있다

최근 웹에서는 **움직임**을 표현하는 것이 일반적입니다. 사용자의 조작에 대해서 피드백을 주는 작은 움직임을 시작으로, 웹 콘텐츠 자체가 다이나믹하게 움직이는 사이트도 있습니다.

이러한 움직임을 도입해 더욱 매끄러운 UI·UX를 제공할 수 있는 것이 웹의 강점이라고 할 수 있습니다.

디바이스의 다양화나 웹 기술의 발전에 따라 디자인이 변해가는 것이 중요합니다.

CHAPTER 12

레스토랑 사이트 CSS 작성하기(모바일)

이 장에서는 레스토랑 사이트의 모바일 버전 CSS를 먼저 제작해봅니다.
여러 개의 페이지로 구성된 사이트를 만드는 방법도 함께 배워봅시다.

이 장의 후반부에서는 CSS 그리드라는 편리한 레이아웃 기법도 배웁니다.

어쩐지 근사한 사이트가 될 것 같네!

SECTION 1 멀티 페이지 사이트 제작의 포인트

전체 디자인 확인하기

멀티 페이지 사이트를 만들 때는 먼저 각 페이지에 **공통 파트**가 있는지 확인합니다. 이 장의 샘플 사이트에서는 CONCEPT·MENU·INFO 페이지의 상단과 푸터가 공통 파트입니다.

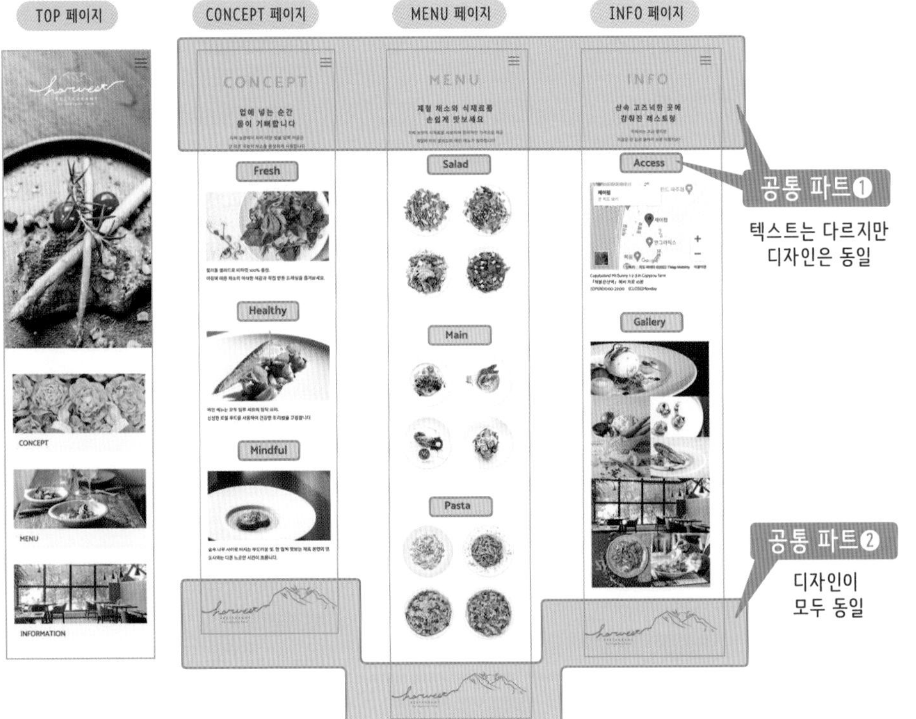

이 장의 샘플 사이트는 여러 개의 페이지로 구성되어 있고, 각 페이지는 오른쪽 그림과 같은 계층 구조를 이룹니다. 최상층에 TOP 페이지가 있고 그 아래에 **하위 페이지가 링크**로 연결됩니다.

공통 파트가 있는 페이지는 하나를 완성한 후에 그 HTML 파일을 복사하고 파일명을 변경해서 공통 파트 이외의 내용만 변경하는 방식을 취하면 효율적입니다.

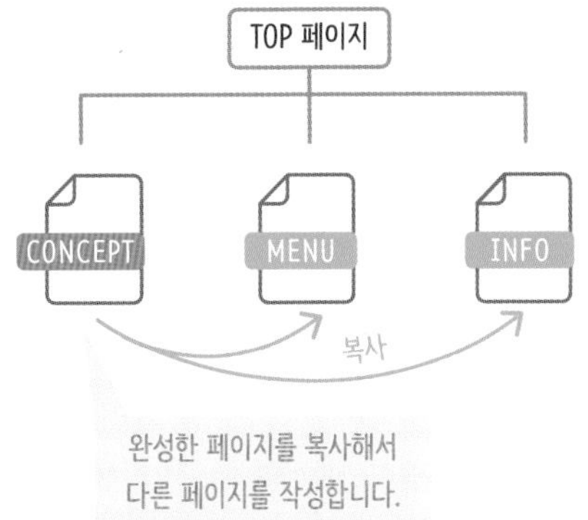

완성한 페이지를 복사해서 다른 페이지를 작성합니다.

이처럼 코딩을 하기 전에 모든 페이지의 디자인을 확인한 다음 가장 효율적인 순서와 방법을 선택해 봅시다.

이 장에서는 실습용 HTML 파일이 미리 준비되어 있어서 실제로 파일을 복사하지는 않지만, 멀티 페이지 사이트를 제작할 때는 이런 과정을 생각하면서 진행합니다.

건너뛰어도OK RANK UP 사이트 계층 구조에 맞춘 폴더 구성 방식

페이지 수가 많고 계층이 깊은 사이트를 만들 때는 CSS 파일을 여러 개로 분리하거나 이미지 폴더를 계층별로 나눠서 구성하기도 합니다.

폴더 구조를 구성할 때 절대적인 정답은 없으니 프로젝트에 맞는 방법을 선택하면 됩니다.

예를 들어 다음과 같은 사이트 맵을 가진 사이트라면 오른쪽과 같이 카테고리마다 이미지 폴더와 CSS를 분리해서 배치할 수도 있습니다. 하지만 CSS 파일이 분산될수록 관리가 어려워집니다.

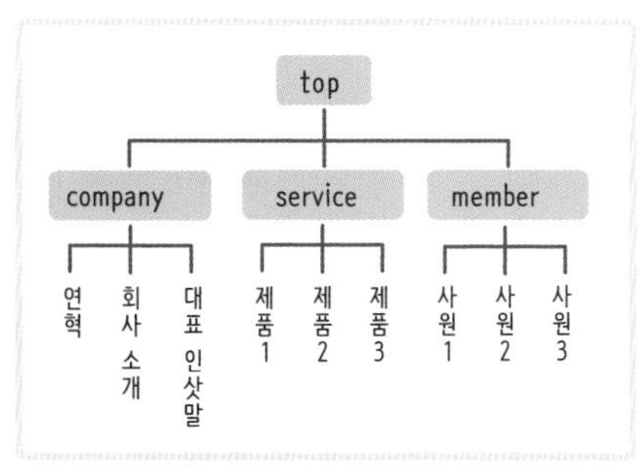

제품 구조(사이트맵)

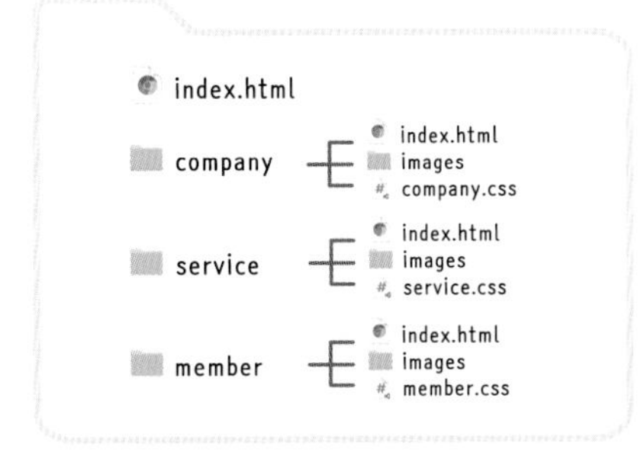

폴더의 내용을 직관적으로 알 수 있다.

Part 5
12

TOP 페이지 CSS 작성하기

HTML 파일 확인하기

12장/작업/index.html을 VSCode에서 열어봅시다. 이 파일은 마크업이 끝난 상태입니다. 완성 디자인(12장/design/sp_top.png)과 비교하면서 마크업 내용을 확인해봅시다.

VSCode에서 확인

```
<!DOCTYPE html>
<html lang="ko">
  <head>
    <meta charset="UTF-8">
    <meta name="viewport" content="width=device-width,initial-scale=1">
    <link rel="stylesheet" href="css/reset.css">
    <link rel="preconnect" href="https://fonts.googleapis.com">
    <link rel="preconnect" href="https://fonts.gstatic.com" crossorigin>
    <link href="https://fonts.googleapis.com/css2?family=Catamaran:wght@
400;700&family=Noto+Sans+KR:wght@400;700&display=swap" rel="stylesheet">
    <link rel="stylesheet" href="css/style.css">
    <title>Harvest Restaurant</title>
  </head>
  <body class="topPage">
    <header>
      <h1>
        <img src="images/top_logo.svg" alt="Harvest Restaurant">
      </h1>
    </header>
    <main>
      <ul class="linkList">
        <li>
          <a href="concept.html">
            <img src="images/top_ph01.jpg" alt="">
            <span>CONCEPT</span>
          </a>
        </li>
        <li>
          <a href="menu.html">
            <img src="images/top_ph02.jpg" alt="">
            <span>MENU</span>
          </a>
        </li>
        <li>
          <a href="info.html">
            <img src="images/top_ph03.jpg" alt="">
            <span>INFORMATION</span>
          </a>
        </li>
      </ul>
    </main>
  </body>
</html>
```

body의 클래스명 : topPage

ul의 클래스명 : linkList

이 장의 HTML에서는 지면 사정상 alt 속성값을 생략합니다.

작업 파일 확인하기

12장/작업/css/style.css를 VSCode에서 열어 봅시다. 12장/작업/index.html을 브라우저에서 열고 CSS가 반영되는지 확인하면서 진행합니다. 완성 디자인은 12장/design/sp_top.png를 보면서 진행합니다.

이 장에서는 반응형 웹의 모바일용 디자인을 먼저 구현하도록 하겠습니다.

STEP 1 디바이스 모드로 변경하자

모바일 디자인부터 코딩하기 위해 `index.html`을 연 브라우저에서 개발자 도구를 실행하고 디바이스 모드로 전환합니다(175쪽).

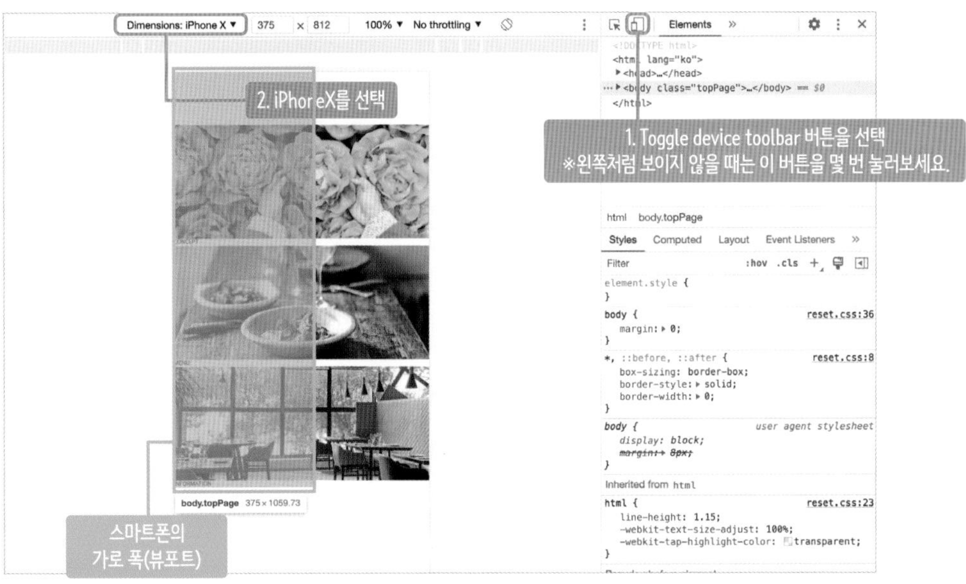

이미지의 크기가 커서 뷰포트의 폭을 크게 벗어났습니다.

개발자 도구의 [Elements] 탭에서 <body> 태그를 선택하면 앞의 그림처럼 뷰포트의 범위를 확인할 수 있습니다.

사이트 전체 글꼴 설정하기

이 장의 샘플 디자인에서는 구글 폰트(웹 폰트)의 'Catamaran'과 'Noto Sans KR'을 사용합니다. 웹 폰트를 읽어오는 태그는 〈head〉 태그에 이미 작성되어 있으므로 CSS 선택자에 글꼴명을 지정하면 사용할 수 있습니다. 사이트 전체 글꼴을 설정하기 위해 body에 font-family를 지정해봅시다. 더불어 글꼴의 크기, 행간, 색상도 지정합니다.

12장/step/02/css/01_font_step1.css

```
@charset "utf-8";

body {
  font-family: 'Catamaran','Noto Sans KR',sans-serif;
  font-size: 16px;
  line-height: 1.5;
  color: #2c2c2c;
}
```

'C'는 대문자

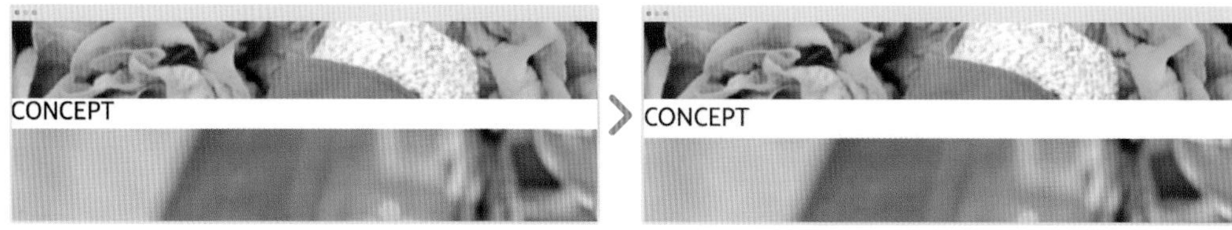

TOP 페이지는 텍스트가 적어서 알기 어렵지만 글꼴과 행 높이가 변했습니다.

여기에 주의! POINT font-family의 지정 순서

font-family를 지정할 때 **먼저 작성한 글꼴 우선, 글꼴이 없을 때는 다음 글꼴 적용**이라는 규칙(59쪽)을 활용하면 영숫자와 한글의 글꼴을 다르게 지정할 수 있습니다.

영숫자 글꼴(Catamaran)을 먼저 지정하고, 그 다음에 한국어 글꼴(Noto Sans KR)을 지정하면, 영어·숫자·기호는 Catamaran, 한국어는 Noto Sans KR로 적용됩니다.

```
font-family: 'Catamaran','Noto Sans KR', sans-serif;
```

벗어난 이미지 수정하기

STEP 1 이미지 폭의 최대값을 지정하자

가로 폭의 최댓값을 지정하는 속성

맥스 위스 max-width : ~ ;	값에는 단위를 동반한 수치가 들어갑니다. 같은 종류의 속성으로 max-height(높이의 최댓값)가 있습니다.

오른쪽 그림에서 파란색 부분이 body 요소의 영역입니다. 지금은 이미지가 너무 커서 body 요소에서 벗어난 상태입니다.

부모 요소에서 이미지가 벗어나는 것을 막기 위해 모든 이미지 요소에 대해 max-width:100%;를 지정합니다.

12장/step/02/css/02_img_step1.css

```
img {
  max-width: 100%;
}
```

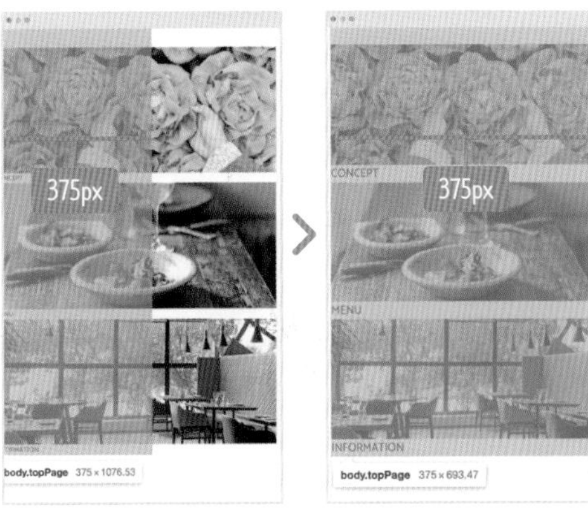

이미지가 body 요소의 가로 폭(375px)에 맞춰졌습니다.

건너뛰어도 OK RANK UP **max-width:100%; 와 width:100%; 는 다르다**

width:100%;를 쓰면 안 되는 건가요?

앞의 예와 같이 부모 요소를 벗어나는 이미지를 부모의 가로 폭에 맞추고자 할 때는 width:100%;와 max-width:100%; 모두 같은 효과를 냅니다. 하지만 **이미지의 가로 폭이 부모 요소보다 작다면 width:100%;로 지정했을 때 이미지가 양옆으로 늘어납니다.**

max-width는 최대 폭을 지정하는 속성이므로 부모 요소의 가로 폭보다 큰 이미지는 100%로 작아지고, 작은 요소는 원래 사이즈대로 유지됩니다.

이미지가 원래 크기보다 늘어나면 흐릿하게 표시됩니다. 그래서 img와 같은 넓은 범위에 영향을 미치는 선택자에는 max-width:100%;를 사용할 때가 많습니다.

헤더 영역 이미지 정돈하기

STEP 1 메인 이미지를 표시하자

메인 이미지를 header의 배경 이미지로 지정하고, 높이를 90vh로 만들겠습니다. 여백도 조정합니다.

12장/step/02/css/03_header_step1.css

```
.topPage header {
  height: 90vh;
  background: url(../images/top_bg.jpg) no-repeat center top/cover;
  padding-top: 50px;
  margin-bottom: 64px;
}
```

헤더 배경으로 메인 이미지가 표시되었습니다.

<body> 태그에 부여한 topPage라는 클래스명을 선택자로 사용했습니다. 이렇게 지정하면 TOP 페이지의 header에만 CSS를 적용할 수 있습니다.

배경 이미지가 표시되면 흰색 배경 때문에 보이지 않았던 로고 이미지가 드러납니다.

STEP 2 로고의 크기와 위치를 조정하자

로고 이미지의 크기를 width로 조정하고, 가운데 정렬하기 위해 부모 요소에 `text-align:center;`를 지정합니다.

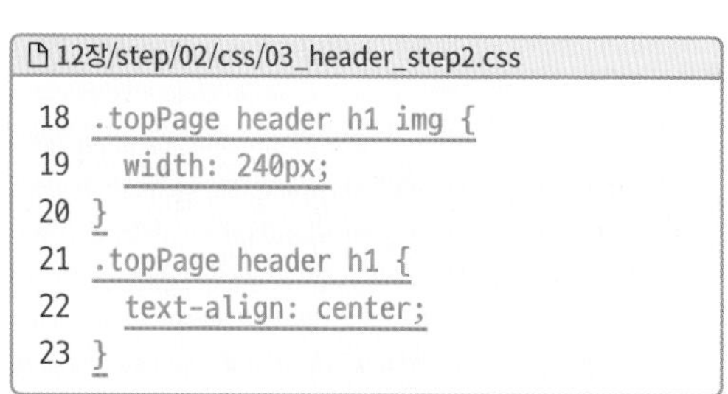

12장/step/02/css/03_header_step2.css

```
.topPage header h1 img {
  width: 240px;
}
.topPage header h1 {
  text-align: center;
}
```

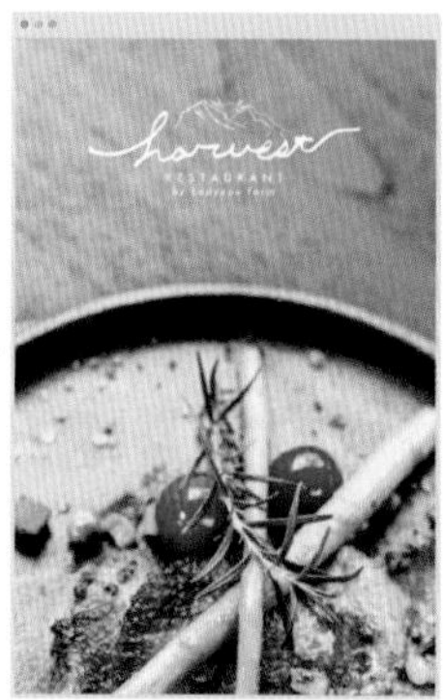

로고 크기가 작아지고 가운데 정렬되었습니다.

이것은 알아두자! LEARNING 벡터 이미지의 SVG

이 장의 로고 이미지는 SVG 형식(**34쪽**)의 벡터 이미지입니다. 벡터 이미지는 계산식을 이용해서 이미지를 그리기 때문에 확대·축소해도 깨끗하게 표시되지만, 래스터 이미지는 점의 집합체로 그리기 때문에 실제 크기보다 크게 표시되면 깨지는 것이 특징입니다.

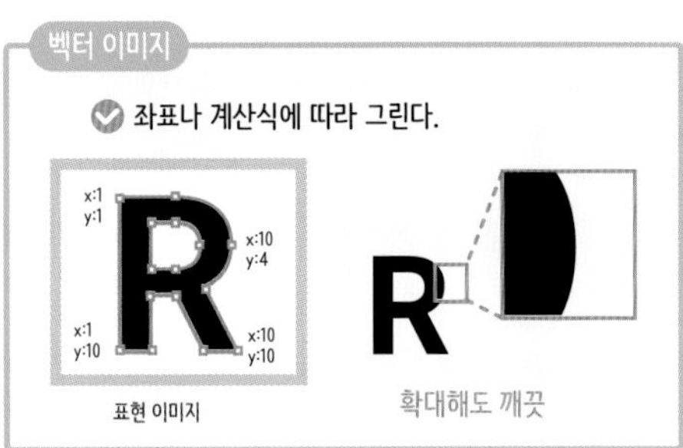

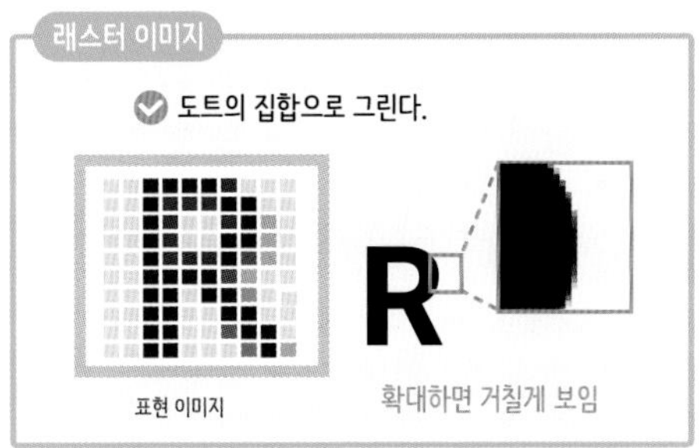

SVG 형식은 고해상도 디스플레이에서도 깨지지 않기 때문에 로고나 작은 아이콘 등에서 사용될 때가 많습니다.

페이지 링크 목록 정돈하기

STEP 1 여백을 조정하자

완성 디자인과 같이 링크 목록 좌우에 여백을 넣기 위해 .linkList에 padding을 지정합니다. 각 링크(.linkList li) 사이에도 여백이 생기도록 margin-bottom을 지정합니다.

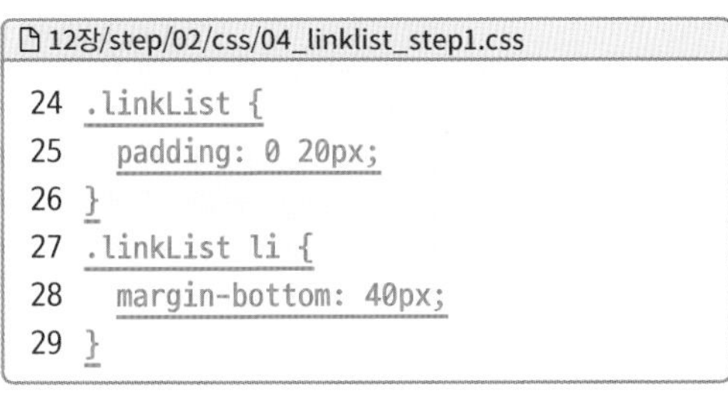

12장/step/02/css/04_linklist_step1.css

```
.linkList {
  padding: 0 20px;
}
.linkList li {
  margin-bottom: 40px;
}
```

여백이 생겼습니다.

STEP 2 링크 영역을 확장하자

현재는 링크를 터치할 수 있는 영역이 좁으므로, a 요소에 `display:block;`을 지정해서 넓혀줍니다. 이렇게 하면 이미지 전체가 링크 영역이 됩니다.

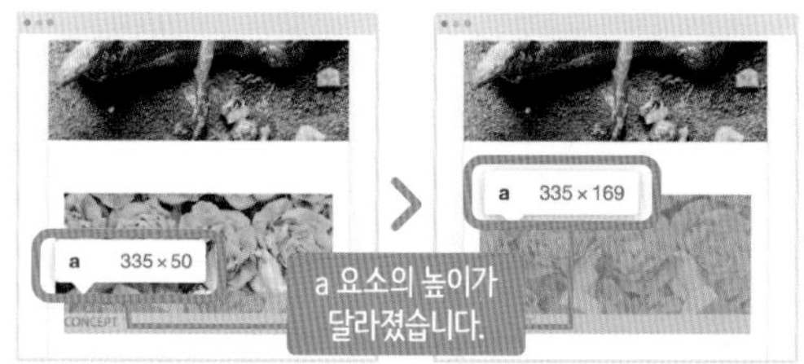

개발자 도구로 확인하면 링크 영역이 이미지까지 확장되었음을 알 수 있습니다(파란색 부분이 링크 영역).

영역에 배경색도 지정해봅시다.

12장/step/02/css/04_linklist_step2.css

```
.linkList li a {
  display: block;
  background-color: #f5f5f5;
}
```

STEP 3 링크 텍스트 위아래에 여백을 넣자

링크 텍스트를 감싼 span 요소는 인라인이므로 위아래에 여백을 넣을 수 없습니다. 글자 위아래에 여백을 넣기 위해 display 속성의 값을 block으로 하고, padding을 지정해봅시다.

글자 크기도 지정합니다.

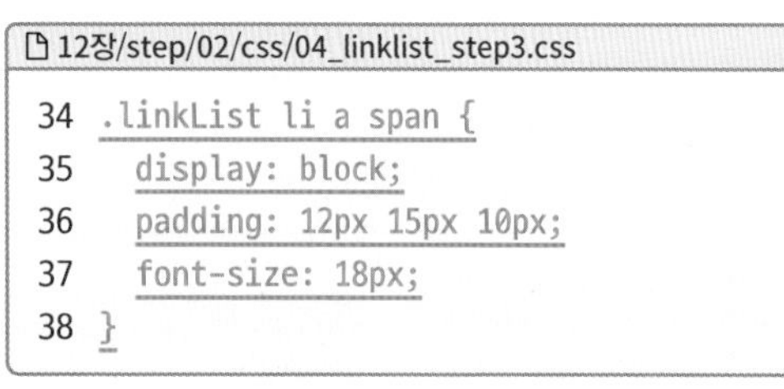

12장/step/02/css/04_linklist_step3.css

```
.linkList li a span {
  display: block;
  padding: 12px 15px 10px;
  font-size: 18px;
}
```

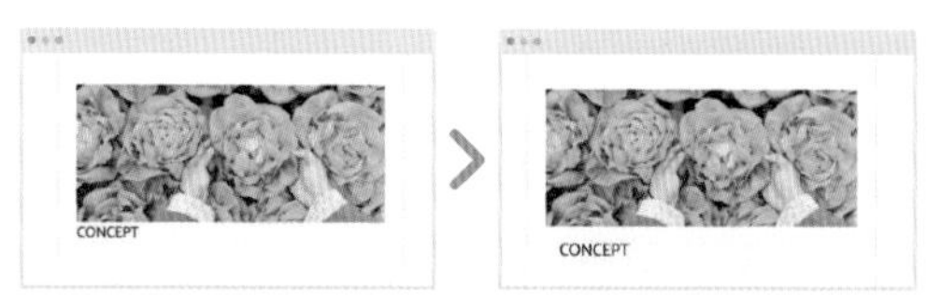

CONCEPT 글자 주변에 여백이 생겼습니다.

여기에 주의! POINT a 요소에 padding을 넣는다면?

언뜻 보면 'a 요소에 padding을 넣어도 되지 않나?'라는 생각이 들 수도 있습니다. 실제로 해보면 오른쪽 그림과 같이 분홍색 부분에 padding이 붙어버립니다.

이처럼 구조상 CSS를 적용할 수 있는 적절한 요소가 없을 때는 장식용 span 태그를 사용하도록 합시다(100쪽).

a 요소 안에 이미지가 들어 있기 때문에 이런 식으로 padding이 생깁니다.

STEP 4 링크 터치 효과를 지정하자

요소에 그래픽 효과를 적용하는 속성

필터
`filter : ～ ;`

명도·채도·색상 등 효과를 적용할 수 있습니다.
값에는 필터의 종류가 들어갑니다.

링크에 마우스를 올리거나 터치를 했을 때 이미지가 밝아지도록 filter를 지정합니다.

효과(필터 종류)에는 명도(밝기)를 지정하는 brightness를 사용합니다.

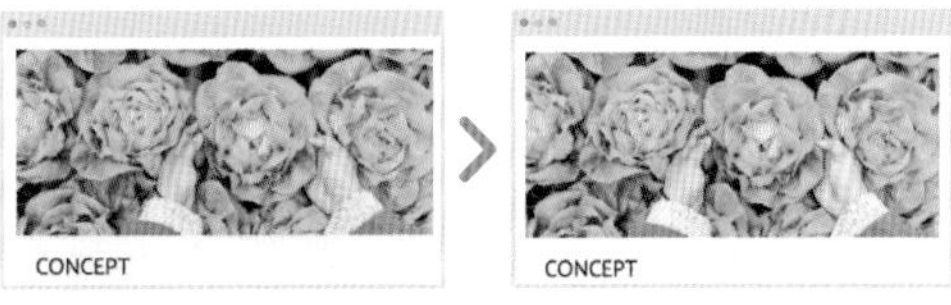

터치했을 때 이미지와 배경이 밝아집니다.

12장/step/02/css/04_linklist_step4.css

```
.linkList li a:hover {
  filter: brightness(105%);
}
```

이것으로 TOP 페이지 완성입니다!

이것은 알아두자 LEARNING filter 속성으로 줄 수 있는 효과

filter 속성은 요소에 대해서 그래픽 효과를 줄 수 있습니다. 필터에는 여러 가지 종류가 있지만, 여기에서는 자주 사용되는 것만 소개합니다.

filter 작성법

`filter : 효과명(값)`

- 값은 효과에 따라 작성 방법이 달라집니다.
- 효과는 스페이스로 구분해서 여러 개를 지정할 수 있습니다.

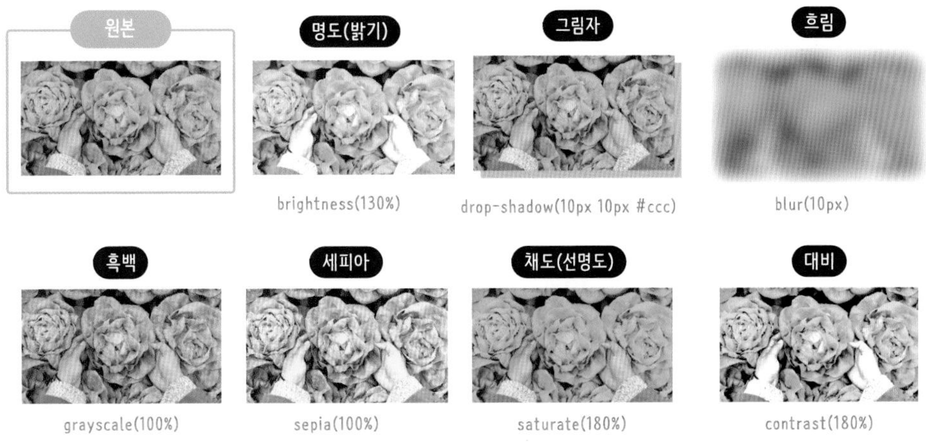

CONCEPT 페이지 CSS 작성하기

HTML 파일 확인하기

12장/작업/concept.html을 VSCode에서 열어봅시다. 이 파일은 마크업이 완료된 상태입니다. 완성 디자인 12장/design/sp_concept.png와 비교하면서 마크업 내용을 확인해봅시다.

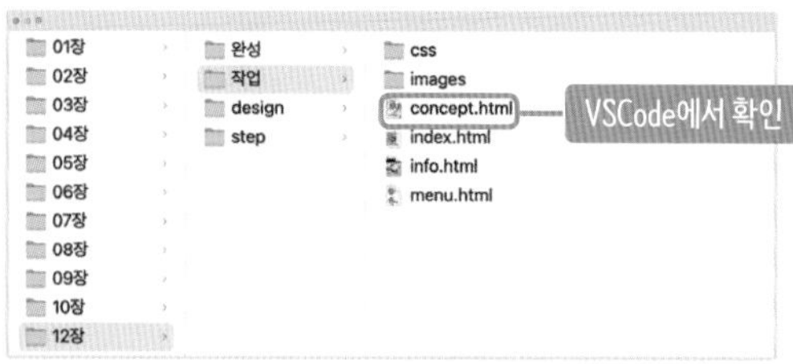

12장/작업/concept.html

```
<!DOCTYPE html>
...
    <title>CONCEPT ¦ Harvest Restaurant</title>
  </head>
  <body class="subPage">
    <header>
      <h1><span>concept</span></h1>
    </header>
    <main>
      <section>
        <h2>입에 넣는 순간 <br class="onlySP">몸이 기뻐합니다</h2>
        <p class="lead">
          자체 농원에서 자라 태양 빛을 담뿍 머금은<br>
          갓 따온 무농약 채소를 풍성하게 사용합니다
        </p>
        <section class="conceptDetailSec">
          <h3>Fresh</h3>
          <p class="photo"><img src="images/concept_ph01.jpg" alt=""></p>
          <p class="text">
            컬러풀 샐러드로 비타민 100% 충전.<br>
            아침에 따온 채소의 아삭한 식감과 직접 만든 드레싱을 즐겨보세요.
          </p>
        </section>
        <section class="conceptDetailSec reverse">
          <h3>Healthy</h3>
          <p class="photo"><img src="images/concept_ph02.jpg" alt=""></p>
          <p class="text">
            메인 메뉴는 모두 일류 셰프의 창작 요리.<br>
            신선한 로컬 푸드를 사용하여 건강한 조리법을 고집합니다.
          </p>
        </section>
        <section class="conceptDetailSec">
          <h3>Mindful</h3>
          <p class="photo"><img src="images/concept_ph03.jpg" alt=""></p>
          <p class="text">
            숲속 나무 사이로 비치는 부드러운 빛. 한 입씩 맛보는 재료 본연의 맛.<br>
            도시와는 다른 느긋한 시간이 흐릅니다.
          </p>
        </section>
      </section>
    </main>
    <footer>
      <p><img src="images/footer_logo.svg" alt=""></p>
    </footer>
  </body>
</html>
```

body의 클래스명

section

section

section

CSS 작성 전에 확인하기

하위 페이지 3개는 **198쪽**에서 확인한 것처럼 분홍색 부분이 공통 디자인입니다. CONCEPT 페이지의 CSS는 이 공통 파트부터 작성해봅시다.

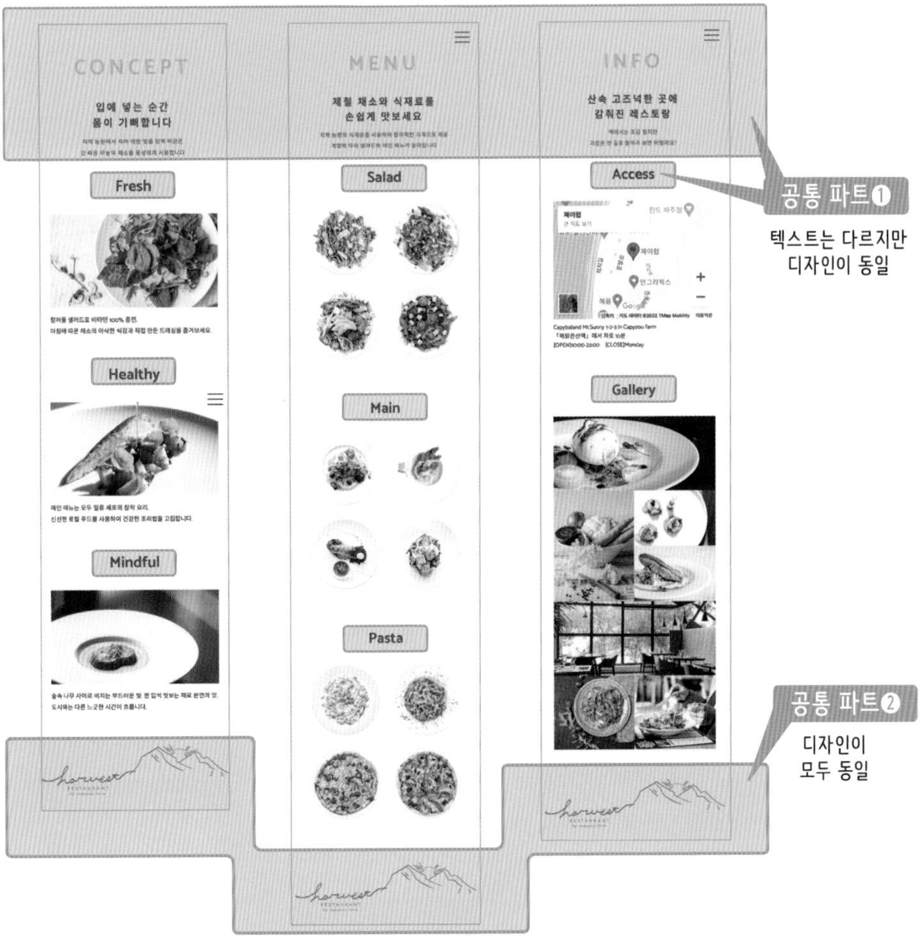

CONCEPT
MENU
INFO

공통 파트①

텍스트는 다르지만
디자인이 동일

공통 파트②

디자인이 모두 동일

TOP 페이지 코드를 보면 body에 topPage라는 클래스가 붙어 있는데, **하위 페이지 코드를 보면 body에 subPage라는 클래스가 붙어 있습니다.** 이 클래스를 선택자(.subPage)로 사용하면 하위 페이지 3개에 같은 CSS를 적용할 수 있습니다.

이렇게 하면 몇 번이나 같은 CSS를 작성하지 않아도 되니까 효율적이네요.

페이지 상단 공통 파트 스타일 만들기

아래에 있는 공통 파트를 만들어봅시다. 앞 절에 이어서 같은 style.css에 작성합니다. 디자인은 12장/design/sp_concept.png를 참고하고, concept.html을 브라우저에서 열어 디바이스 모드로 확인하면서 진행합니다.

CONCEPT

MENU

타이틀을 정돈하자

대·소문자 표기를 지정하는 속성

텍스트 트랜스폼
`text-transform : ～ ;`

영문의 대·소문자를 특정 방식으로 표기하도록 지정할 수 있습니다. 값에는 uppercase(대문자) 등의 키워드가 들어갑니다.

주로 사용하는 값

uppercase	lowercase	capitalize
Menu → MENU 모든 글자를 대문자로 표기	Menu → menu 모든 글자를 소문자로 표기	menu → Menu 첫 글자를 대문자로 표기

페이지 가장 위에 선을 긋기 위해 header에 boder-top을 지정하고 여백을 조정합니다. h1 요소의 타이틀을 정돈하고, text-transform을 사용하여 소문자 표기를 대문자 표기로 변경합니다.

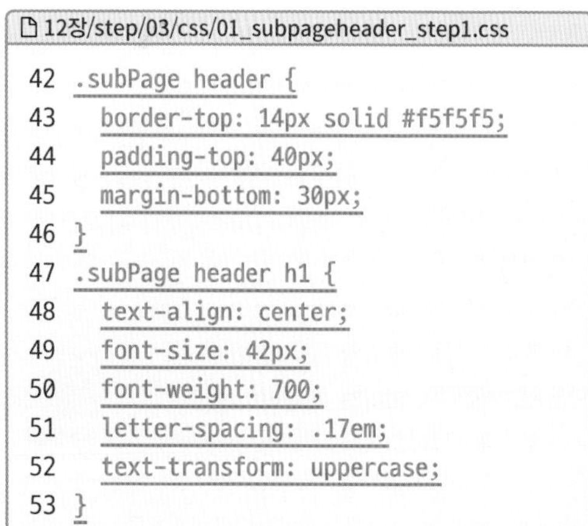

12장/step/03/css/01_subpageheader_step1.css

```
.subPage header {
  border-top: 14px solid #f5f5f5;
  padding-top: 40px;
  margin-bottom: 30px;
}
.subPage header h1 {
  text-align: center;
  font-size: 42px;
  font-weight: 700;
  letter-spacing: .17em;
  text-transform: uppercase;
}
```

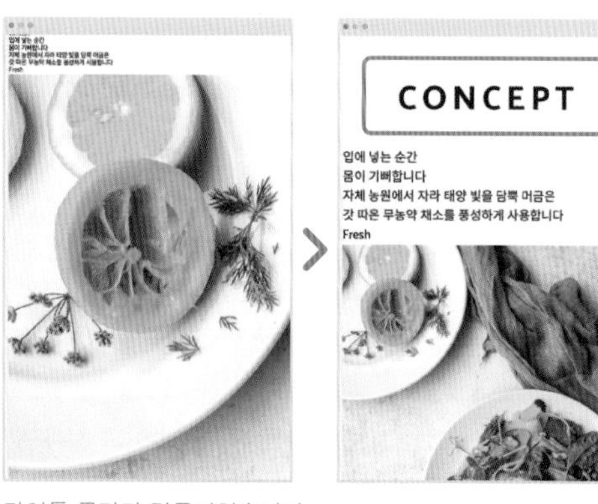

타이틀 글자가 정돈되었습니다.

이것은 알아두자 LEARNING 소문자 표기를 대문자로 만드는 이유

HTML에 영문 대문자를 그대로 쓰면 화면 정보를 음성으로 읽어주는 소프트웨어가 약어로 간주할 수 있습니다. 예를 들면 'MENU'와 같이 대문자가 연이어 있으면 '메뉴'가 아니라 '엠.이.엔.유'와 같이 읽게 됩니다.

이런 상황을 피하기 위해서 HTML에는 소문자로 'menu'라고 쓰고, `text-transform:uppercase;`(모두 대문자로 표기)를 지정하여 외관만 대문자로 표기하는 방법을 사용합니다.

STEP 2 타이틀 글자를 그러데이션으로 만들자

배경 이미지의 표시 영역을 지정하는 속성

백그라운드 클립 `background-clip : ～ ;`	배경 이미지가 박스의 어느 영역만큼 표시될지 지정합니다. 값에는 text 등의 키워드가 들어갑니다.

글자에 그러데이션 효과를 넣을 때는 몇 가지 단계가 필요합니다. 먼저 background-image 속성값으로 그러데이션을 지정합니다. 그리고 `background-clip:text;`를 지정하면 배경이 텍스트 영역만큼 표시되기 때문에 텍스트에 그러데이션 효과를 낼 수 있습니다. 다만 현 상태로는 글자가 검은색이라서 배경이 보이지 않기 때문에 글자색을 transparent(투명)로 지정합니다.

12장/step/03/css/01_subpageheader_step2.css

```
54 .subPage header h1 span {
55   background-image: linear-gradient(135deg,#e6ba5d 0%,#9ac78a 100%);
56   -webkit-background-clip: text;
57   -moz-background-clip: text;
58   background-clip: text;
59   color: transparent;
60 }
```

background-clip을 지원하지 않는 브라우저에 대응하기 위해 벤더 프리픽스도 작성합니다(56, 57행). 벤더 프리픽스에 대해서는 213쪽에서 설명합니다.

background-image만 지정합니다.

background-clip을 지정하면 글자색이 검은색이기 때문에 배경이 보이지 않습니다.

글자색을 투명으로 지정하면 배경(그러데이션)이 보입니다.

그러데이션 넣는 방법

배경색에 그러데이션을 넣을 때는 background-image 값에 linear-gradient를 지정합니다.

linear-gradient 작성법

```
background-image:linear-gradient(135deg, #e6ba5d 0%, #9ac78a 100%);
```

135deg: 기울기 / 0%, 100%: 그러데이션 시작 위치·종료 위치

- 0%와 100%의 경우는 위치 지정을 생략할 수 있습니다.
- ,(콤마)로 구분해서 색상을 늘릴 수도 있습니다.

예시 linear-gradient(#e6ba5d 0%, #fffff 50%, #9ac78a 100%);

background-color가 아닌 것에 주의하세요!

▶ 그러데이션을 작성할 때에 참고할 만한 사이트

그러데이션을 디자인할 때 아무것도 없는 상태에서 자신의 생각대로 만들기는 어렵습니다. 이럴 때 참고하면 좋은 것이 그러데이션 제너레이터와 갤러리 사이트입니다.

제네레이터를 사용하면 자신이 원하는 그러데이션을 만들 때 UI를 조작해서 쉽게 만들 수 있고, 작성한 그러데이션을 CSS로 출력할 수도 있습니다.

갤러리에는 그러데이션 샘플이 많이 준비되어 있어서 원하는 것을 골라 CSS로 복사해서 사용할 수 있습니다.

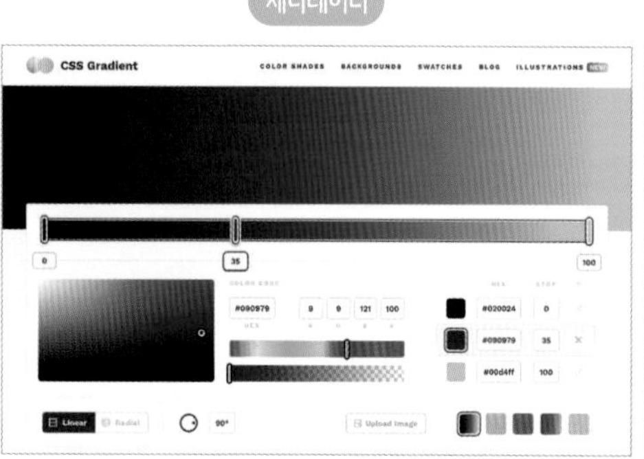

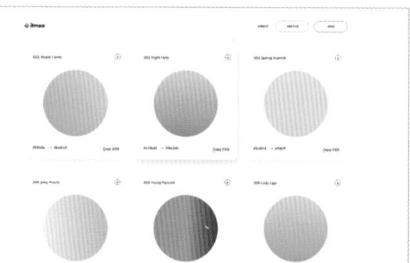

제너레이터 https://cssgradient.io

갤러리 https://webgradients.com

부록PDF에는 이 사이트 외에도 여러 가지 추천 사이트를 소개하고 있습니다.

여기에 주의! POINT 벤더 프리픽스란?

CSS는 W3C 내부 절차에 따라 여러 단계를 거쳐 표준이 결정됩니다. 아직 표준이 확정되지 않은 새로운 속성을 브라우저가 시험적으로 사용하고자 할 때 CSS 속성명 앞에 **벤더 프리픽스**(vendor prefix)라는 접두어를 붙여서 작성합니다.

벤더 프리픽스는 다음과 같이 사용하는데, 브라우저마다 다릅니다.

벤더 프리픽스 종류

-webkit-	· 구글 크롬 · 사파리 · 마이크로소프트 엣지 · 오페라
-moz-	· 모질라 파이어폭스

앞의 STEP2에서도 56~57행에 벤더 프리픽스를 사용했습니다.

2022년 12월 현재 background-clip은 벤더 프리픽스가 필요한 속성입니다. 이와 같이 CSS 속성에 따라 '브라우저가 지원하지 않는 것', '프리픽스를 붙이면 괜찮은 것' 등이 있기 때문에 새로운 CSS 속성을 사용할 때는 브라우저의 지원 상황을 확인할 필요가 있습니다.

▶ 브라우저의 지원 상황을 확인할 수 있는 사이트

Can I Use?

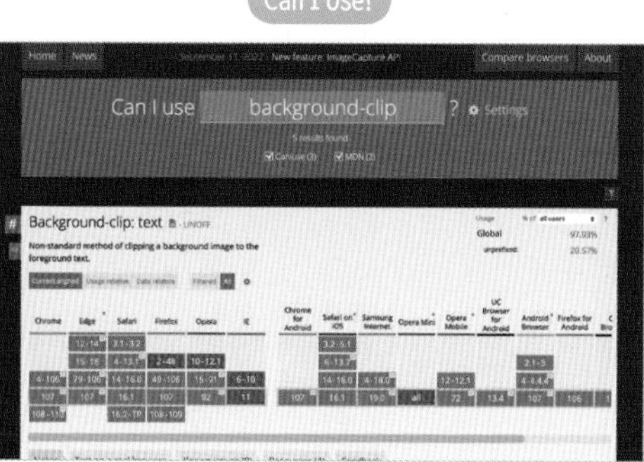

https://caniuse.com/

MDN Web Docx

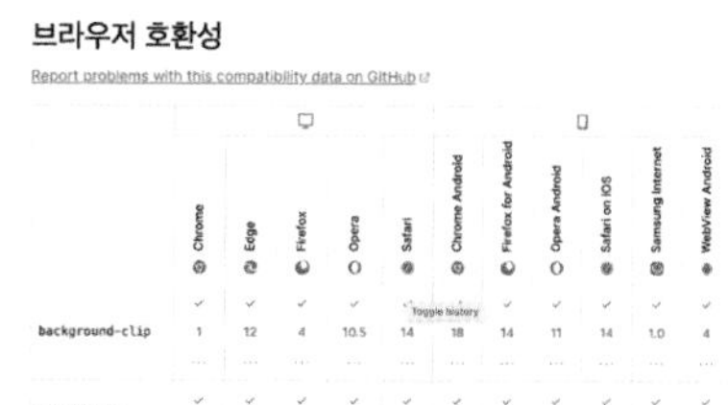

https://developer.mozilla.org/ko/docs/Web/CSS/background-clip

CSS가 초안일 때는 벤더 프리픽스를 붙인 것과 일반적으로 작성한 것을 병기합니다. 접두사 간의 순서는 상관없지만, 벤더 프리픽스를 붙이지 않은 것은 맨 마지막에 쓰도록 합니다.

해당 속성이 모든 브라우저에서 정식 지원 단계가 되면 의도하지 않은 동작을 피하기 위해 벤더 프리픽스는 삭제합니다.

공통 제목 만들기

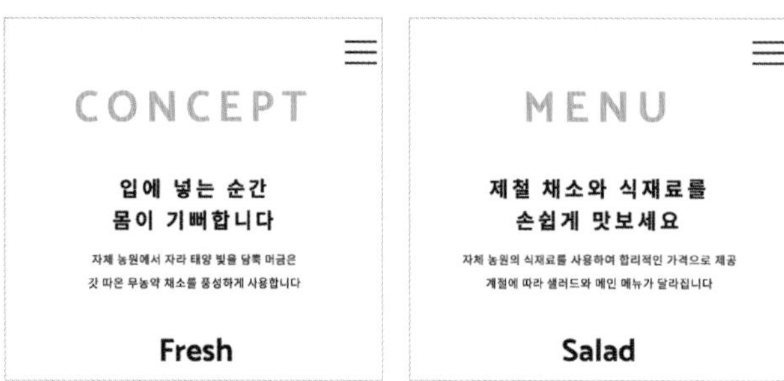

STEP 1 큰 제목(h2 요소)을 정돈하자

h2 요소의 글자와 바로 아래에 있는 리드문(.lead)을 지금까지 배운 속성을 사용하여 샘플 디자인과 같이 만들어봅시다.

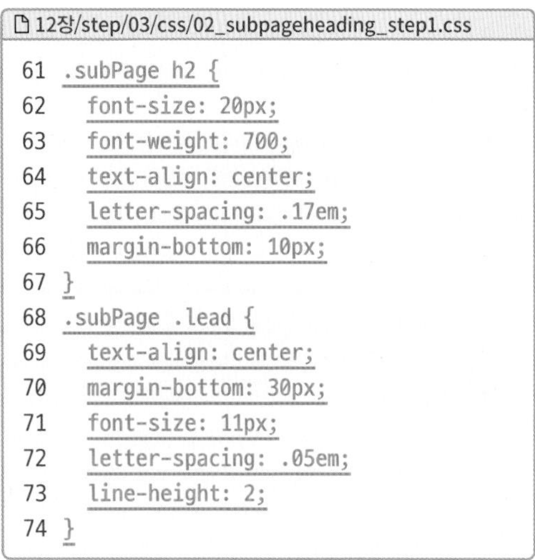

12장/step/03/css/02_subpageheading_step1.css

```
.subPage h2 {
  font-size: 20px;
  font-weight: 700;
  text-align: center;
  letter-spacing: .17em;
  margin-bottom: 10px;
}
.subPage .lead {
  text-align: center;
  margin-bottom: 30px;
  font-size: 11px;
  letter-spacing: .05em;
  line-height: 2;
}
```

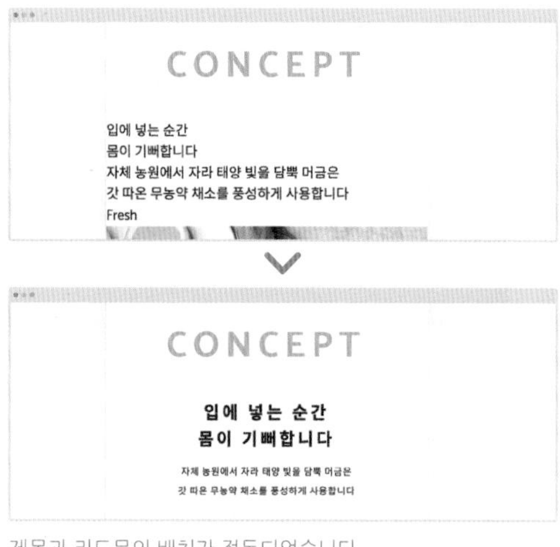

제목과 리드문의 배치가 정돈되었습니다.

STEP 2 작은 제목(h3 요소)을 정돈하자

h3 요소의 문자 스타일을 꾸며봅시다.

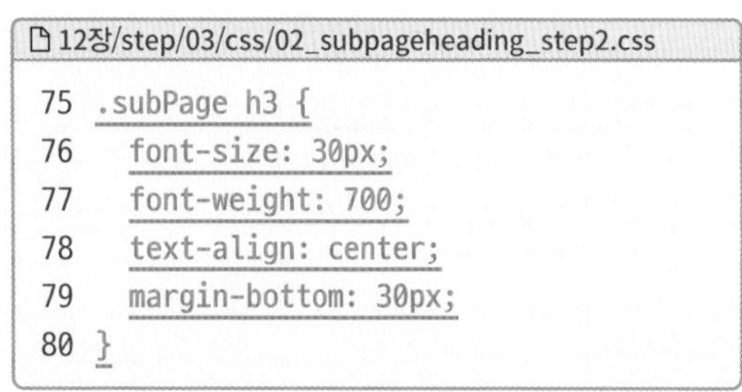

12장/step/03/css/02_subpageheading_step2.css

```
.subPage h3 {
  font-size: 30px;
  font-weight: 700;
  text-align: center;
  margin-bottom: 30px;
}
```

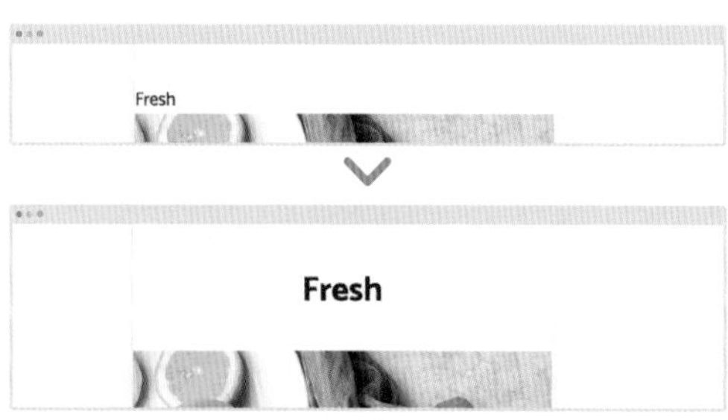

작은 제목의 크기와 배치 여백이 정돈되었습니다.

메인 칼럼에 공통 여백 넣기

STEP 1 메인 칼럼의 폭 조정하기

현재는 하위 페이지의 메인 콘텐츠가 화면 폭을 꽉 채우는 상태입니다. 완성 디자인처럼 좌우 여백을 주기 위해 main에 padding을 지정합니다.

12장/step/03/css/03_subpagemain_step1.css

```
.subPage main {
  padding: 0 20px;
}
```

컬러풀 샐러드로 비타민 100% 충전.
아침에 따온 채소의 아삭한 식감과 직접 만든 드레싱을 즐겨보세요.

좌우에 여백이 생겼습니다.

margin을 사용해도 결과는 똑같나요?

네. margin으로도 동일하게 여백이 생깁니다. 여백이 main 요소 안쪽의 여백이라고 생각할지 바깥쪽 여백이라고 생각할지에 따라 결정하면 됩니다.

공통 푸터 만들기

STEP 1 산 일러스트를 표시하자

푸터에 산 일러스트를 표시하기 위해 background에 이미지 경로를 지정합니다. margin과 padding으로 위치 조정도 해봅시다.

12장/step/03/css/04_subpagefooter_step1.css

```
footer {
  background: url(../images/footer_mt.svg) no-repeat right top/200px;
  margin-top: 60px;
  padding-top: 68px;
}
```

산 일러스트를 오른쪽 위에 배치해서 로고와 겹치지 않도록 했습니다.

STEP 2 로고의 위치를 조정하자

로고를 감싼 부모 영역에 배경색을 넣고 로고 이미지에 width를 지정하여 폭을 줄입니다. 그리고 transform을 사용해서 위치를 현재보다 살짝 오른쪽으로 조정합니다.

12장/step/03/css/04_subpagefooter_step2.css

```
footer p {
  background-color: #f5f5f5;
}
footer p img {
  width: 188px;
  transform: translateY(-28px);
}
```

로고 이미지가 작아지고 푸터 위에 겹쳐졌습니다.

앞의 페이지에서 산 일러스트의 위치는 margin과 padding으로 조정했는데, 로고 이미지는 왜 transform을 사용하는 건가요?

산 일러스트는 CSS로 표시되어 있고, 로고는 img 태그로 표시되어 있어서 위치의 조정 방법이 달라집니다.

여기에 주의! POINT <img> 태그와 background-image의 사용법 구분

이미지를 표시할 때는 HTML에 직접 작성하는 방법과 CSS로 장식적으로 표시하는 방법이 있습니다.

HTML로 이미지를 표시할 때는 <img> 태그나 <figure> 태그를 사용하고, CSS로 이미지를 표시할 때는 background-image나 가상 요소(::before, ::after)를 사용합니다.

이 장의 샘플 디자인의 경우 산 일러스트는 장식 목적으로 문서 자체에는 필요가 없기 때문에 CSS로 표시했습니다. 로고에는 가게명과 같은 정보가 들어 있기 때문에 <img> 태그로 표시했습니다.

처음에는 판단이 어려울 수 있으니 'HTML만으로도 정보가 정확히 전달되는가'를 기준으로 판단해봅시다. 예를 들면 지도나 상품 이미지는 <img> 태그를 사용할 때가 많습니다.

콘텐츠 부분 만들기

여기부터는 공통 파트 외(CONCEPT 페이지)의 CSS를 작성해봅시다.

STEP 1 사진 사이즈를 조정하자

사진의 세로 폭이 길기 때문에 height:180px;을 지정합니다. 세로 폭을 지정하면 가로·세로 비율이 유지된 채로 줄어들기 때문에 이번에는 가로 폭이 부족하게 됩니다. 디자인대로 크기를 맞추기 위해 가로 폭을 100%로 지정합니다.

12장/step/03/css/05_content_step1.css

```
.conceptDetailSec p img {
  height: 180px;
  width: 100%;
}
```

Fresh
컬러풀 샐러드로 비타민 100% 충전.
아침에 따온 채소의 아삭한 식감과 직접 만든 드레
싱을 즐겨보세요.

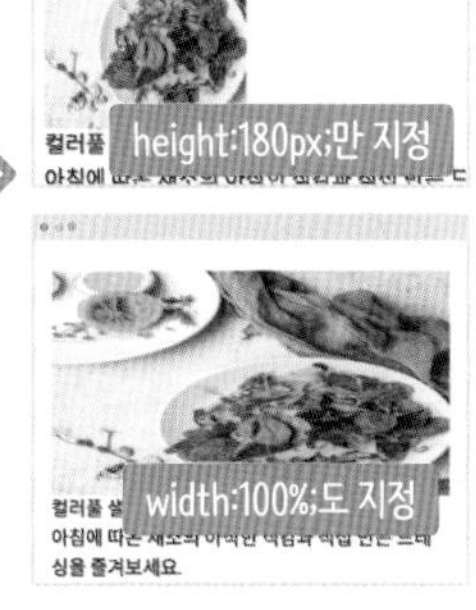
height:180px;만 지정
width:100%;도 지정

크기는 디자인과 동일하지만 사진이 일그러졌습니다.

STEP 2 사진의 일그러짐을 수정하자

박스 내의 콘텐츠 표시 방식을 지정하는 속성

오브젝트 핏
`object-fit: ~ ;`

이미지·동영상 등의 콘텐츠 크기를 어떻게 조절해서 박스에 표시할지 지정합니다. 값에는 cover 등의 키워드가 들어갑니다.

박스 내의 콘텐츠 표시 위치를 지정하는 속성

오브젝트 포지션
`object-position: ~ ;`

이미지·동영상 등의 콘텐츠를 박스의 어느 위치에 배치할지 지정합니다. 값에는 위치를 나타내는 키워드나 단위를 동반한 수치가 들어갑니다.

고정 높이를 지정해서 사진이 일그러졌으므로, object-fit:cover;를 지정해 사진의 일그러짐을 수정해봅시다.

12장/step/03/css/05_content_step2.css

```
.conceptDetailSec p img {
  height: 180px;
  width: 100%;
  object-fit: cover;
}
```

Fresh
컬러풀 샐러드로 비타민 100% 충전.
아침에 따온 채소의 아삭한 식감과 직접 만든 드레
싱을 즐겨보세요.
Healthy
Fresh
컬러풀 샐러드로 비타민 100% 충전.
아침에 따온 채소의 아삭한 식감과 직접 만든 드레
싱을 즐겨보세요.
Healthy

사진의 일그러짐이 없어졌습니다.

STEP 3 사진 표시 위치를 조정하자

완성 디자인과 비교해보면 사진이 표시된 부분이 다르므로 object-position으로 위치를 조정해봅시다.

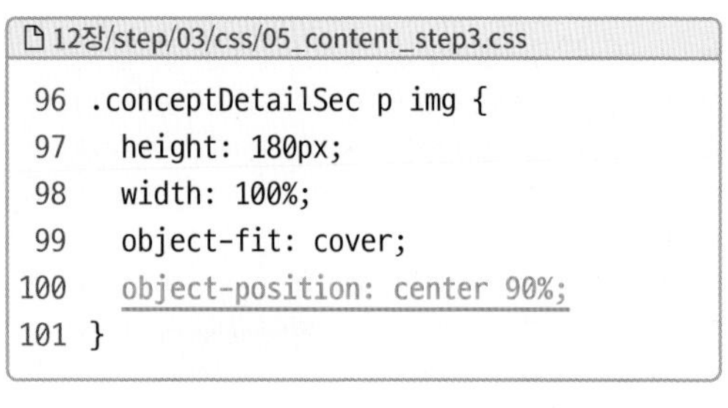

12장/step/03/css/05_content_step3.css

```
.conceptDetailSec p img {
  height: 180px;
  width: 100%;
  object-fit: cover;
  object-position: center 90%;
}
```

사진의 표시 위치가 변경되었습니다.

이것은 알아두자! LEARNING 이미지를 원하는 위치에 트리밍할 수 있는 object-fit

화면이 가로로 긴 PC와 세로로 긴 스마트폰에서 사용하는 이미지의 가로·세로 비율이 다를 때가 있습니다. 여러 개의 이미지를 준비해서 디바이스에 따라 이미지를 교체하는 방법도 있지만, object-fit 속성을 사용하면 1장의 이미지로 다양한 디바이스를 지원할 수 있습니다.

object-fit 속성은 요소가 차지하는 영역 안에 이미지를 어떻게 표시할지를 지정합니다. object-position을 같이 사용하면 이미지의 어느 부분을 표시할지도 지정할 수 있습니다.

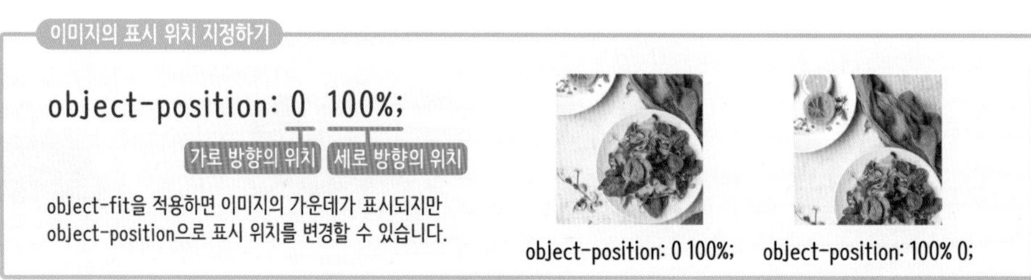

STEP 4 텍스트를 조정하자

완성 디자인에 맞게 글자 크기를 작게 조정합니다. 글자 크기를 줄이면 행간도 좁아지므로 line-height로 약간 크게 조정합니다.

12장/step/03/css/05_content_step4.css

```
.conceptDetailSec .text {
  font-size: 12px;
  line-height: 1.78;
}
```

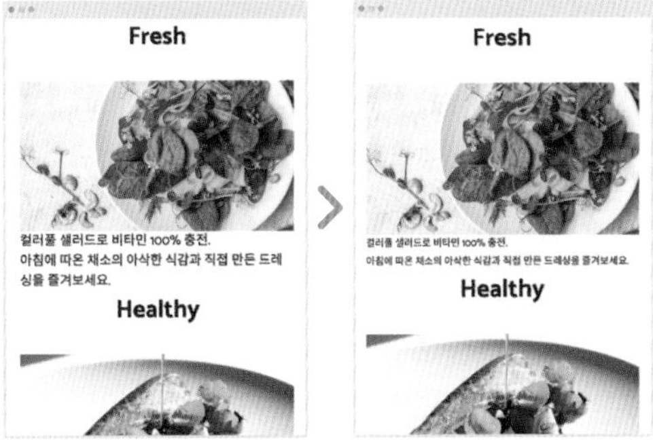
Fresh
컬러풀 샐러드로 비타민 100% 충전.
아침에 따온 채소의 아삭한 식감과 직접 만든 드레
싱을 즐겨보세요.
Healthy
Fresh
Healthy

글자 크기와 행간이 조절되어 읽기 쉬워졌습니다.

STEP 5 여백을 조정하자

사진과 텍스트 사이, 텍스트와 다음 제목 사이를 띄우기 위해 각각에 margin-bottom을 지정합니다.

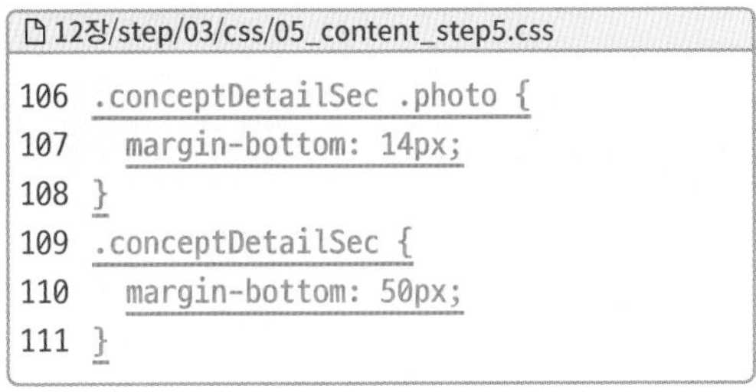

12장/step/03/css/05_content_step5.css

```
.conceptDetailSec .photo {
  margin-bottom: 14px;
}
.conceptDetailSec {
  margin-bottom: 50px;
}
```

Fresh
Healthy
Fresh
Healthy

텍스트 위아래에 여백이 생겼습니다.

이것으로 CONCEPT 페이지가 끝났습니다!

MENU 페이지 CSS 작성하기

HTML 파일 확인하기

12장/작업/menu.html을 VSCode로 열어봅시다. 이 파일은 마크업이 완료된 상태입니다. 완성 디자인(12장/design/sp_menu.png)과 비교하면서 마크업 내용을 확인해봅시다.

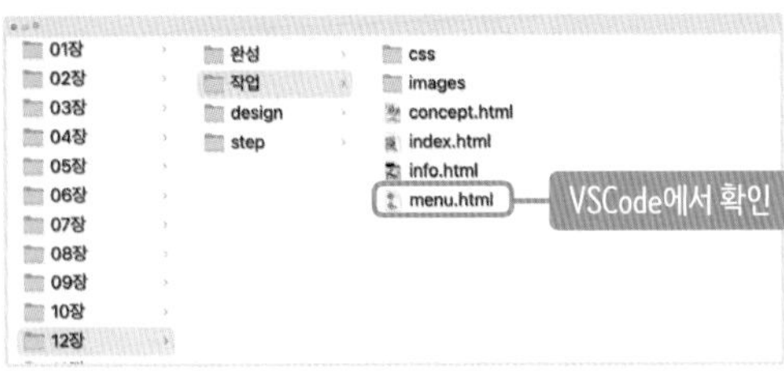

12장/작업/menu.html

```
<!DOCTYPE html>
...
    <title>MENU | Harvest Restaurant</title>
  </head>
  <body class="subPage">
    <header>
      <h1><span>menu</span></h1>
    </header>
    <main>
      <section>
        <h2>제철 채소와 식재료를 <br class="onlySP">손쉽게 맛보세요</h2>
        <p class="lead">
          자체 농원의 식재료를 사용하여 합리적인 가격으로 제공<br>
          계절에 따라 샐러드와 메인 메뉴가 달라집니다
        </p>
        <section class="menuDetailSec">
          <h3>Salad</h3>
          <ul class="menuList">
            <li><img src="images/menu_s01.webp" alt=""></li>
            <li><img src="images/menu_s02.webp" alt=""></li>
            <li><img src="images/menu_s03.webp" alt=""></li>
            <li><img src="images/menu_s04.webp" alt=""></li>
          </ul>
        </section>
        <section class="menuDetailSec">
          <h3>Main</h3>
          <ul class="menuList">
            <li><img src="images/menu_m01.webp" alt=""></li>
            <li><img src="images/menu_m02.webp" alt=""></li>
            <li><img src="images/menu_m03.webp" alt=""></li>
            <li><img src="images/menu_m04.webp" alt=""></li>
          </ul>
        </section>
        <section class="menuDetailSec">
          <h3>Pasta</h3>
          <ul class="menuList">
            <li><img src="images/menu_p01.webp" alt=""></li>
            <li><img src="images/menu_p02.webp" alt=""></li>
            <li><img src="images/menu_p03.webp" alt=""></li>
            <li><img src="images/menu_p04.webp" alt=""></li>
          </ul>
        </section>
      </section>
    </main>
    <footer>
      <p><img src="images/footer_logo.svg" alt=""></p>
    </footer>
  </body>
</html>
```

body의 클래스명: subPage

ul 클래스명 menuList

ul 클래스명 menuList

ul 클래스명 menuList

MENU

제철 채소와 식재료를 손쉽게 맛보세요

Salad

Main

Pasta

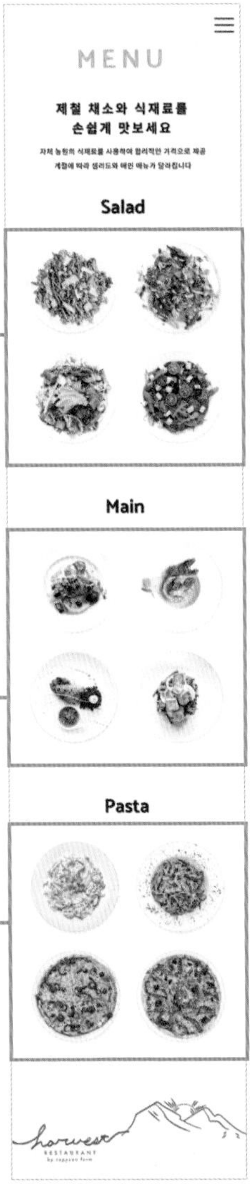

CSS 작성 전에 확인하기

menu.html을 브라우저에서 열고 디바이스 모드로 변경하면 앞에서 작성한 공통 파트가 반영되어 있음을 확인할 수 있습니다. 지금부터 MENU 페이지 고유 콘텐츠에 대한 CSS를 작성해봅시다.

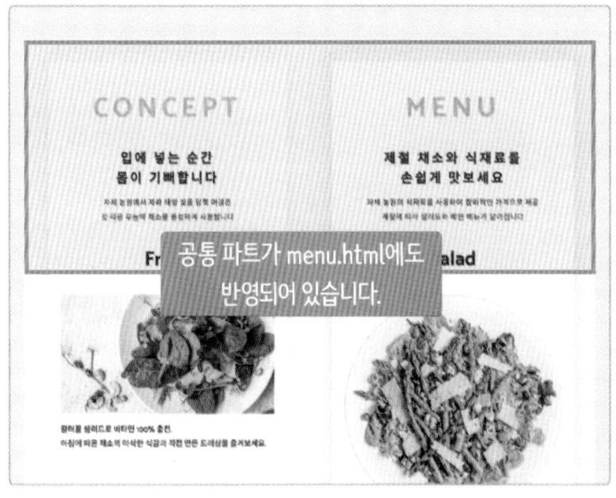

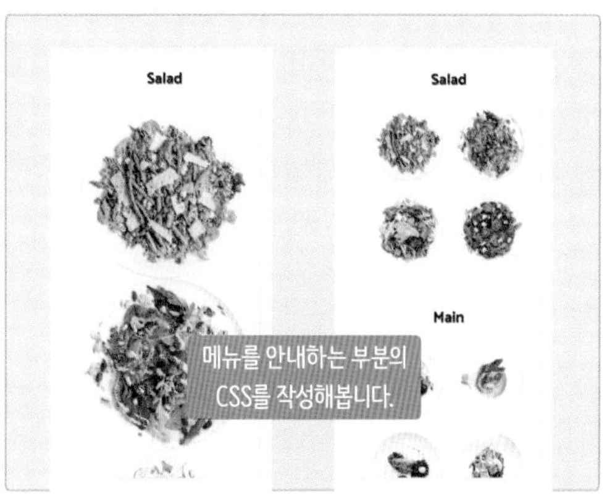

이처럼 디자인이 공통된 파트에 같은 클래스를 붙여 놓으면 수정이 있을 때도 CSS를 한 군데만 수정하면 되기 때문에 무척 편리합니다.

콘텐츠 부분 만들기

계속해서 앞 절과 동일한 style.css에 작성합니다. 디자인 파일은 12장/design/sp_menu.png를 참고합니다. 브라우저에서 menu.html을 확인하면서 진행해봅시다.

STEP 1 이미지를 가로로 나열하자

메뉴 이미지가 세로 일렬(1칼럼)로 나열되어 있으므로, 플렉스박스를 사용해 가로로 나열해봅시다. li 요소를 가로로 나열하고자 하므로 부모 요소인 ul 요소(.menuList)에 display:flex;를 지정합니다.

.menuList를 선택자로 지정하면 MENU 페이지의 3개의 메뉴 모두에 CSS가 적용되어 가로로 나열됩니다.

12장/step/04/css/01_menulist_step1.css

```
.menuList {
  display: flex;
}
```

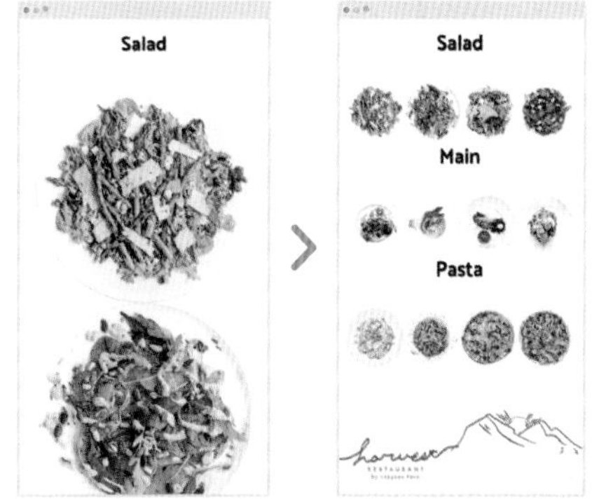

이미지가 가로로 나열되었습니다.

STEP 2 2칼럼 레이아웃으로 변경하자

현재는 1행에 이미지 4개가 나열되었으므로 이를 1행에 2개씩으로 변경해봅시다.

먼저 줄바꿈 방법을 지정하는 flex-wrap의 값을 wrap으로 지정해서 플렉스 아이템의 줄바꿈을 허용합니다.

줄바꿈을 허용하면 이미지가 화면에 가득 차도록 넓어지고, 1행에 1개의 이미지밖에 들어가지 않으므로 플렉스 아이템의 가로 폭을 `flex-basis:42%;`로 지정해 1행에 2개씩 들어가도록 합니다.

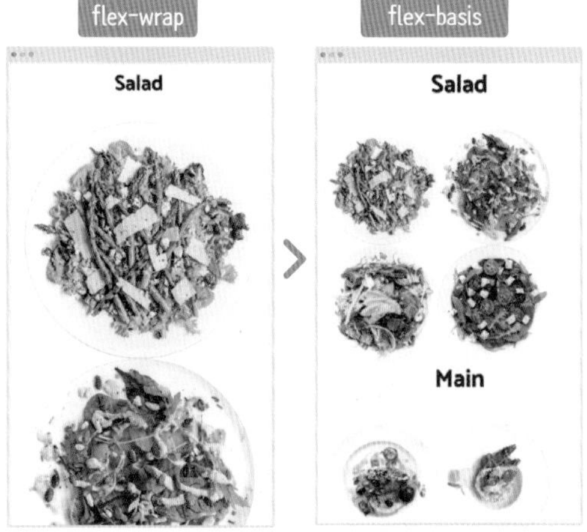

flex-wrap:wrap;을 지정하고 줄바꿈이 되도록 하면 이미지는 원래 크기로 돌아가려고 하므로 1행에 1개밖에 들어가지 않습니다. 따라서 flex-basis로 플렉스 아이템의 가로 폭을 지정해주면 요소의 크기가 한정되므로 1행 당 표시되는 이미지의 개수를 조절할 수 있습니다.

12장/step/04/css/01_menulist_step2.css

```
.menuList {
  display: flex;
  flex-wrap: wrap;
}
.menuList li {
  flex-basis: 42%;
}
```

flex-basis의 값을 50%로 하면 요소가 2개씩 나열되고, 33%로 하면 3개씩 나열됩니다. 실습에서 42%로 한 이유는 8%만큼의 여백을 주기 위해서입니다.

STEP 3 이미지 사이의 여백을 조정하자

이미지를 균등 배치하기 위해 `justify-content: space-around;`를 지정합니다. 이미지 아래 여백도 margin-bottom으로 조정합니다.

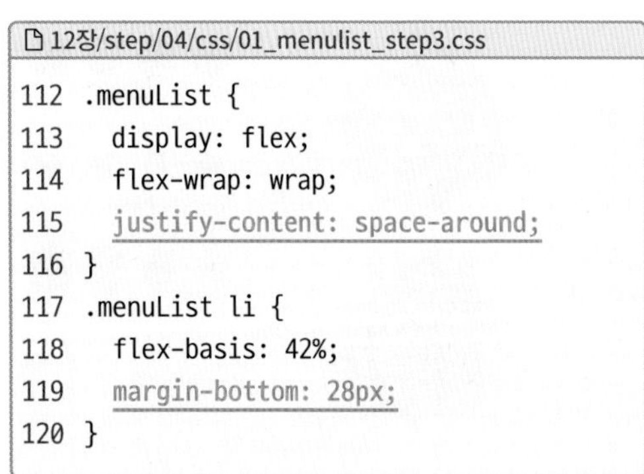

12장/step/04/css/01_menulist_step3.css

```
.menuList {
  display: flex;
  flex-wrap: wrap;
  justify-content: space-around;
}
.menuList li {
  flex-basis: 42%;
  margin-bottom: 28px;
}
```

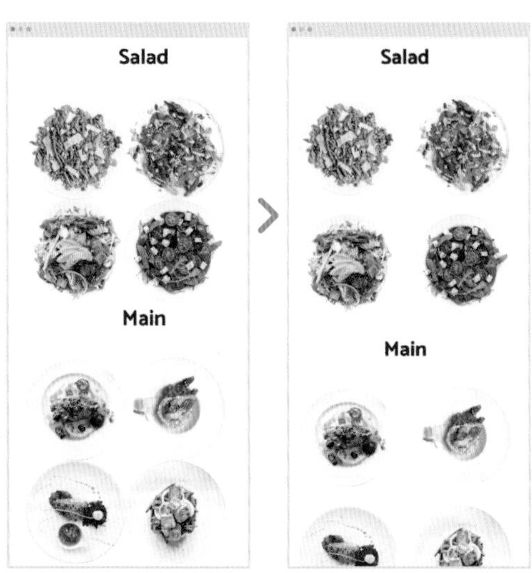

이미지가 균등 배치되고 여백이 생겨 완성 디자인과 동일하게 되었습니다.

STEP 4 이미지에 그림자를 넣자

이미지(접시)에 그림자를 주기 위해 filter 속성의 drop-shadow를 지정합니다.

📄 12장/step/04/css/01_menulist_step4.css

```css
.menuList li img {
  filter: drop-shadow(1px 2px 3px #dddddd);
}
```

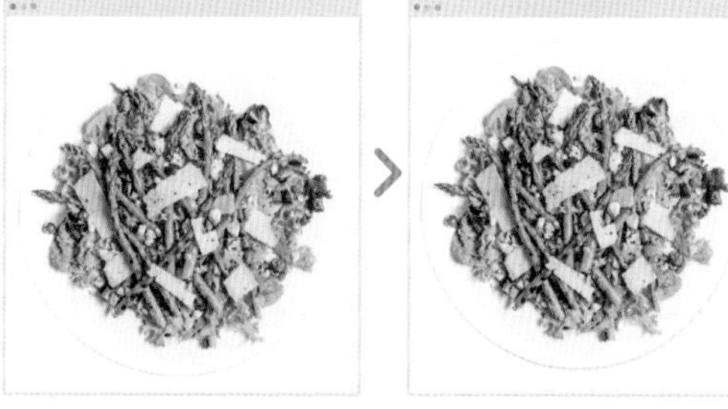

접시 주변에 그림자가 생겼습니다.

건너뛰어도 OK RANK UP box-shadow와 filter로 추가한 그림자의 차이

요소에 그림자를 넣는 방법으로 box-shadow가 있지만(103쪽), 여기서는 filter 속성의 drop-shadow를 사용했습니다.

box-shadow는 요소의 사각형 영역에 그림자가 드리워지므로 이미지에서 투명도 처리된 부분을 무시합니다.

filter의 경우 이미지의 투명한 부분도 지원하기 때문에 접시의 윤곽을 따라 그림자가 드리워집니다.

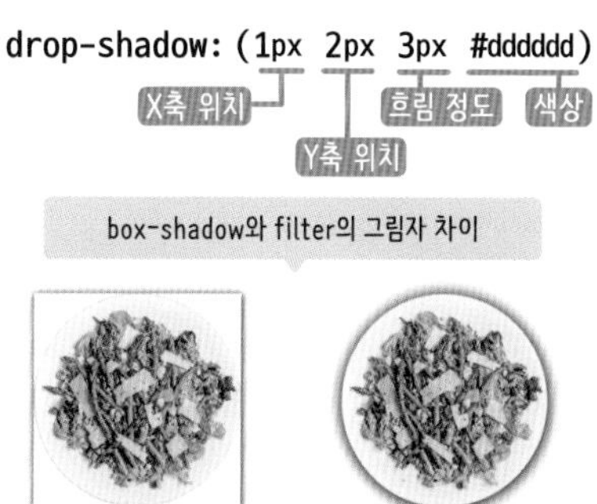

STEP 5 메뉴 카테고리 사이에 여백을 넣자

각 메뉴 카테고리는 섹션 요소(.menuDetailSec)로 마크업되었습니다. 섹션 간의 여백을 margin-bottom으로 조정합니다.

📄 12장/step/04/css/01_menulist_step5.css

```css
.menuDetailSec {
  margin-bottom: 50px;
}
```

이것으로 MENU 페이지가 완성되었습니다!

메뉴 카테고리 사이가 벌어졌습니다.

INFO 페이지 CSS 작성하기

HTML 파일 확인하기

12장/작업/info.html을 VSCode에서 열어봅시다. 이 파일은 마크업이 완료된 상태입니다. 완성 디자인 12장/design/sp_info.png와 비교하면서 마크업 내용을 확인합시다.

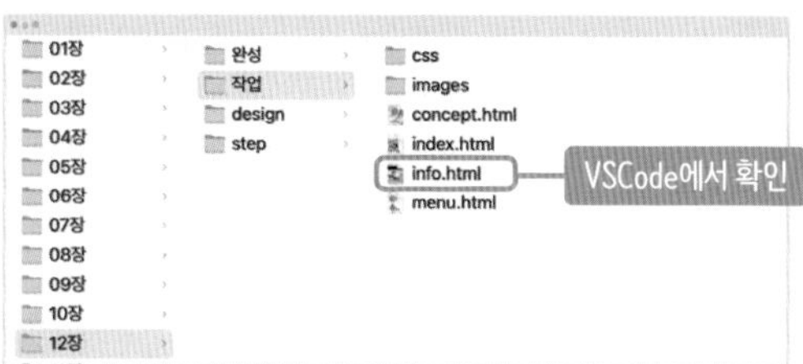

12장/작업/info.html

```
<!DOCTYPE html>
...
    <title>INFO ¦ Harvest Restaurant</title>
  </head>
  <body class="subPage">
    <header>
      <h1><span>info</span></h1>
    </header>
    <main>
      <section>
        <h2>산속 고즈넉한 곳에 <br class="onlySP">감춰진 레스토랑</h2>
        <p class="lead">
          역에서는 조금 멀지만<br>
          가끔은 먼 길로 돌아가 보면 어떨까요?
        </p>
        <section>
          <h3>Access</h3>
          <p class="map">
            【 여기에 Google 맵이 들어갑니다 】<br>
            Capybaland Mt.Sunny 1-2-3 in Capyzou farm<br>
            「 해밝은산역 」에서 차로 10분<br>
            [OPEN]10:00-22:00  [CLOSE]Monday
          </p>
        </section>
        <section>
          <h3>Gallery</h3>
          <ul class="photoGallery">
            <li class="item01"><img src="images/info_g01.jpg" alt=""></li>
            <li class="item02"><img src="images/info_g02.jpg" alt=""></li>
            <li class="item03"><img src="images/info_g03.jpg" alt=""></li>
            <li class="item04"><img src="images/info_g04.jpg" alt=""></li>
            <li class="item05"><img src="images/info_g05.jpg" alt=""></li>
            <li class="item06"><img src="images/info_g06.jpg" alt=""></li>
            <li class="item07"><img src="images/info_g07.jpg" alt=""></li>
          </ul>
        </section>
      </section>
    </main>
    <footer>
      <p><img src="images/footer_logo.svg" alt=""></p>
    </footer>
  </body>
</html>
```

body의 클래스명: subPage

구글 맵 추가

ul 클래스명 : photoGallery

CSS 작성 전에 확인하기

info.html을 브라우저에서 열고 디바이스 모드로 변경합니다. MENU 페이지와 동일하게 공통 파트에는 CSS가 적용되어 있는 상태입니다.

콘텐츠 부분은 Access 제목 아래에 구글 맵이 아직 삽입되지 않은 상태입니다. 먼저 HTML에 맵을 삽입한 후에 관련 CSS를 작성해봅시다. Gallery에는 CSS 그리드 레이아웃을 사용하여 사진을 배치합니다.

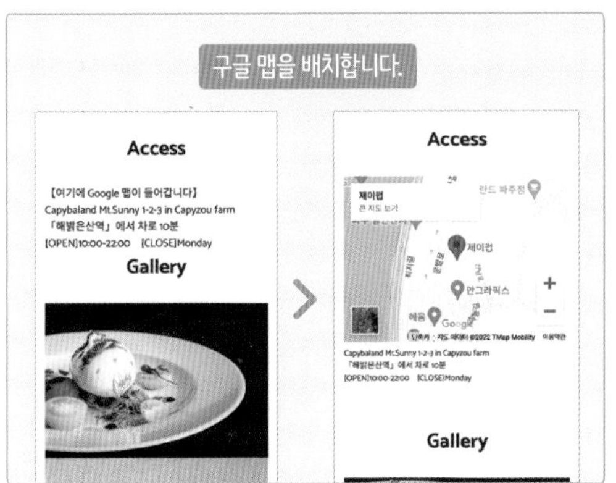

Access에 구글 맵 넣기

구글 맵은 구글이 제공하는 지도 서비스입니다. 사이트에서 위치를 안내하는 부분에 삽입하면 쉽게 사용할 수 있습니다.

STEP 1 삽입할 코드를 확보하자

구글 맵(https://www.google.co.kr/maps/)에 접속해서 검색창에 **제이펍 출판사**를 입력합니다. [공유] 버튼을 클릭하고 [지도 퍼가기]를 선택합니다.

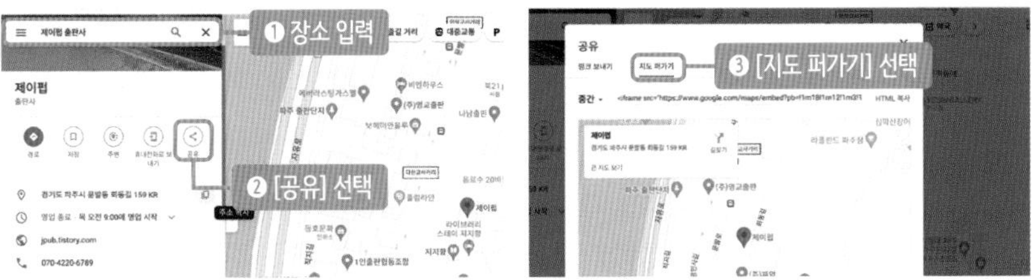

가상의 레스토랑이므로 이 책의 출판사인 '제이펍'의 주소지를 검색합니다.

Part 5

12

STEP 2 퍼가기 코드를 복사하자

맵의 크기는 CSS로 조정할 것이므로, 이대로 [HTML 복사]를 클릭합니다.

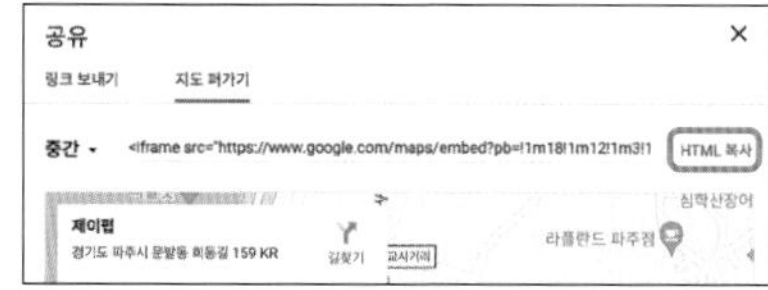

STEP 3 HTML에 붙여넣기

별도의 웹 페이지 등을 읽어오는 태그

아이프레임
<iframe> ～ </iframe>

유튜브나 구글 맵과 같이 외부 서비스를 읽어올 때 자주 사용합니다. src 속성에 읽어올 URL을 지정합니다.

info.html을 VSCode로 열어서 【여기에 Google 맵이 들어갑니다】를 삭제하고(
 태그도 삭제), 복사한 HTML을 붙여넣습니다.

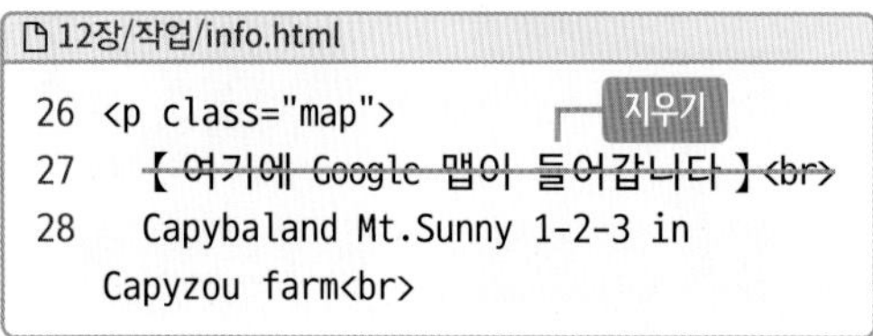

12장/작업/info.html

```
<p class="map">
  【 여기에 Google 맵이 들어갑니다 】<br>   ← 지우기
  Capybaland Mt.Sunny 1-2-3 in
Capyzou farm<br>
```

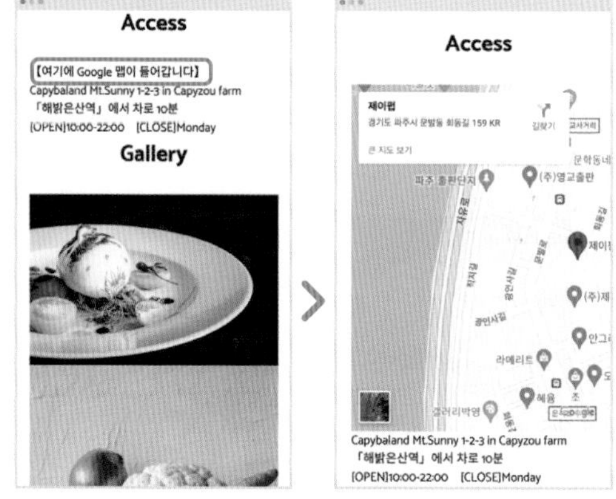

화면에서 벗어난 형태로 구글 맵이 표시되었습니다.

12장/step/05/01_googlemaps_step3.html

```
<p class="map">
  <iframe src="https://www.google.com/ maps/embed?pb=!1m18!1m12!1m3!1d3156.4411878681
15!2d126.68461871504343!3d37.70932082369613!2m3!1f0!2f0!3f0!3m2!1i1024!2i768!4f13.1!3m3
!1m2!1s0x357c88af9d0ee253%3A0xfc09a01ec7b028a3!2z7KCc7J207Y6N!5e0!3m2!1sko!2skr!4v1669
808908731!5m2!1sko!2skr" width="600" height="450" style="border:0;" allowfullscreen=""
loading="lazy" referrerpolicy="no-referrer-when-downgrade"></iframe>   ← 붙여넣기
  Capybaland Mt.Sunny 1-2-3 in Capyzou farm<br>
```

여기에 주의! POINT 구글 맵을 사용할 때 주의할 점

앞의 STEP과 같이 정적인 지도를 가져오는 구글 맵은 무료로 사용할 수 있습니다. API를 사용해서 좌표 데이터를 이용하거나 경로를 검색하는 등 여러 기능이 있는 지도를 삽입하고 싶을 때는 유료 플랜으로 이용할 수 있습니다.

서비스의 상세 내역은 달라질 수도 있으므로 반드시 이용 방침을 확인합시다.

구글 맵의 크기 조정하기

맵의 크기를 CSS로 조정해봅시다. 편집할 파일을 `style.css`로 변경합니다. 디자인 파일은 12장/design/sp_info.png로 바꿉니다. 브라우저에서 `info.html`을 확인하면서 진행합니다.

STEP 1 지도의 크기를 변경하자

지도의 표시 크기를 완성 디자인과 맞추기 위해 iframe에 width와 height를 지정합시다. 아래 여백도 조정합니다.

12장/step/05/css/02_mapsize_step1.css

```css
.map iframe {
  width: 100%;
  height: 240px;
  margin-bottom: 8px;
}
```

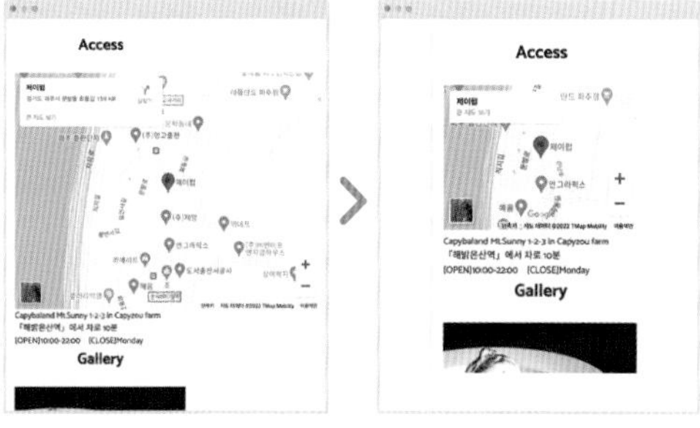

구글 맵의 크기가 조정되었습니다.

STEP 2 지도 하단 글자를 조정하자

지도 하단의 글자도 완성 디자인에 맞춰서 작게 만들어봅시다. 아래 여백도 조정합니다.

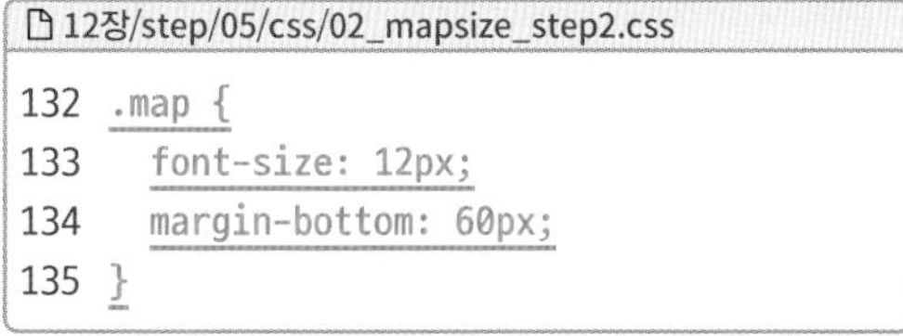

12장/step/05/css/02_mapsize_step2.css

```css
.map {
  font-size: 12px;
  margin-bottom: 60px;
}
```

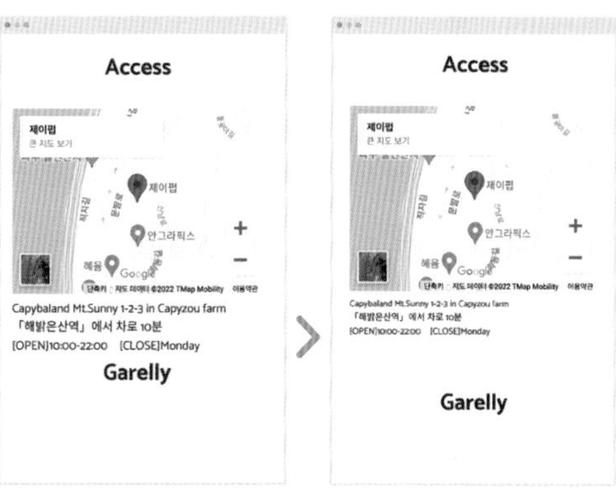

글자가 작아졌습니다.

와~ 내 사이트에 구글 맵이 표시되었어!

CSS 그리드 레이아웃 알아보기

포토 갤러리는 CSS 그리드 레이아웃으로 구현합니다. 먼저 CSS 그리드 레이아웃의 개요에 대해 살펴봅시다.

CSS 그리드 레이아웃이란?

CSS 그리드 레이아웃은 표와 같은 격자 무늬 형태로 자유롭게 요소를 배치할 수 있는 레이아웃입니다. 격자의 크기 등도 자유롭게 정할 수 있습니다.

Flexbox와의 비교

Flexbox가 잘하는 것은 요소를 가로 행이나 세로 열의 한 방향으로 나열하는 것입니다.

CSS 그리드 레이아웃은 가로 행과 세로 열 두 방향으로 레이아웃을 만들 수 있습니다. 또한 HTML 요소의 등장 순서에 관계없이 배치할 수 있으므로 **HTML의 구조**를 무너뜨리지 않는다는 이점이 있습니다.

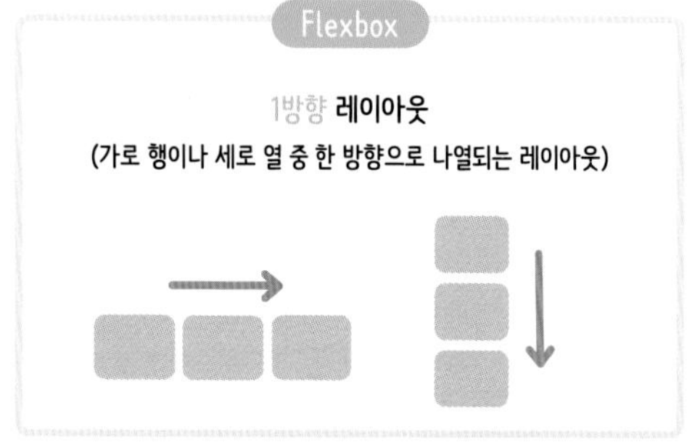

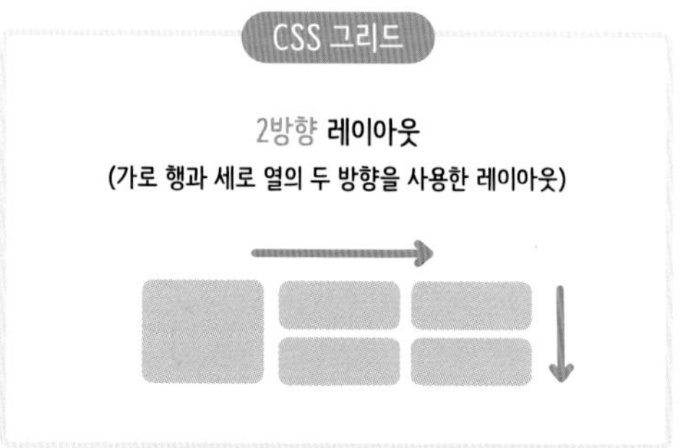

Flexbox를 사용해서 2방향 레이아웃을 만드는 것도 가능하지만 CSS 적용을 위한 <div> 태그가 증가하는 특징이 있습니다.

CSS 그리드 레이아웃의 적용 방법

3단계로 간단하게 레이아웃을 만들 수 있습니다.

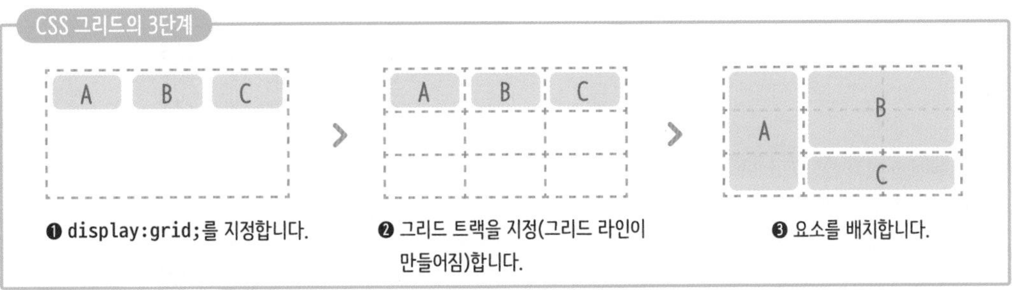

display:grid;가 적용된 요소를 오른쪽 그림과 같이 부릅니다.

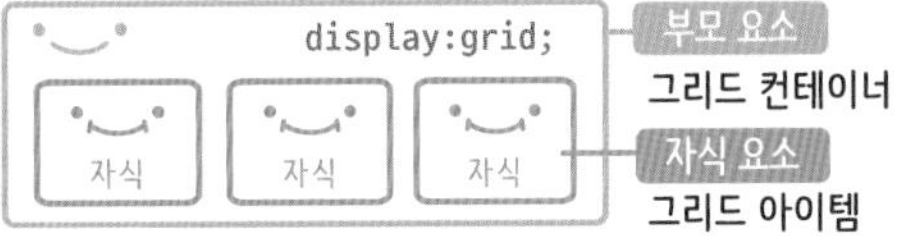

격자를 만들어서 요소를 배치하는 게 마치 퍼즐같네요. 3단계라면 저도 간단히 할 수 있을 것 같아요!

CSS 그리드 레이아웃으로 포토 갤러리 만들기

포토 갤러리를 만들면서 CSS 그리드 레이아웃의 구체적인 지정 방법을 배워봅시다!

STEP 1 부모 요소에 display:grid; 를 지정하자

〈li〉 요소를 그리드 아이템으로 만들고자 하므로, 부모 요소 <ul class="photoGallery">에 display:grid;를 지정합니다.

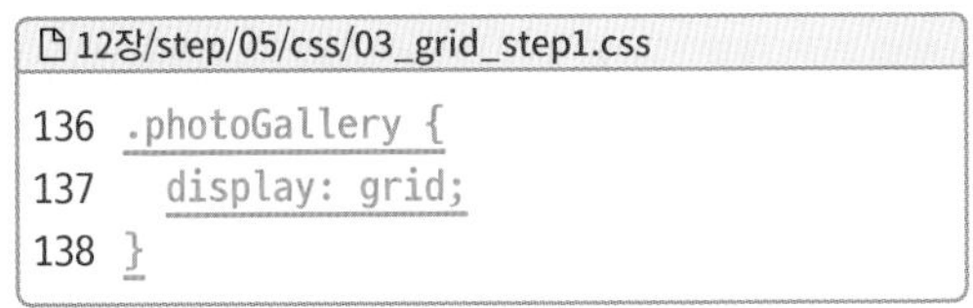

12장/step/05/css/03_grid_step1.css

```
.photoGallery {
  display: grid;
}
```

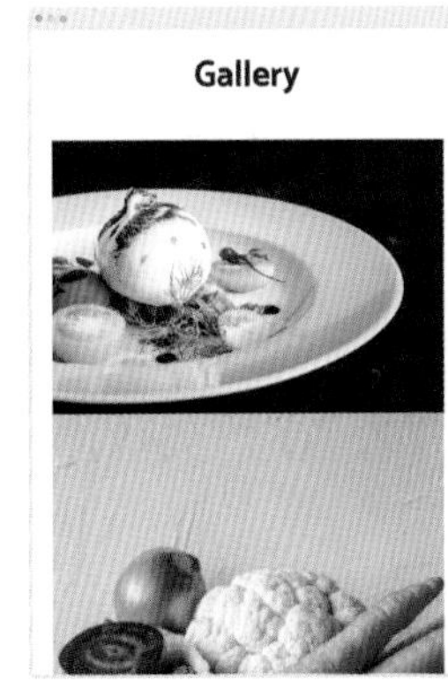

이 시점에서 외관의 변화는 없습니다.

STEP 2 그리드 트랙을 설정하자

그리드 트랙을 지정하는 속성

그리드 템플릿 로 `grid-template-rows: ～ ;`	행의 그리드 트랙을 지정하며, 세로를 몇 개로 분할할지 결정합니다. 값에는 단위를 동반한 수치가 들어갑니다(셀의 높이가 됩니다).
그리드 템플릿 칼럼 `grid-template-columns: ～ ;`	열의 그리드 트랙을 지정하며, 가로를 몇 개로 분할할지 결정합니다. 값에는 단위를 동반한 수치가 들어갑니다(셀의 너비가 됩니다).

행의 그리드 트랙은 grid-template-rows, 열의 그리드 트랙은 grid-template-columns으로 지정합니다. 작성한 값의 개수만큼 행과 열이 생성됩니다.

12장/step/05/css/03_grid_step2.css

```
.photoGallery {
  display: grid;
  grid-template-rows: 40vw 30vw 30vw 40vw 40vw;
  grid-template-columns: 50% 50%;
}
```

완성 디자인의 사진 배치로부터 그리드 트랙을 설정

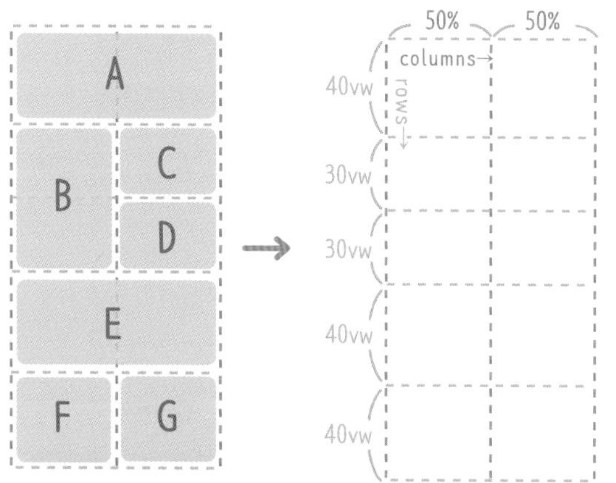

개발자 도구에서 ul 요소에 커서를 올리면 그리드가 설정되어 있음을 알 수 있습니다.

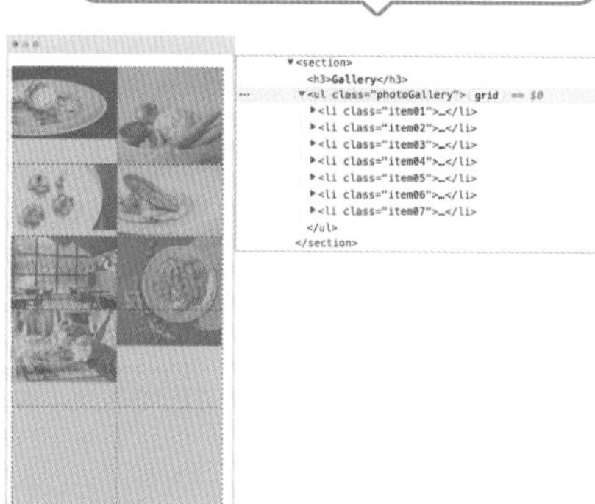

grid-template-rows 값의 단위가 vw(뷰포트의 가로 폭을 기준으로 한 단위)인 것은 디바이스의 가로 폭에 따라 셀의 길이를 비율로 결정하기 위해서입니다. 이렇게 하면 사진의 가로·세로 비율을 유지한 채 반응형으로 만들 수 있습니다.

'공간을 만든다'라는 느낌보다 '선을 긋는다'라는 느낌으로 이해하면 더 쉽습니다.

STEP 3 그리드 아이템을 배치하자

그리드 아이템을 배치하는 속성

그리드 로(칼럼) 스타트
`grid-row(column)-start : ～ ;`
그리드 로(칼럼) 엔드
`grid-row(column)-end : ～ ;`
	그리드 아이템을 배치할 곳을 지정할 수 있습니다.
	start가 시작 위치이고 end가 종료 위치입니다.
	값에는 그리드 라인 번호가 들어갑니다.

첫 번째 사진을 STEP2의 A 영역에 배치합니다. 첫 번째 사진에는 item01이라는 class 속성이 붙어 있으므로 .item01을 선택자로 합니다.

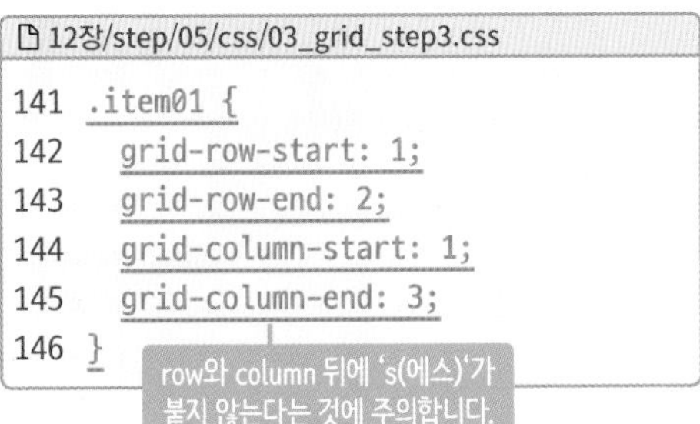
12장/step/05/css/03_grid_step3.css

```
.item01 {
  grid-row-start: 1;
  grid-row-end: 2;
  grid-column-start: 1;
  grid-column-end: 3;
}
```

row와 column 뒤에 's(에스)'가 붙지 않는다는 것에 주의합니다.

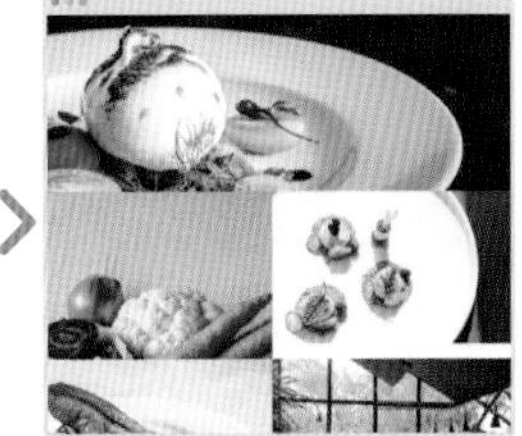

A 영역에 1장의 사진이 배치되었습니다.

음… 그러니까, 시작 위치는 1이고, 종료 위치가 2인데…… 으잉, 어디가 세로 방향이지?

이것은 알아두자! LEARNING 그리드 아이템 배치 방법

그리드 트랙을 설정하면 그리드 라인이 설정되고, 각 라인에 오른쪽과 같이 번호가 매겨집니다. 이 번호를 grid-row(column)-start와 grid-row(column)-end에 지정해서 요소를 배치합니다.

첫 번째 사진을 A 영역에 배치할 때, 행(row)은 그리드 라인의 1부터 2 사이에 배치하고자 하므로 start가 1, end가 2가 됩니다.

열(column)은 그리드 라인 1부터 3까지의 2개 셀에 걸쳐 배치하고자 하므로, start가 1, end가 3이 됩니다.

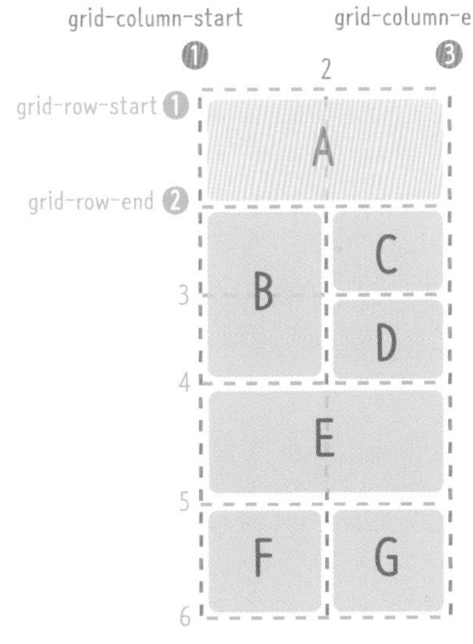

STEP 4 그리드 아이템을 단축 속성으로 배치하자

그리드 아이템의 배치는 단축 속성으로 작성할 수 있습니다. item02부터의 사진은 단축 속성으로 배치해봅시다. 앞의 STEP과 같은 순서로 각 선택자에 대해 시작 라인과 끝 라인을 지정해봅시다.

12장/step/05/css/03_grid_step4.css

```
.item02 {
  grid-row: 2 / 4;
  grid-column: 1 / 2;
}
.item03 {
  grid-row: 2 / 3;
  grid-column: 2 / 3;
}
.item04 {
  grid-row: 3 / 4;
  grid-column: 2 / 3;
}
.item05 {
  grid-row: 4 / 5;
  grid-column: 1 / 3;
}
.item06 {
  grid-row: 5 / 6;
  grid-column: 1 / 2;
}
.item07 {
  grid-row: 5 / 6;
  grid-column: 2 / 3;
}
```

단축 속성 작성법

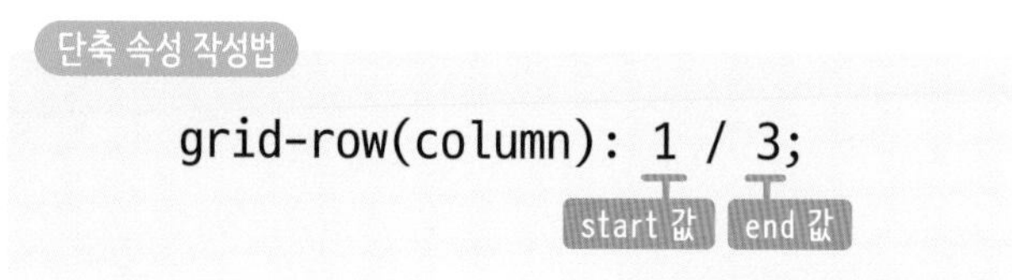

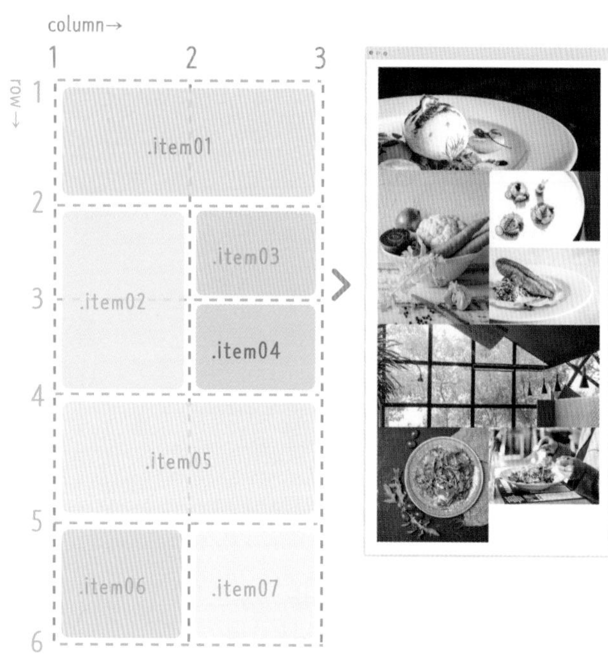

이 레이아웃을 Flexbox로 구현할 때는 HTML 구조에 부합하지 않는 부분에 <div> 태그를 추가해야 합니다. CSS 그리드 레이아웃을 사용하면 HTML 구조를 바꾸지 않고도 유연하게 2방향 레이아웃을 구현할 수 있습니다.

그렇구나~! HTML을 추가하지 않아도 되니까 편리하군요!

STEP 5 사진의 크기를 지정하자

그리드 셀과 사진의 가로·세로 비율이 맞지 않아서 사진의 높이가 모자란 셀이 있으므로 사진의 가로와 세로 폭을 100%로 지정합시다.

이때 높이만 지정하면 사진이 높이를 기준으로 배치되어 가로 폭이 부족해지기 때문에 width와 height 양방향으로 지정합니다.

12장/step/05/css/03_grid_step5.css

```
.photoGallery li img {
  width: 100%;
  height: 100%;
}
```

▶ 높이만 지정했을 때

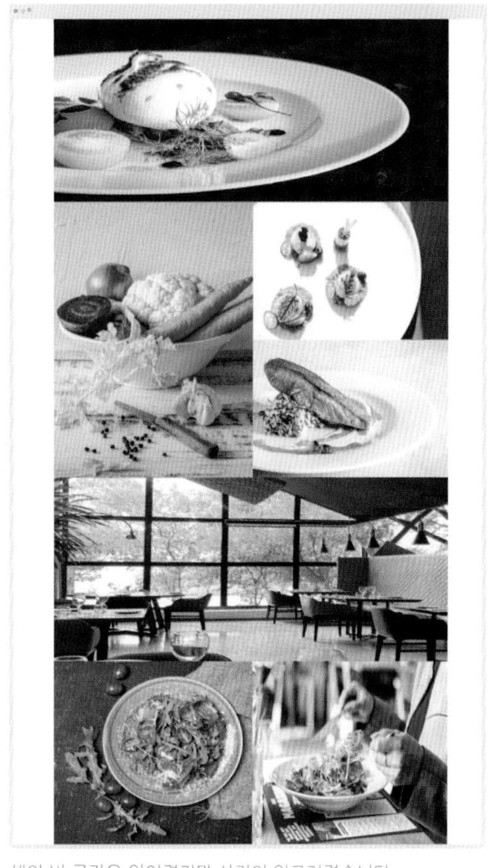

셀의 빈 공간은 없어졌지만 사진이 일그러졌습니다.

STEP 6 사진의 일그러짐을 수정하자

가로·세로 비율이 무너져서 일그러진 사진을 수정하기 위해 object-fit:cover;를 지정해봅시다.

12장/step/05/css/03_grid_step6.css

```
.photoGallery li img {
  width: 100%;
  height: 100%;
  object-fit: cover;
}
```

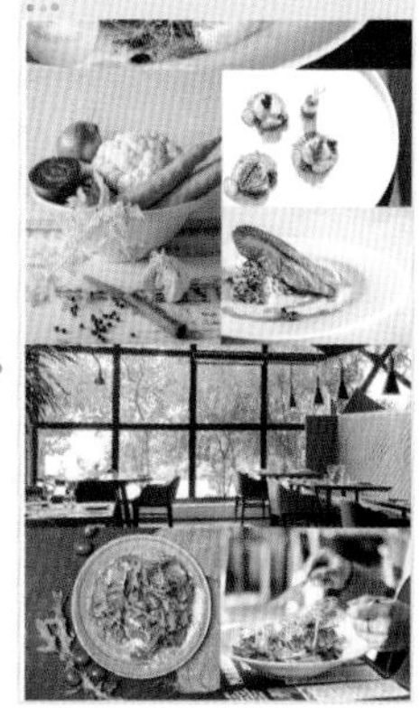

일그러짐이 수정되어 사진이 정상적으로 표시됩니다.

이것으로 모바일 버전 코딩이 모두 끝났습니다! 수고하셨습니다.

CHAPTER 13

레스토랑 사이트 CSS 작성하기(PC)

이 장에서는 PC 버전 사이트를 코딩해봅시다.
PC → 스마트폰 순서로 제작할 때와 어떤 차이가 있는지 생각하면서 진행해봅시다.

PC와 모바일, 어느 것을 먼저 만들어도 순서는 크게 다르지 않습니다.

나는 뭐부터 만드는 편이 잘 맞을까…….

SECTION 1 TOP 페이지 CSS 작성하기(PC)

작업 파일 확인하기

13장/작업/css/style.css를 VSCode에서 열어봅시다. 앞 장까지의 작업이 반영된 상태입니다.

13장/작업/index.html을 브라우저에서 열고 CSS가 잘 반영되는지 확인하면서 진행합니다. 완성 디자인 13장/design/pc_top.png도 나란히 놓고 현재 화면과 비교하며 실습해봅시다.

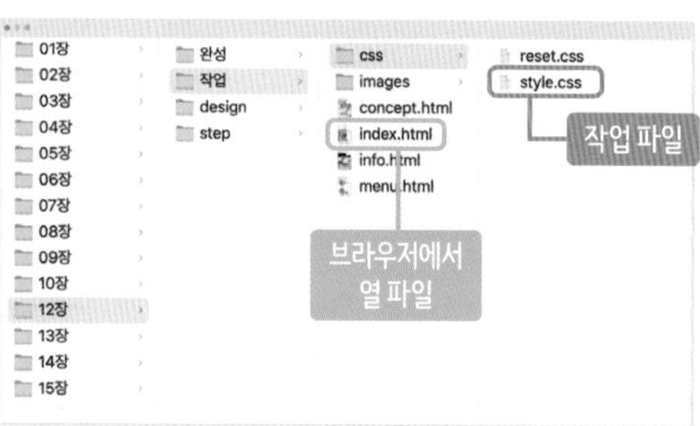

코딩 순서는 PC 버전부터? 모바일 버전부터?

Part 4에서 초대장 사이트를 만들 때는 PC 버전부터 만들고, 모바일용으로 최적화했습니다. Part 5의 레스토랑 사이트는 이와는 반대로 먼저 모바일 버전부터 제작했습니다. 반응형 사이트를 제작한다면 어떤 순서로 코딩하면 좋을까요?

우열을 매기는 것은 어렵지만 스마트폰 사용자가 늘어남에 따라 모바일용 CSS를 먼저 작성하는 빈도가 늘었습니다. 그렇게 하는 편이 전체 코드 양도 적어서 코딩이 더 빨리 끝나는 경향이 있습니다.

그 이유는 PC와 스마트폰 화면의 크기 차이 때문입니다. PC는 화면이 크기 때문에 Flexbox를 사용한 가로 배치 레이아웃을 활용할 때가 많습니다. 모바일용 CSS를 나중에 작성하면 이 Flexbox를 해제해야 하는 경우가 많으므로 코드 양이 다소 늘어날 수 있습니다.

이것은 하나의 예시로 '모바일용 CSS부터 작성해야 한다'라는 규칙이 있는 것은 아니므로 사이트와 프로젝트의 특성을 고려하여 선택합니다.

모바일과 PC 디자인 비교하기

PC 버전 미디어쿼리 작성하기

이 장에서는 브레이크 포인트를 920px 1개로만 지정합니다.

STEP 1 미디어쿼리를 작성하자

모바일용 CSS를 나중에 작성할 때 미디어쿼리는 max-width(화면폭 ○○px 이하에 적용시킨다)를 사용하지만, PC용 CSS를 나중에 작성할 때는 min-width(화면 폭 ○○px 이상에 적용한다)를 사용하여 작성합니다.

13장/step/01/css/01_mediaqueries_step1.css

```
@media screen and (min-width: 920px) {

}
```

화면 폭 920px 이상에 적용

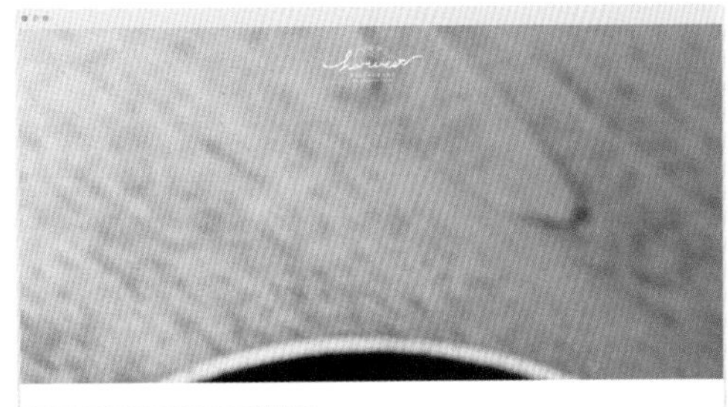

PC용 CSS를 아직 작성하지 않은 상태이므로 브라우저에서 열면 이렇게 표시됩니다.

2칼럼 레이아웃 만들기

STEP 1 Flexbox로 2칼럼을 만들자

header 요소와 main 요소를 가로로 나열하고자 합니다. 두 요소의 부모인 〈body〉 태그를 클래스명 .topPage로 선택해서 `display:flex;`를 지정합니다. 두 요소의 가로 폭도 flex-basis에 지정합니다.

13장/step/01/css/02_flex_step1.css

```
  .topPage {
    display: flex;
  }
  .topPage header {
    flex-basis: 38%;
  }
  .topPage main {
    flex-basis: 62%;
  }
}
```

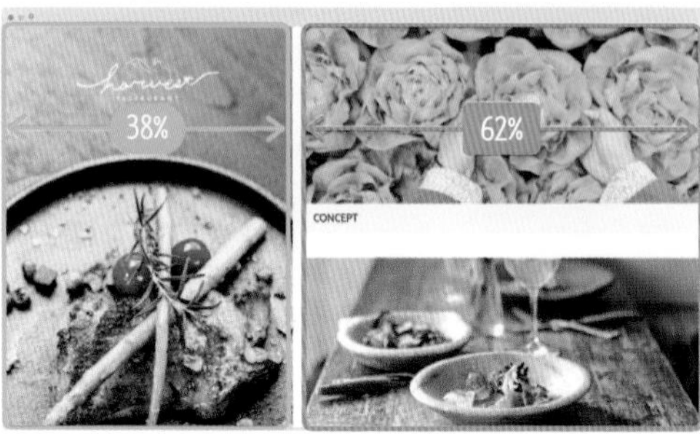

header 요소와 main 요소가 가로로 나열되었습니다.

flex-basis 값을 %로 지정하면 브라우저의 크기를 변경해도 좌우 칼럼의 가로 폭 비율을 유지한 채로 확대·축소됩니다.

페이지 링크 목록 정돈하기

STEP 1 페이지 링크를 가로로 나열하자

현재 세로 방향으로 나열된 페이지 링크(li 요소)를 가로로 나열하고자 하므로, 부모 요소의 〈ul〉 태그에 대한 클래스 .linkList에 `display:flex;`를 지정합니다.

13장/step/01/css/03_linklist_step1.css

```
  .linkList {
    display: flex;
  }
}
```

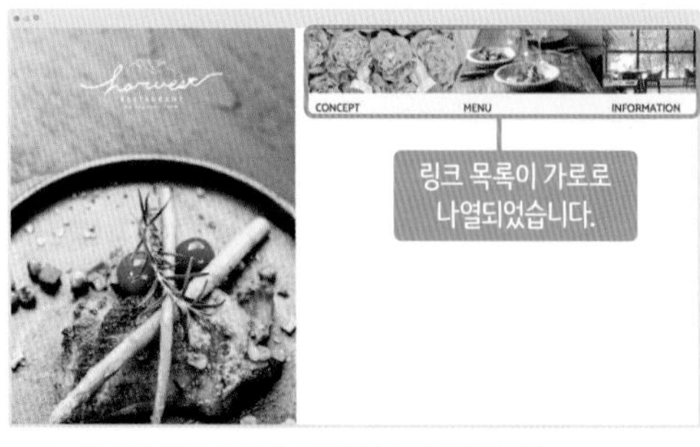

main 요소에 링크 목록이 가로로 나열되었습니다.

STEP 2 링크 목록을 2칼럼으로 만들자

링크 목록을 3열에서 2열로 만들기 위해서 플렉스 아이템의 줄바꿈을 지정하는 flex-wrap의 값을 wrap으로 변경합니다. flex-basis로 각 li 요소의 가로 폭을 47%로 지정하면 100%를 초과해서 첫 행에 들어가지 못한 INFORMATION 링크가 다음 행으로 배치되어 2열이 됩니다.

13장\step\01\css\03_linklist_step2.css

```
.linkList {
    display: flex;
    flex-wrap: wrap;
  }
  .linklist li {
    flex-basis: 47%;
  }
}
```

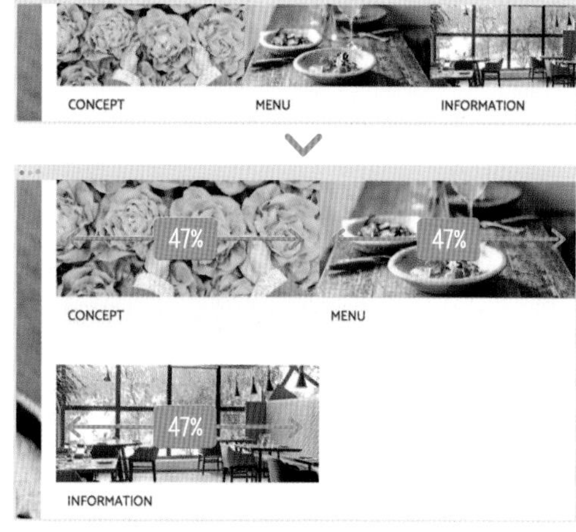

각 아이템의 가로 폭이 47%가 되어 2열 배치되었습니다.

STEP 3 로고 이미지를 표시하자

완성 디자인 중에서 '링크 목록의 왼쪽 위 로고 이미지'는 현재 HTML에 작성되지 않은 요소이기 때문에 ul 요소의 가상 요소로써 표시합시다.

content 속성에 직접 이미지를 지정하면 이미지의 크기를 변경할 수 없으므로, 이미지의 크기를 변경하고 싶을 때는 background-image로 지정합니다(**152쪽**).

가로 폭은 앞의 STEP에서 지정한 li 요소와 동일하게 47%로 지정합니다.

13장/step/01/css/03_linklist_step3.css

```
  .linkList::before {
    content: "";
    width: 47%;
    background: url(../images/top_pclogo.svg) no-repeat center center/72%;
  }
}
```

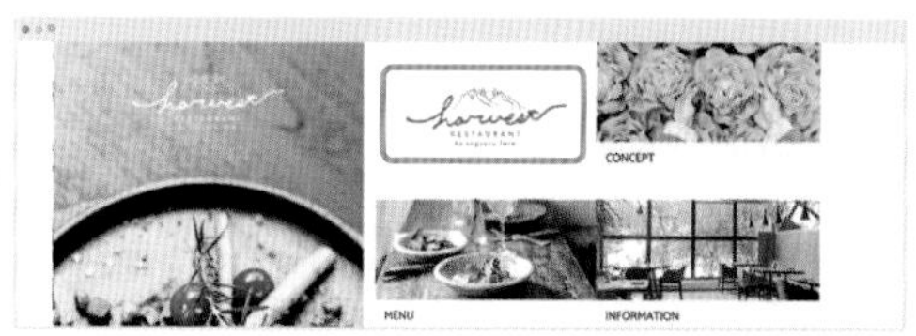

PC용 사이트에만 로고가 표시되었습니다.

STEP 4 링크 목록을 정돈하자

링크 목록 전체를 오른쪽 칼럼 안에서 가운데 정렬하기 위해 max-width와 margin을 지정합시다. 링크끼리 여백을 조정하기 위해 `justify-content:space-around;`를 지정해서 링크를 균등 배치합니다. 링크 아래의 여백이 너무 비어 보이므로 margin-bottom을 20px로 설정해 모바일 버전에서 작성한 40px을 덮어씁니다.

13장/step/01/css/03_linklist_step4.css

```
186 .linkList {
187   display: flex;
188   flex-wrap: wrap;
189   max-width: 800px;
190   margin: 0 auto;
191   justify-content: space-around;
192 }
193 .linkList li {
194   flex-basis: 47%;
195   margin-bottom: 20px;
196 }
197 .linkList::before {
```

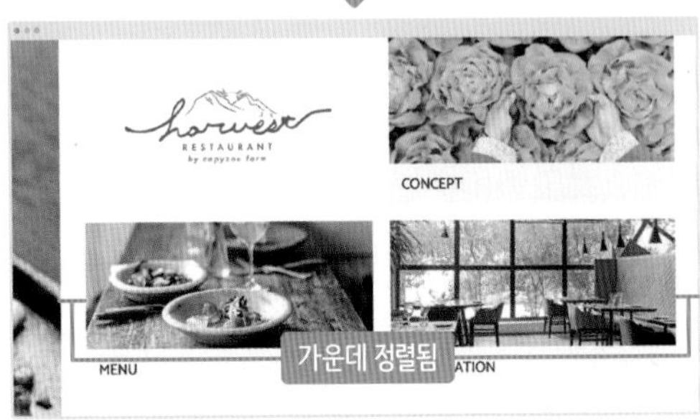

ul 요소가 가로 폭 800px로 가운데 정렬되었고, 그 안에서 각 아이템이 균등 배치되었습니다.

가로 폭 지정은 width? max-width?

max-width는 가로 폭의 최댓값을 지정하는 속성입니다. max-width를 사용하면 브라우저의 가로 폭을 아무리 늘려도 지정한 값보다는 커지지 않고, 축소했을 때는 브라우저의 가로 폭에 딱 맞게 줄어듭니다.

이 때문에 **브라우저의 가로 폭을 넓힐 때는 지정한 가로 폭보다 크게 하고 싶지 않다** 또는 **브라우저를 줄일 때는 브라우저의 가로 폭에 딱 맞추고 싶다**라고 생각한다면 max-width를 사용합니다.

한편으로 width의 값을 px로 지정하면 가로 폭이 고정되므로 브라우저를 넓히거나 좁혀도 가로 폭이 변하지 않습니다.

189번째 행의 max-width를 width로 변경하고 브라우저의 가로 폭을 줄였다가 늘렸다 해보면 차이를 알 수 있습니다.

STEP 5 링크 목록을 세로 방향으로 가운데 정렬하자

세로로 가운데 정렬하는 방법은 몇 가지가 있지만, Flexbox 관련 속성을 사용하는 방법이 편리합니다. 여기서는 ul 요소를 가운데 정렬하고자 하므로, 부모인 main 요소에 `display:flex;`를 지정합니다.

다만 선택자를 main으로 하면 하위 페이지에도 영향이 가기 때문에 선택자는 .topPage main으로 합니다.

플렉스 아이템을 세로 방향으로 어떻게 배치할지 지정하는 align-items 값으로 center를 넣으면 세로로 가운데 정렬이 됩니다.

13장/step/01/css/03_linklist_step5.css

```
.topPage main {
  display: flex;
  align-items: center;
}
}
```

ul 요소가 main 요소에서 세로 방향으로 중앙 배치되었습니다.

헤더 영역 정돈하기

STEP 1 메인 이미지의 세로 폭을 풀 스크린으로 표시하자

헤더 영역의 height가 스마트폰에 맞춰 작성한 90vh인 상태이므로, 화면의 높이에 가득 차도록 100vh로 지정합니다.

화면 아래의 여백도 스마트폰에 맞춰서 margin-bottom이 적용되어 있으므로 0px로 덮어씁니다.

13장/step/01/css/04_header_step1.css

```
.topPage header {
  height: 100vh;
  margin-bottom: 0;
}
}
```

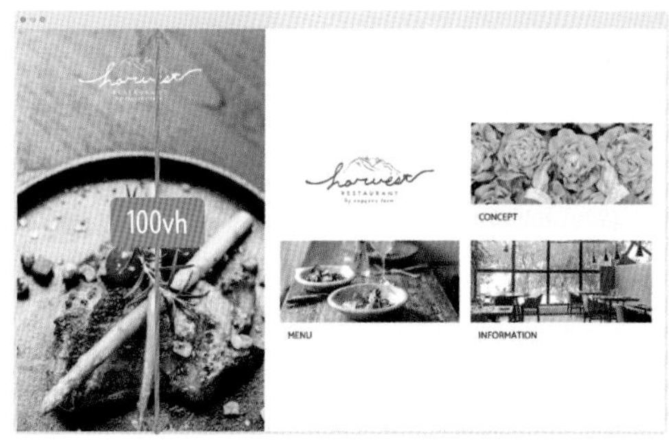

아래 여백이 없어지고 이미지가 화면 높이에 가득 차도록 넓어졌습니다.

이것으로 PC용 TOP 페이지가 완성되었습니다!

Part 5

13

CONCEPT 페이지 CSS 작성하기(PC)

모바일과 PC 디자인 비교하기

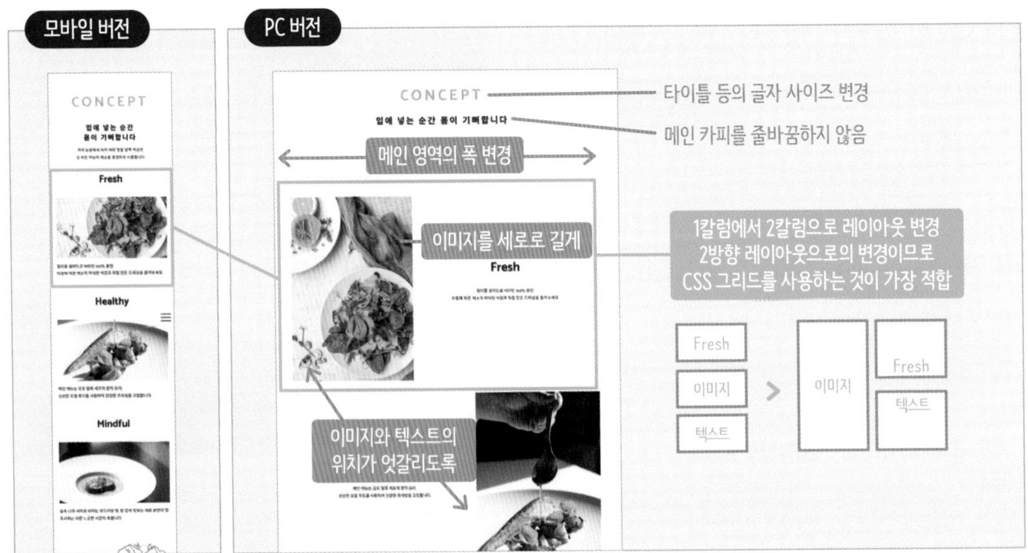

메인 영역의 폭 변경하기

계속해서 같은 style.css에 작성합니다. 디자인 파일은 pc_concept.png로 바꿉니다. concept.html을 브라우저에서 열고 확인하면서 진행합니다.

STEP 1 가로 폭을 변경하자

현재 메인 영역의 가로 폭이 화면을 가득 채우고 있으므로 완성 디자인에 맞춰서 최대폭을 max-width:1280px;로 지정합니다. 가운데 정렬을 하기 위해 margin:0 auto;도 지정합니다.

13장/step/02/css/01_main_step1.css

```
  .subPage main {
    max-width: 1280px;
    margin: 0 auto;
  }
}
```

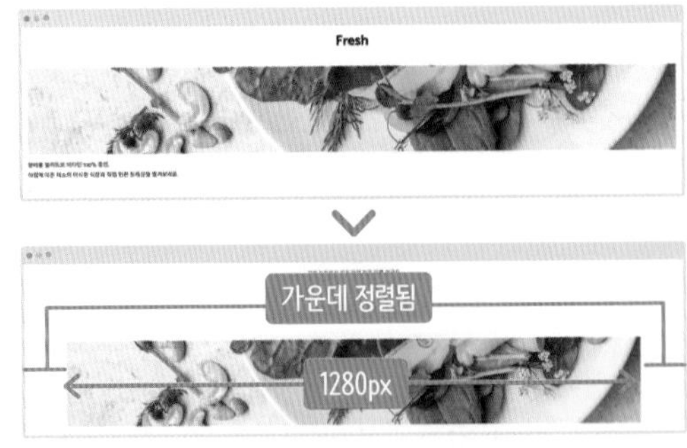

가로 폭이 1280px로 줄어들고 가운데 정렬되었습니다.

페이지 상단의 공통 파트 조정하기

STEP 1 타이틀 글자 크기를 변경하자

한눈에 알아보기는 어렵지만, PC 완성 디자인에서는 타이틀의 글자 크기가 좀 더 커야 하므로 font-size로 크게 변경합니다.

13장/step/02/css/02_subpageheader_step1.css

```
  .subPage header h1 {
    font-size: 60px;
  }
}
```

타이틀 글자가 PC 용에서 커졌습니다.

공통 제목을 PC용으로 변경하기

STEP 1 PC용에서만 줄바꿈을 없애자

'입에 넣는 순간' 다음에 오는 줄바꿈을 PC 버전에서는 없애고자 합니다. HTML에서 직접 〈br〉 태그를 없애버리면 모바일 버전에서도 줄바꿈이 사라지게 됩니다. 따라서 미디어쿼리를 이용해서 PC 환경일 때만 CSS로 〈br〉 태그를 표시하지 않도록 하는 방법을 쓰겠습니다.

〈br〉 태그에 클래스명 onlySP가 붙어 있으므로, PC용 미디어쿼리 내에 이 클래스의 display 속성값을 none으로 지정하면 PC일 때만 표시되지 않도록 할 수 있습니다.

13장/step/02/css/03_subpageheading_step1.css

```
  .onlySP {
    display: none;
  }
}
```

SP는 대문자

'입에 넣는 순간' 다음에 줄바꿈이 없어졌습니다.

 태그에 CSS를 적용하기 위해 아래와 같이 HTML의
 태그에 class를 붙였습니다.

```
<section>
  <h2>입에 넣는 순간 <br class="onlySP">몸이 기뻐합니다</h2>
  <p class="lead">
    자체 농원에서 자라 태양 빛을 담뿍 머금은<br>
```

〈br〉에 class가 붙어 있습니다.

요소의 표시 여부를 제어하고 싶을 때

미디어쿼리와 display 속성을 잘 조합하면 디바이스별로 요소를 표시할지 말지를 제어할 수 있습니다.

```
/* 모바일용 */
.onlyPC {display: none;}

/* PC용(폭 920px 이상 화면용의 CSS) */
@media screen and (min-width: 920px) {
  .onlyPC {display: block;}
  .onlySP {display: none;}
}
```

이 클래스가 붙어 있으면 모바일에서는 미표시(PC에서는 표시)

이 클래스가 붙어 있으면 PC에서는 미표시

요소에 class="onlyPC"를 붙이면 가로 폭이 920px 이상일 때만 표시되는 거군요.

네, 맞아요. 클래스명은 원하는 것으로 해도 상관없으므로 .show-PC나 .no-sp, .hide-pc 등 알기 쉬운 것을 붙이면 됩니다.

STEP 2 공통 제목 정돈하기

완성 디자인에 맞춰 하위 페이지에 있는 공통 제목의 글자 크기와 여백을 PC용으로 지정해봅시다.

13장/step/02/css/03_subpageheading_step2.css

```
  .subPage h2 {
    font-size: 34px;
    margin-bottom: 36px;
  }
  .subPage .lead {
    font-size: 18px;
    margin-bottom: 160px;
  }
  .subPage h3 {
    font-size: 50px;
    margin-bottom: 40px;
  }
}
```

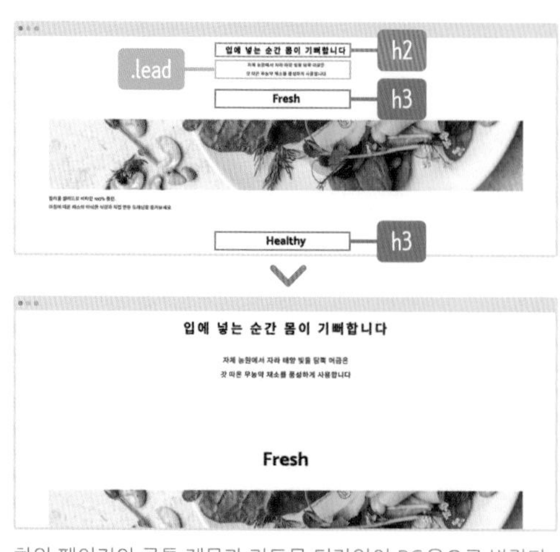

하위 페이지의 공통 제목과 리드문 디자인이 PC용으로 변경되었습니다.

콘텐츠 레이아웃을 2칼럼으로 변경하기

2방향 레이아웃이므로 CSS 그리드를 사용해봅시다(228쪽).

STEP 1 그리드 트랙을 설정하자

.conceptDetailSec에 display:grid;를 지정해서 그리드 컨테이너로 작성합니다. 2행(각각 360px)과 2열(40%와 60%)의 그리드 트랙을 지정합니다.

13장/step/02/css/04_concept_step1.css

```
  .conceptDetailSec {
    display: grid;
    grid-template-rows: 360px 360px;
    grid-template-columns: 40% 60%;
  }
}
```

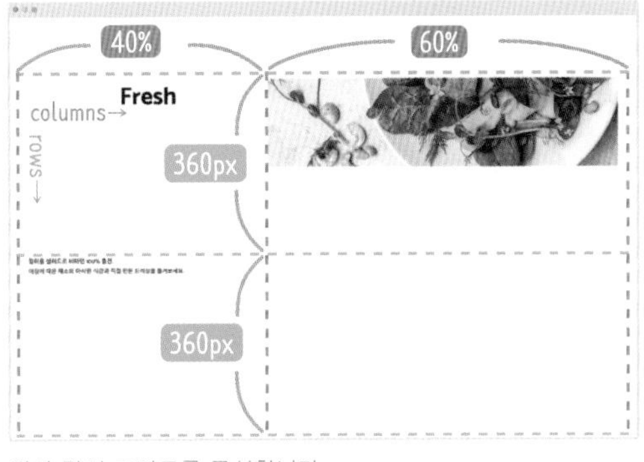

위와 같이 그리드를 구성합니다.

STEP 2 그리드 아이템을 배치하자

제목(h3)은 B 영역에 배치하기 위해 row는 1부터 2, column은 2부터 3으로 지정합니다. 사진(.photo)은 A와 C 영역을 덮도록 row는 1부터 3, column은 1부터 2로 지정합니다. 텍스트(.text)는 D 영역에 배치하고 싶으므로 row는 2부터 3, column도 2부터 3으로 지정합니다.

13장/step/02/css/04_concept_step2.css

```
  .conceptDetailSec h3 {
    grid-row: 1 / 2;
    grid-column: 2 / 3;
  }
  .conceptDetailSec .photo {
    grid-row: 1 / 3;
    grid-column: 1 / 2;
  }
  .conceptDetailSec .text {
    grid-row: 2 / 3;
    grid-column: 2 / 3;
  }
}
```

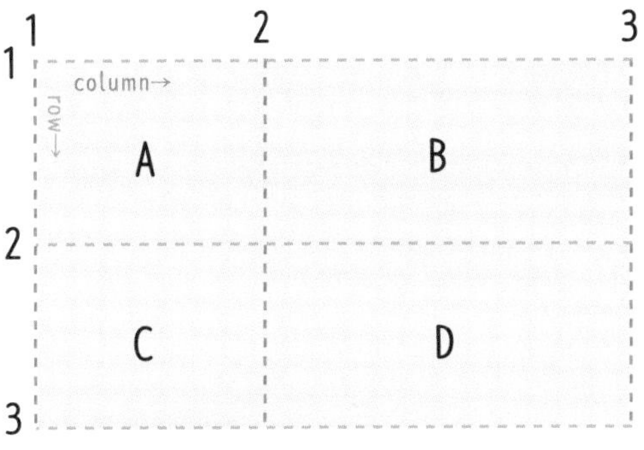

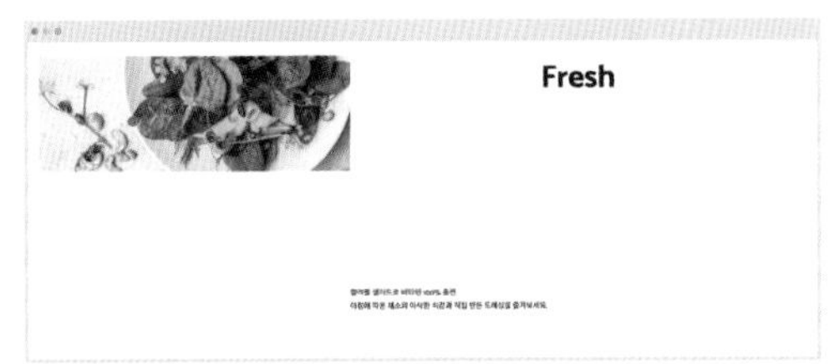

의도한 영역(셀)에 요소가 배치되었습니다. 현재 이미지에 높이가 지정(180px)되어 있으므로 아직 A와 C 영역을 덮은 상태는 아닙니다.

STEP 3 이미지 크기를 조정하자

모바일 CSS에서 이미지의 height를 180px로 지정한 결과, 이미지가 A와 C 영역을 덮지 않았습니다. PC용 height를 720px로 지정해봅시다.

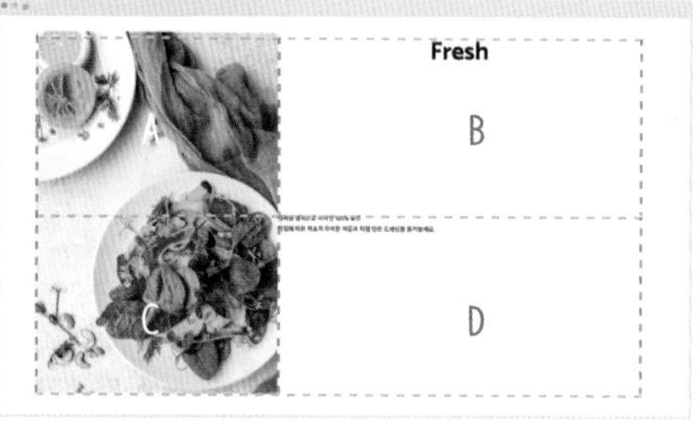

사진이 A와 C 영역을 덮었습니다.

13장/step/02/css/04_concept_step3.css

```
  .conceptDetailSec .photo img {
    height: 720px;
  }
}
```

STEP 4 작은 제목(h3)의 배치를 조정하자

아이템 각각의 교차축* 방향 위치를 지정하는 속성

얼라인 셀프
`align-self: ~;`

값에는 start·end 등의 위치를 나타내는 키워드가 들어갑니다.
아이템(자식 요소)에 직접 지정합니다.
*교차축(cross axis)의 초깃값은 세로 방향(column)입니다.

작은 제목(h3)을 완성 디자인과 같은 위치에 배치하기 위해서 `align-self:end;`를 지정합니다. 93쪽에서 배웠던 Flexbox 관련 속성 중 하나로 그리드 아이템에도 동일하게 사용할 수 있습니다.

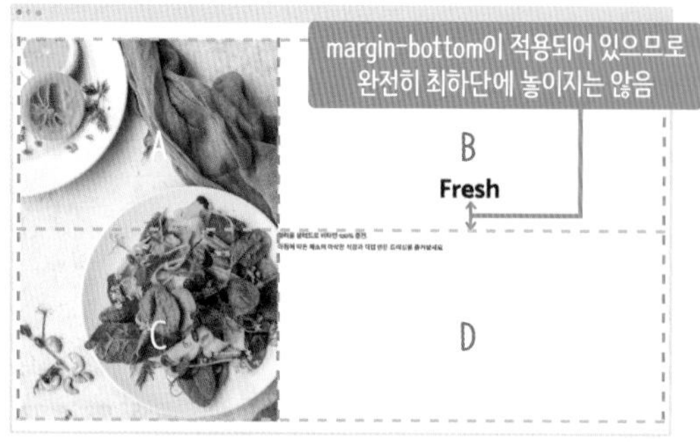

작은 제목이 B 영역 최하단에 배치되었습니다.

13장/step/02/css/04_concept_step4.css

```
  .conceptDetailSec h3 {
    align-self: end;
  }
}
```

STEP 5 텍스트를 조정하자

텍스트(.text)를 text-align으로 가운데 정렬하고, 글자의 크기를 16px로 변경합니다.

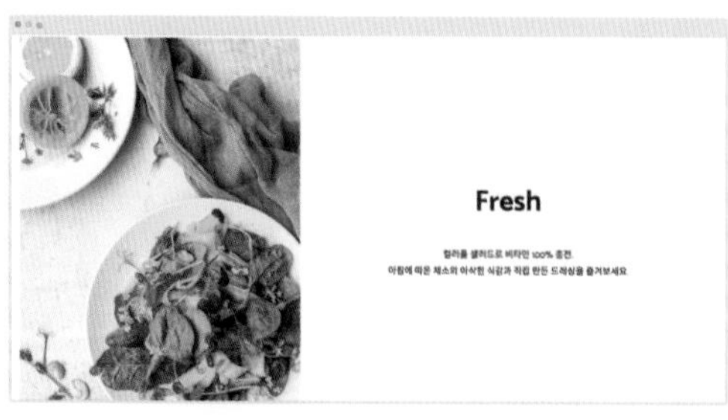

글자 크기가 커지고 가운데 정렬되었습니다. 이것으로 레이아웃은 완성입니다.

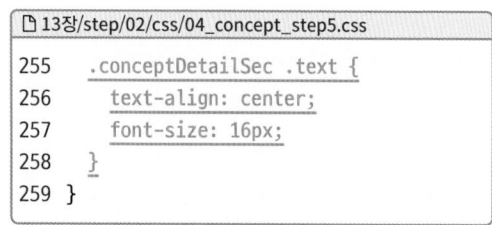

13장/step/02/css/04_concept_step5.css

```
  .conceptDetailSec .text {
    text-align: center;
    font-size: 16px;
  }
}
```

STEP 6 Healthy 섹션의 그리드 트랙을 변경하자

완성 디자인에서 Healthy 섹션은 사진·텍스트의 순서가 전후 섹션과 엇갈리게 배치되어 있습니다.

다른 섹션과 구분하여 CSS를 적용하기 위해 Healthy 섹션에만 reverse라는 클래스가 부여된 상태입니다. 이 클래스에 대하여 STEP1에서 설정한 그리드 트랙(열) 값을 덮어쓰겠습니다. 셀의 너비가 전후 섹션과 반대가 되도록 값을 지정합니다.

13장/step/02/css/04_concept_step6.css

```
  .reverse {
    grid-template-columns: 60% 40%;
  }
}
```

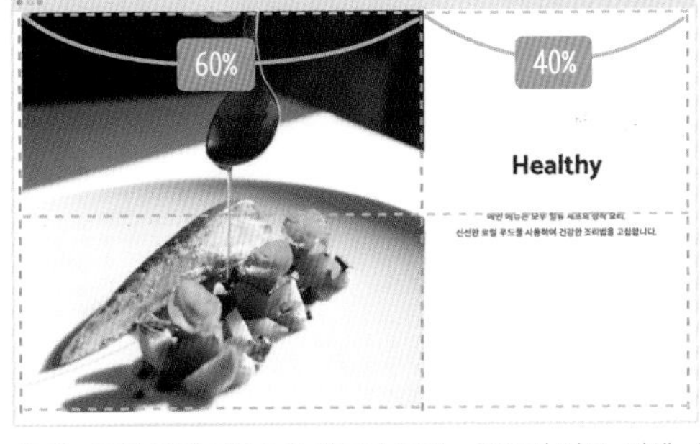

40%, 60% 였던 콘텐츠가 역으로 60%, 40%가 되고, 이에 따라 콘텐츠가 표시되는 크기도 변했습니다.

STEP 7 Healthy 섹션 그리드 아이템을 재배치하자

STEP2와 동일한 방식으로 작은 제목(h3)은 A 영역에, 사진(.photo)은 B와 D를 덮도록, 텍스트(.text)는 C 영역에 배치해봅시다.

자손 선택자를 사용해서 .reverse가 붙은 섹션 안에만 적용합니다.

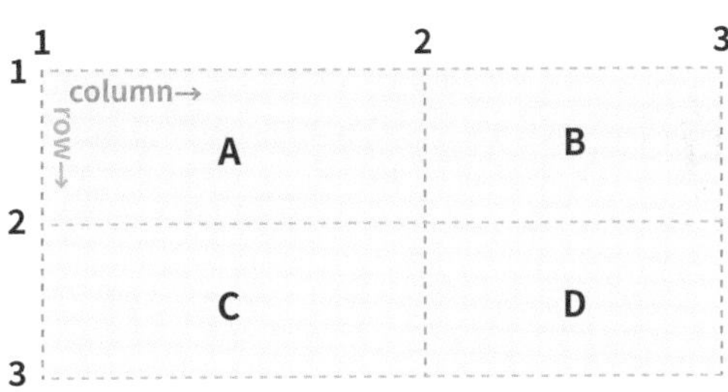

13장/step/02/css/04_concept_step7.css

```
  .reverse h3 {
    grid-row: 1 / 2;
    grid-column: 1 / 2;
  }
  .reverse .photo {
    grid-row: 1 / 3;
    grid-column: 2 / 3;
  }
  .reverse .text {
    grid-row: 2 / 3;
    grid-column: 1 / 2;
  }
}
```

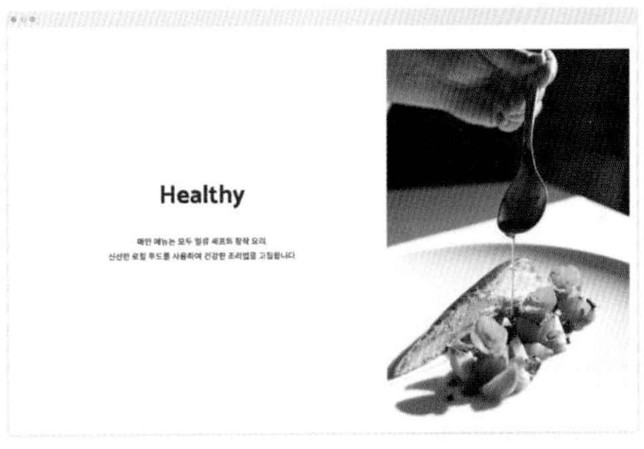

우측에 사진, 좌측에 텍스트가 배치되었습니다.

이것으로 CONCEPT 페이지의 PC용 코딩이 완료되었습니다!

MENU 페이지 CSS 작성하기(PC)

모바일 PC 디자인 비교하기

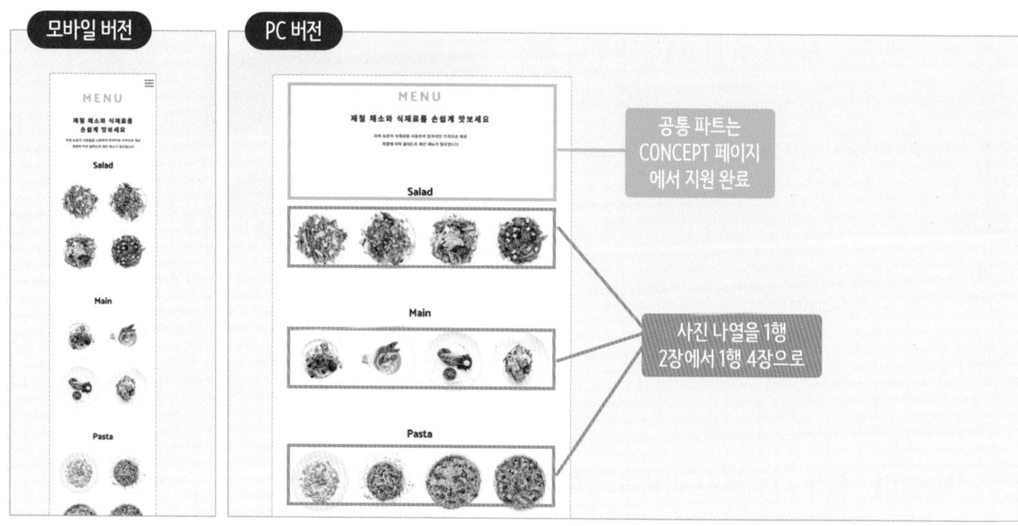

메뉴 카테고리 배치 방식 변경하기

계속해서 같은 `style.css`에 작성해봅시다. 디자인 파일은 `pc_menu.png`로 변경합니다. `menu.html`을 브라우저에서 열어서 확인하면서 진행합니다.

STEP 1 메뉴 카테고리 사진을 4장씩 나열하자

메뉴 카테고리에서 한 행에 표시하는 사진의 수를 2장에서 4장으로 변경하고자 합니다. 모바일용에서 지정했던 flex-basis 값을 42%에서 22%로 변경합니다.

행 사이 여백을 넣기 위해 지정했던 margin-bottom은 0px로 덮어씁니다.

13장/step/03/css/01_menulist_step1.css

```
  .menuList li {
    flex-basis: 22%;
    margin-bottom: 0;
  }
}
```

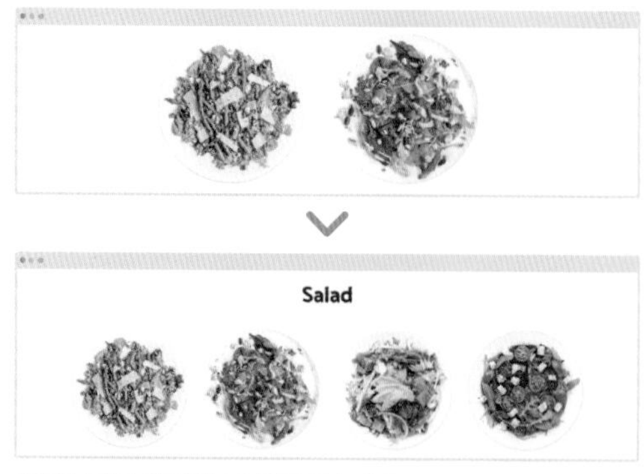

1행에 4장의 이미지가 나열되었습니다.

STEP 2 메뉴 카테고리 사이에 여백을 조정하자

PC 버전에 맞게 메뉴 카테고리 사이 여백을 좀 더 넓히기 위해 section 요소(.menuDetailSec)에 margin-bottom을 지정합니다.

13장/step/03/css/01_menulist_step2.css

```
  .menuDetailSec {
    margin-bottom: 160px;
  }
}
```

공통 부분의 CSS가 끝났기 때문에 MENU 페이지는 이제 두 단계만 남았습니다!

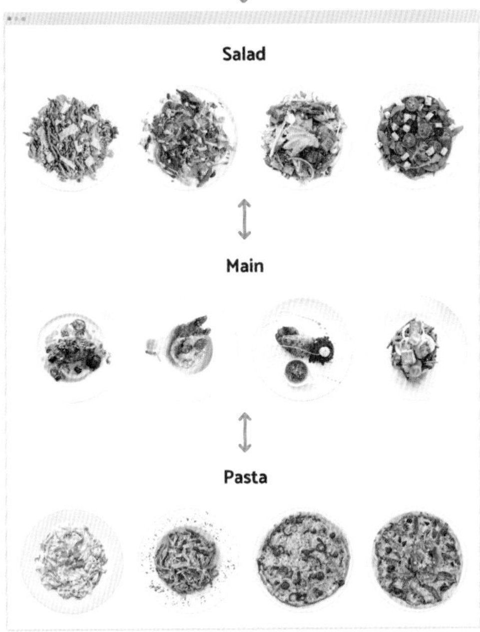

여백이 넓어져서 보기 쉬워졌습니다.

INFO 페이지 CSS 작성하기(PC)

모바일과 PC 디자인 비교하기

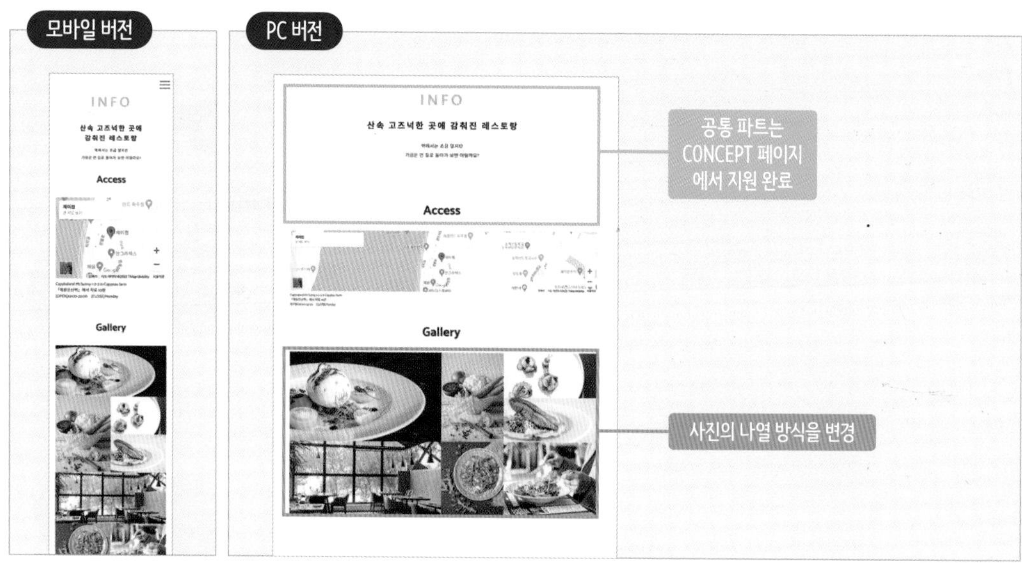

포토 갤러리의 나열 방식 변경하기

계속해서 같은 style.css에 작성해봅시다. 디자인 파일은 pc_info.png로 변경합니다. info.html을 브라우저에서 열고 확인하면서 진행합니다.

STEP 1 그리드 트랙을 변경하자

사진 나열 방식이 모바일 버전과는 달라졌으므로 오른쪽 완성형 그림에 맞춰서 그리드를 만들어봅시다.

13장/step/04/css/01_photogallery_step1.css

```
  .photoGallery {
    grid-template-rows: 175px 175px 290px;
    grid-template-columns: 50% 20% 30%;
  }
}
```

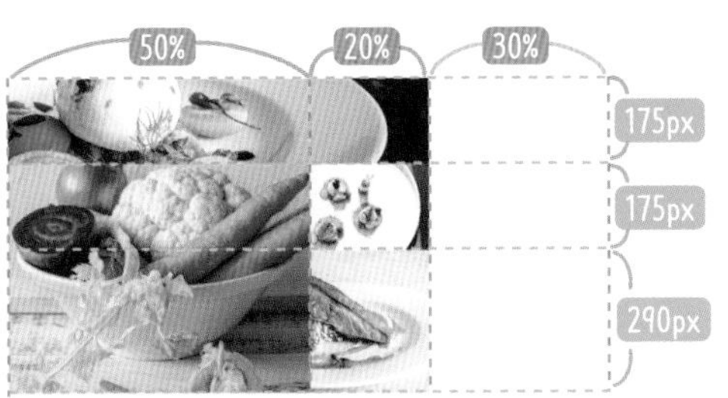

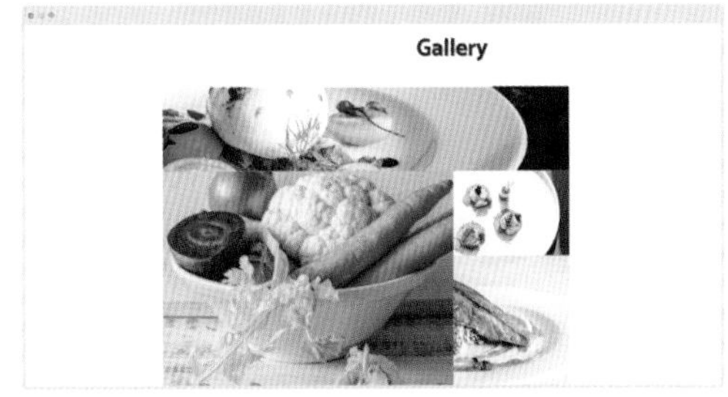

왼쪽 그림과 같이 그리드 트랙이 설정되어 있지만 사진의 배치는 오른쪽 그림과 같이 모바일용 그대로입니다.

STEP 2 그리드 아이템을 다시 배치해보자

완성 디자인에 맞춰서 사진의 배치를 앞에서 했던 순서로 다시 지정해봅시다.

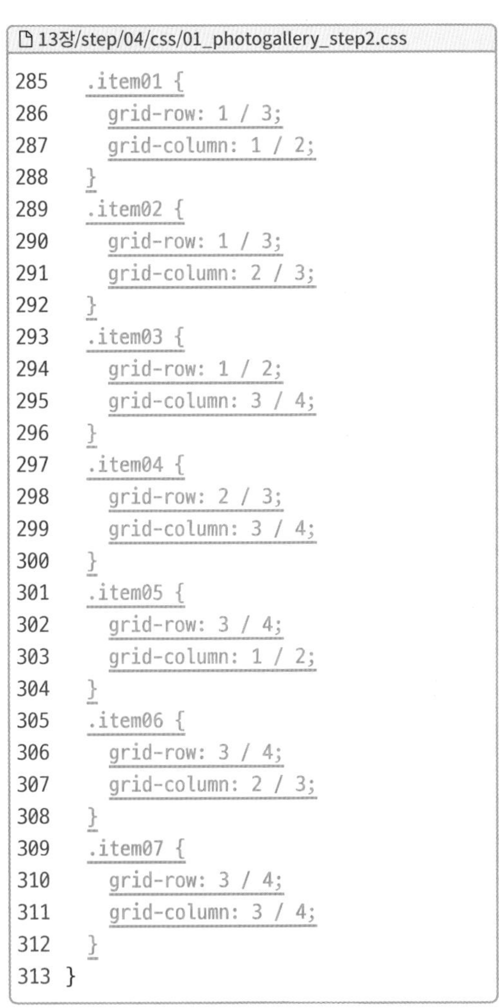

13장/step/04/css/01_photogallery_step2.css

```
  .item01 {
    grid-row: 1 / 3;
    grid-column: 1 / 2;
  }
  .item02 {
    grid-row: 1 / 3;
    grid-column: 2 / 3;
  }
  .item03 {
    grid-row: 1 / 2;
    grid-column: 3 / 4;
  }
  .item04 {
    grid-row: 2 / 3;
    grid-column: 3 / 4;
  }
  .item05 {
    grid-row: 3 / 4;
    grid-column: 1 / 2;
  }
  .item06 {
    grid-row: 3 / 4;
    grid-column: 2 / 3;
  }
  .item07 {
    grid-row: 3 / 4;
    grid-column: 3 / 4;
  }
}
```

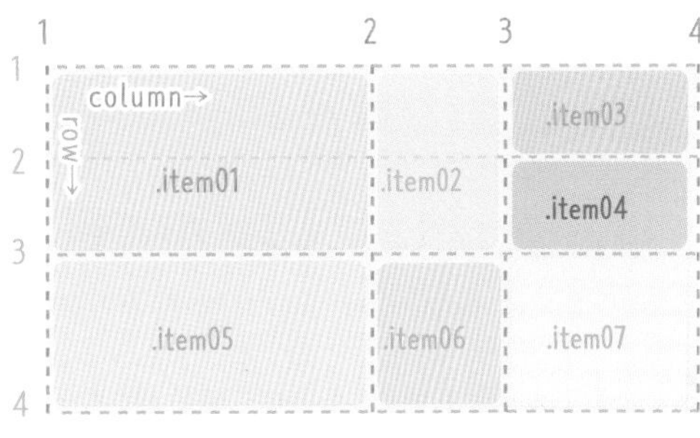

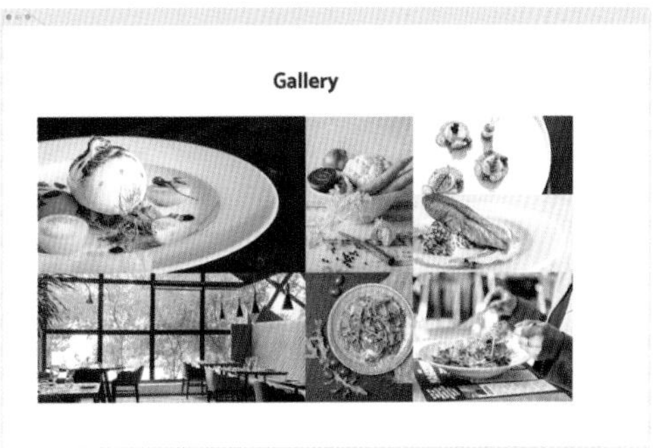

PC용 완성 디자인과 같이 사진이 배치되었습니다.

이것으로 PC용
사이트도 완성입니다!
수고하셨습니다.

CHAPTER 14

참고 사이트 활용 방법 배우기

햄버거 메뉴 제작을 통해 참고 사이트의 활용 방법을 배워봅시다.
웹에서 찾은 정보를 잘 활용할 수 있다면 다음의 학습도 수월해집니다.

최근에는 참고할만한 웹사이트가 많이 있습니다. 검색한 정보를 자신의 사이트에 적용하는 방법을 알아봅시다.

그렇군요. 다양한 사이트를 참고해보고 싶어요!

SECTION 1 웹상의 정보 활용하기

스스로 해결하는 힘을 기르자

코딩을 하다가 갈피를 잡지 못할 때 검색을 해보면 다양한 정보가 발견됩니다. 웹 개발을 할 때는 검색한 정보를 자신의 목적에 맞게 활용하는 능력이 무척 중요합니다.

이 장에서는 '열고 닫을 수 있는 메뉴를 추가하자'라는 목표를 예로 들어보겠습니다. 이 목표를 이루기 위한 정보 활용 방법과 주의점을 살펴보면서, 스스로 해결해 나갈 수 있는 힘을 길러봅시다.

프로 디자이너나 엔지니어도 웹상의 정보를 최대한으로 활용합니다. 다른 사람이 작성한 코드를 보는 것만으로도 많은 것을 배울 수 있습니다.

완성 이미지 확인하기

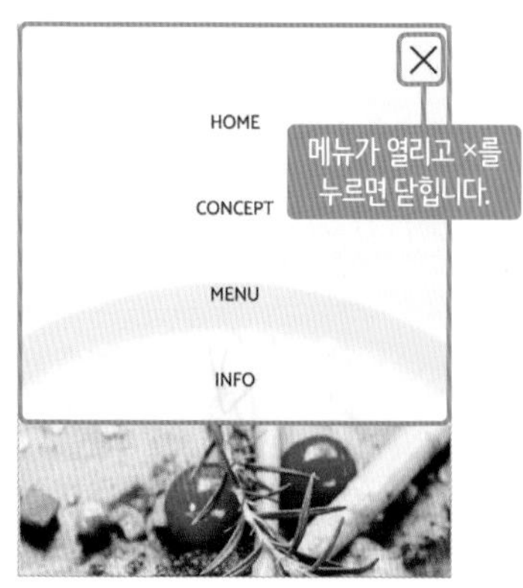

참고 사이트를 찾는 방법과 순서

STEP 1 검색한다

완성 이미지 상단에 3줄로 표시되는 메뉴를 '햄버거 메뉴'라고 합니다. CSS만을 사용하여 이 메뉴를 구현하는 방법을 찾기 위해 'CSS로 햄버거 메뉴'라는 키워드로 검색해봅시다.

검색 포인트

사이트가 잘 발견되지 않을 때는 키워드를 바꿔서 다시 검색합니다. 예를 들면 'CSS로 반응형 메뉴', '모바일 열고 닫는 메뉴 CSS' 등과 같은 키워드로도 검색해봅니다.

웹 관련 용어는 구체적인 의미는 모르더라도 이처럼 연관된 주제를 검색할 때 사용할 수 있도록 단어만이라도 알아두는 것이 중요합니다.

저는 영어로 검색할 때도 있습니다. 이번과 같은 예라면 'pure css menu tutorial'과 같은 키워드로 검색하면 많은 참고 사이트가 나옵니다.

STEP 2 사용할 샘플 코드를 결정한다

이 장에서는 14장/reference/index.html을 브라우저에서 열어서 이를 '검색해서 발견한 사이트'라고 가정하고 사용하겠습니다.

이번 예시와 같이 코드에 대한 설명이 잘 되어 있는 사이트를 선택하면 내용을 쉽게 이해할 수 있고 간단하게 수정해서 활용할 수 있습니다.

샘플을 선택할 때는 다음과 같은 점을 주의해야 합니다.

- 구현하고자 하는 결과와 비슷한 디자인인가?
- HTML/CSS 코드가 심플한가?
- DEMO(완성형)를 확인할 수 있는가?
- 많은 브라우저를 지원하는가?
- 정보가 너무 오래되지 않았는가(2-3년 내외)?

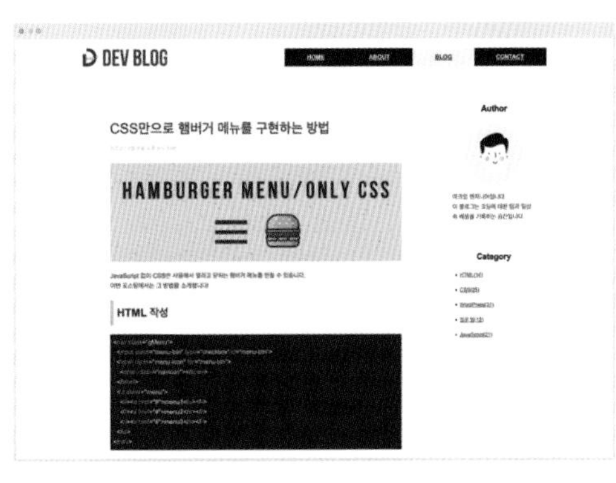

샘플 코드를 사이트에 끼워 넣기

작업 파일 확인하기

14장/작업/index.html과 14장/작업/css/style.css를 VSCode에서 열어봅시다. 앞의 장까지의 작업이 반영된 상태입니다.

또한 앞 페이지의 참고 사이트 14장/reference/index.html도 브라우저에서 연 상태로 둡니다.

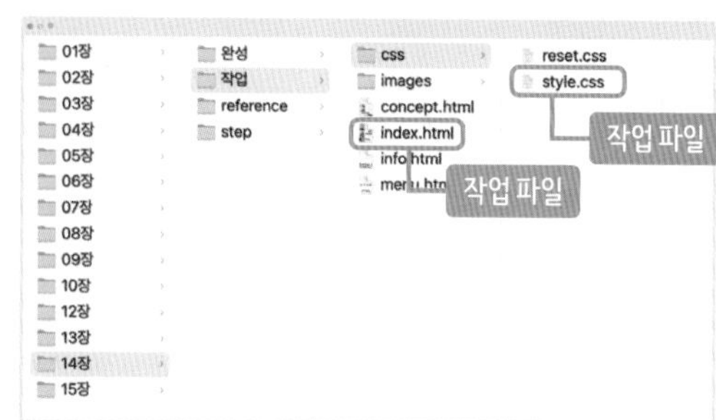

원래는 모든 페이지에 메뉴를 넣지만 여기서는 TOP 페이지(index.html)에만 메뉴를 구현하는 것으로 구체적인 순서를 살펴보겠습니다.

STEP 1 HTML을 복사&붙여넣기하자

참고 사이트에서 **HTML 작성** 부분에 있는 소스를 복사해서 index.html의 </h1> 태그와 </header> 태그 사이에 붙여넣습니다.

14장/step/02/01_hamburger_step1.html

```
  </h1>
  <nav class="gMenu">
    <input class="menu-btn" type="checkbox" 
id="menu-btn">
    <label class="menu-icon" for="menu-btn">
...
      <li><a href="#">menu3</a></li>
    </ul>
  </nav>
</header>
```

코드가 중간에 잘렸지만 복사한 코드 전부를 붙여넣습니다.

HTML을 붙여넣기만 하면 이런 상태입니다.

여기에 주의! POINT 예상한 결과가 나오지 않는다면?

샘플 코드를 자신의 코드에 단순히 붙여넣기만 했다면 두 코드의 조합에 따라 잘 동작하지 않을 수도 있습니다. 이럴 때 샘플 코드를 분석해서 자신의 사이트에 맞게 코드를 변경하다 보면 지식을 심화시킬 수 있습니다. 하지만 어떻게 해도 잘 되지 않을 때는 다른 참고 사이트를 찾는 것도 하나의 방법입니다.

STEP 2 HTML을 수정하자

메뉴명과 링크로 이동할 위치를 자신의 사이트에 맞게 변경해봅시다.

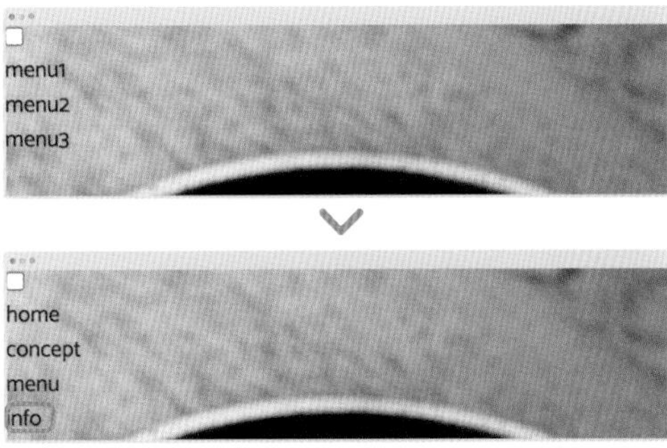

info 페이지에 대한 메뉴도 추가했습니다.

📄 14장/step/02/01_hamburger_step2.html

```
<ul class="menu">
  <li><a href="index.html">home</a></li>
  <li><a href="concept.html">concept</a></li>
  <li><a href="menu.html">menu</a></li>
  <li><a href="info.html">info</a></li>
</ul>
```

STEP 3 CSS를 복사&붙여넣기 하자

참고 사이트에서 CSS 작성 부분에 있는 소스 코드를 복사하고, style.css의 314번째 행의 주석 (**49쪽**) 다음에 붙여넣습니다.

📄 14장/step/02/css/01_hamburger_step3.css

```
314 /* 아래에 참고 사이트의 메뉴 구현 CSS
    를 붙여넣습니다. */
315 /* 메뉴를 화면 상단에 고정 배치합니다 */
316 .gMenu {
317   position: fixed;
    ...
389 .gMenu .menu-btn:checked ~ .menu-
    icon .navicon::after {transform:
    rotate(45deg);top: 0;}
```

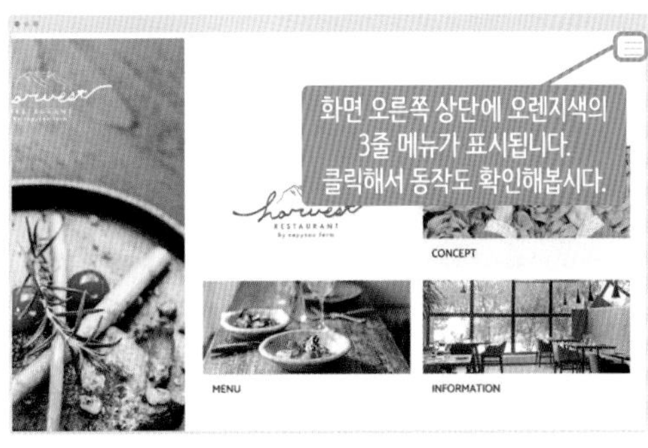

오른쪽 상단에 3줄로 된 메뉴가 표시되면 성공입니다.

STEP 4 CSS를 수정하자

3줄 메뉴의 색이 기존 디자인과 어울리지 않으므로, 색상을 변경하고 위치를 조정해봅시다.

📄 14장/step/02/css/01_hamburger_step4.css

```
/* 사이트에 맞춰서 샘플 코드를 커스터마이즈 */
.gMenu .menu-icon {
  top: 26px;
}
.gMenu .menu-icon .navicon,
.gMenu .menu-icon .navicon::before,
.gMenu .menu-icon .navicon::after {
  background: #333333;
}
```

3줄 메뉴의 위치와 색상이 달라졌습니다.

내 사이트에도 이렇게 어려워 보이는 메뉴를 넣을 수 있다니!

CHAPTER 15

웹사이트 공개 준비하기

사이트의 아이콘이나 SNS에 공유할 때 표시되는 정보 등을 설정해봅시다.
무척 중요한 부분이므로 잊지 말고 설정해봅시다.

드디어 마지막 장입니다!
조금만 더 힘내봅시다.

와-!
이제 곧 완성이다~!

SECTION 1 파비콘 설정하기

파비콘이란?

파비콘(favicon, 'favorites + icon')이란 브라우저 탭에 표시되거나 북마크 아이콘으로 사용되는 이미지를 말합니다. 브라우저에 따라 요구되는 사이즈가 다르지만, 최소 16px로 표시되는 무척 작은 아이콘입니다.

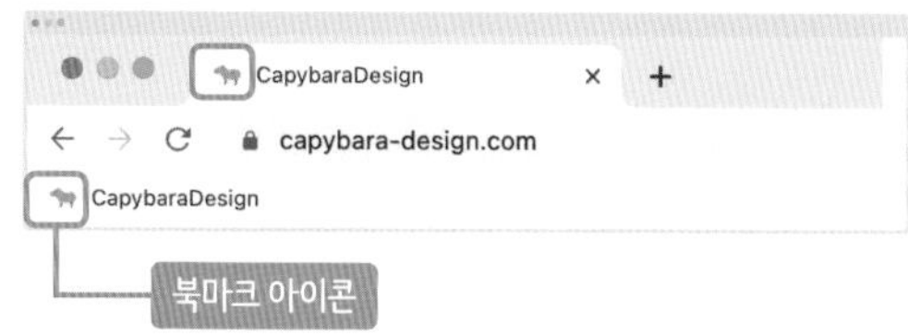

파비콘 이미지를 작성할 때의 포인트

파비콘은 무척 작기 때문에 기존 로고를 그대로 사용하면 이미지가 뭉개져서 모양을 구분하기 어렵습니다. 따라서 아래와 같이 로고를 단순화하여 파비콘용으로 만듭니다.

로고

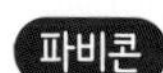

표시되는 영역이 작기 때문에
심플하게 첫 글자만 사용

- 가능한 한 심플한 모양
- 정사각형 사이즈
- 축소해도 깨지지 않는 SVG 형식이 적합

기존에는 하나의 파일에 다양한 크기의 이미지를 포함할 수 있는 ICO 형식의 파일(확장자는 .ico)을 사용하는 것이 일반적이었습니다. 최근에는 SVG 형식을 지원하는 브라우저가 늘어서 SVG 파일의 사용도 늘어가는 추세입니다.

작업 파일 확인하기

15장/작업/index.html을 VSCode에서 열어 봅시다. 앞 장의 작업이 반영된 상태입니다.

원래 **파비콘**과 다음 페이지에서 설명할 **OGP**는 모든 페이지에 작성하지만, 이 책에서는 설명의 편의를 위해 `index.html`에만 지정합니다.

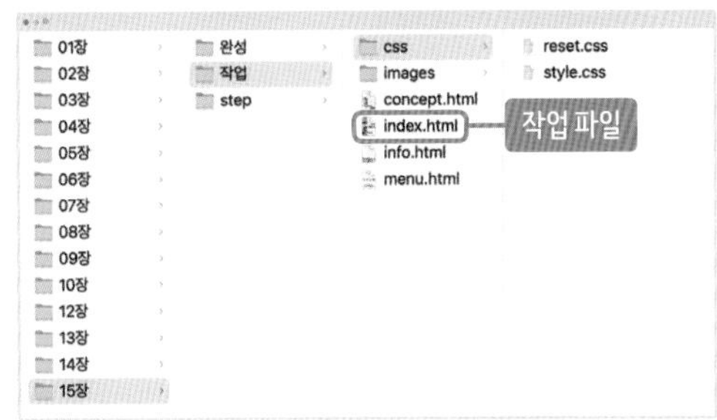

STEP 1 SVG 형식의 이미지로 파비콘을 설정하자

파비콘을 설정할 때는 HTML의 <head> 태그 아래 <link> 태그에 작성합니다.

15장/step/01/01_favicon_step1.html

```
<link rel="stylesheet" href="css/style.css">
<link rel="icon" href="images/favicon.svg" type="image/svg+xml">
<title>Harvest Restaurant</title>
```

구글 크롬 등의 브라우저 탭 부분에 파비콘이 표시됩니다.

STEP 2 지원하지 않는 브라우저용 파비콘을 설정하자

SGV 형식을 지원하지 않는 브라우저를 위해 PNG 형식의 파비콘도 지정해봅시다.

15장/step/01/01_favicon_step2.html

```
<link rel="icon" href="images/favicon.svg" type="image/svg+xml">
<link rel="icon alternate" href="images/favicon.png" type="image/png">
<title>Harvest Restaurant</title>
```

파비콘에 SVG 이미지를 사용할 수 없는 사파리 등의 브라우저에서도 파비콘이 표시되었습니다.

사파리는 서버에 웹사이트가 업로드되지 않은 상태에서는 파비콘을 확인할 수 없으므로, 여러분의 사파리에서는 변화가 확인되지 않을 것입니다.

OGP 설정하기

OGP란?

OGP란 Open Graph Protocol(오픈 그래프 프로토콜)의 약자로, SNS 등에 페이지의 URL을 공유했을 때 표시되는 정보(텍스트와 이미지)를 지정하는 기법입니다.

OGP를 설정하자

STEP 1 OGP 정보를 지정하자

15장/step/02/01_ogp_step1.html

```
<link rel="icon alternate" href="images/favicon.png" type="image/png">
<meta property="og:type" content="website">  페이지 종류
<meta property="og:url" content="https://example.com/">  페이지 URL
<meta property="og:site_name" content="Harvest Restaurant">  페이지가 속한 사이트명
<meta property="og:title" content="Harvest Restaurant">  페이지 타이틀
<meta property="og:description" content="산속 고즈넉한 곳에 감춰진 레스토랑">  페이지 개요
<meta property="og:image" content="https://example.com/images/ogp.png">  표시할 화면
<meta property="og:image:alt" content="Harvest Restaurant">  이미지 대체 문자
<meta property="og:image:width" content="1200">  이미지 너비
<meta property="og:image:height" content="630">  이미지 높이
```

페이지 종류를 나타내는 content 값은 TOP 페이지일 때는 website를, 하위 페이지일 때는 article을 넣는 것이 적절합니다. 페이지 개요는 100자 정도로 작성합니다.

웹사이트를 인터넷에 공개하면 OGP를 확인할 수 있습니다. 사이트 공개 작업에 대해서는 부록 PDF를 확인해주세요.

OGP 확인 툴

페이스북이나 트위터에는 URL을 공유했을 때 OGP가 어떻게 표시될지 확인하는 툴이 있습니다. 전용 페이지에 URL만 입력하면 간단히 확인할 수 있습니다.

▶페이스북

https://developers.facebook.com/tools/debug/

▶트위터

https://cards-dev.twitter.com/validator

페이스북과 트위터에는 독자적인 OGP 항목이 있습니다. 기본 항목만 설정해도 표시되는 데는 문제가 없지만, 좀 더 상세하게 설정하고 싶다면 각 사이트의 공식 문서를 확인해주세요.

이것으로 완성이네요! 야호~!

건너뛰어도 OK RANK UP OGP의 정보를 변경해도 바뀌지 않을 때는

OGP의 정보를 변경해도 바뀌지 않을 때는 **캐시가 원인**일 때가 많습니다. 캐시란 한번 읽은 파일을 일시적으로 저장해서 나중에 같은 파일이 필요할 때 저장한 내용을 재사용하는 기법입니다. 우리가 늘 사용하는 웹사이트 대부분은 페이지 표시 속도를 높이기 위해 캐시를 사용합니다.

캐시는 사용자의 편의성을 향상시키기 위한 장치이지만, 웹사이트를 제작할 때 이 캐시에 의해 새로 작성한 코드나 교체한 이미지가 잘 반영되지 않을 때가 있습니다. 코드에 실수가 있을리 없는데 어떻게 해봐도 반영이 되지 않을 때는 캐시를 의심해봅시다.

크롬에서는 [Command]+[Shift]+[R] (윈도우는 [Ctrl]+[Shift]+[R])로 캐시를 삭제하고 페이지를 새로고침할 수 있습니다.

OGP는 앞에서 소개한 OGP 확인 툴에서 캐시를 무효화할 수 있습니다.

이 책을 읽은 후의 공부 방법

마지막으로 이 책을 끝낸 후에는 어떻게 학습을 진행할지 안내합니다. 제시한 내용 외에도 다양한 선택지가 있지만 참고가 되었으면 좋겠습니다.

HTML/CSS를 더 깊게 이해한다

이 책을 끝낸 직후라면 들어오는 정보의 양이 압도적으로 많은 상태이므로 결과물(코딩 실습)을 통해 더 깊게 이해해봅시다.

▶이 책을 2회 정독한다

- 부록의 '디자인 시안 데이터'를 활용해서 수치 값과 이미지 등을 추출해보기
- 이 책의 코드를 보지 않고 코딩하기
- 1회 정독할 때 건너뛰었던 '〈SELF WORK〉', '〈RANK UP〉'에 도전하기

▶처음부터 코딩해보기

- 목표 사이트나 책을 찾아 클론 코딩해보기
- 취미 사이트나 가상의 클라이언트 사이트를 만들어보기

HTML/CSS 지식을 늘린다

이 책에 나오지 않는 HTML 속성과 태그를 공부해봅시다. 또한 기술은 점점 업데이트되므로 지식의 양을 늘리는 것도 중요합니다.

▶다른 책을 읽어본다

다른 책을 읽으면 지식의 양이 느는 것은 물론, 같은 주제를 다른 관점에서 설명하는 것을 읽으면서 더 깊이 이해할 수 있습니다.

▶프로그래밍 학습 사이트 이용

요즘은 온라인 학습 환경이 상당히 잘 갖춰져 있습니다. 유료부터 무료까지 다양하게 있으므로 자신에게 맞는 서비스를 사용해봅시다.

▶SNS를 활용한다

개인이 운영하는 SNS도 정보가 풍부합니다. 트위터나 인스타그램, 유튜브 등에서 관심 있는 계정을 가볍게 팔로우해봅시다.

진솔한 서평을 올려주세요!

이 책 또는 이미 읽은 제이펍의 책이 있다면, 장단점을 잘 보여 주는 솔직한 서평을 올려주세요.
매월 최대 5건의 우수 서평을 선별하여 원하는 제이펍 도서를 1권씩 드립니다!

- **서평 이벤트 참여 방법**
  ❶ 제이펍 책을 읽고 자신의 블로그나 SNS, 각 인터넷 서점 리뷰란에 서평을 올린다.
  ❷ 서평이 작성된 URL과 함께 review@jpub.kr로 메일을 보내 응모한다.
- **서평 당선자 발표**
  매월 첫째 주 제이펍 홈페이지(www.jpub.kr) 및 페이스북(www.facebook.com/jeipub)에 공지하고, 해당 당선자에게는 메일로 개별 연락을 드립니다.

독자 여러분의 응원과 채찍질을 받아 더 나은 책을 만들 수 있도록 도와주시기 바랍니다.